Técnicas de escritura en español y géneros textuales
Developing Writing Skills in Spanish

Técnicas de escritura en español y géneros textuales / Developing Writing Skills in Spanish es la primera publicación concebida para desarrollar y perfeccionar la expresión escrita en español a partir de una metodología basada en géneros textuales. Cada capítulo se ocupa de un género y está diseñado para guiar al escritor en la planificación, el desarrollo y la revisión de textos.

Las novedades de esta segunda edición incluyen: un cuestionario sobre la escritura, listados con objetivos y prácticas escritas, nuevos materiales y actividades, repertorios de vocabulario temático, ejercicios de corrección gramatical y estilo, ampliación de las respuestas modelo y diferentes rutas para la escritura.

Características principales:

- Tipologías variadas: textos narrativos, descriptivos, expositivos, argumentativos, periodísticos, publicitarios, jurídicos y administrativos, científicos y técnicos;
- Actividades para trabajar la precisión léxica, la gramática, el estilo y la reescritura de manera progresiva;
- Vocabulario temático, marcadores discursivos y expresiones útiles para la escritura;
- Pautas detalladas, consejos prácticos y estrategias discursivas en función del tipo de texto;
- Modelos textuales de reconocidos periodistas y autores del ámbito hispánico;
- Recursos adicionales recogidos en un portal de escritura en línea.

Diseñado como libro de texto, material de autoaprendizaje u obra de referencia, *Técnicas de escritura en español y géneros textuales / Developing Writing Skills in Spanish* es una herramienta esencial para familiarizarse con las características lingüísticas y discursivas propias de la lengua y para dominar la técnica de la escritura en diferentes géneros textuales.

Javier Muñoz-Basols es profesor titular y coordinador de español en la Universidad de Oxford (Reino Unido).

Yolanda Pérez Sinusía es profesora titular de español en la Escuela Oficial de Idiomas n.º 1 de Zaragoza (España).

Developing Writing Skills

The books in this series provide intermediate and advanced level students with the necessary skills to become competent and confident writers. Presenting a wide range of authentic written materials, these books aim to develop reading strategies and the ability to write texts in various styles and genres.

Developing Writing Skills in French
Graham Bishop and Bernard Haezewindt

Developing Writing Skills in German
Edited by Annette Duensing and Uwe Baumann

Developing Writing Skills in Italian
Theresa Oliver-Federici

Developing Writing Skills in Arabic
Taoufik Ben Amor

Developing Writing Skills in Chinese, 2nd Edition
Boping Yuan and Kan Qian

Manual prático de escrita em português / Developing Writing Skills in Portuguese
Javier Muñoz-Basols, Yolanda Pérez Sinusía, Marianne David, and Clélia F. Donovan

Técnicas de escritura en español y géneros textuales / Developing Writing Skills in Spanish, 2nd Edition
Javier Muñoz-Basols and Yolanda Pérez Sinusía

For more information about this series, please visit: www.routledge.com/Developing-Writing-Skills/book-series/WRITINGSKILLS

Técnicas de escritura en español y géneros textuales

Developing Writing Skills
in Spanish

Segunda edición

Javier Muñoz-Basols y Yolanda Pérez Sinusía

Routledge
Taylor & Francis Group

LONDON AND NEW YORK

Second edition published 2022
by Routledge
2 Park Square, Milton Park, Abingdon, Oxon, OX14 4RN

and by Routledge
605 Third Avenue, New York, NY 10158

Routledge is an imprint of the Taylor & Francis Group, an informa business

First edition published by Routledge 2012

British Library Cataloguing-in-Publication Data

Names: Muñoz-Basols, Javier, author. | Pérez Sinusía, Yolanda, author.
Title: Técnicas de escritura en español y géneros textuales = Developing writing skills in Spanish / Javier Muñoz-Basols a Yolanda Pérez Sinusía.
Other titles: Developing writing skills in Spanish |
Description: Segunda edicion. | New York : Routledge, 2021. | Series:
Developing writing skills | Includes bibliographical references. | English and Spanish.
Identifiers: LCCN 2020025822 | ISBN 9781138096721 (hardback) | ISBN 9781138096714 (paperback) | ISBN 9781315105215 (ebook)
Subjects: LCSH: Spanish language--Textbooks for foreign speakers--English.
| Spanish language--Composition and exercises. | Spanish language--Grammar.
Classification: LCC PC4129.E5 M85 2021 | DDC 468.2/421--dc23
LC record available at https://lccn.loc.gov/2020025822

Library of Congress Cataloging-in-Publication Data
A catalog record has been requested for this book

ISBN: 978-1-138-09672-1 (hbk)
ISBN: 978-1-138-09671-4 (pbk)
ISBN: 978-1-315-10521-5 (ebk)

Typeset in Helvetica Neue
by MPS Limited, Dehradun

Visit the companion website: www.portaldeescritura.com

Valoración de la obra

Técnicas de escritura en español y géneros textuales es una mina, una joya de textos, tareas, ejemplos y fuentes. Es uno de esos libros que guardas a lo largo de tu vida, porque siempre te da respuestas o ideas a las necesidades de escritura que van surgiendo. Es muchas cosas a la vez: una antología divertida de fragmentos de autores hispánicos, un cuidado repertorio de modelos y ejemplos, una guía para redactar los escritos más relevantes y habituales, unos provechosos apuntes de gramática —de los errores más habituales—, una selección de pautas y consejos para planificar y revisar con creatividad y eficacia. Por ello, será útil al aprendiz avanzado de español, al profesional que deba comunicarse en su trabajo, al joven que quiera estudiar en algún país hispanohablante, al académico que deba enseñar este idioma o al curioso que quiera aprender más de la lengua y las culturas hispánicas.

Daniel Cassany, *Universitat Pompeu Fabra*

A Paweł Adrjan, por enseñarme a descubrir los secretos de la escritura.

Javier Muñoz-Basols

A mi madre y a mis hermanas.

Yolanda Pérez Sinusía

Índice

3   El texto expositivo (*Expository Writing*)   85

4   El texto argumentativo (*Argumentative Writing*)   124

- Marcadores discursivos y expresiones útiles para argumentar
- Proverbios y refranes
- Cómo evitar los verbos comodín (*hacer*, *haber*, *dar*)
- Verbos para expresar un punto de vista o poner énfasis
- Expresiones para introducir un tema, argumentar, contraargumentar y concluir

Gramática y léxico
- Ortografía, acentuación y puntuación
- Cómo utilizar varios tipos de diccionarios
- Colocaciones léxicas y locuciones de uso común
- Tabla de marcadores discursivos

Un recorrido visual por

Técnicas de escritura en español y géneros textuales

Características pedagógicas

Técnicas de escritura en español está diseñado para desarrollar y perfeccionar la expresión escrita a partir de una metodología basada en géneros textuales. Cada capítulo está concebido para guiar al escritor en la planificación, el desarrollo y la revisión de textos.

 **◆¿En qué consiste?** En el texto argumentativo se busca persuadir o argumen... ejemplos que contribuyan a sustent... tipo de texto se combina en numerosas ocasione...	**¿EN QUÉ CONSISTE?** Sección introductoria con definiciones de conceptos fundamentales de 8 tipologías textuales: textos narrativos, descriptivos, expositivos, argumentativos, periodísticos, publicitarios, jurídicos y administrativos, científicos y técnicos.
4. El proceso de la argumen... **Actividad 4** **4.a.** Lee el siguiente texto. Fíjate en cómo se desa... entes argumentos que se utilizan y responde a las	**MODELOS TEXTUALES** Análisis de textos de reconocidos escritores, periodistas y autores del mundo hispánico con preguntas de comprensión.
Actividad 1 **1.a.** Lee con atención los diferentes extractos de... identifica el tipo de introducción que se utiliza. Su... porcione la clave.	**ACTIVIDADES DE ESCRITURA** Ejercicios para trabajar el proceso de escritura de manera progresiva y en los que se tienen en cuenta conceptos como la coherencia, la cohesión, los marcadores discursivos, la variación estilística, la precisión léxica y la corrección gramatical.

P. Vocabulario temático: con estilo de una obra literaria

Los siguientes términos y expresiones te permitirá literaria desde tres puntos de vista distintos pero co el contenido y el estilo.

PRÁCTICAS DE GRAMÁTICA, ESTILO Y VOCABULARIO TEMÁTICO Fuentes adicionales al final de cada capítulo para trabajar el vocabulario de manera temática y seguir mejorando la corrección gramatical y estilística.

P. Actividades de corrección gramática

A. Corrige el único error gramatical que aparece e detectas, subraya la información donde crees que

PAUTAS Y TEMAS PARA LA ESCRITURA Propuestas temáticas variadas al final de cada capítulo para practicar la escritura.

Portal de escritura

 www.portaldeescritura.com

Técnicas de escritura en español y géneros textuales va acompañado del *Portal de escritura*.

Recursos para el aprendizaje y la enseñanza de la escritura

En dicho espacio se incluyen materiales, actividades, bibliografía especializada y recursos adicionales tanto para los docentes como para los aprendices de escritura. También incorpora un espacio exclusivo para el profesor.

- Información sobre géneros textuales.
- Actividades complementarias.
- Tareas adicionales para la escritura.
- Modelos de textos y recursos.
- Bibliografía especializada.

Espacio para el profesor

- Presentaciones de PowerPoint con los principales aspectos teóricos de cada capítulo.
- Infografías y materiales adicionales para la enseñanza de la escritura.

Agradecimientos

Nos gustaría darles las gracias a los profesionales de la enseñanza que a lo largo de los años han apostado por esta publicación como el principal recurso en sus clases de lengua. Gracias a sus valiosos comentarios hemos podido desarrollar una segunda edición que tiene en cuenta aspectos pedagógicos y curriculares de la enseñanza de la destreza escrita en diferentes países. Las novedades introducidas en el libro también dan respuesta a la evolución de las prácticas docentes en la última década y ofrecen materiales adicionales y recursos de gran utilidad para el perfeccionamiento de la escritura.

En primer lugar, nos gustaría agradecer el apoyo prestado por los siguientes escritores que, de manera completamente desinteresada, han colaborado con sus textos para que los estudiantes de español puedan apreciar su excelente prosa: Agustín Sánchez Vidal, Javier Marías, Rosa Montero, Arturo Pérez-Reverte, Santiago Roncagliolo, Luis García Jambrina, José María Merino, Quim Monzó y Luis Piedrahita. También nos gustaría extender nuestro agradecimiento a los periodistas y demás miembros del gremio de medios de comunicación: Héctor Luesma Gazol, Maica Rivera, Daniel Méndez (*XLSemanal*), Walter Oppenheimer (*El País*), Emili J. Blasco (*ABC*), Celia Maza de Pablo (*La Razón*), Carmen Fernández Aguilar (*ADN*), Andrés Lajous (*El Universal*), Sara García Monge (*ABC*), Elisa Coello, Tereixa Constenla, Rosa Rivas y Ramón Muñoz (*El País*), Mercedes Baztán (*XLSemanal*), María José Nieto Morillo, María Romero, Sonia González, Cristina de Martos, Rodrigo Zuleta y Laura Tardón (*El Mundo*), Carlos Dorat (Agencia DPA), Ana Vaca de Osma Zunzunegui y Manuela Tallón Fernández (Agencia EFE), Marta Robles, Elena Represa, J. Portillo y Ana Matute (*Cinco Días*), Adrián Cobos e Iñaki Berazaluce (*20 minutos*), David Serrano-Dolader (Universidad de Zaragoza), *El Economista América*, Pablo Linde (*El País*), Paz Álvarez (*Cinco Días*) e Ignacio Morgado Bernal (*El País*).

Nos sentimos en deuda con las siguientes empresas, organizaciones, instituciones y personas. Las agencias literarias: *Carmen Balcells*, Carina Pons y Ana Paz; *Casanovas & Lynch*, Lourdes Serra; *Acantilado*, Erika Callizo; *Raquel de la Concha*, Ana Lyons, y *Anagrama*, Paula Canal y Jorge Herralde, por gestionar de manera tan eficiente los permisos necesarios. Eucerin, Shiseido Men, Acaí Extract, Dr. Scholl, Mexitreat, Garvey, Elgorriaga, Eroski, Movistar, Renfe, Ibercaja, ASELE, el Ministerio Español de Agricultura, Pesca y Alimentación, la Junta de Comunidades de Castilla-La Mancha, la Comunidad

de Madrid (www.madrid.org), www.modelocurriculum.net, www.cuentosparadormir.com
(Pedro Pablo Sacristán), la Universidad de Buenos Aires, la Universidad Central de
Venezuela, el Museo Guggenheim de Nueva York y el Museo de las Ciencias de Valencia.
También, por cedernos sus imágenes: Coca-Cola (Fernando Ramos Celestino y
Alejandro Melcón Ordóñez), tienda de deportes Sasco, el Ayuntamiento de Salamanca
y la Consejería de Medio Ambiente, Paweł Adrjan, y Marta Muñoz-Basols por compartir
sus conocimientos sobre farmacología y poner a nuestra disposición numerosos
materiales de carácter científico.

Asimismo nos gustaría darles las gracias a los colegas del Departamento de Español
de la Universidad de Oxford, en especial a Juan-Carlos Conde, Oliver Noble Wood, Xon
de Ros, Jonathan Thacker, María del Pilar Blanco, Laura Lonsdale, Daniela Omlor,
Geraldine Hazbun, Víctor Acedo-Matellán, Alice Brooke, Ben Bollig, Imogen Choi,
Dominic Moran, Olivia Vázquez-Medina, Roy Norton, María Morrás, Alejandra Crosta,
Teresa Mena Benet, Enrique del Rey Cabero, Diana Berruezo Sánchez, Laura Acosta-
Ortega, Daniel Cabeza-Campillo, Elisabeth Bolorinos Allard, Rosa Bercero, Anna
Paradís y Alba Cid; de la Escuela Oficial de Idiomas de Madrid y de Zaragoza, y de
Trinity School en Nueva York, cuyos consejos y sugerencias han contribuido a
enriquecer este libro, en especial, a Marianne David, por sus aportaciones a la
primera edición. A nuestro principal apoyo en la editorial Routledge, Samantha Vale
Noya y Rosie McEwan, por todo su entusiasmo e inestimable ayuda durante la
elaboración de este proyecto, a Rosemary Morlin por su minuciosidad profesional en la
tarea de edición, a Silvia Xicola-Tugas, Sonia Bailini y Carlos Soler Montes por sus
excelentes sugerencias, y a Sofia Kaba-Ferreiro por su magnífico trabajo gráfico y
artístico.

Y, por último, a Paweł Adrjan por leer cada página del libro, por sus comentarios y
sugerencias, inagotable paciencia y valiosa ayuda técnica, a nuestras respectivas
familias por todo el apoyo prestado y, muy especialmente, a los estudiantes de español
de la Universidad de Oxford, de las Escuelas Oficiales de Idiomas de la Comunidad de
Madrid y de la Comunidad de Aragón, la Universidad Carlos III de Madrid y Trinity
School de Nueva York, por proporcionarnos la información y la motivación necesarias
para poder escribir este libro.

Introducción

1. El aprendizaje y la enseñanza de la escritura

La escritura es una de las habilidades comunicativas que mayor desafío representa para un hablante. Adentrarse por los arduos caminos de la precisión gramatical, léxica, estilística —o del uso correcto de la puntuación— requiere práctica, profundizar en el conocimiento de la técnica y, sobre todo, entender a quién va dirigido un texto para cumplir con las expectativas de su destinatario.

Enseñar a escribir constituye asimismo un verdadero reto para cualquier profesor. El docente debe saber reconocer en la *expresión escrita* una manifestación comunicativa enmarcada en parámetros lingüísticos, textuales, pragmáticos y culturales aunque, a su vez, de carácter sumamente personal. Por esta razón, el profesor debe familiarizarse con las diferentes experiencias de escritura y perfiles de aprendizaje presentes en el aula, al ser estos un vivo reflejo de cómo cada aprendiz se enfrenta a la página en blanco.

Los hábitos de escritura en la era digital nos convierten en ávidos emisores y receptores de textos y mensajes. En dichos actos comunicativos integramos una diversidad de modalidades discursivas y géneros textuales. No es de extrañar, por lo tanto, que en un correo electrónico tengamos que ser capaces de *narrar, describir, exponer* y *argumentar*. Tampoco nos sorprende enfrentarnos a diario a la característica retórica de titulares y *textos periodísticos* o al lenguaje metafórico y subliminal —que capta nuestra atención en cuestión de segundos— de los *textos publicitarios*. Del mismo modo, como parte del ámbito social en el que nos desenvolvemos, estamos acostumbrados a producir *textos jurídicos y administrativos* que requieren el uso de un lenguaje especializado. Por último, los *textos científicos* y *técnicos* constituyen un aspecto cada vez más presente en los medios de comunicación y, por extensión, en nuestras vidas.

El presente método, *Técnicas de escritura en español y géneros textuales / Developing Writing Skills in Spanish*, recoge las principales modalidades discursivas necesarias para desenvolverse en la sociedad. Su objetivo consiste en guiar a cualquier escritor en español, ya sea aprendiz de segundas lenguas (L2), lengua materna (L1), o español como lengua de herencia (LH), y empoderar su expresión escrita. En estas páginas, el lector encontrará un importante caudal de información que le permitirá reflexionar sobre la escritura, apreciar modelos de lengua, ampliar su repertorio de expresiones, y aplicar técnicas y estrategias para potenciar su competencia y creatividad como escritor.

2. El origen de la pedagogía basada en géneros textuales

El método para el aprendizaje de la escritura de este libro sigue los principios de la pedagogía basada en géneros (*genre-based pedagogy*). En 1994 se acuña el término Sydney School (Green y Lee 1994; Rose y Martin 2012) para hacer referencia al trabajo llevado a cabo una década antes en el Departamento de Lingüística de la University of Sydney. Un concepto central de la llamada Sydney School es que para lograr una enseñanza eficaz de la lectoescritura es necesario proporcionar un conocimiento explícito sobre la lengua (Rose y Martin 2012, 58). Es decir, resulta imprescindible mostrar la producción de un texto como un proceso que se desarrolla en distintas etapas orientadas a la consecución de un objetivo comunicativo concreto.

En sus orígenes, la pedagogía basada en géneros transcurre en diferentes fases (Rose y Martin 2012, 1–3). En la década de los 80, el programa *Writing Project and Language and Social Power* sienta las bases de cómo la lengua puede servir para transformar las prácticas de escritura de estudiantes de educación primaria. En los años 90, *Write it Right* incorpora en la escuela secundaria una variedad de géneros que los estudiantes van a leer o sobre los que van a escribir. En la década del 2000, el proyecto *Reading to Learn* elabora, a partir del trabajo anterior, una metodología que integra la lectoescritura como parte del aprendizaje en el diseño curricular de todos los niveles educativos.

Como explican Rose y Martin (2012, 1–3), Australia a lo largo del siglo XX es un país receptor de inmigrantes y, por lo tanto, un microcosmos precursor de cambios sociales que más adelante se producirán en otras partes del mundo. En 1980, un tercio de su población había nacido fuera del país; muchos habitantes procedían de países no anglófonos, otros vivían en zonas rurales, con poco acceso a la educación, y existía además un amplio sector de población autóctona indígena sin escolarizar.

En 1994 solamente había escuelas secundarias para la mitad de la población. A partir de esta década, el problema más palpable en el sistema educativo australiano era la presencia de escuelas en las zonas urbanas que cubría las necesidades de las familias de clase media, pero que dejaba desatendidas a las poblaciones rurales e indígenas. Los estudiantes de estos sectores más desfavorecidos no habían llegado a adquirir fluidez en la lectura, tenían dificultades a la hora de escribir, desconocían la ortografía del idioma y muchos no eran hablantes nativos de inglés.

De esta manera, la pedagogía basada en géneros surgió como una respuesta a la complejidad educativa y social a la que se enfrentaba el país. Aplicada a lo largo de distintas décadas, esta pedagogía consiguió que los aprendices, independientemente de su perfil lingüístico, fueran capaces de aprovechar este aprendizaje basado en el análisis de géneros textuales para desarrollar y potenciar su producción escrita en la lengua.

Como se puede observar en la selección de contenidos de este libro, familiarizarse con las técnicas propias de una tipología textual hace posible superar la barrera lingüística y cultural que la producción escrita supone para cualquier aprendiz. Así, en esta publicación, el lector encontrará una selección de contenidos que le ayudarán a progresar en el dominio de la escritura mediante la observación de textos auténticos y la puesta en práctica de actividades de escritura específicas para cada modalidad.

3. Contenidos del libro

Técnicas de escritura en español y géneros textuales / Developing Writing Skills in Spanish se compone de nueve capítulos. Los ocho primeros están dedicados a abordar las características de un género textual específico y en el capítulo nueve se presenta información adicional y consejos sobre la escritura.

Capítulo 1 – El texto narrativo (*Narrative Writing*)

Este capítulo proporciona una panorámica sobre la narración en textos literarios y no literarios. Se incluyen fragmentos de tipologías textuales que muestran los elementos básicos de la narración, el punto de vista, el tiempo y el espacio; la estructura interna de un texto narrativo (introducción, nudo y desenlace); los personajes, los diálogos y la acción. También se detallan técnicas y prácticas de escritura que permiten crear este tipo de textos en los que prima la narración, ya sea desde un punto de vista real o ficticio. Con toda esta información, el lector podrá reconocer las principales características de este tipo de textos y aprender a inspirarse en diferentes modelos a la hora de crear un relato literario.

Capítulo 2 – El texto descriptivo (*Descriptive Writing*)

En este capítulo se presentan los textos descriptivos de carácter objetivo y subjetivo. Para ello, se introduce de manera gradual el funcionamiento de la descripción en español prestando especial atención al uso y a la posición del adjetivo en función del contexto y tipo de texto en el que aparece. El lector podrá observar cómo la descripción contribuye a dotar al texto de significado —informativo y/o poético— y distinguir entre los diferentes matices que se obtienen mediante este proceso. Del mismo modo, aprenderá a seleccionar las unidades léxicas necesarias para este fin y a crear sus propias descripciones de lugares, objetos, personajes, sensaciones y representaciones visuales. Por último, será capaz de apreciar cómo se configuran los principales tipos de descripción literaria.

Capítulo 3 – El texto expositivo (*Expository Writing*)

Los textos expositivos buscan informar, aclarar y exponer una tesis o idea concreta. En este capítulo se brindan pautas sobre cómo estructurar las principales partes de esta tipología textual (introducción, desarrollo y conclusión) y cómo implementar técnicas propias de la exposición. Como punto de partida se presentan actividades para la planificación del texto (lluvia de ideas, mapas mentales…) y la estructuración interna y externa (tipos de párrafos, la coherencia, la cohesión y la adecuación textual). Se incluyen, además, estrategias discursivas como la búsqueda de un estilo variado y el uso de alternativas a algunos verbos comodín (*tener, poner, decir*). Con esta información, el lector aprenderá a elaborar este tipo de textos teniendo en cuenta sus características estructurales y estilísticas.

Capítulo 4 – El texto argumentativo (*Persuasive Writing*)

Similar al texto expositivo en cuanto a su función informativa, el texto argumentativo pone mayor énfasis persuasivo en las ideas que se transmiten. Su objetivo no consiste solamente en informar al lector, sino también en convencerlo. En este capítulo, se muestra cómo seleccionar estratégicamente diferentes tipos de introducción y conclusión, además de cómo construir argumentos y contraargumentos. También se practican técnicas de escritura que incorporan diferentes registros y el manejo de marcadores textuales para sustentar un punto de vista determinado. Se amplía además el repertorio de técnicas estilísticas con el uso de alternativas a algunos verbos comodín (*hacer, haber, dar*) y la precisión léxica mediante la selección de vocabulario temático. Con todo, el lector será capaz de expresar sus opiniones de manera convincente y con un registro apropiado.

Capítulo 5 – El texto periodístico (*Journalistic Writing*)

Debido al impacto de los medios de comunicación, existen numerosos tipos de textos periodísticos que se hacen eco de la realidad con el objetivo de no solamente informar, sino también entretener y persuadir. Así, este capítulo reúne géneros (noticias, artículos y columnas de opinión, reportajes, entrevistas) que permiten contrastar sus principales rasgos. Mediante diferentes actividades, será posible familiarizarse con las técnicas propias de la escritura periodística, la creación de títulos y entradillas de noticias, aplicando el concepto de "pirámide invertida" a partir de las seis preguntas fundamentales: *qué, quién, cómo, cuándo, dónde y por qué*. En este proceso se aprenderá asimismo a prestar atención a la búsqueda de la objetividad. Del mismo modo, se aprenderá a analizar la información según el emisor y sus destinatarios, y a apreciar cómo la subjetividad puede orientar la interpretación de la información que se presenta.

Capítulo 6 – El texto publicitario (*The Language of Advertising*)

En este capítulo se realiza un análisis de los rasgos lingüísticos y estilísticos empleados en la publicidad para captar la atención del receptor de un texto. También se presentan las principales técnicas discursivas que aparecen en los mensajes publicitarios para apelar a las emociones. Se analiza la estructura y los componentes de esta tipología textual, en la que se combina el mensaje literal o explícito con el metafórico o implícito. Las actividades permiten ejercitarse en la diversidad de formatos que ofrece la publicidad —con su particular sintaxis y léxico— que invita a la utilización de un componente lúdico, creativo, y humorístico, que incluye, entre otros recursos, expresiones idiomáticas, metáforas, metonimias e hipérboles. De esta forma, el lector se familiarizará con los objetivos de la publicidad comercial e institucional a la vez que aprende a crear sus propios enunciados publicitarios.

Capítulo 7 – El texto jurídico y administrativo (*Legal and Administrative Documents*)

Para desenvolverse en distintos contextos profesionales es necesario estar familiarizado con textos que pertenecen a los ámbitos jurídico y administrativo. Así, este capítulo pretende ser un acercamiento a la comprensión e interpretación de este tipo de textos y a la posibilidad de que el lector pueda redactar algunos de ellos. Las actividades propuestas ayudan a identificar las características de documentos oficiales, teniendo en cuenta su estructura, formato y lenguaje, como el uso de una sintaxis compleja, el empleo de estructuras fijas y de un léxico específico. Se presentan, además, modelos de textos para el ámbito profesional como el currículum o la carta de presentación o recomendación. De esta manera, el lector podrá apreciar los rasgos principales de estos textos y comprobar su utilidad en el ámbito público y profesional.

Capítulo 8 – El texto científico y técnico (*Scientific and Technical Writing*)

Este capítulo sirve de toma de contacto con los textos científicos y técnicos a partir de muestras auténticas que pertenecen a los ámbitos de la medicina, la economía, la ciencia y la tecnología. Se analiza la especificidad del lenguaje empleado en esta tipología textual, el cual se caracteriza por la claridad, la precisión, el manejo de datos, el rigor de la información que se presenta, el uso de un lenguaje denotativo y un vocabulario especializado. Las actividades que se incluyen ayudarán al lector a familiarizarse con la terminología propia de un área de conocimiento, teniendo en cuenta tanto prefijos y sufijos grecolatinos como extranjerismos de uso común. Además de estos recursos, la variedad de temas del capítulo servirá de estímulo para que el lector aprenda a redactar sus propios textos de divulgación científica.

Capítulo 9 – Consejos adicionales para escribir correctamente (*Revising, Refining and Proofreading*)

En este capítulo se recogen consejos prácticos para la escritura: desde la elaboración de un diario de aprendizaje hasta la revisión y corrección de textos. Además se ofrece información adicional para profundizar en las técnicas imprescindibles de la expresión escrita: la corrección gramatical, la precisión en el uso del lenguaje y el estilo, y las normas ortográficas y de puntuación. También se incluyen pautas sobre cómo hacer un uso eficaz del diccionario y de otros recursos en línea y una serie de reglas o consejos que se pueden seguir antes, durante y después de la escritura. El lector aprenderá asimismo a revisar sus textos con el uso de unas tablas de autoevaluación. Se incluye, además, un útil recuadro con marcadores textuales clasificados según su función comunicativa. Debido a su versatilidad, el contenido de este capítulo se puede abordar en cualquier momento o como información de consulta.

Soluciones a las actividades y recursos en línea

Al final del volumen se incluyen las soluciones a todas las actividades de los capítulos. En muchos casos, se han incluido modelos de textos como posibles respuestas. El libro se complementa además con un "Portal de escritura en español" de libre acceso (www.portaldeescritura.com) que sigue la misma estructura del libro. En el mismo se incluyen contenidos adicionales, recursos y actividades complementarias para practicar la escritura.

4. Sobre la primera edición de *Developing Writing Skills in Spanish*

La primera edición de *Developing Writing Skills in Spanish* se publicó en 2011. Desde su aparición, el libro se ha ido incorporando en cursos de enseñanza de lengua de diferentes países tanto en programas en los que se enseña español como segunda lengua, como en cursos de lengua para hablantes nativos y de español como lengua de herencia. A continuación, recogemos extractos de algunas de las reseñas de la publicación a modo de información adicional.

Tras la primera edición, algunos especialistas destacaban el hecho de que este fuera el primer libro de escritura en español de nivel avanzado en incorporar la enseñanza mediante géneros textuales. Del mismo modo, se mencionaba la selección de materiales auténticos para potenciar la comprensión lectora, la reflexión analítica y la destreza escrita, la claridad a la hora de presentar la información y la capacidad de la publicación de servir de guía para la escritura en español:

"This is an excellent handbook for developing writing skills in Spanish: carefully devised and structured, rigorously compiled, clearly written and pedagogically very sound. It presents a rich selection of texts and examples from a wide range of genres, including original material as well as articles and essays from notable Hispanic authors, aimed at developing reading comprehension and analytical skills together with writing competence. Both theoretical and practical in its approach, the book offers guidance on how to plan, structure and write a variety of texts through sequenced exercises on style, vocabulary, grammar, syntax, punctuation and writing conventions. [...] The level of detail and clarity of explanations are commendable. It is a most welcome and needed volume that fills with great success a substantial gap in the Spanish language materials available to advanced learners" (Carreres y Noriega-Sánchez 2013, 1188–1189).

Otros especialistas mencionaban aspectos como la versatilidad de la estructura de la publicación, ya que se puede adecuar a cualquier programa de escritura según su diseño curricular (véanse las diferentes "Rutas para la escritura" al final de esta introducción). También observaban que las actividades se habían diseñado teniendo en mente al estudiante y con un enfoque motivador que les conduce hasta la consecución de un objetivo. Del mismo modo, se destacaba la inclusión de las respuestas al final del libro como recurso para el autoaprendizaje:

"The distinctive features of this resource are the clarity of its explanations and structure and the wide variety and quality of the activities [...]. *Developing Writing Skills in Spanish* is a very versatile resource. It could be used as a classroom textbook in a course devoted to writing skills, or its individual chapters or activities could help complement any general language course. The fact that answers are included at the end makes the book a good resource for self-study too. [...] This well thought-out and motivating resource will be very useful in helping advanced students to achieve writing proficiency and it should therefore have an important role to play in Spanish courses for students of Spanish in higher education" (López 2012).

Los profesores que han hecho uso de la publicación han constatado que una gran parte de las actividades del volumen se pueden utilizar también para el perfeccionamiento de la escritura de hablantes nativos. Así ha quedado reflejado igualmente en las reseñas, donde se comenta que la variedad de destinatarios del libro lo convierte en un recurso para enseñar a escribir en español a estudiantes con distintos perfiles lingüísticos (niveles intermedio-alto, avanzado y hablantes de herencia):

"This book has been designed as a classroom text; however it may also be suitable as a supplement or reference text for teachers of Spanish as a second language preparing classes for intermediate and advanced students. It could also be used successfully by teachers of advanced Spanish heritage students to prepare these classes" (Watson 2012, 205).

Por último, también se mencionaba el potencial del libro como una fuente de acceso a conocimientos culturales y como un instrumento para que cualquier persona pueda explorar al máximo su creatividad en la destreza escrita:

"La cantidad y variedad de textos incluidos en este libro lo convierte en una ventana abierta sobre la cultura hispánica. [...] Esta gran variedad está sin duda al servicio de la creatividad, ya que uno de los objetivos de los autores es que los usuarios de este libro sean capaces de producir sus propios textos" (Gironzetti 2011).

En definitiva, trabajar la escritura mediante géneros textuales hace posible que cualquier persona interesada en dominar esta destreza pueda adentrase en cada una de las modalidades textuales a las que los hablantes se ven expuestos en el ámbito personal, público e institucional. Como se explica a continuación, con esta segunda edición hemos querido dar un paso más allá. Para ello, debemos agradecer como punto de partida los numerosos comentarios de profesores y estudiantes que han hecho uso de este recurso durante más de una década.

5. Novedades de la segunda edición de *Developing Writing Skills in Spanish*

Para la elaboración de este volumen se han consultado obras como el *Diccionario panhispánico de dudas* (2005), la *Nueva gramática de la lengua española* (2009), la *Nueva gramática básica de la lengua española* (2011), la *Ortografía de la lengua española* (2010), la vigésima tercera edición del *Diccionario de la lengua española* (2014), todas ellas fruto de la colaboración entre instituciones como la Real Academia Española y la Asociación de Academias de la Lengua Española. También se ha consultado el *Libro de estilo de la lengua española según la norma panhispánica* (2018) y los nuevos descriptores del *Common European Framework of Reference for Languages: Learning, Teaching, Assessment* (2018), en especial, cómo potenciar la mediación lingüística en la enseñanza de la lengua.

Durante la actualización del manuscrito se han tenido en cuenta los comentarios de numerosos profesionales del español de todo el mundo que han estado utilizando la primera edición del libro durante la última década. A continuación, se destacan algunas de las novedades que incorpora esta segunda edición de *Técnicas de escritura en español y géneros textuales / Developing Writing Skills in Spanish*.

5.1. Nuevo título bilingüe

La publicación incorpora un nuevo título bilingüe más explicativo, *Técnicas de escritura en español y géneros textuales / Developing Writing Skills in Spanish*, que incluye los aspectos principales en cada uno de los capítulos: las técnicas que se ofrecen y permiten enfrentarse con éxito a la escritura de diferentes géneros textuales. Asimismo, resulta imprescindible que cualquier escritor aprenda a reconocer los parámetros textuales, lingüísticos y culturales que gobiernan un acto comunicativo y esté familiarizado con las técnicas propias de un género textual. Estos dos aspectos vertebran el presente libro y resumen su filosofía. La inclusión de un título bilingüe responde igualmente al objetivo de dar visibilidad a la publicación en países de habla hispana donde tanto usuarios de español como segunda lengua, primera, o como lengua de herencia, pueden valerse de esta herramienta de aprendizaje.

5.2. Cuestionario para la escritura

Uno de los primeros pasos antes de producir un texto escrito consiste en reflexionar sobre las experiencias previas en relación con la escritura. Por esta razón, se ha incluido en el libro el cuestionario "Hábitos de escritura" como punto de partida. En el mismo se conjugan preguntas —del ámbito personal, académico y profesional— que indagan sobre las creencias individuales en el manejo de la lengua, los hábitos de escritura (proceso, técnicas y recursos), las experiencias con diferentes tipologías textuales y las percepciones y expectativas sobre la escritura. El profesor puede utilizar toda esta información desde la primera clase para conocer la trayectoria de cada uno de sus estudiantes y descubrir sus motivaciones e intereses para perfeccionar esta habilidad. El cuestionario hace posible además que el profesor pueda identificar en su conjunto las necesidades propias de cada grupo de aprendices.

5.3. Objetivos y prácticas de escritura

Al comienzo de cada capítulo se detallan los principales *objetivos* para que tanto el profesor como el estudiante tengan presentes en todo momento las características y técnicas propias de la producción de un género textual. También se ha incluido un listado de *prácticas escritas* o tareas de producción textual, que incluyen la mediación lingüística según el *Common European Framework of Reference for Languages* (2018), las cuales se irán practicando de manera progresiva en relación con cada género. El estudiante puede hacer uso de estos listados a modo de guía para monitorizar lo que ha ido aprendiendo y practicando.

5.4. Nuevos contenidos y actividades

En todos los capítulos se han incluido actividades nuevas con contenidos de actualidad. También se han actualizado otras mediante un nuevo diseño, enfoque o ampliación. Con ello, se pretende proporcionar más oportunidades para la escritura y ofrecer al lector otros modelos de lengua que se puedan considerar para la producción textual. Se han reforzado asimismo las descripciones de algunas actividades con pautas adicionales para su realización. Al término de cada capítulo, se han ampliado los temas de la tarea final de escritura desde diferentes puntos de vista. De esta forma, el estudiante puede seleccionar de entre un amplio repertorio de temas los que mejor se adapten a sus gustos e intereses.

5.5. Vocabulario temático

Además del vocabulario que aparece en la teoría, los textos y las actividades, para esta segunda edición se ha considerado oportuno dotar a la publicación de una mayor presencia de términos clave para la escritura. Para ello, al final de cada capítulo se han incluido repertorios de vocabulario temático de áreas conectadas temáticamente con los distintos géneros textuales:

1 El texto narrativo → El contexto, el contenido y el estilo de una obra literaria;
2 El texto descriptivo → Vocabulario para describir una persona, un lugar, una sensación, y una imagen;
3 El texto expositivo → Expresiones para exponer información;
4 El texto argumentativo → Expresiones para argumentar y contraargumentar;
5 El texto periodístico → Vocabulario de la prensa;
6 El texto publicitario → El mensaje, el formato y el producto en los textos publicitarios;
7 El texto jurídico y administrativo → Vocabulario del ámbito jurídico y administrativo;
8 El texto científico y técnico → La salud, el medioambiente, la economía y la ciencia.

Este vocabulario también es de utilidad para el desarrollo de la expresión oral. Dichos términos se pueden utilizar, además, a la hora de elaborar una lluvia de ideas y durante la planificación de la escritura.

5.6. Ejercicios de corrección gramatical y estilo

De entre todos los comentarios recibidos para esta segunda edición, muchos profesores nos animaron a incluir un mayor número de dinámicas para trabajar la corrección gramatical y estilística. Para esta nueva edición, se han incorporado al final de cada capítulo actividades destinadas a trabajar estos dos importantes componentes de la escritura: la capacidad de detectar errores y aprender a corregirlos, y la mejora de la expresión mediante la reescritura y la búsqueda de alternativas estilísticas morfosintácticas y léxicas. Estas prácticas se pueden realizar al comienzo de la clase durante diez minutos, con una puesta en común posterior, o cuando el estudiante desee practicar este aspecto de manera autónoma. Estas actividades están basadas en corpus de errores auténticos recogidos en clase. La práctica de estas dinámicas afianza la corrección gramatical, la detección y prevención de posibles errores. Del mismo modo, anima al estudiante a identificar alternativas estilísticas que no solo tienen en cuenta el significado, sino también la sonoridad del idioma para evitar las redundancias fónicas en una oración. En última instancia, estas dinámicas contribuyen a que el estudiante aprenda a ser más crítico con su producción escrita.

5.7. Ampliación de las respuestas

En esta segunda edición se han reforzado los contenidos de las soluciones a los ejercicios de escritura y los modelos de textos que se incluyen a modo de posibles producciones textuales. Con esta información, el estudiante puede contrastar su propia escritura y utilizar estos contenidos a modo de guía. La información también se ha reforzado y ampliado para incluir un mayor número de ejemplos en las actividades de respuesta libre. Con todo, se pretende que las personas que utilizan la publicación como parte de un curso de escritura, o como material de autoaprendizaje, tengan acceso a modelos variados de lengua y puedan contrastar sus textos con otras propuestas sobre un mismo tema.

5.8. Rutas para la escritura

Incluimos en esta nueva edición posibles rutas o itinerarios de aprendizaje para la escritura que el profesor puede seguir en la preparación y planificación de sus clases. El punto de partida es la identificación de las necesidades de escritura de un grupo concreto para lo que se puede hacer uso del cuestionario "Hábitos de escritura". Estos itinerarios se ajustan a los capítulos que conforman el libro según los objetivos del curso y el tipo de escritura que se quiera practicar. Así, se han identificado cuatro rutas principales para trabajar diferentes tipos de escritura:

Ruta 1 – *Escritura creativa*
cap. 9 (consejos) → cap. 1 (textos narrativos) → cap. 2 (textos descriptivos) → cap. 6 (textos publicitarios)

Ruta 2 – *Escritura periodística*
cap. 9 (consejos) → cap. 5 (textos periodísticos) → cap. 3 (textos expositivos) → cap. 4 (textos argumentativos)

Ruta 3 – *Escritura académica*
cap. 9 (consejos) → cap. 3 (textos expositivos) → cap. 4 (textos argumentativos)

Ruta 4 – *Escritura para las profesiones*
cap. 9 (consejos) → cap. 7 (textos jurídicos y administrativos) → cap. 8 (textos científicos y técnicos) → cap. 6 (textos publicitarios)

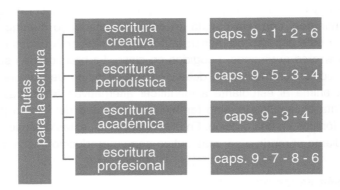

5.9. Guía del profesor

En la guía del profesor se han actualizado y ampliado los contenidos. Para ello, se detallan una serie de recursos que se pueden utilizar para dedicar más tiempo al perfeccionamiento de un género textual y hacer hincapié en determinados aspectos de la escritura en función de las necesidades del grupo. En esta guía se establecen conexiones entre los contenidos del libro con el "Portal de escritura en español" (www.portaldeescritura.com).

5.10. Portal de escritura en español: www.portaldeescritura.com

Para esta segunda edición se ha desarrollado el proyecto de Humanidades Digitales *Portal de escritura en español* (www.portaldeescritura.com). En dicho Portal se proporcionan materiales, actividades, bibliografía especializada y recursos adicionales tanto para los docentes como para los aprendices de escritura. También incorpora un espacio exclusivo para el profesor. Practicar la escritura es una de las actividades más colaborativas y dinámicas que existen, dada la cantidad de textos que generamos e intercambiamos en nuestro ámbito personal y laboral. Sin embargo, se trata de una habilidad que tradicionalmente se ha desarrollado en solitario, en especial, en la enseñanza y el aprendizaje de lenguas. Hoy en día, la tecnología hace posible la telecolaboración y, por lo tanto, compartir conocimientos y experiencias a distancia. Este Portal está concebido de manera colaborativa para que cualquier docente pueda contactar con los autores y compartir comentarios, sugerencias y recursos que hagan de este espacio un lugar de encuentro y una herramienta que puedan integrar en sus clases.

CUESTIONARIO: "HÁBITOS DE ESCRITURA"

1. ¿Qué actividad se te da mejor en español? Numéralas del 1 al 4 empezando por la más fácil.

- ☐ la producción y mediación oral
- ☐ la comprensión de textos orales
- ☐ la producción y mediación escrita
- ☐ la comprensión de textos escritos

2. ¿Qué es lo que menos te cuesta a la hora de escribir? Numéralo del 1 al 6 empezando por lo más fácil.

- ☐ estructurar un texto
- ☐ encontrar ideas y argumentos que sean interesantes
- ☐ seleccionar el vocabulario adecuado
- ☐ utilizar la gramática correctamente
- ☐ incorporar conectores textuales
- ☐ conseguir un estilo apropiado (informal / formal)

Otros:

¿Por qué?

3. ¿Cuál de las siguientes afirmaciones describe mejor tus hábitos de escritura?

- ☐ Intento terminar lo que escribo de una sola vez hasta que consigo que me guste.
- ☐ Redacto unos párrafos y repaso lo que escribo al día siguiente o pasados unos días.

¿Por qué?

4. ¿Qué técnicas utilizas para planificar un texto? Numéralas del 1 al 6 empezando por la más habitual.

- ☐ anotar ideas sueltas
- ☐ escribir un primer borrador completo
- ☐ elaborar un esquema de cada parte del texto
- ☐ buscar vocabulario temático
- ☐ seleccionar conectores textuales
- ☐ utilizar expresiones idiomáticas
- ☐ buscar modelos de textos similares

Otras:

5. ¿Qué recursos utilizas como ayuda para escribir un texto? (Ej. diccionarios, corpus, correctores, páginas webs, repertorios de vocabulario temático…).

6. ¿En qué consisten tus hábitos de escritura en el ámbito personal, profesional o académico? ¿Cuáles son tus necesidades más inmediatas como escritor/a?

7.a. Numera del 1 (más común) al 8 (menos común) los siguientes tipos de texto en función de los que estás acostumbrado a leer:

☐ textos narrativos (cuentos, microrrelatos, novelas…).

☐ textos descriptivos (describir un objeto, un lugar, un paisaje, una persona…).

☐ textos expositivos (un examen, un ensayo, una redacción, un trabajo académico, una conferencia, un informe…).

☐ textos argumentativos (un ensayo, una redacción, un trabajo académico…).

☐ textos periodísticos (una noticia, una columna, una entrevista…).

☐ textos publicitarios (un anuncio, un eslogan…).

☐ textos jurídicos y administrativos (un contrato laboral, un contrato de alquiler, un currículum, una carta de presentación, una carta de recomendación…).

☐ textos científicos (medicina, economía, tecnología…).

7.b. Numera del 1 al 8 los siguientes tipos de texto en función de los que sueles escribir en tu vida diaria:

☐ textos narrativos (cuentos, microrrelatos, novelas…).

☐ textos descriptivos (describir un objeto, un lugar, un paisaje, una persona…).

☐ textos expositivos (un examen, un ensayo, una redacción, un trabajo académico, una conferencia, un informe…).

☐ textos argumentativos (un ensayo, una redacción, un trabajo académico…).

☐ textos periodísticos (una noticia, una columna, una entrevista…).

☐ textos publicitarios (un anuncio, un eslogan…).

☐ textos jurídicos y administrativos (un contrato laboral, un contrato de alquiler, un currículum, una carta de presentación, una carta de recomendación…).

☐ textos científicos (medicina, economía, tecnología…).

8. ¿Cuáles de los textos anteriores no has escrito nunca en tu idioma? ¿Y en español? ¿Cuáles son los 2 que más te gustaría aprender? ¿Por qué?

9. ¿Qué sueles leer en español? ¿Tienes algún/a escritor/a o periodista favorito/a? ¿Qué te gusta de su escritura? (Ej. su temática, su estilo, el vocabulario, las expresiones, la ironía, el humor…).

10. ¿Qué es para ti saber escribir bien?

Capítulo 1
El texto narrativo

Objetivos

- Familiarizarse con la narración en textos no literarios y literarios.
- Analizar las principales características de los textos narrativos.
- Observar y descubrir la estructura externa e interna.
- Distinguir los diferentes elementos de una narración.
- Reconocer la intertextualidad en un texto narrativo.
- Tomar conciencia de la fase de creación de un relato.

Prácticas escritas

- Construir un relato en el que se describa un espacio significativo.
- Redactar la continuación de una carta personal.
- Escribir un monólogo en clave de humor.
- Crear un personaje para un texto literario.
- Resumir un relato.
- Imaginar un diálogo a partir de expresiones idiomáticas.
- Escribir un microrrelato.
- Inventar un final para un cuento.
- Elaborar un texto narrativo a partir de todo lo aprendido en este capítulo.

◆ ¿En qué consiste?

El texto narrativo informa sobre una serie de acciones en el tiempo que pueden ser reales o ficticias. La narración es una de las formas de expresión más utilizadas y se suele combinar con la descripción, la exposición y la argumentación. Antes de que aparecieran los alfabetos y la imprenta, las narraciones se transmitían de forma oral.

Dentro del texto narrativo hay que distinguir, por un lado, entre un ámbito **narrativo no literario**, como es el caso de la prensa, la televisión y la radio (reportajes, noticias, crónicas, etc.); el texto histórico, cuyo contenido se basa en hechos concretos que se narran; o el epistolar, en el que se reproduce el intercambio de cartas entre los destinatarios. Por otro lado, **uno narrativo literario** (novelas, relatos o cuentos, leyendas, fábulas, etc.), que además de la literatura puede incluir subgéneros de los medios de comunicación como, por ejemplo, la televisión (guiones de series), la radio (seriales), y el cine (guiones cinematográficos).

El género narrativo aparece también en los cómics, en las novelas gráficas, en las anécdotas y en los chistes, ya sean orales o escritos. En este apartado pueden incluirse los **textos ciberliterarios**, es decir, aquellos que pertenecen a la literatura digital y que se crean exclusivamente en Internet. Su objetivo es también la creación ficcional. Asimismo, ese universo imaginario se integra en los juegos de identidad digital, en la creación de avatares (identidades virtuales), juegos de rol, etc. Ese texto ya no es meramente escrito, sino que puede ser **multimodal** y, por lo tanto, combinarse con imágenes, vídeos, sonidos, etc. Además, los **géneros ciberconversacionales** como los chats, correos electrónicos, wasaps (*WhatsApps*), foros, blogs, también son géneros interactivos en los que se integra la narración. Aparecen también en estos textos elementos no verbales como los emoticonos para expresar diferentes estados de ánimo o representar en una imagen lo que se cuenta al interlocutor.

Todos estos géneros textuales poseen en común que la información se narra desde un punto de vista concreto, se organiza cronológicamente, y se conecta mediante los personajes, el espacio y la acción. Por lo tanto, aunque cuando hablamos del texto narrativo lo hacemos en general para referirnos a los textos literarios, este no es una modalidad exclusiva de la literatura.

1. Los textos narrativos de carácter no literario

Actividad 1

1.a. Observa las siguientes viñetas y responde a las preguntas que aparecen debajo.

LA ESCRITURA A TRAVÉS DE LOS TIEMPOS

- ¿Qué se narra en las siguientes viñetas?
- ¿Cómo han cambiado las prácticas de escritura a lo largo de los tiempos?
- ¿Cómo está influyendo la tecnología en la forma de escribir en la actualidad?
- ¿De qué manera va a evolucionar la escritura en el futuro?

1.b. Lee estas citas de autores célebres sobre la escritura y expresa tu opinión sobre lo que te sugieren.

"El escritor escribe su libro para explicarse a sí mismo lo que no se puede explicar".
Gabriel García Márquez (1927–2014). *Escritor colombiano.*

"Uno escribe pensando en el lector que lleva dentro. Escribes o intentas escribir el libro que te gustaría leer". Rosa Montero (1951–). *Escritora española.*

"Un buen escritor expresa grandes cosas con pequeñas palabras; a la inversa del mal escritor, que dice cosas insignificantes con palabras grandiosas". Ernesto Sábato (1911–2011). *Escritor argentino.*

"La tarea del escritor es una aventura solitaria y conlleva todos los titubeos, incertidumbres y sorpresas propios de cualquier aventura emprendida con entusiasmo". Carmen Martín Gaite (1925–2000). *Escritora española.*

"Escribo para evitar que al miedo de la muerte se agregue el miedo de la vida". Augusto Roa Bastos (1917–2005). *Escritor paraguayo.*

"Escribir para mí no es una profesión, ni siquiera una vocación. Es una manera de estar en el mundo". Ana María Matute (1926–2014). *Escritora española.*

Actividad 2

2.a. Indica a qué tipo de texto pertenece cada uno de los siguientes fragmentos.

☐ una carta / un correo electrónico
☐ una novela
☐ un chiste
☐ un relato / cuento o microrrelato
☐ un anuncio publicitario
☐ una canción

☐ un serial radiofónico
☐ un prospecto médico
☐ una noticia
☐ un guion de televisión o de cine
☐ una receta de cocina

Texto 1

La lechera pragmática

De camino al mercado, la lechera solo pensaba en las ganas que tenía de beber la fresquísima leche del cántaro. Pero logró resistirse, y al llegar le dieron una suma exorbitante por la mercancía. Ello hizo que, en adelante, no soñara lo que habría soñado si el cántaro se hubiese roto.

Irene Brea *en Por favor, sea breve*

Texto 2

El oculista

Saben aquel que dice que va un tío al oculista y le dice al paciente:
–Por favor, caballero, a ver, ¿qué letra ve en la pizarra?
+ La A.
–A ver, no se precipite, por favor. ¿Qué letra es?

+ La A –dice el paciente.

–Está usted nervioso y me está poniendo nervioso a mí. Por última vez, ¿qué letra es?

+ ¡La A!

El oculista se acerca y dice:

–Pues es verdad, ¡es la A!

Por el humorista Eugenio

Texto 3

El gazpacho

Ingredientes: tomates, aceite de oliva, vinagre, sal, pepinos, pimiento verde, agua, ajo y pan.

1. Coloca el pan dentro de un bol con agua.
2. Lava las verduras, córtalas en pequeños trozos y bátelas.
3. Añade un diente de ajo, el pan en remojo, una pizca de sal y un chorrito de aceite y vinagre.
4. Bátelo todo de nuevo y déjalo enfriar en la nevera.

¡Buen provecho!

Texto 4

Origins

Regala a tu piel un cuidado Perfecto.

Descubre Pluscuamperfecto.

Disfruta comprando el suero protector facial "Un Mundo Perfecto".

Texto 5

¡Hola, Javi! ¿Qué tal estás? Hace mucho tiempo que no te escribo y hoy finalmente he decidido vencer la pereza y contarte todo lo que me ha sucedido este verano. ¿Te acuerdas de aquella chica de la que te hablé...?

Texto 6

río abajo corre el agua
río abajo, rumbo al mar
desde el puente
veo el agua del río pasar y pasar

miro abajo y río
de (al) verme pensar:
que yo soy el agua
y tú la ley de gravedad

"Río abajo", Jorge Drexler

Texto 7

El pasado 7 de septiembre fueron detenidos dos hombres encapuchados que intentaban apropiarse de las joyas que tiene la familia Sánchez en la conocida calle Serrano de Madrid. A plena luz del día, maniataron al joyero y empezaron a robar las joyas. El atraco se vio frustrado por la rápida llegada de la policía, ya que el dueño había pulsado una alarma situada debajo del mostrador.

Texto 8

MYCOSTATIN, suspensión oral

Instrucciones de uso y manipulación

No tome este producto:
– Si tiene antecedentes de hipersensibilidad (alergia) a nistatina o a alguno de los demás componentes del medicamento.
– En caso de aparición de irritación o sensibilización, consulte inmediatamente con su médico.
– Si no obtiene una respuesta terapéutica después de 14 días de tomar la suspensión oral, consulte con su médico.
– Aunque se produzca alivio de los síntomas en los primeros días del tratamiento, no debe interrumpirlo hasta completar el ciclo que le ha indicado su médico.

Texto 9

6. CARRETERA. EXTERIOR. DÍA
Vemos en un *flashback* del comienzo de la historia a Ángel intentando coger el cordero en la carretera, pero siempre se le escapa en el último momento. De pronto oye...

MARI (OFF)
¡¡Tonto!!... ¡¡Tonto!!...
Ángel se vuelve y ve a Mari subida en la moto de motocross, detenida, mirándolo divertida. El cordero se ha parado y mira a Ángel, como retándole.

MARI
Corre, aprovecha ahora que está quieto.

De la película *Tierra* (1996), dirigida por Julio Medem

Texto 10

PERIQUÍN: ¡Qué raro! No hay nadie en la habitación de Mr. Chocolat, ¿qué habrá pasado? Porque hace escasamente un par de horas Mr. Chocolat traspasó a grandes zancadas el jardín de su mansión. Tiene que estar aquí, pero ¿estará vivo? Abriré este armario. ¡Uy! ¡Aquí está! ¡Pero muerto! ¡Pumpa! –hizo el cuerpo al caer al suelo.

MADRE: Por favor, Periquín, ¿te quieres callar? Es que no dejas hablar.

AMIGA: Pero, ¿a qué está jugando este niño?

MADRE: Hija, a las películas de suspense y vamos, menuda tarde me está dando este niño.

PERIQUÍN: ¿Es que no puedo jugar a nada?

Del serial radiofónico *Matilde, Perico y Periquín*, Eduardo Vázquez

---

Texto 11

Muchos años después, frente al pelotón de fusilamiento, el coronel Aureliano Buendía había de recordar aquella tarde remota en que su padre lo llevó a conocer el hielo. Macondo era entonces una aldea de veinte casas de barro y cañabrava construidas a la orilla de un río de aguas diáfanas que se precipitaban por un lecho de piedras pulidas, blancas y enormes como huevos prehistóricos.

Cien años de soledad, Gabriel García Márquez

2.b. ¿Cuáles de los textos anteriores consideras que no son narrativos? ¿Por qué?

Actividad 3

3.a. Lee el siguiente texto y responde a las preguntas.

1. ¿Cuántas personas crees que intervienen en el texto?
2. ¿Qué tema trata?
3. ¿A quién se dirige?
4. ¿Qué momentos te han parecido graciosos? ¿Por qué?
5. ¿Qué tipo de texto piensas que es? ¿Por qué?

Los calcetines

Los calcetines son una de las prendas peor tratadas por nuestra sociedad. Los calcetines están sobreexplotados, **no los jubilamos nunca**. Son la única prenda que nos ponemos aunque tenga agujeros. Nadie se pondría una camisa con **un orificio en el pecho del tamaño de una galleta**, pero un calcetín sí. ¿Por qué? Porque no se ven. Cuando algo no se ve, la gente prefiere ahorrar. Hay corbatas de trescientos euros, pero no hay calcetines de trescientos euros, y la tela necesaria es

5

la misma. ¿Por qué? Porque la corbata se ve y el calcetín no. El calcetín tiene otro problema, y es que el agujero solo lo ves cuando ya te lo has puesto. Ves el agujero y dices… «Huy, tengo que comprar calcetines… Mañana ya si eso…» Lo que haces
10 es **ingeniártelas** para que no se vea el agujero. Doblas la telilla del calcetín, **haces doble pespunte de seguridad**, los arremetes un poquillo para dentro… Hay quien lleva así años. De hecho, creo que los últimos calcetines que compré los pagué en pesetas. A los calcetines **les pasa como a Aquiles, su punto débil es el talón**. Allí se hacen unos agujeros que son cada vez más grandes. Llega un momento en que
15 el agujero es tan grande que el calcetín desaparece. Esa es la explicación del calcetín desemparejado, ese calcetín que está solo en el fondo del cajón o en la lavadora. Ese calcetín no tiene ni **la alegría frívola del soltero ni el resquemor amargo del divorciado…** Vive más bien la estupefacción de alguien que ha perdido un ser querido al que necesitaba para que su vida tuviera sentido. ¿Y qué
20 hace el calcetín solitario? Los hay que son adoptados por piratas y gentes con una sola pierna. Los hay que huyen, les hacen un zurcido y **se ponen a trabajar en un guiñol**. Si eres rojo, te pueden atar a la parte de atrás de un carro. Si son de lana, pueden servir para limpiar metales. Esos calcetines no vuelven a sonreír, porque les falta su pareja. En esos duros momentos el calcetín recuerda sus momentos
25 felices, como su nacimiento. Los calcetines, cuando nacen, son siameses. Vienen cosidos por las puntas, no sé por qué. ¿Y por qué vienen en paquetes de tres? ¿Y por qué esa perchita ridícula? Esa perchita **no me da buena espina**. Vas a comprar los calcetines: —Oiga, señora. ¿Estos calcetines encogen? — ¡No, por Dios! ¿Cómo que no? Ha encogido la percha, no van a encoger los calcetines. Desde que nace el
30 calcetín es la víctima inocente de **una guerra en la que ni pincha ni corta**. La pugna por que el calcetín asome que lidian el ser humano y el zapato. El zapato lucha por comerse la parte del calcetín que todavía asoma… Es normal, porque el trozo de calcetín que se ha llevado a la boca tiene tantos agujeros que se ha quedado con hambre. Y nosotros luchamos para que el calcetín salga para fuera.
35 Esa lucha ha propiciado varios inventos, como esa especie de liguero masculino que se ve mucho en las pelis de la posguerra y que ya no existe. El sustituto fue terrible: la goma. La goma del calcetín debe de ser un invento provisional, porque **ese surco que te deja no es de recibo.** Llegas a casa, te quitas los calcetines y tienes que rascarte el surco para recobrar la sensibilidad en la pierna. Ese surco no es propio
40 del siglo XXI. Es como si alguien se planteara llevar los calcetines grapados en la pantorrilla. Vale, no se bajan, pero ¿a qué precio? […]. La gente que ahorra en lo que no se ve tiene un corazón barato. Como tampoco se ve…

"Los calcetines", Luis Piedrahita

3.b. El texto anterior es un monólogo del humorista Luis Piedrahita, conocido como el "Rey de las pequeñas cosas".

1. ¿Por y para qué trata este tema?
2. ¿En qué tiempo verbal está narrado el texto?

Aquí tienes algunas técnicas que se emplean para escribir este tipo de textos. Identifica un ejemplo.

– Uso de preguntas retóricas (sin respuesta):

– El discurso directo / indirecto:
– La personificación:
– Empleo de metáforas, símiles, comparaciones:
– La exageración:
– El registro coloquial:
– Las onomatopeyas o imitaciones de sonidos:

3.c. Explica el significado de las expresiones en cursiva a partir del contexto.

1. Los calcetines están sobreexplotados, *no los jubilamos nunca* (l. 1–2)
2. Nadie se pondría una camisa con *un orificio en el pecho del tamaño de una galleta* (l. 3–4)
3. Lo que haces es *ingeniártelas* para que no se vea el agujero (l. 10)
4. *Haces doble pespunte de seguridad* (l. 10–11)
5. A los calcetines les pasa *como a Aquiles, su punto débil es el talón* (l. 13)
6. Ese calcetín no tiene *ni la alegría frívola del soltero ni el resquemor amargo del divorciado…* (l. 17–18)
7. *Se ponen a trabajar en un guiñol* (l. 20–21)
8. *No me da buena espina* (l. 27)
9. Una guerra en la *que ni pincha ni corta* (l. 30)
10. Ese *surco que te deja no es de recibo* (l. 37–38)

3.d. Tomando como modelo el texto "Los calcetines", elige un objeto de tu vida cotidiana al que le quieras dar protagonismo. Escribe un monólogo de unas 300 palabras en clave de humor.

- Crea asociaciones que sorprendan al lector;
- Ten en cuenta el uso del lenguaje y el registro;
- Utiliza bien la puntuación para que sirva de apoyo a la narración (puedes consultar el Capítulo 9).

Actividad 4

4.a. En los dos siguientes textos, el escritor Arturo Pérez-Reverte nos proporciona una serie de valiosos consejos sobre el arte de la escritura. Lee el primer artículo y señala si las afirmaciones que aparecen debajo son verdaderas o falsas.

Carta a un joven escritor (I)

Pues sí, joven colega. Chico o chica. Pensaba en ti mientras tecleaba el artículo de la semana pasada. Recordé tus cartas escritas con amistad y respeto, el manuscrito inédito –quizá demasiado torpe o ingenuo, prematuro en todo caso– que me enviaste alguna vez. Recordé tu solicitud de consejo sobre cómo abordar la escritura. Cómo plantearte una novela seria. Tu justificada ambición de conseguir,

5

algún día, que ese mundo complejo que tienes en la cabeza, hecho de libros leídos, de mirada inteligente, de imaginación y ensueños, se convierta en letra impresa y se multiplique en las vidas de otros, los lectores. Tus lectores.

Vaya por delante que no hay palabras mágicas. No hay truco que abra los escaparates de las librerías. Nada garantiza ver el fruto de tu esfuerzo, esa pasión donde te dejas la piel y la sangre, publicado algún día. Este mundo es así, y tales son las reglas. No hay otra receta que leer, escribir, corregir, tirar folios a la papelera y dedicarle horas, días, meses y años de trabajo duro –Oriana Fallacci me dijo en una ocasión que escribir mata más que las bombas–, sin que tampoco eso garantice nada. Escribir, publicar y que tus novelas sean leídas no depende solo de eso. Cuenta el talento de cada cual. Y no todos lo tienen: no es lo mismo talento que vocación. Y el adiestramiento. Y la suerte. Hay magníficos escritores con mala suerte, y otros mediocres a quienes sonríe la fortuna. Los que publican en el momento adecuado, y los que no. También ésas son las reglas. Si no las asumes, no te metas. Recuerda algo: las prisas destruyeron a muchos escritores brillantes. Una novela prematura, incluso un éxito prematuro, pueden aniquilarte para siempre. Lo que distingue a un novelista es una mirada propia hacia el mundo y algo que contar sobre ello, así que procura vivir antes. No solo en los libros o en la barra de un bar, sino afuera, en la vida. Espera a que esta te deje huellas y cicatrices. A conocer las pasiones que mueven a los seres humanos, los salvan o los pierden. Escribe cuando tengas algo que contar. Tu juventud, tus estudios, tus amores tempranos, los conflictos con tus padres, no importan a nadie. Todos pasamos por ello alguna vez. Sabemos de qué va. Practica con eso, pero déjalo ahí. Solo harás algo notable si eres un genio precoz, mas no corras el riesgo. Seguramente no es tu caso.

No seas ingenuo, pretencioso o imbécil: jamás escribas para otros escritores, ni sobre la imposibilidad de escribir una novela. Tampoco para los críticos de los suplementos literarios, ni para los amigos. Ni siquiera para un hipotético público futuro. Hazlo solo si crees poder escribir el libro que a ti te gustaría leer y que nadie escribió nunca. Confía en tu talento, si lo tienes. Si dudas, empieza por reescribir los libros que amas; pero no imitando ni plagiando, sino a la luz de tu propia vida. Enriqueciéndolos con tu mirada original y única, si la tienes. En cualquier caso, no te enfades con quienes no aprecien tu trabajo; tal vez tus textos sean mediocres o poco originales. Ésas también son las reglas. Decía Robert Louis Stevenson que hay una plaga de escritores prescindibles, empeñados en publicar cosas que no interesan a nadie, y encima pretenden que la gente los lea y pague por ello.

Otra cosa. No pidas consejos. Unos te dirán exactamente lo que creen que deseas escuchar; y a otros, los sinceros, los apartarás de tu lado. Esta carrera de fondo se hace en solitario. Si a ciertas alturas no eres capaz de juzgar tú mismo, mal camino llevas. A ese punto solo llegarás de una forma: leyendo mucho, intensamente. No cualquier cosa, sino todo lo que necesitas. Con lápiz para tomar notas, estudiando trucos narrativos –los hay nobles e innobles–, personajes, ambientes, descripciones, estructura, lenguaje. Ve a ello, aunque seas el más arrogante, con rigurosa humildad profesional. Interroga las novelas de los grandes maestros, los clásicos que lo hicieron como nunca podrás hacerlo tú, y saquea en ellos cuanto necesites, sin complejos ni remordimientos. Desde Homero hasta hoy, todos lo hicieron unos con otros. Y los buenos libros están ahí para eso, a disposición del audaz: son legítimo botín de guerra.

Decía Harold Acton que el verdadero escritor se distingue del aficionado en que aquél está siempre dispuesto a aceptar cuanto mejore su obra, sacrificando el ego a

55 su oficio, mientras que el aficionado se considera perfecto. Y la palabra oficio no es casual. Aunque pueda haber arte en ello, escribir es sobre todo una dura artesanía. Territorio hostil, agotador, donde la musa, la inspiración, el momento de gloria o como quieras llamarlo, no sirve de nada cuando llega, si es que lo hace, y no te encuentra trabajando.

© Arturo Pérez-Reverte, "Carta a un joven escritor (I)", *XLSemanal*
www.perezreverte.com

Según el texto ...	V	F
1. El artículo se dirige a un escritor experimentado.		
2. El esfuerzo le garantiza al escritor la publicación de un libro.		
3. Para escribir no hace falta talento si uno tiene vocación de escritor.		
4. El éxito rápido puede destruir al escritor.		
5. Es aconsejable que el novelista tenga vivencias antes de empezar a escribir.		
6. Si el joven escritor duda de su talento, es mejor que no siga escribiendo.		
7. El autor del texto está de acuerdo con el pensamiento de Robert Louis Stevenson.		
8. El futuro escritor debe seguir los consejos sinceros.		
9. Se recomienda que el joven escritor lea cualquier tipo de literatura y género.		
10. El buen escritor no debe creer que su prosa es perfecta.		

4.b. En los siguientes consejos sobre la escritura, hay dos a los que no se hace referencia directa en el texto. Identifica cuáles son.

☐ Dedicarle tiempo a la escritura.
☐ Leer mucho.
☐ Extraer las ideas más importantes de los libros que se leen.
☐ Cuidar el estilo.
☐ Tomar notas.
☐ Corregir el texto.
☐ Revisar la gramática.
☐ Observar técnicas narrativas, personajes, ambientes.

4.c. Lee ahora la segunda parte de la carta del escritor Arturo Pérez-Reverte y responde a las preguntas que aparecen más abajo.

Carta a un joven escritor (II)

Hablábamos el otro día de maestros: autores y obras que ningún joven que pretenda escribir novelas tiene excusa para ignorar. Ten presente, si es tu caso, un par de cosas fundamentales. Una, que en la antigüedad clásica casi todo estaba escrito ya. Echa un vistazo y comprobarás que los asuntos que iban a nutrir la
5 literatura universal durante veintiocho siglos aparecen ya en la *Ilíada* y la *Odisea* –relato, este, de una modernidad asombrosa– y en la tragedia, la comedia y la poesía griegas. De ese modo, quizá te sorprenda averiguar que el primer relato policíaco, con un investigador –el astuto Ulises– buscando huellas en la arena, figura en el primer acto de la tragedia *Ayax* de Sófocles.
10 Un detalle importante: escribes en español. Quienes lo hacen en otras lenguas son muy respetables, por supuesto; pero cada cual tendrá en la suya, supongo, quien le escriba cartas como esta. Yo me refiero a ti y a nuestro común idioma castellano. Que tiene, por cierto, la ventaja de contar hoy, entre España y América, con 450 millones de lectores potenciales; gente que puede acceder a tus libros sin necesidad de traducción
15 previa. Pero atención. Esa lengua castellana o española, y los conceptos que expresa, forman parte de un complejo entramado que, en términos generales y con la puesta al día pertinente, podríamos seguir llamando cultura occidental: un mundo que el mestizaje global de hoy no anula, sino que transforma y enriquece. Tú procedes de él, y la mayor parte de tus lectores primarios o inmediatos, también. Es el territorio común, y eso te
20 exige manejar con soltura la parte profesional del oficio: las herramientas específicas, forjadas por el tiempo y el uso, para moverte en ese territorio. Aunque algunos tontos y fatuos lo digan, nadie crea desde la orfandad cultural. Desde la nada. Algunas de esas herramientas son ideas, o cosas así. Para dominarlas debes poseer las bases de una cultura, la tuya, que nace de Grecia y Roma, la latinidad medieval y el contacto con el
25 Islam, el Renacimiento, la Ilustración, los derechos del hombre y las grandes revoluciones. Todo eso hay que leerlo, o conocerlo, al menos. En los clásicos griegos y latinos, en la Biblia y el Corán, comprenderás los fundamentos y los límites del mundo que te hizo. Familiarízate con Homero, Virgilio, los autores teatrales, poetas e historiadores antiguos. También con *La Divina Comedia de Dante*, los *Ensayos de*
30 *Montaigne* y el teatro completo de Shakespeare. Te sorprenderá la cantidad de asuntos literarios y recursos expresivos que inspiran sus textos. Lo útiles que pueden llegar a ser.
La principal herramienta es el lenguaje. Olvida la funesta palabra estilo, burladero de vacíos charlatanes, y céntrate en que tu lenguaje sea limpio y eficaz. No hay mejor estilo que ése. Y, como herramienta que es, sácale filo en piedras de
35 amolar adecuadas. Si te propones escribir en español, tu osadía sería desmesurada si no te ejercitaras en los clásicos fundamentales de los siglos XVI y XVII: Quevedo, el teatro de Lope y Calderón, la poesía, la novela picaresca, llenarán tus bolsillos de palabras adecuadas y recursos expresivos, enriquecerán tu vocabulario y te darán confianza, atrevimiento. Y una recomendación: cuando leas *El Quijote* no busques
40 una simple narración. Estúdialo despacio, fijándote bien, comparándolo con lo que en ese momento se escribía en el mundo. Busca al autor detrás de cada frase, siente los codazos risueños y cómplices que te da, y comprenderás por qué un texto escrito a principios del siglo XVII sigue siendo tan moderno y universalmente

45 admirado todavía. Termina de filtrar ese lenguaje con la limpieza de Moratín, el arrebato de Espronceda, la melancólica sobriedad de Machado, el coraje de Miguel Hernández, la perfección de Pablo Neruda. Pero recuerda que una novela es, sobre todo, una historia que contar. Una trama y una estructura donde proyectar una mirada sobre uno mismo y sobre el mundo. Y eso no se improvisa. Para controlar este aspecto debes conocer a los grandes novelistas del siglo XIX y principios del

50 XX, allí donde cuajó el arte. Lee a Stendhal, Balzac, Flaubert, Dostoievski, Tolstoi, Dickens, Dumas, Hugo, Conrad y Mann, por lo menos. Como escritor en español que eres, añade sin complejos *La Regenta* de Clarín, las novelas de Galdós, Baroja y Valle Inclán. De ahí en adelante lee lo que quieras según gustos y afinidades, maneja diccionarios y patea librerías. Sitúate en tu tiempo y tu propia obra. Y no

55 dejes que te engañen: Agatha Christie escribió una obra maestra, *El asesinato de Rogelio Ackroyd*, tan digna en su género como *Crimen y castigo* en el suyo. Un novelista solo es bueno si cuenta bien una buena historia. Escribe eso en la dedicatoria cuando me firmes un libro tú a mí.

© Arturo Pérez-Reverte, "Carta a un joven escritor (II)", *XLSemanal*
www.perezreverte.com

---

1. ¿Por qué es relevante escribir en español?
2. ¿Qué se entiende en el texto por cultura occidental?
3. Según el texto, ¿qué diferencias existen entre lenguaje y estilo?
4. ¿Por qué el escritor aconseja leer *El Quijote*?
5. En el texto se recomienda la lectura de diferentes escritores. ¿Hay alguno de los que se mencionan que sea tu preferido? Justifica tu respuesta.

4.d. Busca un sinónimo para los siguientes enunciados en cursiva del texto anterior.

1. Comprobarás que los asuntos que iban a *nutrir la literatura* (l. 4–5)
2. Esa lengua castellana o española, y los conceptos que expresa, *forman parte de un complejo entramado* (l. 15–16)
3. En términos generales y con la *puesta al día pertinente* (l. 16–17)
4. Un mundo que el *mestizaje global* de hoy no anula (l. 17–18)
5. Eso te exige *manejar con soltura* la parte profesional del oficio (l. 19–20)
6. Las herramientas específicas, *forjadas por el tiempo y el uso* (l. 20–21)
7. Nadie *crea desde la orfandad cultural* (l. 22)
8. Olvida la famosa palabra estilo, *burladero de vacíos charlatanes* (l. 32–33)
9. Y como herramienta que es, *sácale filo* (l. 34)
10. Tu osadía sería desmesurada si no te *ejercitaras en los clásicos* (l. 35–36)
11. Quevedo, el teatro de Lope de Vega … *enriquecerán tu vocabulario* (l. 38)
12. Busca el autor detrás de cada frase, *siente los codazos risueños y cómplices que te da* (l. 41–42)
13. Debes conocer a los grandes novelistas del siglo XIX y principios del XX, *allí donde cuajó el arte* (l. 49–50)

14. Como escritor español que eres, *añade sin complejos La Regenta* de Clarín (l. 51–52)
15. Maneja diccionarios y *patea librerías* (l. 54)

2. Los textos narrativos literarios

En un texto narrativo literario se puede distinguir principalmente una estructura externa y otra interna. La **estructura externa** se refiere a la disposición del texto, por ejemplo, mediante capítulos que pueden estar numerados o llevar un título; secuencias separadas por espacios en blanco; párrafos; o partes que a su vez integran distintos capítulos. Además, toda la información se estructura a partir de los signos de puntuación, palabras en cursiva, mayúsculas, etc.

La **estructura interna** de un texto narrativo se divide en:

- una **introducción** que enmarca un espacio, un tiempo, una acción y unos personajes;
- un **nudo** donde se desarrolla una sucesión de hechos;
- un **desenlace** donde se finaliza la trama.

En los casos en los que el autor ha escogido este orden, hablamos de una estructura **cronológica o lineal**, que comienza en un determinado momento del día o de la historia y termina de manera definitiva.

Si la narración comienza con el nudo de la historia, esta estructura se conoce como *in medias res*, y si lo hace desde el desenlace como *in extrema res*. A veces, el desenlace de la narración consiste en volver al comienzo, de tal manera que el protagonista se encuentra en el mismo lugar o situación que al principio. Esto se conoce como **estructura circular**. Cuando se presentan varias historias que se alternan, estamos ante una estructura de **contrapunto**, y cuando dichas historias son diferentes entre sí, se denomina estructura **caleidoscópica**.

Otros autores prefieren estructurar el texto en diferentes estratos o planos que organizan la información:

- **la línea argumental**: la sucesión de acciones acabadas y acontecimientos que hacen que la narración avance.
- **el fondo argumental**: transmite la información relacionada con los personajes (sus sentimientos, sus pensamientos, etc.), lo cual hace que la historia no avance. Se incluyen también evocaciones (como recuerdos) en la información transmitida, y anticipaciones (sueños, imaginaciones, etc.).
- **el escenario**: transmite la información relacionada con el espacio y el tiempo.

```
                    ESTRUCTURA DEL
                    TEXTO NARRATIVO
                       LITERARIO


    ESTRUCTURA                              ESTRUCTURA
     EXTERNA                                  INTERNA


      Párrafos                    Introducción          TIPOS DE ESTRUCTURA
     Secuencias                      Nudo                   Cronológica
     Capítulos                     Desenlace                In medias res
      Títulos                                               In extrema res
                                                              Circular
                                                           De contrapunto
                                                            Caleidoscópica
```

Actividad 5

5.a. Señala cuál de los siguientes textos tiene una estructura cronológica, *in medias res*, circular y de contrapunto.

Texto 1: ....

Hubo una vez una princesa increíblemente rica, bella y sabia. Cansada de pretendientes falsos que se acercaban a ella para conseguir sus riquezas, hizo publicar que se casaría con quien le llevase el regalo más valioso, tierno y sincero a la vez. El palacio se llenó de flores y regalos de todos los tipos y colores, de cartas de amor incomparables y de poetas enamorados. Y entre todos aquellos regalos magníficos, descubrió una piedra; una simple y sucia piedra. Intrigada, hizo llamar a quien se la había regalado. A pesar de su curiosidad, mostró estar muy ofendida cuando apareció el joven, y este se explicó diciendo:

–Esa piedra representa lo más valioso que os puedo regalar, princesa: es mi corazón. Y también es sincera, porque aún no es vuestro y es duro como una piedra. Solo cuando se llene de amor se ablandará y será más tierno que ningún otro.

El joven se marchó tranquilamente, dejando a la princesa sorprendida y atrapada. Quedó tan enamorada que llevaba consigo la piedra a todas partes, y durante meses llenó al joven de regalos y atenciones, pero su corazón seguía siendo duro como la piedra en sus manos. Desanimada, terminó por arrojar la piedra al fuego; al momento vio cómo se deshacía la arena, y de aquella piedra tosca surgía una bella figura de oro. Entonces comprendió que ella misma tendría que ser como el fuego, y transformar cuanto tocaba separando lo inútil de lo importante.

Durante los meses siguientes, la princesa se propuso cambiar en el reino, y como con la piedra, dedicó su vida, su sabiduría y sus riquezas a separar lo inútil de lo importante. Acabó con el lujo, las joyas y los excesos, y las gentes del país tuvieron comida y libros. Cuantos trataban con la princesa, salían encantados por su carácter y cercanía, y su sola presencia transmitía tal calor humano y pasión por cuanto hacía, que comenzaron a llamarla cariñosamente "La princesa de fuego".

Y como con la piedra, su fuego deshizo la dura corteza del corazón del joven, que tal y como había prometido, resultó ser tan tierno y justo que hizo feliz a la princesa hasta el fin de sus días.

"La princesa de fuego", Pedro Pablo Sacristán
http://cuentosparadormir.com/infantiles/cuento/la-princesa-de-fuego

Texto 2: ....

El día en que lo iban a matar, Santiago Nasar se levantó a las 5:30 de la mañana para esperar el buque en que llegaba el Obispo. Había soñado que atravesaba un bosque de higuerones donde caía una llovizna tierna, y por un instante fue feliz en el sueño, pero al despertar se sintió por completo salpicado de cagada de pájaros. "Siempre soñaba con árboles" me dijo Plácida Lineros, su madre, evocando 27 años después los pormenores de aquel lunes ingrato. "La semana anterior había soñado que iba solo en un avión de estaño de papel que volaba sin tropezar entre los almendros", me dijo. Tenía una reputación muy bien ganada de intérprete certera de los sueños ajenos, siempre y cuando se los contaran en ayunas, pero no había advertido ningún augurio aciago en esos dos sueños de su hijo que él le había contado en las mañanas que precedieron su muerte.

Crónica de una muerte anunciada, Gabriel García Márquez

Texto 3: ....

—Porque usted comprenderá, pues, Santelices, que si dejamos que todos los pensionistas hicieran lo mismo que usted, nos quedaríamos en la calle. Sí, sí, ya sé lo que me va a decir y le encuentro toda la razón. ¿Cómo cree que le íbamos a negar permiso para clavar unos cuantos, si ha vivido con nosotros tres años y me imagino que ya no se irá más?

"Santelices", José Donoso

Texto 4: ....

Doña Rosa va y viene por entre las mesas del café, tropezando a los clientes con su enorme trasero. Doña Rosa dice con frecuencia 'leñe' y 'nos ha merengao'. Para Doña Rosa, el mundo es su café, y alrededor de su café, todo lo demás. [...]

Don Leonardo es un punto que vive del sable y de planear negocios que después no salen. No es que salgan mal, no; es que simplemente, no salen, ni bien ni mal. Don Leonardo lleva unas corbatas muy lucidas y se da fijador en el pelo, un fijador muy perfumado que huele desde lejos. [...]

A don Jaime Arce, que tiene un gran aire a pesar de todo, no hacen más que protestarle letras. En el café, parece que no, todo se sabe. Don Jaime pidió un crédito a un banco, se lo dieron y firmó unas letras. Después vino lo que vino. Se metió en un negocio donde lo engañaron, se quedó sin un real, le presentaron las letras al cobro y dijo que no podía pagarlas.

La colmena, Camilo José Cela

5.b. Ahora lee el siguiente microrrelato e indica cuál es su estructura interna.

Una vida en llamas

Encendió el televisor y, mientras veía caer el muro de Berlín, los ojos se le inundaron de inesperadas lágrimas, cuyo salado caudal crecía a medida que se derrumbaban las losas de cemento, al compás de la entrecortada voz del comentarista polaco. Pasó toda la noche despierto, tumbado boca arriba en la cama que hacía años que había dejado de compartir.

En cuanto amaneció, se lavó la cara con agua fría y se dirigió al amplio y soleado cuarto que le servía de despacho. Bajó la vista, evitando posar la mirada sobre el diploma adornado con la hoz y el martillo enmarcado en la pared. Tiró del asa del primer cajón de un imponente escritorio de roble macizo, sacó un mechero del bolsillo del albornoz y, sin dudarlo dos veces, prendió fuego a su carné de la policía secreta.

Paweł Adrjan

3. Características del texto narrativo

Los **elementos** que caracterizan un texto narrativo son: el espacio donde tiene lugar la historia, el tiempo, el punto de vista desde el que se narra, los personajes que participan en la historia y la acción.

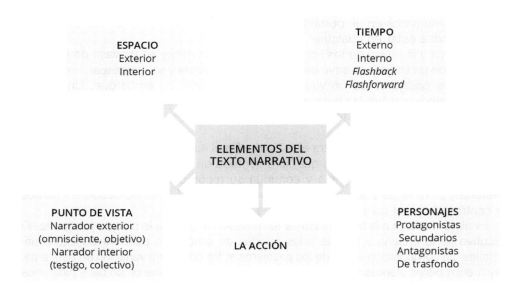

ESPACIO
Exterior
Interior

TIEMPO
Externo
Interno
Flashback
Flashforward

ELEMENTOS DEL
TEXTO NARRATIVO

PUNTO DE VISTA
Narrador exterior
(omnisciente, objetivo)
Narrador interior
(testigo, colectivo)

LA ACCIÓN

PERSONAJES
Protagonistas
Secundarios
Antagonistas
De trasfondo

El espacio

El **espacio** es el lugar donde transcurre la acción, ya sea un espacio **exterior** (histórico-político, geográfico) o **interior** del personaje (sus pensamientos, recuerdos, sentimientos, etc.). Algunos escritores han creado lugares simbólicos e imaginarios que han marcado un antes y un después en la historia de la literatura. Tal es el caso de "Vetusta" de Leopoldo Alas Clarín, "Región" de Juan Benet o "Macondo" de Gabriel García Márquez. Los adverbios contribuyen a indicar la situación espacial en la narración (*a la derecha, a la izquierda, aquí, allí, ahí*, etc.).

Actividad 6

6.a. Lee el siguiente texto del escritor Santiago Roncagliolo y subraya todas las referencias que, como en el ejemplo, están relacionadas con el espacio.

Última llamada

Desde los ventanales de la sala VIP, el ejecutivo observa a los que corretean ahí abajo, en la terminal B, como hormiguitas atareadas. La mayoría de la gente viene a recoger amigos y parientes, pero los abrazos de reencuentro no son especialmente efusivos. La terminal B recibe vuelos europeos. La gente que llega aquí nunca
5   estuvo demasiado lejos.
De todos modos, el ejecutivo los observa con interés. No recuerda la última vez que alguien le dio un abrazo. En este preciso instante, ni siquiera sabe si acaba de aterrizar o está esperando para embarcar. Con sorpresa, descubre que le da lo mismo. Lleva media hora apoltronado en un sofá alimentándose de frutos secos y
10   escribiendo números en un portátil. A su alrededor se desparraman diarios en tres idiomas. Podría estar en cualquier parte.
Se acerca a la repisa de los licores y se sirve un whisky en un vaso de plástico. Se lo bebe de un trago y se sirve otro. Se afloja la corbata y sale a pasear. Frente a la sala VIP, los pasajeros de un vuelo retrasado esperan su embarque. Una mujer
15   duerme extendida sobre las butacas. Una chica apoya la cabeza en el regazo de su novio. El ejecutivo bebe un trago de su whisky y le parece que todo a su alrededor ocurre en cámara lenta.
Necesita lavarse la cara. Entra en el baño. En el espejo, se topa con el reflejo de un hombre calvo y bien vestido que llora sentado en un retrete.
20   El ejecutivo retoma su vaso y continúa su recorrido. Atraviesa chocolaterías, cafeterías, pastelerías y licorerías, sobre todo licorerías. El mundo desde ahí parece un centro comercial para alcohólicos con sobrepeso.
Finalmente, llega a la frontera con la terminal A. Un guardia le pide su pasaporte. El ejecutivo se lo enseña y accede a las puertas de embarque para vuelos intercontinentales.
25   nentales. La composición social de los pasajeros sufre una ligera variación en esta área. Hay menos pieles blancas y más acentos. El ejecutivo se detiene en un bar y pide unos cubitos de hielo para su vaso. Luego se acerca al cristal y pega la cara contra él. Contempla el paisaje. Del otro lado de la pista de aterrizaje están construyendo otra terminal. Entre ambos edificios, los aviones cargan y descargan carne humana.

30   —Perdone, ¿le pasa algo?

El empleado del aeropuerto parece haber salido de la nada. El ejecutivo se fija en la pantalla del mostrador más cercano: es un vuelo a Bogotá. Esos siempre tienen más vigilancia. Discreta pero efectiva.

—¿Va a embarcar en este vuelo?— pregunta el empleado.

35   El ejecutivo niega con la cabeza. Trata de explicar su presencia ahí. No se le ocurre nada. Finalmente, dice:

—Perdí... algo. En un avión.

—Objetos perdidos. Vale. ¿Era un vuelo europeo o intercontinental?

El ejecutivo no responde. Su hielo se ha vuelto a derretir.

40   —Si era un vuelo nacional, tendrá que salir y acercarse a la terminal C.

El empleado lo lleva a través de puertas que dicen *No pasar* y lo deposita frente a unas casetas de migración. Según tu pasaporte, tienes que hacer una larga cola o ninguna. El ejecutivo constata que tiene el pasaporte que no hace colas. Sin soltar su vaso, pasa la caseta, y luego las bandas de equipaje. Para no llamar más la aten-
45   ción, se lleva una maleta roja con rueditas. Al franquear la puerta, hay mucha gente de muchos colores. Aquí sí, los recién llegados reciben muchos abrazos.

El ejecutivo arrastra su maleta roja a lo largo de dos terminales. En una de ellas se ve obligado a atravesar un muro de alemanes con bastones de alpinistas. Se siente enano entre ellos. Más adelante, sale al exterior por la puerta giratoria. Forma
50   una cola —más larga que la de migraciones— y toma un taxi para cubrir los 300 metros que lo separan de la terminal C. Es la terminal más pequeña, y la banda de equipajes es accesible a los visitantes. El ejecutivo cruza una puerta automática, la última de todo el aeropuerto.

Objetos perdidos. El ejecutivo se imagina un lugar donde guardan todo lo que
55   desaparece en los aviones: libros, maletas, documentos, juguetes, recuerdos, abrigos, amantes, gafas, amigos, pelotas de fútbol, pasados, futuros. Deja su maleta roja girando en la banda de equipajes y se acerca al escritorio de un guardia.

—¿Puedo ayudarlo?— le pregunta el guardia.

El ejecutivo bebe el último sorbo, tira el vaso al basurero y se apoya en el escri-
60   torio. Sabe que ha llegado al final del trayecto.

Santiago Roncagliolo, "Última llamada", *El País*

6.b. El final de este cuento puede estar sujeto a diferentes interpretaciones. ¿Por qué crees que el recorrido del protagonista termina en la "sección de objetos perdidos" de un aeropuerto? Justifica tu respuesta.

6.c. Escribe un relato de unas 200 palabras en el que se describa un espacio que tenga para ti un significado especial e indica:

- Dónde está;
- Qué haces en él;
- Qué objetos aparecen;
- Qué sensaciones te transmite el lugar;
- Por qué es especial para ti.

El tiempo

El **tiempo** de la narración puede ser **externo**, si se refiere al tiempo de la historia contada o al momento y al orden en el que se suceden los hechos narrados, o **interno** o tiempo del discurso, donde el orden y la duración de los hechos no tienen por qué seguir un esquema fijo. Son muchas las maneras de expresar relaciones temporales, ya que los tiempos verbales crean relaciones de **anterioridad** si retrocedemos a un tiempo anterior (analepsis o *flashback*), de **posterioridad**, si nos anticipamos a un hecho posterior (prolepsis o *flashforward*), o de **simultaneidad**, si las acciones ocurren al mismo tiempo. Además, los **adverbios temporales** refuerzan la progresión temporal de la narración (*cuando, mientras, mientras tanto, después, luego, entonces, de pronto, de repente, dentro de*, etc.).

Actividad 7

Lee estos fragmentos y señala en cuáles hay anticipaciones o *flashforward* (el narrador se adelanta a un tiempo posterior) y en cuáles se observan evocaciones o *flashback* (el narrador habla de hechos que sucedieron anteriormente).

Texto 1: ....

Esto sucedió cuando yo era muy chico, cuando mi tía Matilde y tío Gustavo y tío Armando, hermanos solteros de mi padre, y él mismo, vivían aún. Ahora están todos muertos. Es decir, prefiero suponer que están todos muertos porque resulta más fácil, y ya es demasiado tarde para atormentarse con preguntas que seguramente no se hicieron en el momento oportuno. No se hicieron porque los acontecimientos parecieron paralizar a los hermanos, dejándolos como ateridos de horror.

"Paseo", José Donoso

Texto 2: ....

Con una última esperanza apretó los párpados, gimiendo por despertar. Durante un segundo creyó que lo lograría, porque otra vez estaba inmóvil en la cama, a salvo del balanceo cabeza abajo. Pero olía la muerte, y cuando abrió los ojos vio la figura ensangrentada del sacrificador que venía hacia él con el cuchillo de piedra en la mano. Alcanzó a cerrar otra vez los párpados, aunque ahora sabía que no iba a despertarse, que estaba despierto, que el sueño maravilloso había sido el otro; absurdo como todos los sueños, un sueño en el que había andado por extrañas avenidas de una ciudad asombrosa, con luces verdes y rojas que ardían sin llama ni humo, con un enorme insecto de metal que zumbaba bajo sus piernas.

"La noche boca arriba", Julio Cortázar

Texto 3: ....

> Cuenta que al levantar el borde de la sábana que cubría el rostro del ahogado, en la cenagosa profundidad de pantano de sus ojos abiertos, revivió un barrio de solares ruinosos y tronchados geranios atravesado de punta a punta por silbidos de afilador, un aullido azul. Y que a pesar de las elegantes sienes plateadas, la piel bronceada y los dientes de oro que lucía el cadáver, le reconoció; que todo habían sido espejismos, dijo, en aquel tiempo y en aquellas calles, incluido este trapero que al cabo de treinta años alcanzaba su corrupción final enmascarado de dignidad y dinero.
>
> *Si te dicen que caí*, Juan Marsé

Texto 4: ....

> Vine a Madrid para matar a un hombre a quien no había visto nunca. Me dijeron su nombre, el auténtico, y también algunos de los nombres falsos que había usado a lo largo de su vida secreta, nombres en general irreales, como de novela, de cualquiera de esas novelas sentimentales que leía para matar el tiempo en aquella especie de helado almacén, una torre de ladrillo próxima a los raíles de la estación de Atocha donde pasó algunos días esperándome, porque yo era el hombre que le dijeron que vendría.
>
> *Beltenebros*, Antonio Muñoz Molina

Actividad 8

8.a. Completa el relato del escritor Luis García Jambrina con los tiempos del pasado que aparecen en el cuadro.

pensábamos • informó • había detenido • he dicho • recibí • era • he cumplido • acercó • temía • encontré • había quedado • dirigí • he podido • sentaba • ponía

Quid Pro Quo

Desde entonces, no he dejado de repetírmelo una y otra vez: ten cuidado con lo que deseas, porque podría cumplirse de la manera más inesperada. Aquella tarde, yo (1) .... con una amiga en un bar del centro, para hablar de las vacaciones de verano, pues (2) .... viajar juntas durante una semana.
5 Cuando ya se iba, me preguntó por mi marido.

–Sigue igual –le contesté–. A veces, créeme, desearía que se muriera.

Después de despedirnos, me (3) .... directamente al metro para volver a casa. No habíamos efectuado aún ninguna parada, cuando se me (4) .... un hombre cuyo aspecto me inquietó.

10 –Discúlpeme –comenzó a decir–. No (5) .... evitar oír lo que comentaba de su marido.

–¿De qué me habla? –pregunté yo, sorprendida.

–Ya sabe, lo que le contó a su amiga en el bar. Si usted quisiera –añadió, tras una breve pausa–, yo podría convertir sus deseos en realidad.

15 –¡¿Está usted loco?! –exclamé.

–No se excite –me ordenó él–. Si es por el dinero, podremos llegar a un acuerdo.

–¡Es usted un cabrón! –le grité–. Apártese de mí, si no quiere...

Pero fui yo la que se alejó, aprovechando que el metro se (6) .... en una parada.

20 Me había olvidado ya del incidente, cuando, días después, me lo (7).................. de nuevo en el bar, donde yo había vuelto a quedar con mi amiga.

–¿Se lo ha pensado mejor? –me preguntó, al tiempo que se (8) .... a mi mesa.

–No hay nada que pensar –le respondí, una vez repuesta de la impresión–. Y que
25 quede bien claro que lo que usted me oyó decir el otro día –me justifiqué– fue solo una forma de hablar, no exactamente la expresión de un deseo.

–Usted por eso no se preocupe –me replicó–; la dejaré totalmente al margen. Lo único que tiene que hacer es pagarme..................

–Pero si ya le (9) .... que no me interesa –lo interrumpí–. ¡Déjeme en paz
30 de una vez!

Por suerte, en ese momento, apareció mi amiga, y el individuo se marchó del bar.
–¿Quién (10) .... ese tipo tan extraño? –inquirió ella, preocupada.

–Un chiflado que me pedía dinero –le expliqué yo.

Las semanas siguientes las pasé sumida en un estado de zozobra. (11) ....
35 encontrármelo en cualquier esquina, pero tampoco podía estar encerrada. Cualquier cosa me (12) .... en tensión. Una mañana, (13) .... una llamada de la policía; después de identificarme, un agente muy amable me comunicó:

–Su marido ha muerto.

–¿Mi marido? ¿Muerto? ¿Cómo?

40 –En un accidente de tráfico.

La noticia me dejó anonadada. Al poco rato, volvieron a llamar.

–Yo ya (14) .... mi parte del trato –dijo una voz que no me era desconocida–. Son solo 3.000 euros. Le doy una hora para dejarlos, dentro de una bolsa, en el contenedor de la basura que hay enfrente de su estudio.

45   –¿Y por qué debería pagarle?

–Porque tengo pruebas que podrían incriminarla. Los frenos del coche –me (15) .... –han sido manipulados.

–¡No puede ser!

50   –Si lo sabré yo.

Luis García Jambrina, "Quid Pro Quo", *El País*

8.b. Observa el uso de los tiempos del pasado en el texto y completa esta información con las palabras del cuadro.

pretérito perfecto compuesto • pretérito perfecto simple o indefinido
pretérito imperfecto • pretérito pluscuamperfecto

1	Utilizamos el	cuando hablamos de acciones pasadas en un tiempo ya terminado para el hablante.
2	Utilizamos el	cuando hablamos de acciones terminadas relacionadas con el presente.
3	Utilizamos el	cuando hablamos de una acción pasada anterior a otra que ya ha sucedido.
4	Utilizamos el	cuando hablamos de acciones en su desarrollo, hechos habituales o que se repiten en el pasado.

✓ Recuerda que en Hispanoamérica se utiliza mucho más el pretérito indefinido (ej. *hablé, hablaste, habló*...) en lugar del pretérito perfecto compuesto (ej. *he hablado, has hablado, ha hablado*...). Lo mismo ocurre en zonas del norte de España como Galicia, Asturias o en las Islas Canarias.

8.c. Busca en el texto los sinónimos del verbo DECIR que aparecen. Hay 15 verbos diferentes en total. Fíjate sobre todo en las respuestas que se dan en los diálogos, como en el ejemplo.

Ej. –Sigue igual –le *contesté–*. A veces, créeme, desearía que se muriera.

23

8.d. Señala en el texto las marcas temporales que hacen que el relato progrese, como en el ejemplo.

Ej. *Desde entonces,* no he dejado de repetírmelo una y otra vez.

8.e. Completa este fragmento de la novela *La llave maestra* de Agustín Sánchez Vidal con los tiempos del pasado adecuados.

El comisario John Bielefeld .... (mirar) el reloj mientras .... (tratar) de espabilarse. (Ser) .... las cinco y media de la madrugada. Le .... (bastar) una breve ducha para reconciliarse con su corpulenta envergadura. A medida que .... (aproximarse) al espejo y .... (despejarse) el vaho, este le .... (devolver) su rostro de rotundos trazos, nariz aplastada de boxeador, la piel curtida y terrosa, los azules ojos mal dormidos al fondo de unas amplias bolsas. (Suspirar) .... , preguntándose qué .... (hacer) él tan lejos de casa y tan cerca de un nuevo embrollo.

(Recoger) .... sus acreditaciones y .... (salir) al pasillo. Mientras .... (esperar) el ascensor se lo .... (pensar) mejor, ... (regresar) a la habitación, ... (abrir) el armario y .... (pulsar) la combinación de la pequeña caja fuerte. (Apartar) .... los tres sobres numerados que .... (haber) en su interior, con el nombre de cada destinatario escrito con la picuda e inconfundible letra de Sara Toledano. Y .... (coger) la pistola. «Tal como vienen las cosas – .... (pensar)–, más vale andarse con cuidado».

Cuando .... (salir) al vestíbulo del hotel, todo .... (parecer) tranquilo. (Apretar) .... el paso para no dar explicaciones al agente español que .... (servir) de enlace con la delegación americana. Una vez en el patio .... (rechazar) también el concurso del chófer de guardia, que .... (esperar) con un reluciente Mercedes negro. Le .... (pedir) las llaves y .... (disponerse) a conducirlo él mismo.

(Tratar) .... de evitar testigos incómodos. Los preparativos para las futuras conversaciones de paz entre palestinos e israelíes que .... (ir) a celebrarse en Antigua .... (tener) en vilo a toda la ciudad. Sara Toledano solo .... (parecer) una pieza más de aquel complicado engranaje, una simple asesora del presidente de Estados Unidos. Lo bastante importante, sin embargo, como para encomendarle a él su protección.

La llave maestra, Agustín Sánchez Vidal

Actividad 9

9.a. Además de los tiempos del pasado una historia también se puede narrar mediante el presente histórico. Lee este fragmento de un cuento de Quim Monzó y haz los cambios que creas conveniente para que la narración esté en el pasado.

El cuento

A media tarde el hombre se sienta ante su escritorio, coge una hoja de papel en blanco, la pone en la máquina y empieza a escribir. La frase inicial le sale enseguida. La segunda también. Entre la segunda y la tercera hay unos segundos de duda.

Llena una página, saca la hoja del carro de la máquina y la deja a un lado, con la
5   cara en blanco hacia arriba. A esta primera hoja agrega otra, y luego otra. De vez en cuando relee lo que ha escrito, tacha palabras, cambia el orden de otras dentro de las frases, elimina párrafos, tira hojas enteras a la papelera. De golpe retira la máquina, coge la pila de hojas escritas, la vuelve del derecho y con un bolígrafo tacha, cambia, añade, suprime. Coloca la pila de hojas corregidas a la derecha,
10   vuelve a acercarse la máquina y reescribe la historia de principio a fin. Una vez ha acabado, vuelve a corregirla a mano y a reescribirla a máquina. Ya entrada la noche la relee por enésima vez. Es un cuento. Le gusta mucho. Tanto, que llora de alegría. Es feliz. Tal vez sea el mejor cuento que ha escrito nunca. Le parece casi perfecto. Casi, porque le falta el título. Cuando encuentre el título adecuado será un cuento
15   inmejorable. Medita qué título ponerle. Se le ocurre uno. Lo escribe en una hoja, a ver qué le parece. No acaba de funcionar. Bien mirado, no funciona en absoluto. Lo tacha. Piensa otro. Cuando lo relee también lo tacha.

Al amanecer se da por vencido: no hay ningún título suficientemente perfecto para ese cuento tan perfecto que ningún título es lo bastante bueno para él, lo cual impide que
20   sea perfecto del todo. Resignado (y sabiendo que no puede hacer otra cosa), coge las hojas donde ha escrito el cuento, las rompe por la mitad y rompe cada una de esas mitades por la mitad; y así sucesivamente hasta hacerlo pedazos.

Fragmento de *El porqué de las cosas (El perquè de tot plegat)*, Quim Monzó
© Joaquim Monzó
© Quaderns Crema, S.A.U. (Acantilado)

9.b. Escoge la opción que mejor describe de qué trata el cuento.

1. El cuento narra la historia de un escritor que no tiene inspiración.   ☐
2. El cuento narra el proceso de creación de un cuento.   ☐
3. El cuento narra la búsqueda de la perfección de la escritura.   ☐

 9.c. Resume con tus propias palabras el contenido del cuento en unas 60–70 palabras.

El punto de vista y el narrador

El **punto de vista** muestra la perspectiva desde la que se narra una historia. Puede ser de diferentes tipos:

1. Narración en **primera persona**: crea una mayor intimidad con el lector. El yo del protagonista-narrador es autobiográfico si habla de su propia experiencia.

> **Ej.** Me sentía cada vez más cansado y harto de vivir en este régimen dictatorial. Tenía que cambiar de vida.

2. Narración en **segunda persona**: se percibe como una manera de narrar más directa. Se dirige al lector o a sí mismo.

> **Ej.** Y tú, lector. ¡Reacciona de una vez! ¡Abre las páginas de este libro y encuentra las respuestas a tus eternas preguntas!

3. Narración en **tercera persona**: le permite participar más al lector en el análisis de los personajes.

> **Ej.** Se bajó en la estación de Atocha y comenzó a seguir los pasos de esa mujer misteriosa. Su pelo era dorado y su mirada reflejaba una tristeza infinita.

También existen varios **tipos de narradores**:

1. Un **narrador exterior**: mantiene cierta distancia frente al lector. Puede ser **omnisciente**, si posee un completo conocimiento de los hechos, de lo que piensan los personajes y se mantiene ajeno a ellos; o bien **objetivo**, si retrata al protagonista y a su situación de manera detallada y analítica.
2. Un **narrador interior**: tiene acceso directo al protagonista y a su situación. Puede ser **testigo** o testimonial si se limita a narrar lo que ve sin ofrecer ninguna reflexión, aunque a veces aporta ironía, crea intimidad con el lector o lo hace cómplice; o **colectivo**, si son los demás personajes los que se ocupan de describir al protagonista.

Un mismo texto narrativo puede combinar, con total libertad, todas estas perspectivas distintas.

Actividad 10

10.a. Analiza los siguientes fragmentos y señala la perspectiva desde la que se narran los acontecimientos (ej. en primera, segunda o tercera persona).

Texto 1: ....

> Veintitrés años, Mario, tras los cubiertos de plata, que se dice pronto, veintitrés años esperando corresponder con los amigos, que cada vez que les invitaba, a ver, una cena fría, todo a base de canapés, tú dirás, una no puede hacer milagros. ¡Qué vergüenza, santo Dios! A mí que siempre me horrorizó hacer el gorrón, que yo recuerdo a mamá, que en paz descanse, todo lo contrario, "antes pecar por largueza", claro que en casa era distinto [...]. Pero a ti siempre te trajo sin cuidado que mi familia fuese así o asá, Mario, seamos francos.
>
> *Cinco horas con Mario*, Miguel Delibes

Texto 2: ....

> Las dos familias más ricas de la comarca esperaban que su gran amistad se fortaleciese todavía más con el matrimonio de sus respectivos vástagos, Romeo y Julieta. Pero estos no llegaron a casarse porque entre ambos hubo, desde que eran niños, un aborrecimiento que el paso de los años no logró desvanecer. Al fin, Julieta se escapó con el trapecista de un circo. En cuanto a Romeo, quiso casarse con una muchacha de su vecindad llamada Desdémona, pero ella prefirió a un tal Otelo.
>
> "La verdadera historia de Romeo y Julieta", José María Merino

Texto 3: ....

> Aquí todo va de mal en peor. La semana pasada murió mi tía Jacinta, y el sábado, cuando ya la habíamos enterrado y comenzaba a bajársenos la tristeza, comenzó a llover como nunca. A mi papá eso le dio coraje, porque toda la cosecha de cebada estaba asolándose en el solar. Y el aguacero llegó de repente, en grandes olas de agua, sin darnos tiempo ni siquiera a esconder aunque fuera un manojo; lo único que pudimos hacer, todos los de mi casa, fue estarnos arrimados debajo del tejabán, viendo cómo el agua fría que caía del cielo quemaba aquella cebada amarilla tan recién cortada.
>
> "Es que somos muy pobres", Juan Rulfo

10.b. Indica en qué fragmentos aparece un narrador interior o uno exterior.

Texto 1: ....

> Menuda, feúcha, insignificante, era una de esas personas de quienes nadie se explica por qué ni para qué viven. Ella misma estaba acostumbrada a juzgarse como usurpadora de la vida, parecía hacer todo lo posible por pasar inadvertida: huía de la luz, refugiándose en la penumbra de su alcoba, austera como una celda; hablaba muy poco, pero como si temiera fatigar el aire con la carga de su voz desapacible, y respiraba furtivamente el poquito de aliento que cabía en su pecho hundido, seco y duro como un yermo.
>
> "El piano viejo", Rómulo Gallegos

Texto 2: ....

Al principio de otoño y comienzo del curso siguiente, Luisito, el hermano menor, cayó enfermo con fiebres. Andrés sentía por Luisito un cariño exclusivo y huraño. El chico le preocupaba de una manera patológica, le parecía que los elementos todos se conjuraban contra él. Visitó al enfermito el doctor Aracil, el pariente de Julio, y a los pocos días indicó que se trataba de una fiebre tifoidea. Andrés pasó momentos angustiosos; leía con desesperación en los libros de Patología la descripción y el tratamiento de la fiebre tifoidea y hablaba con el médico de los remedios que podrían emplearse.

El árbol de la ciencia, Pío Baroja

Texto 3: ....

Dicen (lo cual es improbable) que la historia fue referida por Eduardo, el menor de los Nelson, en el velorio de Cristián, el mayor que falleció, de muerte natural, hacia mil ochocientos noventa y tantos, en el partido de Morón. Lo cierto es que alguien lo oyó de alguien, en el discurso de una larga noche perdida, entre mate y mate, y la repitió a Santiago Dabove, por quien la supe. Años después volvieron a contármela en Turdera, donde había acontecido. La segunda versión, algo más prolija, confirmaba en suma la de Santiago, con las pequeñas variaciones y divergencias que son del caso. La escribo ahora porque en ella se cifra, si no me engaño, un breve y trágico cristal de la índole de los orilleros antiguos. Lo haré con probidad, pero ya preveo que cederé a la tentación literaria de acentuar o agregar algún pormenor.

"La intrusa", Jorge Luis Borges

Texto 4: ....

Bajo la apariencia de Julio Romero de Torres (en su versión con paraguas), me naturalizo en el bar del pueblo, me arreo un par de huevos fritos con bacón y hojeo la prensa matutina. Los humanos tienen un sistema conceptual tan primitivo, que para enterarse de lo que sucede han de leer los periódicos. No saben que un simple huevo de gallina contiene mucha más información que toda la prensa que se edita en el país.

Sin noticias de Gurb, Eduardo Mendoza

Los personajes

Los **personajes** protagonizan la acción y tienen que ser capaces de identificarse con el lector. Para obtener la mayor verosimilitud posible, deben mostrar rasgos psicológicos que sean universales y su situación ha de ser reflejo de la condición humana. Existen distintos tipos: los que son **protagonistas**, los **antagonistas** (que representan un obstáculo para que el personaje principal alcance sus fines), los **secundarios**, que apoyan, ayudan o animan al protagonista, catalizan o intensifican el conflicto, y los **de trasfondo**, que actúan de coro, testigo o contexto. La caracterización del personaje se transmite mediante la **voz**, que puede manifestarse a través de monólogos que reproducen sus pensamientos; de diálogos o por medio del **discurso directo** e **indirecto**.

• **Discurso directo**

> **Ej.** El anciano entró en la casa y balbuceó: "¡Qué cansado me siento! ¿Estaré enfermo?"

• **Discurso indirecto**

> **Ej.** El anciano entró en la casa y balbuceó que se sentía cansado y se preguntó si estaría enfermo.

Otra posibilidad es el empleo del **discurso indirecto libre**, donde el narrador se adentra en la interioridad de su personaje e incorpora en su voz las emociones, los pensamientos y las palabras de este sin ningún aviso.

• **Discurso indirecto libre**

> **Ej.** El anciano entró en la casa. ¡Qué cansado se sentía! ¿Estaría enfermo?

Actividad 11

11.a. Identifica en cuáles de estos fragmentos encontramos un ejemplo de diálogo, monólogo, estilo directo, indirecto e indirecto libre.

Texto 1: ....

> Y no crea que lo que le he contado es mentira. No piense que porque tengo un poco de fiebre y a cada rato me quejo del dolor en las piernas, estoy diciendo mentiras, porque no es así. Y si usted quiere comprobar si fue verdad, vaya al Puente, que seguramente debe estar todavía, en medio de la calle, sobre el asfalto, la torta grande y casi colorada, hecha de chocolate y almendras, que me regalaron las dos viejitas de la dulcería.
>
> "Con los ojos cerrados", Reinaldo Arenas

Texto 2: ....

> Un coronel se perdió escalera arriba guardándose el revólver. Otro bajaba por una escalera de caracol guardándose el revólver. No era nada. Un capitán pasó por una ventana guardándose el revólver. No era nada. Otro ganó una puerta guardándose el

revólver. No era nada. ¡No era nada! Pero el aire estaba frío. La noticia cundió por las salas en desorden. No era nada. Poco a poco se fueron juntando los convidados: quién había hecho aguas del susto, quién había perdido los guantes, y a los que les volvía el color no les bajaba el habla, y a los que les volvía el habla les faltaba color. Lo que ninguno pudo decir fue por dónde y a qué hora desapareció el Presidente.

El señor Presidente, Miguel Ángel Asturias

Texto 3: ....

−¿Y de qué me tiene que venir a hablar ese señor? −dijo Mamá Elena luego de un silencio interminable que encogió el alma de Tita.

Con voz apenas perceptible respondió:

−Yo no sé.

Mamá Elena le lanzó una mirada que para Tita encerraba todos los años de represión que habían flotado sobre la familia y dijo:

−Pues más vale que le informes que si es para pedir tu mano, no lo haga. Perdería su tiempo y me haría perder el mío. Sabes muy bien que por ser la más chica de las mujeres a ti te corresponde cuidarme hasta el día de mi muerte.

Dicho esto Mamá Elena se puso lentamente de pie, guardó sus lentes dentro del delantal y a manera de orden final repitió.

−¡Por hoy hemos terminado con esto!

Tita sabía que dentro de las normas de comunicación de la casa no estaba incluido el diálogo, pero aún así, por primera vez en su vida intentó protestar a un mandato de su madre.

−Pero es que yo opino que

−¡Tú no opinas nada y se acabó!

Como agua para chocolate, Laura Esquivel

Texto 4: ....

... Bueno, cuando él se para frente a un restaurant húngaro o rumano, algo así, ella se vuelve a sentir rara. Él creía darle un gusto llevándola ahí a un lugar de compatriotas de ella, pero le sale el tiro por la culata. Y se da cuenta de que a ella algo le pasa, y se lo pregunta. Ella miente y dice que le trae recuerdos de la guerra, que todavía está en pleno fragor en esos momentos. Entonces él le dice que van a otra parte a almorzar. Pero ella se da cuenta de que él, pobre, no tiene mucho tiempo, está en su hora libre de almuerzo y después tiene que volver al estudio.

El beso de la mujer araña, Manuel Puig

11.b. Transforma el monólogo del fragmento de Reinaldo Arenas (Texto 1) en un diálogo con su madre. Continúa el comienzo.

Reinaldo: Mamá. No crea que lo que le he contado es mentira.
Madre: Sí, lo es. Mírate, estás enfermo, delirando.

11.c. Convierte el diálogo entre Tita y su madre en un monólogo en el que Tita está hablando en su habitación. Continúa el comienzo.

Tengo miedo de hablar con mi mamá.

Actividad 12

12.a. A continuación aparecen las descripciones de algunos personajes conocidos de la literatura hispánica. Anota en cada uno qué rasgos se destacan: físicos, de carácter, su profesión, sus deseos, etc.

1. Don Quijote de la Mancha

En un lugar de la Mancha, de cuyo nombre no quiero acordarme, no ha mucho tiempo que vivía un hidalgo de los de lanza en astillero, adarga antigua, rocín flaco y galgo corredor. Una olla de algo más vaca que carnero, salpicón las más noches, duelos y quebrantos los sábados, lentejas los viernes, algún palomino de añadidura los domingos, consumían las tres partes de su hacienda. Frisaba la edad de nuestro hidalgo con los cincuenta años; era de complexión recia, seco de carnes, enjuto de rostro, gran madrugador y amigo de la caza. Quieren decir que tenía el sobrenombre de Quijada o Quesada.

El ingenioso hidalgo Don Quijote de la Mancha, Miguel de Cervantes

2. Tristana

– [...] Te reirás cuando te diga que no quisiera casarme nunca, que me gustaría vivir siempre libre. Ya, ya sé lo que estás pensando; que me curo en salud, porque después de lo que me ha pasado con este hombre, y siendo pobre como soy, nadie querrá cargar conmigo. ¿No es eso, mujer, no es eso? Ya sé, ya sé que es difícil eso de ser libre... y honrada. ¿Y de qué vive una mujer no poseyendo rentas? Si nos hicieran médicas, abogadas, siquiera boticarias o escribanas, ya que no ministras y senadoras, vamos, podríamos... Pero cosiendo, cosiendo... Calcula las puntadas que hay que dar para mantener una casa... Cuando pienso lo que será de mí, me dan ganas de llorar. ¡Ay, pues si yo sirviera para monja, ya estaba pidiendo plaza en cualquier convento! Pero no valgo, no, para encerronas de toda la vida. Yo quiero vivir, ver mundo y enterarme de por qué y para qué nos han traído a esta tierra en que estamos.Yo quiero vivir y ser libre... Es que vivimos sin movimiento, atadas con mil ligaduras... También se me ocurre que yo podría estudiar lenguas. No sé más que las raspaduras de francés que me enseñaron en el colegio, y ya las voy olvidando. ¡Qué gusto hablar inglés, alemán, italiano! Me parece a mí que si me pusiera, lo aprendería pronto. Me noto... no sé cómo decírtelo... me noto como si supiera ya un poquitín antes de saberlo, como si en otra vida hubiera sido yo inglesa o alemana y me quedara un deje...

Tristana, Benito Pérez Galdós

3. Úrsula Buendía

La laboriosidad de Úrsula andaba a la par con la de su marido. Activa, menuda, severa, aquella mujer de nervios inquebrantables, a quien en ningún momento de su vida se la oyó cantar, parecía estar en todas partes desde el amanecer hasta muy entrada la noche, siempre perseguida por el suave susurro de sus pollerines de olán. Gracias a ella, los pisos de tierra golpeada, los muros de barro sin encalar, los rústicos muebles de madera construidos por ellos mismos estaban siempre limpios, y los viejos arcones donde se guardaba la ropa exhalaban un tibio olor de albahaca.

Cien años de soledad, Gabriel García Márquez

4. Manolito Gafotas

Me llamo Manolito García Moreno [...]. Me pusieron Manolito por el camión de mi padre [...]. A mí me gusta que me llamen gafotas. En mi colegio, que es el 'Diego Velázquez', todo el mundo que es un poco importante tiene un mote. Antes de tener un mote yo lloraba bastante. Cuando un chulito se metía conmigo en el recreo siempre acababa insultándome y llamándome cuatro-ojos o gafotas.

Manolito Gafotas, Elvira Lindo

12.b. Imagina un personaje para un posible texto literario de unas 200 palabras en el que describas, por ejemplo, cómo es su aspecto físico, carácter, gustos, edad, profesión, clase social, etc. Puedes tomar como referencia los modelos anteriores.

Actividad 13

13.a. Algunas expresiones idiomáticas provienen de la literatura, la cultura popular, la historia y la religión. Completa los siguientes enunciados según el contexto.

Don Juan • Celestina • Matusalén • Judas • Damocles • Magdalena • (el santo) Job
Pandora • Aquiles • Calleja • Hércules • Caín • Adán • Edipo • Barba Azul

1. Tienes más paciencia que .... ¿Cómo puedes aguantar a esa persona?

2. –Yo pensaba que tenía 60 años.
   –Pues ya ves, si es ya más viejo que ....
   –Quién lo diría, la verdad es que se conserva muy bien.

3. Ten cuidado con él, es un auténtico .... , seduce a las mujeres a una velocidad increíble y, luego, sin más, las abandona.

4. No hagas de .... en esa historia y deja que ellos se las arreglen.

5. Luisa se puso a llorar como una .... y nadie sabía por qué.

6. No me creo nada de lo que dice, tiene más cuento que ....

7. ¿Cómo has podido subir tú solo todo ese peso? Eres más fuerte que ....

8. ¡Me has engañado! Eres un ....

9. Solo sabes decir mentiras y mentiras. Ya no puedo creerte, eres falso como ....

10. Si quieres ganar, tienes que buscar el talón de .... de tu rival.

11. Mira qué mal vestido y qué sucio va, está hecho un ....

12. Voy a dejar de salir con él, realmente es que creo que le gusta su madre, de verdad, tiene un tremendo complejo de ....

13. Me encuentro bajo la espada de ...., con tantos peligros que me acechan que no sé hacia dónde mirar.

14. Va a divorciarse, su marido resultó ser un auténtico ...., y parecía que su matrimonio era una dictadura.

15. Mejor que no abra la caja de .... porque si no aparecerán muchos conflictos que hasta ahora se han evitado.

13.b. Escribe un diálogo literario en el que aparezcan algunas de las expresiones idiomáticas anteriores.

- Decide el género, la edad de los protagonistas a la hora de ponerles voz;
- Reproduce el habla de los personajes con un registro coloquial;
- Utiliza frases breves y directas en los intercambios comunicativos.

La acción

La **acción** posee un carácter dinámico, ya que se relaciona directamente con los acontecimientos que van sucediéndose o la trama (véase, a este respecto, lo comentado en la estructura interna). Se puede presentar en forma de **sumario**, si la acción aparece de manera esquemática, o con **digresiones**, si hay alguna intromisión dentro de la acción principal. En la acción, la **verosimilitud** posee una enorme importancia, ya que se debe intentar que la trama resulte creíble. Asimismo, son fundamentales el **arranque** de la historia y el **final**.

Actividad 14

14.a. El principio y el final del texto narrativo son fundamentales en una historia. Te damos a continuación los comienzos de algunos cuentos. Señala cuál es el espacio, el tiempo, el narrador y el personaje.

Texto 1

El empleado que vendía los billetes en la Estación del Norte no pudo contener un movimiento de sorpresa cuando la infantil vocecita pronunció, en tono imperativo:

–¡Dos de primera... a París!...

Sacando la cabeza por la ventanilla vio que quien pedía los billetes era una niña de doce años, muy bien vestida, y luciendo un lindo sombrero blanco que le caía divinamente bien. Cogido de la mano traía la señorita a un caballerito que representaba la misma edad poco más o menos, y que también parecía pertenecer a muy distinguida clase y a muy rica familia. El chico parecía estar asustado; la chica alegre con nerviosa alegría. El empleado sonrió.

"Temprano y con sol", Emilia Pardo Bazán

Texto 2

Tenía el nombre de Belisa Crepusculario, pero no por fe de bautismo o acierto de su madre, sino porque ella misma lo buscó hasta encontrarlo y se vistió con él. Su oficio era vender palabras. Recorría el país, desde las regiones más altas y frías hasta las costas calientes, instalándose en ferias y en mercados, donde montaba cuatro palos con un toldo de lienzo, bajo el cual se protegía del sol y de la lluvia para atender a su clientela.

"Dos palabras", Isabel Allende

Texto 3

El lunes amaneció tibio y sin lluvia. Don Aureliano Escovar, dentista sin título y buen madrugador, abrió su gabinete a las seis. Sacó de la vidriera una dentadura postiza montada aún en el molde de yeso y puso sobre la mesa un puñado de instrumentos que ordenó de mayor a menor como en una exposición. Llevaba una camisa a rayas sin cuello, cerrada arriba con un botón dorado, y los pantalones sostenidos con cargadores elásticos. Era rígido, enjuto, con una mirada que raras veces correspondía a la situación, como la mirada de los sordos.

"Un día de estos", Gabriel García Márquez

14.b. Relaciona estos desenlaces con los comienzos de la actividad anterior.

A: Texto ....

–Me pasa la cuenta– dijo.
–¿A usted o al municipio?
El Alcalde no lo miró. Cerró la puerta, y dijo, a través de la red metálica:
–Es la misma vaina.

B: Texto ....

Los fugitivos fueron llevados a Madrid, y al instante internados en sus respectivos colegios. Con motivo del suceso se conocieron el papá de Finita y la mamá de Currín, se visitaron a menudo para informarse del progreso que hacían los chicos y hasta terminaron en enamorarse. Algún tiempo después salían a París a celebrar su luna de miel.

C: Texto ....

El Coronel y Belisa Crepusculario se miraron largamente, midiéndose desde la distancia. Los hombres comprendieron entonces que ya su jefe no podía deshacerse del hechizo de esas dos palabras endemoniadas, porque todos pudieron ver los ojos carnívoros del puma tornarse mansos cuando ella avanzó y le tomó la mano.

Actividad 15

15.a. Lee estos microrrelatos y trata de escribir un final para cada uno de ellos. Consulta después las soluciones. ¿Coinciden con lo que tú habías escrito?

Microrrelato 1: "Caperucita hambrienta"

LOBO: ...son para verte mejor, cariño– dijo, tratando de imitar la voz de una mujer mayor.
CAPERUCITA: ¡Y qué orejas más grandes tienes!
LOBO: Son para oírte mejor.
CAPERUCITA: ¡Y qué dientes más grandes!

Microrrelato 2: "De Bucarest a La Habana"

Habíamos llegado a La Habana casi por casualidad según mi madre, y por pena según mi padre. Solamente me quedan recuerdos borrosos e intangibles de la *Strada Calomfirescu* de Bucarest, no lejos del río *Dâmbovita,* donde tuvimos que dejar todos mis pocos juguetes y muchos recuerdos de familia. Me habían contado más de una vez que *bucur* en rumano significa "alegre" y que Bucarest significaba, por lo tanto, algo así como "la ciudad de la alegría". Al menos para nosotros no fue así. El gobierno alemán decidió no invadir Bucarest a cambio de, imagino, demasiados favores de todo tipo en los que prefiero no detener mi pensamiento. Como suele pasar, al final la ciudad fue víctima de bombardeos por ambos bandos de la historia.

Microrrelato 3: "Persistencia"

El mirlo viene todos los días con la regularidad de un corazón joven. Se posa encima de la barandilla del balcón y me mira de reojo. Alborota su plumaje azabache, después levanta el pico naranja hacia el cielo y se pone a cantar con la melancolía y la desesperación de un enamorado infeliz. Hoy tampoco llega a conseguir su propósito. Mañana regresará. Sentado frente a él, al otro lado de la ventana entreabierta, poso la mirada en la pantalla del ordenador.

15.b. Escribe un microrrelato de unas 100 palabras en el que incluyas los elementos de la narración que han aparecido hasta ahora: la acción, el espacio, el tiempo y los personajes.

4. La intertextualidad

Otra característica importante de los textos narrativos de carácter literario es la **intertextualidad**, es decir, cuando un texto hace referencia a otros, ya sean literarios (de diversos autores o de un mismo autor), cinematográficos, pictóricos, etc. Además, hay que tener en cuenta que el **lenguaje literario** trata de embellecer el discurso cuidando el estilo en el **plano fónico** (con el ritmo, las aliteraciones, etc.), en el **léxico** (a partir de tropos como las metáforas, comparaciones, metonimias, etc.) y en el **sintáctico** (con la alteración del orden habitual de los elementos de una frase, las repeticiones, etc.). Por lo tanto, en este tipo de textos predomina la **función poética** del lenguaje. Te ofrecemos aquí un ejemplo de intertextualidad literaria.

Texto 1

Vine a Comala porque me dijeron que acá vivía mi padre, un tal Pedro Páramo. Mi madre me lo dijo. Y yo le prometí que vendría a verlo en cuanto ella muriera. Le apreté sus manos en señal de que lo haría; pues ella estaba por morirse y yo en plan de prometerlo todo. "No dejes de ir a visitarlo –me recomendó–. Se llama de otro modo y de este otro. Estoy segura de que le dará gusto conocerte".

Pedro Páramo, Juan Rulfo (1955)

Texto 2

Vine a Madrid para matar a un hombre a quien no había visto nunca. Me dijeron su nombre, el auténtico, y también algunos de los nombres falsos que había usado a lo largo de su vida secreta, nombres en general irreales, como de novela, de cualquiera de esas novelas sentimentales que leía para matar el tiempo en aquella especie de helado almacén, una torre de ladrillo próxima a los raíles de la estación de Atocha donde pasó algunos días esperándome, porque yo era el hombre que le dijeron que vendría.

Beltenebros, Antonio Muñoz Molina (1989)

El extracto de la novela *Beltenebros,* de Antonio Muñoz Molina, se inspira en el comienzo de *Pedro Páramo* con una misma situación: dos personajes que llegan a un lugar para acometer una función. En la novela de Juan Rulfo, para conocer a un padre ausente y en la de Muñoz Molina, para matar a un hombre. Con este comienzo, Muñoz Molina dota a la novela de unos tintes de misterio y suspense.

Actividad 16

16.a. Lee un fragmento de la novela de Juan Marsé *El embrujo de Shanghái.* Uno de los personajes, Susana, hace referencia a otros textos. ¿Qué tipo de intertextualidad aparece?

Tenía Susana una disposición natural a la ensoñación, a convocar lo deseable y lo hermoso y lo conveniente. Lo mismo que al extender y ordenar alrededor suyo en la cama su colección de películas y de programas de mano que su madre le traía cada semana del cine Mundial, y en los que Susana a veces recortaba las caras y las figuras para pegarlas y emparejarlas caprichosamente en películas que no le correspondían, solo porque a ella le habría gustado o divertido ver juntos -había reunido a la hermosa Sherezade y a Quasimodo en *Cumbres borrascosas,* había dejado al tenebroso Heathcliff al borde de una piscina con Esther Williams en bañador, a Sabú volando en su alfombra mágica sobre Bagdad en compañía de Charlot y del ama de llaves de Rebeca, y a Tarzán colgado en lo alto de una torre de Notre Dame junto con Esmeralda la zíngara y la mona Chita—, igualmente suscitaba en torno suyo expectativas risueñas o augurios de tristeza mediante leves correctivos a la realidad, trastocando imágenes y recuerdos. Y entre ese revoltijo de recuerdos estaba el de su padre la última vez que vino a verla, cruzando la frontera clandestinamente, hacía casi dos años, al poco de caer ella enferma.

16.b. Identifica en estos dibujos algunas de las referencias anteriores. Escribe el nombre debajo de cada imagen junto a una breve explicación de por qué estos personajes son conocidos.

Ej. 1. Sabú

Ej. 2. ....

Ej. 3. ....

Ej. 4. ....

Ej. 5. ....

Personaje	Nombre	Explicación
1	*Sabú*	*Fue un actor de cine de origen hindú que en la década de los 40 intervino en películas como* El ladrón de Bagdad *o* El libro de la selva.
2		
3		
4		
5		

5. La fase de creación

Actividad 17

Una vez que ya conoces todos los elementos que forman parte de un texto narrativo, lee de nuevo el texto de la actividad 6.a., "Última llamada", y responde a las siguientes preguntas.

1. ¿Cuál es el tema del relato?

2. ¿Cuál es el tiempo externo e interno? ¿Hay anticipaciones o evocaciones? ¿Qué tiempos verbales se emplean?

3. ¿Qué tipo de narrador aparece?

4. ¿Cómo se describen los personajes?

5. ¿Qué tipo o tipos de discurso se emplean? (directo, indirecto, etc.)

6. Comenta cómo son el comienzo y el final de la historia.

7. Escribe en unas líneas otro posible final.

Para escribir un texto literario existen **técnicas** que pueden ser de gran ayuda en la **fase de creación**. En primer lugar, es necesario estar atento a lo que sucede en el entorno para extraer los principales elementos de inspiración. Es útil anotar todo aquello que capte el interés. Es decir, se debe pasar por una primera **fase de documentación**. El **tema** que se escoja finalmente puede cambiar conforme se avance en la construcción del relato y quizás no sirva para la trama, por lo que hay que estar preparado para rectificar cuantas veces haga falta.

En segundo lugar, hay que tomar conciencia de diferentes **técnicas de creatividad**: pensar en el **arranque del texto**, posibles **finales**, variedad de **registros**, formas en las que se va a narrar, tratando de que se vaya perfilando la que mejor encaje para el **desarrollo del relato**. Asimismo, se puede preparar un **esquema general** de la historia en el que se plantee la **sinopsis** del tema, los principales **personajes**, los **espacios** donde va a transcurrir (reales, fantásticos, míticos…), el **género** (de amor, aventuras, histórico, terror, humor…), es decir, crear una especie de **estructura** externa o marco general para solo después, pensar en la estructura interna donde ya se escoja el punto de vista de la narración (omnisciente, testigo, segunda persona…), el **tiempo** del relato (tiempos verbales, elipsis u omisiones…). Cuando ya se hayan elegido todos los elementos anteriores es el momento de pasar a la fase de redacción donde se trata de hacer uso del lenguaje literario y de las **figuras literarias**. Para finalizar, no hay que olvidar la **fase de revisión** en la que se lleva a cabo una lectura a fondo de lo escrito, tanto desde el punto de vista del contenido como del estilo.

Actividad 18

Escribe tu propio relato en unas 500 palabras. Ten en cuenta todo lo que has aprendido en este capítulo y en la teoría de la fase de creación. No olvides ponerle un buen título.

✓ 1. Busca y selecciona un tema.
2. Anota todas las palabras clave e ideas que se te ocurran.
3. Escoge el tipo de lector al que te vas a dirigir (un familiar, un niño, un adulto, un amigo, un compañero, etc.).
4. Adecúa el tono al tipo de lector escogido (más formal, informal).
5. Intenta que tu texto responda a seis preguntas fundamentales: qué, quién, cómo, dónde, cuándo y por qué.
6. Escoge el tipo de narrador (primera, segunda, tercera persona).
7. Decide los tiempos verbales que mejor se adaptan a tu narración.
8. Piensa en el espacio donde va a ocurrir la acción.
9. Elige algunos personajes y decide si vas a utilizar un monólogo, un diálogo, etc.
10. Piensa en un desenlace.

6. Vocabulario temático: contexto, contenido y estilo de una obra literaria

Los siguientes términos y expresiones te permitirán abordar el análisis de una obra literaria desde tres puntos de vista distintos pero complementarios entre sí: el contexto, el contenido y el estilo.

Hablar sobre el contexto de una obra literaria

aludir a / hacer alusión a
apartarse de la historia / hacer una digresión
conjeturar la intención del autor
constar de tres partes
denotar
describir a grandes rasgos
ejercer influencia sobre un autor o una obra
ensalzar el mérito artístico de
entretejer dos historias
entretener
esclarecer el sentido
imaginar(se)
influir en el desarrollo del personaje
inspirarse en
inventar
llevar al cine
representar
tomar como modelo
trasfondo de la historia, el

Hablar sobre el contenido de la narración

ambiente, el
anécdota, la
argumento, el
carácter, el
cita, la
composición literaria, la
dedicatoria, la
desenlace, el
diálogo, el
discurso (directo / indirecto), el
episodio, el
escena, la o secuencia retrospectiva, la; el salto atrás o el *flashback*

esquema, el
estructura del texto, la
evocar una época
héroe, el / heroína, la
hilo del relato, el
monólogo interior, el
nudo de la novela, el
obra de ficción, la
personaje novelesco, el
preámbulo, el
prólogo, el
protagonista, el / la
trama de la novela, la
universo narrativo, el

Otras expresiones para hablar sobre el contenido:

El relato trata de...
El tema que subyace en esta novela...
La historia se complica...
La novela está llena de resonancias de...
Los antecedentes de un personaje...
Los rasgos distintivos de un personaje...
En cuanto a la forma...
En cuanto al fondo...
En sentido metafórico...
Se trata de un relato construido en primera / tercera persona...
Se trata de un relato bien construido...

Hablar sobre el estilo de la escritura

atrevido
clásico
caricaturesco
coloquial, familiar
culto
delicado
detallado, minucioso
directo, conciso
divertido
épico
equilibrado
florido, recargado

fluido
grandilocuente
grotesco
ininteligible
irónico
monótono
mordaz
poético
popular
realista
rebuscado, enrevesado
romántico
satírico
sencillo, llano
sobrio
sutil
trágico
vivo, animado

7. Actividades de corrección y estilo

Gramática

A. Corrige el único error gramatical que aparece en las siguientes oraciones. Si no lo detectas, subraya la información donde crees que se encuentra.

> **Ej:** "Era una vez una niña que vivía en un palacio de cristal".

> **Corrección:** "Érase una vez..." (Expresión fija utilizada para comenzar un cuento).

1. Quería contar la última anécdota de lo que me pasó en mi viaje a Tenerife. Con el vuelo no tuve mucha suerte porque el avión no pudo despegar por el problema técnico.

2. El piloto dijo que el problema todavía se había solucionado, pero otra vez pasó lo mismo, así que tuvimos que bajar de nuevo.

3. Había una vez dos ratones que tenían mucha hambre y decidieron acercarse una granja para buscar comida.

4. Al llegar a la granja, los ratones entraron en la cocina de la casa y vieron un grande cubo de nata sobre la encimera.

5. Conforme entraba en la ciudad, se divisaba en el fondo la inmensa torre del palacio renacentista.

6. Decidí visitar el palacio durante esa tarde lluviosa, pero estaba tan llenado de gente, que preferí volver otro día.

Estilo

B. Transforma el estilo de la información que aparece subrayada en las siguientes oraciones.

Ej: "Sacó la espada y, de buenas a primeras, amenazó a todos los allí presentes".

Corrección: "Desenvainó la espada... (Se trata de un verbo más preciso desde el punto de vista léxico)".

1. Y llegados a este punto, yo quería hablar del momento más duro en la vida de una maleta. Cuando estás en el aeropuerto y hay que facturar la maleta.

2. Los romanos hicieron numerosos puentes en la península ibérica. Uno de los más espectaculares es el de Mérida.

3. A finales del siglo XVI, habiéndose extinguido la línea dinástica del rey, el pueblo toma posesión del país.

4. A la vez, los dos ladrones se asomaron al pozo y a la vez los dos se cayeron en su interior.

5. Un día, visité una ciudad del norte del país. Seguí por una avenida, para llegar hasta la plaza principal y giré a la izquierda, como decía el mapa, pero no la encontré.

6. Tuvo una vida profesional movida, llena de vaivenes y de momentos agridulces.

Capítulo 2
El texto descriptivo

Objetivos

- Familiarizarse con las principales características de los textos descriptivos.
- Distinguir entre la descripción objetiva y subjetiva.
- Observar cómo funciona la descripción en un texto literario y no literario.
- Utilizar la posición del adjetivo según el contexto y su posible cambio de significado.
- Reconocer los principales tipos de descripción literaria.

Prácticas escritas

- Integrar el componente descriptivo en un microrrelato.
- Describir los matices sensoriales asociados a una fruta.
- Redactar la sinopsis de una película.
- Transmitir las sensaciones que produce una imagen.
- Elaborar la descripción de un retrato.
- Retratar la vida de una persona.
- Configurar la caricatura de un personaje conocido.
- Describir un cuadro desde el punto de vista de su composición y significado.

◆ ¿En qué consiste?

En un texto descriptivo se utilizan los diferentes elementos del lenguaje para **describir la realidad**, es decir, una descripción es una manera de visualizar lo que se describe. Cuanto más detallada sea la descripción (tamaño, forma, color, sensaciones...), mejor podrá imaginar el lector el objeto, el lugar o la persona a la que se hace referencia. Algunas técnicas para realizar una descripción completa son, en primer lugar, seleccionar bien el **foco de la descripción**: un objeto, un cuadro, un paisaje, un animal, una persona, una situación, una acción o un sentimiento. En segundo lugar, es necesario pensar en las **partes o elementos de los que consta el objeto de la descripción** para presentarlos de una manera ordenada, progresiva y coherente. Después, hay que decidir el **punto de vista** desde el que se describe, ya sea de una manera objetiva o subjetiva. La descripción puede tener principalmente un **carácter informativo**, en el que se presenta información objetiva sobre el elemento descrito, o subjetivo, donde además de información se transmiten diferentes **matices estéticos y estilísticos** más propios del lenguaje poético.

- Algunos ejemplos de textos en los que aparece la **descripción objetiva** o informativa son: las definiciones de un diccionario o de una enciclopedia, el resumen de un libro, las instrucciones que acompañan a un producto, el prospecto de un medicamento, los anuncios de la sección de 'clasificados' de un periódico.
- Algunos ejemplos de textos en los que aparece la **descripción subjetiva** son: la narrativa literaria, la poesía, los artículos de opinión de un periódico, los textos publicitarios.

No existe una única categoría de texto descriptivo, ya que los diferentes tipos de descripción, y las figuras retóricas que pertenecen a este ámbito, se pueden integrar en cualquier texto. Generalmente, existe una relación entre la descripción de carácter objetivo o subjetivo y el tipo de texto. Por ejemplo, en un texto de ficción aparecen más recursos descriptivos de carácter subjetivo que en uno jurídico, donde la descripción responde a un propósito principalmente informativo.

1. La descripción y su contexto

La descripción se articula a partir de elementos gramaticales como los **verbos**, los **adverbios** y los **adjetivos**. En este capítulo nos centraremos en el uso del adjetivo, puesto que es el principal elemento de la descripción y a partir de él se añaden los diferentes **matices** a un sustantivo. Para comprender cómo funciona la descripción tenemos que pensar, en primer lugar, qué es lo que al hablante le interesa mostrar, manifestar o comunicar en un **contexto** determinado. Además del contexto, hay que tener en cuenta el **tipo de adjetivo y de sustantivo** al que el adjetivo califica, dado que este hecho puede determinar que se utilicen o no de manera conjunta. También es importante recordar que incluso los adjetivos que son sinónimos a veces no son intercambiables, por lo que es conveniente estudiar cada ejemplo en su contexto.

Fíjate en la diferencia de uso y de matiz entre los siguientes adjetivos en inglés:

- *Big:* se trata de un adjetivo que en función del contexto puede expresar un valor subjetivo u objetivo.

  Ej. *The Ashmolean Museum of Oxford has a big collection of paintings.*
  Posible traducción: El Museo Ashmolean de Oxford tiene una <u>gran</u> colección de cuadros. (subjetivo)
  Posible traducción: El Museo Ashmolean de Oxford tiene una colección de cuadros (bastante) <u>grande</u>. (objetivo)

- *Great:* es un adjetivo con un valor subjetivo que puede poseer un matiz de admiración hacia lo que se describe.

  Ej. *He is a great person.*
  Posible traducción: Es una <u>gran</u> persona.

- *Grand:* solamente se utiliza con algunos sustantivos y no hace referencia propiamente al tamaño, sino que expresa una valoración descriptiva de carácter estético.

  Ej. *As a grand finale, the musician played a grand piano.*
  Posible traducción: Como final <u>apoteósico</u>, el pianista tocó un piano de cola.

Ahora presta atención a los siguientes ejemplos en español y a los diferentes matices que expresan los adjetivos en relación con el contexto en el que aparecen:

46

- **Contexto informativo** (objetivo)

    Ej. La niña se sentó a dibujar en la <u>mesa larga</u> que estaba en la cocina.
    Posible traducción: *The girl sat down to draw at the long kitchen table [i.e. not at the short one].*

Significado del adjetivo	Interpretación de la descripción
El hablante nos informa de que la niña se sentó "en la mesa larga" y no "en la mesa corta". El oyente lo percibe como una descripción objetiva, es decir, una clasificación del tipo de mesa.	Aunque no lo sabemos, posiblemente había más de una mesa y por eso al hablante le interesa diferenciar o contrastar el tipo de mesa.

- **Contexto poético o literario** (subjetivo)

    Ej. La niña se sentó a dibujar en la <u>larga mesa</u> que estaba en la cocina.
    Posible traducción: *The girl sat down to draw at a long table in the kitchen.*

Significado del adjetivo	Interpretación de la descripción
Al hablante le interesa mostrar que la mesa es "particularmente larga", y el oyente lo percibe como una descripción más subjetiva o propia de un contexto poético o literario.	No sabemos si hay más de una mesa pero, por la posición del adjetivo, queda claro que al hablante no le interesa mostrar esta diferencia o contraste.

Como acabamos de ver, la posición del adjetivo se halla estrechamente relacionada con el contexto. El tipo de adjetivo (de persona o de cosa) y el tipo de sustantivo (concreto o abstracto) también condicionan el acto descriptivo:

Ej. Juan es muy amable. Posible traducción: *Juan is very kind.*

Y, por lo tanto, al tratarse de un adjetivo de persona no resultaría lógico decir:

> **Ej.** *Tu perro es muy ~~amable~~.
> **Ej.** *alternativo:* Tu perro es muy manso. *(Your dog is very well behaved.)*
> **Ej.** *Pásame el libro más amable que tengas.
> **Ej.** *alternativo:* Pásame el libro más interesante que tengas. *(Pass me the most interesting book you have.)*

✓ En las actividades que aparecen a continuación, comprobarás que a la hora de añadir matices descriptivos es importante tener en cuenta en todo momento:

1. **el tipo de adjetivo** (persona / cosa): ej. una persona (enérgica) / una fruta (energética);
2. **el tipo de sustantivo** (concreto / abstracto): ej. la casa (grande) / el hogar (cálido);
3. **el matiz que se busca en el adjetivo** (subjetivo / objetivo): ej. inmenso,-a / grande;
4. **el contexto** (poético / informativo): ej. la verde pradera / la casa verde;
5. **el tipo de registro** (popular / culto o académico): ej. cerrado,-a / hermético,-a.

Actividad 1

Es importante seleccionar bien los adjetivos en función del tipo de sustantivo al que acompañan y de su significado. Completa los siguientes mapas mentales.

privado	simpático	amable
público	antipático	grosero

Un **EDIFICIO**   Un **AMIGO**   Un **GESTO**

Actividad 2

Los sinónimos nos ayudan a variar el lenguaje además de contribuir a matizar el significado. Cada sinónimo puede transmitir un matiz ligeramente distinto y el registro puede variar según el adjetivo. Por ejemplo, algunos de los sinónimos del adjetivo *bueno* son: *afable, honrado, provechoso, ventajoso*, sin embargo así como *bueno* pertenece al registro más habitual, *afable* es más propio del registro culto.

2.a. Completa las letras que faltan para obtener los siguientes adjetivos sinónimos.

BUENO	
honrado	afable
_d_cuado	s_rv_c_ _l
pr_v_choso	s_ns_bl_
virt_ _s_	c_mp_s_v_
h_n_st_	b_nd_doso
_p_rtuno	human_t_r_ _
b_név_l_	s_br_so
_gr_d_bl_	s_l_d_bl_
am_bl_	_n_c_nte
c_nv_n_ _nt_	c_mpr_ns_v_
f_v_r_bl_	t_ _rno
ventajoso	bonachón

2.b. Aunque los adjetivos de la tabla anterior son sinónimos de "bueno", algunos se utilizan para describir a personas, cosas, o para ambas categorías. Selecciona dos adjetivos de persona y dos de cosa y escribe una frase con cada uno de ellos.

- Adjetivo de persona: ej. *bonachón*
- Adjetivo de cosa: ej. *sabroso*

Actividad 3

3.a. Los siguientes adjetivos son sinónimos de "importante", "caliente" y "fácil", pero aun así expresan matices diferentes dependiendo del sustantivo al que acompañan. Clasifícalos según su significado.

asequible • candente • comprensible • notable • canicular • destacado
obvio • sofocante • primordial • elemental • abrasador • vital
caluroso • trascendental • evidente • cálido • eminente • sencillo

importante (6 adjetivos)	caliente (6 adjetivos)	fácil (6 adjetivos)
principal	*tropical*	*simple*

3.b. Elige el adjetivo que mejor describe al sustantivo de las siguientes oraciones. Algunos funcionan como colocaciones léxicas, es decir, adjetivos que se asocian normalmente a determinados sustantivos.

1. Hacía <u>un calor</u> .... para ser el mes de mayo.
   a. reñido   b. sofocante   c. caluroso

2. Aunque parezca lo contrario <u>la vida</u> en Nueva York es mucho más .... que en Londres.
   a. clara   b. evidente   c. asequible

3. Trabaja en un .... <u>bufete de abogados</u> del centro de la capital.
   a. primordial   b. fundamental   c. prestigioso

4. Viajar por un país desconocido resulta <u>una tarea</u> más .... cuando uno habla la lengua.
   a. sencilla   b. evidente   c. elemental

5. Me encantaría vivir en <u>un país</u> .... y poder llevar bañador y chancletas durante todo el año.
   a. acalorado   b. sofocante   c. tropical

6. Es un trabajador irremplazable. <u>Su contribución a la empresa</u> ha sido ....
   a. eminente   b. famosa   c. vital

7. La prohibición de las corridas de toros en España es <u>un tema</u> ....
   a. ardiente   b. candente   c. exaltado

8. Es <u>algo</u> .... que le tenga miedo al agua, está aprendiendo a nadar.
   a. simple   b. sencillo   c. obvio

9. Ayer vi un .... <u>debate</u> en la televisión sobre el cambio climático.
   a. tropical   b. reñido   c. cálido

10. <u>Las teorías de Darwin</u> fueron .... para entender la evolución humana.
    a. trascendentales   b. notables   c. prestigiosas

Actividad 4

4.a. No todos los adjetivos suelen acompañar a un mismo sustantivo. Elimina el adjetivo que por su significado no suele describir al sustantivo en cuestión.

1. un vecino...
   a. ruidoso   b. amable   c. metálico   d. famoso   e. discreto

2. una obra de teatro...
   a. enrevesada   b. sensacional   c. torcida   d. dramática   e. tripartita

3. una comida...
   a. calórica   b. carnívora   c. excelente   d. principal   e. típica

4. una plaza...
   a. grande   b. salada   c. medieval   d. circular   e. céntrica

5. una fruta...
   a. silvestre   b. exótica   c. rojiza   d. atroz   e. dulce

4.b. Selecciona los tres adjetivos que mejor se combinan con cada uno de los siguientes sustantivos. No olvides hacer la concordancia correspondiente.

fresco • rosa • hermético • callejero • responsable • rabioso • constante • candente
imparcial • detectivesco • lazarillo • inconfesable • fascinante • universitario • íntimo

1. un estudiante

2. una noticia

3. un perro

4. una novela

5. un secreto

4.c. En el apartado anterior aparecen los posibles ingredientes para escribir un microrrelato de ficción (ej. un estudiante, una noticia, un perro, una novela y un secreto). Redacta una historieta de unas 200 palabras en la que incorpores algunos adjetivos del apartado anterior o que han aparecido hasta ahora. Ten en cuenta lo que has aprendido en el capítulo 1 y no olvides ponerle un buen título.

Actividad 5

5.a. A continuación aparecen una serie de descripciones de frutas según el mes del que son típicas. Fíjate en el significado informativo y objetivo de los adjetivos y colócalos en su lugar correspondiente. No olvides hacer la concordancia.

1. enero-febrero

húmedo • rojo • terso • agrio • similar • esférico

Crece de un arbusto en los bordes de caminos y en terrenos (a) ...húmedo... .
Este fruto es una baya con forma (b) ...esférica..., de color (c) ...rojo...,
de un tamaño (d) ...similar... a una aceituna. Su piel es (e) ...terso..., y
su sabor más (f) ...agria... que otras variedades.

2. marzo-abril

fresco • rojizo • tradicional • exquisito • característico • nutricional

Mantienen y superan los beneficios de la variedad (a) ..*tradicional*.... , ya que aportan más beta-carotenos y contienen antocianinas, unas sustancias que les confieren ese color (b) ..*rojizo*...... tan (c) ..*Característica* Para aprovechar sus virtudes (d) ...*nutricional*. y disfrutar de su sabor se recomienda tomarlas (e) ...*fresco*...... o en macedonia. También los zumos que se elaboran con esta variedad son (f) ..*exquisito*.. , ya que su sabor recuerda ligeramente al de las cerezas o las frambuesas.

3. mayo-junio

rojizo • dulce • negruzco • fresco • suave • pesado

Es una fruta de color (a) ...*negruzco*... o (b) ...*rojizo*...... y de sabor (c) ....*dulce*...... . En el mercado deben escogerse aquellas que sean (d) ...*pesado*...... y que presenten una textura (e) ...*suave*...... . Lo más frecuente es que tengan rabo, lo que evita que el fruto pierda todos sus jugos. Contienen vitaminas y minerales entre los que destacan la vitamina C, el beta-caroteno, el potasio y el magnesio. Pueden consumirse (f) ....*fresco*...... o como ingrediente de tartas, *mousse* y sorbetes.

4. julio-agosto

verdoso • intenso • gelatinoso • tropical • maduro • amarillento

Se cultiva en casi todos los países (a) ...*tropical*...... , y en concreto, los ejemplares que se venden en Europa suelen proceder de Sudáfrica y de Brasil. Como ocurre con muchas frutas, es de color (b) ..*verdoso*...... y al madurar se vuelve (c) ...*amarillento*. . Su pulpa, repleta de semillas, es (d) ..*gelatinoso*...., y desprende un aroma (e) ...*intenso*...... cuando está (f) ...*maduro*...... . En algunos casos se parece a un limón y en otros es más similar a una pera. Tiene siete veces más vitamina C que la naranja.

5. septiembre-octubre

escarlata • nutricional • digestivo • grueso • rubí • translúcido

Empiezan a aparecer en los mercados a mediados de septiembre, pero es entrado el otoño cuando nos ofrece sus granos en toda su plenitud. Esta fruta presenta una piel (a) ...*grueso*... de tono (b) ...*rubí*... . En su interior se encuentran semillas (c) ...*translúcida*... y de color (d) ...*escarlata*... . Su origen se extiende desde los Balcanes hasta el Himalaya y actualmente se cultiva en Europa, Asia y América. Desde el punto de vista (e) ...*nutricional*... destaca su aporte de potasio, antioxidantes y de taninos. Su consumo se considera adecuado en caso de trastornos (f) ...*digestivo*... , incluida la diarrea.

6. noviembre-diciembre

frágil • nutricional • depurativo • similar • mediterráneo • inferior

El árbol del que procede esta fruta es originario de China, aunque se ha aclimatado muy bien a la región (a) ...*mediterránea*... , gran productora de cítricos. Su composición (b) ...*nutricional*... es (c) ...*similar*... a la de la naranja, aunque los nutrientes se encuentran en una proporción (d) ...*inferior*... y, al ser una fruta más (e) ...*frágil*... , está más expuesta a sufrir daños durante la manipulación. Cabe destacar el aporte de vitamina C y, en cuanto a minerales, de potasio y calcio. Contiene beta-caroteno, y comparte las propiedades de la naranja como alimento que protege frente a las infecciones, además de ser una fruta (f) ...*depurativa*...

Adaptado de: http://www.consumer.es/alimentacion/en-la-cocina/

alimentos-de-temporada/

5.b. Ahora que ya has completado los textos, ¿sabes de qué fruta se trata según las descripciones que acabas de leer?

1. enero-febrero   a. las granadas
2. marzo-abril   b. las cerezas
3. mayo-junio   c. los arándanos rojos
4. julio-agosto   d. la guayaba
5. septiembre-octubre   e. las mandarinas
6. noviembre-diciembre   f. las naranjas sanguíneas

5.c. En las descripciones anteriores han aparecido colores y sus variantes (ej. rojo – rojizo). Completa la tabla según las terminaciones. Algunas respuestas las encontrarás en las descripciones.

violeta					azul	
gris	blanco				rosa	
rosa	negro	rojo	blanco	amarillo	naranja	verde
-ÁCEO (3)	-UZCO (2)	-IZO (1)	-ECINO (1)	-ENTO (1)	-ADO (3)	-OSO (1)
violáceo	negruzco	rubí		Amarillento		verdoso

5.d. Ahora elige una fruta que te guste y escribe una descripción de unas 100 palabras. Puedes utilizar los adjetivos que han aparecido en las descripciones anteriores y añadir algunos nuevos.

2. La posición del adjetivo (I)

La posición habitual del adjetivo en español es **pospuesta**, es decir, después de un sustantivo. La tipología de un adjetivo puede ser más **restrictiva** en función del **significado** (ej. adjetivos de origen, nacionalidad, color, forma) y, por lo tanto, este hecho determina en mayor o menor medida que un adjetivo vaya antepuesto o pospuesto. Fíjate en los siguientes ejemplos:

- **japonés,-a:** Es un adjetivo más restrictivo porque su significado primario identifica o clasifica un tipo de nacionalidad u origen.

   Ej. un jarrón japonés (a *Japanese vase*)

- **delicado,-a:** Es menos restrictivo porque su significado primario describe una cualidad que puede tener también un valor estético.

- Si combinamos los dos adjetivos, podemos percibir mejor cómo contribuyen a la descripción de un sustantivo:

   Ej. un delicado jarrón de porcelana japonesa (*a delicate Japanese porcelain vase / a delicate vase made of Japanese porcelain*)

   Ej. la delicada porcelana japonesa (*the delicate Japanese porcelain*)

- Este mismo adjetivo también puede tener un valor restrictivo, aunque en menor medida y en un contexto muy concreto:

   Ej. Solo uso suavizante para prendas delicadas. (*I only use a softener for delicate clothes*).
   (Es decir, prendas que no se pueden lavar con frecuencia).

Ej. Pedro es un niño <u>delicado</u> de salud. (*Pedro is a boy with delicate health.*) (Es decir, que a menudo está enfermo).

El **adjetivo pospuesto** posee un valor concreto y, por lo general, se presenta con un carácter **informativo u objetivo** y no tiene por qué tener más implicaciones de significado. Cuando se utiliza un adjetivo en **posición antepuesta**, se busca matizar su significado. Al anteponerlo, el hablante lo utiliza de manera **subjetiva**, diferenciándolo de su significado habitual, principalmente:

1. **Para expresar un matiz concreto dentro del mismo significado.**

    – Como adjetivo antepuesto tiene un **valor explicativo**, es decir, explica una cualidad del sustantivo:

    > **Ej.** Los <u>amables vecinos</u> organizaron la fiesta para todo el edificio. (*The neighbors were nice and organized a party for the entire building.*) (Describe una cualidad: el hablante expresa que <u>todos los vecinos son amables</u>, y por lo tanto todos los vecinos organizaron la fiesta).

    – Sin embargo, como adjetivo pospuesto o especificativo describe una cualidad que restringe, especifica o clasifica el sustantivo en relación con una cualidad concreta:

    > **Ej.** Los <u>vecinos amables</u> organizaron la fiesta para todo el edificio. (*It was the nice neighbors who organized the party for the whole building.*) (Además de describir, clasifica o contrasta una cualidad: el hablante expresa que <u>solamente los vecinos que son amables</u> organizaron la fiesta).

    – Como **diferencia de matiz** que está relacionado con el significado del adjetivo pospuesto:

    > **Ej.** Vive en <u>un edificio antiguo</u>. (*He lives in an old building*).
    > (Es decir, el hablante especifica que se trata de un edificio que tiene muchos años).

    > **Ej.** Vive en <u>un antiguo edificio</u> de unos marqueses. (*He lives in a building that formerly belonged to some marquises*).
    > (Es decir, el hablante explica que se trata de un edificio que quizá tenga años, pero aquí el significado principal es que en el edificio vivían "previamente" unos marqueses).

2. **Para expresar un uso más poético del adjetivo.**

    – En muchos casos la posición antepuesta del adjetivo tiene que ver con el **matiz de subjetividad** o con el tono expresado por el hablante:

    > **Ej.** Es <u>una alegre melodía</u>. (*It's a joyous melody*).
    > (Al hablante, la melodía le parece "alegre" y el adjetivo expresa un punto de vista subjetivo).

Ej. Es <u>una melodía alegre</u>. (*It's a happy tune*).
(El hablante dice que la melodía es alegre y que no es triste: el adjetivo se utiliza para clasificar).

– También se pueden combinar las dos posiciones del adjetivo:

Ej. Era una <u>persona alegre</u> y con su <u>alegre mirada</u> lo decía todo. (*She was a fun person and her happy look said it all*).
(El hablante pone de manifiesto que "era una persona alegre", clasificando a la persona, y que la mirada de la persona "le parecía alegre", es su opinión o percepción particular).

3. **Para expresar un matiz de énfasis o ironía.**
   Es importante recordar que la posición antepuesta del adjetivo cumple normalmente una función concreta, como se desprende de los siguientes ejemplos en los que el adjetivo se antepone **para dar énfasis o expresar un matiz irónico**:

   Ej. ¡En <u>bonito lío</u> nos has metido! Deberías haber seguido las indicaciones del mapa. (*A fine mess you got us into! You should have followed the map*).

   Ej. ¡En <u>buen momento</u> has venido! Justo cuando estoy durmiendo la siesta. (*You've come just at the right moment! I'm taking a nap*).

   Ej. ¡<u>Menudo sinvergüenza</u> está hecho! Otra vez me ha vuelto a estafar. (*What a little scoundrel! He has swindled me again*).

4. **Con adjetivos que siempre van antepuestos o con adjetivos epítetos.**
   – Hay algunos **adjetivos que siempre van antepuestos:** ej. mero, presunto, supuesto (véase la tabla que aparece más adelante):

   Ej. El <u>presunto</u> culpable pidió ver a su abogado. (*The man presumed to be guilty asked to see his lawyer*).

   – **Los llamados adjetivos "epítetos"** van siempre antepuestos y pertenecen exclusivamente al discurso poético o literario:

   Ej. La <u>blanca</u> nieve, la <u>verde</u> pradera. (*The white snow, the green meadow*).

Esta tabla resume algunas de las principales implicaciones de significado que puede poseer un adjetivo en función de su posición. Fíjate en los ejemplos y en la explicación equivalente.

Adjetivo antepuesto o explicativo (subjetividad)	Adjetivo pospuesto o especificativo (objetividad)
1. <u>Explicar</u> o atribuir una cualidad	1. <u>Especificar</u> o comparar una cualidad
Ej. El <u>conocido</u> cantante salió al escenario a pesar del poco público. (= Era un cantante conocido y salió a cantar).	**Ej.** El cantante <u>conocido</u> salió al escenario a pesar del poco público. (= De todos los cantantes, salió a cantar el que era más conocido. Los demás cantantes no eran tan famosos).
2. Hacer <u>una valoración</u> (subjetivo)	2. <u>Clasificar</u> el significado (objetivo)
Ej. Es un <u>importante</u> empresario del sector financiero. (= A mí me parece que es importante).	**Ej.** Es un empresario <u>importante</u> del sector financiero. (= Clasifica el tipo de empresario).
3. <u>Matizar</u> una cualidad	3. <u>Clasificar</u> una cualidad
Ej. Este es mi <u>nuevo</u> coche. (= Me he comprado un coche que sustituye al que tenía antes; podría ser de segunda mano).	**Ej.** Este es mi coche <u>nuevo</u>. (= Me he comprado un coche completamente nuevo; soy la primera persona que lo utiliza).
4. Enfatizar	4. Diferenciar
Ej. ¡<u>Maldito</u> paraguas, no sirves para nada! (= Me fastidia tener que usar este paraguas que no funciona bien).	**Ej.** El mago le dijo al aprendiz: "Este es un paraguas <u>maldito</u>. No lo abras en casa, que trae mala suerte". (= Este paraguas en concreto tiene una maldición).

Actividad 6

6.a. Explica en qué se diferencian los dos siguientes ejemplos teniendo en cuenta los matices que expresa el adjetivo en cada uno de ellos. Piensa en el contexto en el que los utilizarías.

1. She was carrying a *small* bag.

2. She was carrying a *little* bag.

6.b. ¿Cómo traducirías las frases utilizando el adjetivo "pequeño" para ambos ejemplos? Decide y justifica en cuál de ellos pondrías el adjetivo antepuesto o pospuesto.

Actividad 7

7.a. Los siguientes textos pertenecen a las sinopsis de tres películas diferentes. Inserta los adjetivos en el texto y no olvides hacer la concordancia. Fíjate en la posición de los adjetivos a la hora de realizar la actividad.

1.

> astuto • aficionado • trágico • policíaco • inevitable • penal
> bello • brillante • monótono • joven

Benjamín Espósito acaba de jubilarse de su (a) .... trabajo en un juzgado (b) .... Va a escribir una novela (c) .... sobre un caso del que fue testigo. En 1974, una mujer es violada y asesinada. Espósito trata de ayudar al novio de la (d) .... muchacha a encontrar al asesino. Espósito cuenta con Sandoval, su compañero de trabajo, un hombre (e) .... pero (f) .... a la bebida; y también cuenta con Irene, la jefa de Espósito, una (g) .... mujer de la que se enamora. Argentina en 1974 está al borde de un (h) .... golpe de estado y eso beneficia al (i) .... asesino. Años después Espósito lo recuerda todo y está dispuesto a ajustar cuentas y aclarar lo sucedido para poder terminar el (j) .... final de su novela.

Adaptado de la sinopsis de los cines Renoir: *El secreto de sus ojos,*
una película de Juan José Campanella

2.

> joven • privado • cuarentón • triste • ruso • herido • insospechado
> salmón • intenso • grande • enfermo • bello

El telón de rosas color (a) .... y (b) .... flecos dorados que cubre el escenario, se abre para ver un (c) .... espectáculo. Entre los espectadores, dos hombres están sentados juntos por casualidad, no se conocen. Son Benigno, un (d) .... enfermero y Marco, un escritor (e) .... Meses más tarde, los dos hombres vuelven a encontrarse en la clínica (f) .... donde Benigno trabaja. Lydia, la novia de Marco, torera de profesión, ha sufrido una cogida y está gravemente (g) .... Benigno justamente se ocupa del cuidado de otra mujer también muy .... (h): Alicia, una (i) .... estudiante de ballet. Benigno no duda en abordar a Marco. Es el inicio de una (j) .... amistad, tan lineal como una montaña (k) .... Durante el tiempo que pasan en la clínica, la vida de los cuatro personajes fluye en todas las direcciones, pasado, presente y futuro, arrastrando a los cuatro a un destino (l) ....

Adaptado de la sinopsis de los cines Renoir:
Hable con ella, una película de Pedro Almodóvar

3.

recóndito • increíble • lleno • viejo • republicano • mágico • valiente • pequeño
último • franquista • arriesgado • nuevo • extraño • cruel

Año 1944, quinto año de paz tras la Guerra Civil. Una niña de 13 años, Ofelia, se traslada con su madre, Carmen, a un (a) .... pueblo donde se halla destacado el (b) .... marido de esta, Vidal, un (c) .... capitán (d) .... poco agradable a los ojos de Ofelia. La misión de Vidal es acabar con los (e) .... vestigios de la resistencia (f) .... , escondida en los (g) .... montes de la zona. Allí hay un (h) .... molino que es el centro de operaciones de Vidal y también se encuentra Mercedes, una (i) .... joven a cargo de los demás miembros del servicio. Una noche, Ofelia descubre las ruinas de un laberinto donde se encuentra con un fauno, una (j) .... criatura que le hace una (k) .... revelación: Ofelia es en realidad una princesa, última de su estirpe, a la que los suyos llevan mucho tiempo esperando. Para poder regresar a su (l) .... reino, la niña deberá enfrentarse a tres (ll) .... pruebas antes de la luna (m) ....

Adaptado de la sinopsis de los cines Renoir: *El laberinto del fauno*, una película de Guillermo del Toro

7.b. Escoge cuatro adjetivos antepuestos y cuatro pospuestos de las sinopsis que acabas de leer y explica su significado. Ten en cuenta el contexto y el sustantivo al que acompañan a la hora de justificar tus respuestas.

Adjetivos antepuestos (subjetividad)
   Ej. *trágico (explica y añade un matiz subjetivo o dramático)*

Adjetivos pospuestos (objetividad)
   Ej. *joven (especifica o clasifica; no es viejo sino joven)*

   7.c. Elige una película que hayas visto recientemente y escribe una sinopsis de unas 200 palabras en la que resumas y utilices adjetivos para describir lo que ocurre.

3. La posición del adjetivo (II): adjetivos antepuestos y pospuestos que cambian de significado

Adjetivos antepuestos y pospuestos

En esta tabla aparecen los principales adjetivos que cambian de significado cuando van antepuestos o pospuestos. En algunos casos los significados poseen distintos matices y en otros son muy diferentes. Aun con todo, se debe tener en cuenta que el tipo de adjetivo y el contexto pueden determinar el significado.

Adjetivo antepuesto o explicativo	Adjetivo pospuesto o especificativo
alto,-a (*high in a scale; at a high level*) un alto dirigente (*a high-ranking leader*), alta resolución (*high resolution*), alta traición (*high treason*), alto voltaje (*high voltage*), de alto nivel (*high-level*), alta cocina (*haute cuisine*), alto mando (*high command; high-ranking officer*), alta mar (*high seas*), alta sociedad (*high society*), a altas horas de la noche (*late at night*)	**alto,-a** (*high; tall*) un árbol alto (*a tall tree*), una persona alta (*a tall person*), un edificio alto (*a tall building*), una montaña alta (*a high mountain*), en voz alta (*in a loud voice*)
antiguo,-a (*former; ancient*) un antiguo alumno (*a former student*), la antigua Grecia (*ancient Greece*)	**antiguo,-a** (*old*) un coche antiguo (*an old car*)
auténtico,-a (*'real' as a superlative*) ¡Es un auténtico chollo! (*It's a real bargain!*)	**auténtico,-a** (*'real' in the sense of genuine; not fake*) Esta es su firma auténtica (*This is his real signature*)
bajo,-a (*low; poor*) de baja calidad (*low-quality*), de bajo contenido en grasas (*low-fat*), la baja Edad Media (*the late Middle Ages*), baja mar (*low water, ebb tide*)	**bajo,-a** (*low; short*) una silla baja (*a low chair*), en voz baja (*in a low voice*), planta baja (*ground floor*), una persona baja (*a short person*)
bendito,-a (*'blessed,' for emphasis*) ¡Otra vez con esa bendita historia! (*The same blessed story again!*)	**bendito,-a** (*holy; blessed*) agua bendita (*holy water*)

Adjetivo antepuesto o explicativo	Adjetivo pospuesto o especificativo
bueno,-a (**buen**, antes de un sustantivo masculino singular) (*good; fine; fair*) buenas noticias (*good news*), una buena película (a *good movie*), Hace buen tiempo (*The weather is fine*), los buenos tiempos (*the good old days*)	**bueno,-a** (*kind; 'good' in the sense of 'nice'*) Es una persona buena (*He is a good/nice person*)
cierto,-a (*certain*) cierta persona (*a certain person*), en cierta ocasión (*on one occasion; once*)	**cierto,-a** (*true; sure; definite*) un rumor cierto (*a true rumor*)
clásico,-a (*classic*) la clásica historia (*the typical story*)	**clásico,-a** (*classical*) el ballet clásico (*classical ballet*)
condenado,-a (*damned; 'wretched,' for emphasis*) ¡Este condenado reloj siempre se estropea cuando lo necesito! (*This damned watch always stops working when I need it!*)	**condenado,-a** (*sentenced; condemned*) un preso condenado (*a sentenced prisoner*)
correspondiente (*'understandable' in the sense of 'logical' or 'expected'*) No llamó por teléfono, con el correspondiente disgusto de su madre (*She didn't call, to the understandable annoyance of her mother*)	**correspondiente** (*corresponding; respective*) los archivos correspondientes (*the relevant files*)
crudo,-a (*harsh; harshly realistic*) un crudo invierno (*a harsh winter*), Esa es la cruda realidad (*That's the harsh reality*)	**crudo,-a** (*raw; undercooked*) carne cruda (*raw meat*)
cualquier (**cualquier** se usa antepuesto ante sustantivos masculinos y femeninos) (*any*) cualquier día (*any day*), en cualquier lugar (*anywhere*)	**cualquiera** (*any ordinary*) No es un ciudadano cualquiera (*He is no ordinary citizen*)
curioso,-a (*odd; strange*) un curioso personaje (*a strange character*)	**curioso,-a** (*curious; inquisitive; tidy; careful*) un vecino curioso (*a curious neighbor*), una persona curiosa (*a curious person / a tidy person*)
diferente (*various; several*) por diferentes razones (*for a variety of reasons / for various reasons*), Tengo diferentes motivos (*I have several reasons*)	**diferente** (*different*) un libro diferente a otro (*a book different from another*), Tengo motivos diferentes (*I have different reasons*)

Adjetivo antepuesto o explicativo	Adjetivo pospuesto o especificativo
eterno,-a (*the same old story*) la eterna canción (*the same old song*)	**eterno,-a** (*never-ending; interminable*) una película eterna (*a never-ending movie*)
fantástico,-a (*'fantastic' in the sense of 'great'*) un fantástico proyecto (*a fantastic project*)	**fantástico,-a** (*'fantastic' in the sense of 'imaginary' or 'unreal'*) una historia fantástica (*an unreal story*)
fuerte (*large; considerable; intense; strong*) un fuerte contingente militar (*a large military contingent*), un fuerte frío (*intense cold*)	**fuerte** (*'strong' in the sense of physical strength*) un luchador fuerte (*a strong fighter*)
grande (**gran**), antes de un sustantivo masculino o femenino singular (*great*) un gran músico (*a great musician*)	**grande** (*big; large; tall*) un cuadro grande (*a big painting*)
ligero,-a (*slight*) una ligera gripe (*a mild case of flu*), La bolsa sufrió un ligero descenso (*The market showed a slight fall*)	**ligero,-a** (*light*) una comida ligera (*a light meal*)
maldito,-a (*damned; 'wretched,' for emphasis*) ¡No encuentro el maldito paraguas! (*I can't find the damned umbrella!*)	**maldito,-a** (*cursed*) Es un hombre maldito (*He is a cursed man*)
malo,-a (**mal**, antes de un sustantivo masculino singular) (*bad*) una mala gestión (*bad management*), mal agüero (*that bodes ill*)	**malo,-a** (*naughty; wicked; evil*) un niño malo (*a naughty boy*)
medio,-a (*half*) Dame media manzana (*Give me half an apple*)	**medio,-a** (*average*) el español medio (*the average Spaniard*), la clase media (*the middle class*)
menudo,-a (*for emphasis*) ¡Menudo lío! (*What a mess!*)	**menudo,-a** (*small; trifling; insignificant*) un trozo menudo de pan (*a small piece of bread*)
mismo,-a (*same; 'very,' for emphasis*) de la misma ciudad (*from the same city*), en este mismo lugar (*in this very place*)	**mismo,-a** (*self*, con un pronombre) yo mismo (*myself*), ¿Lo hiciste tú mismo? (*You did it yourself?*)

Adjetivo antepuesto o explicativo	Adjetivo pospuesto o especificativo
nuevo,-a (*'new' in the sense of 'as a replacement' or in a series; latest; another*) el nuevo número de la revista (*the latest / most recent issue of the magazine*), Me he comprado un nuevo coche (*I have bought a new / another car*)	**nuevo,-a** (*new; brand-new*) un coche nuevo (*a brand-new car*)
pobre (*miserable; unfortunate; 'poor,' for emphasis*) Es un pobre hombre (*He is an unfortunate man*); ¡Pobre hombre! (*Poor man!*)	**pobre** (*poor; not rich*) Es un país pobre (*It is a poor country*)
precioso,-a (*lovely; beautiful*) un precioso vestido de seda (*a beautiful silk dress*)	**precioso,-a** (*precious*) una piedra preciosa (*a precious stone*)
propio,-a (*himself; herself*) el propio escritor (*the writer himself*), sus propias palabras (*her very words*)	**propio,-a** (*own; characteristic*) Tiene coche propio (*She has a car of her own*), una costumbre propia de los mexicanos (*a characteristic Mexican tradition*), en defensa propia (*in self-defense*)
próximo,-a (*'next' in a series*) el próximo año (*next year*)	**próximo,-a** (*near; close*) el edificio próximo al hospital (*the building near the hospital*)
puro,-a (*pure in the sense of 'not mixed' and in the sense of 'sheer'*) Fue pura casualidad (*It was pure chance*)	**puro,-a** (*pure; clean; unalloyed*) Es mejor que te pongas alcohol puro en la herida (*You better put some 100% alcohol on the wound*)
raro,-a (*unusual; rare; few*) Es una especie rara de planta (*It is a rare type of plant*)	**raro,-a** (*strange; odd; eccentric*) Es un hombre raro (*He is a strange man*)
rico,-a (*delicious*) una rica paella (*a delicious paella*)	**rico,-a** (*rich; abundant*) un barrio rico (*a rich neighborhood*), una dieta rica en vitaminas (*a diet rich in vitamins*)
siguiente (*following*) Responde a las siguientes preguntas (*Answer the following questions*)	**siguiente** (*next*) Llegó al día siguiente (*It arrived the next day*)

Adjetivo antepuesto o explicativo	Adjetivo pospuesto o especificativo
simple (*mere; ordinary*) por simple descuido (*through sheer carelessness*), Es un simple abogado (*He is just a lawyer*), un simple soldado (*an ordinary soldier*)	**simple** (*simple; easy; simple-minded; plain; unadorned*) Es un hombre simple (*He is a simple-minded man*)
solo,-a (*single; 'very' in the sense of 'mere'*) en un solo día (*in just one day*), ni una sola gota (*not a single drop*), la sola idea (*the very/mere idea*)	**solo,-a** (*alone; lonely; on its own*) ¿Estás solo? (*Are you alone?*), un café solo (*a black coffee*)
triste (*miserable; 'insignificant,' for emphasis*) No tengo ni un triste paraguas (*I don't even have an umbrella*), Vive en una triste habitación (*He lives in a miserable little room*)	**triste** (*sad*) Es un niño triste (*He is a sad boy*)
único,-a (*only; single*) Hay un único problema (*There is only one problem*)	**único,-a** (*unique; exceptional*) una persona única (*a unique person*), Es hijo único (*He is an only child*)
valiente (*'great' used ironically*) ¡En valiente lío te has metido! (*You've got yourself into a fine mess!*)	**valiente** (*brave; courageous*) un soldado valiente (*a brave soldier*)
varios,-as (*several*) Hay varias maneras de hacerlo (*There are several ways of doing it*), de varios colores (*of various colors*)	**varios,-as** (*assorted; miscellaneous*) Encontraron documentos varios (*They found miscellaneous documents*)
verdadero,-a (*'real,' for emphasis*) Fue un verdadero placer conocerte (*It was a real pleasure to meet you*)	**verdadero,-a** (*real; true; genuine*) un billete verdadero (*a genuine banknote*)
viejo,-a (*old; former, although 'antiguo' is more common with this meaning*) un viejo conocido (*an old acquaintance*); una vieja tradición (*an old tradition*)	**viejo,-a** (*old*) un vestido viejo (*an old dress*)

Actividad 8

Explica el significado de los siguientes enunciados con una frase equivalente teniendo en cuenta la posición del adjetivo.

Ej. Fue una pura coincidencia. (Fue algo casual).

Ej. Solo le gusta el chocolate puro. (No le gusta el chocolate con leche).

1. Ha llegado la <u>nueva profesora</u> de inglés.
2. En <u>menudo</u> lío nos has metido.
3. No encuentro ni un <u>triste bolígrafo</u>.
4. Tuvo <u>diferentes motivos</u> para hacerlo.
5. El <u>propio presidente</u> tuvo que pilotar el avión.
6. El congreso fue un <u>verdadero éxito</u>.
7. Vive en el <u>mismo edificio</u> que mi tío.
8. Te voy a preparar un <u>rico postre</u> cubano.
9. Le gustan los trajes de <u>alta costura</u>.
10. Tan solo hay un <u>único inconveniente</u>.
11. Han encontrado una <u>rara especie</u> de dinosaurio.
12. Solamente me queda <u>medio sándwich</u>.
13. La <u>próxima vez</u> procura llegar puntual.
14. Parece increíble, pero es la <u>cruda realidad</u>.

1. Hay una <u>persona nueva</u> en la lista.
2. Pon unos <u>trozos menudos</u> de pan en el gazpacho.
3. La película es de humor, pero tiene un <u>final triste</u>.
4. Los padres hablan un <u>dialecto diferente</u> al del hijo.
5. Bailar la jota es una <u>costumbre propia</u> de los aragoneses.
6. No es una imitación, es un <u>cuadro verdadero</u>.
7. Es tan real como la <u>vida misma</u>.
8. Los <u>países ricos</u> deberían ayudar a los pobres.
9. Necesito un <u>jarrón alto</u> para las flores.
10. Es un <u>artista único</u> en el mundo.
11. A nadie le cae bien. Es un <u>tipo raro</u>.
12. El <u>ciudadano medio</u> suele irse de vacaciones en agosto.
13. La <u>plaza próxima</u> al parque está en obras.
14. No le gusta la <u>carne cruda</u> sino asada.

Adjetivos que siempre van antepuestos

Aunque no son muchos, algunos adjetivos siempre se utilizan antes del sustantivo. He aquí los principales:

Adjetivos que siempre van antepuestos	
ambos (*both*)	Ambos estudiantes llegaron tarde (*Both students arrived late*)
demás (*the rest; the remaining*)	los demás invitados (*the other / the remaining guests*)
llamado,-a (*so-called*)	el llamado síndrome de Estocolmo (*the so-called Stockholm syndrome*)
mero,-a (*mere*)	Es un mero trámite (*It's a mere formality*)
mucho,-a (*a lot of; many; much*)	Tengo mucha hambre hoy (*I'm very hungry today*)
otro,-a (*another*)	Dame otra botella (*Give me another bottle*)
pleno,-a (*full; complete; 'in the middle of' something*)	en plena forma (*on top form*); vive en plena naturaleza (*she lives surrounded by nature*)
poco,-a (*little; not much; few; not many*)	Me queda poco dinero (*I have little money left*)
presunto,-a (*alleged; suspected*)	el presunto asesino (*the alleged murderer*)
pretendido,-a (*intended; supposed*)	el pretendido efecto (*the intended effect*)
sendos,-as (*each of two; either; one each; each*)	Recibieron sendos premios (*They each received a prize*)
supuesto,-a (*supposed; alleged*)	el supuesto robo (*the supposed theft*)
tanto,-a (*so much; so many*)	tanta gente (*so many people*)
último,-a (*'last' in a series of something; latest; most recent*)	un último intento (*a last/final attempt*), la última voluntad (*last wish*), las últimas noticias (*latest news*), la última vez (*last time*) Sin embargo, existen algunas expresiones en las que puede aparecer pospuesto, p. ej., el fin último (*the ultimate goal*).

4. La descripción en los textos no literarios

Como hemos explicado, no existe un único tipo de texto descriptivo, ya que la descripción adquiere una mayor o menor relevancia según el **género textual** en el que aparece. En el caso de los textos narrativos, argumentativos, periodísticos, etc., la descripción se utiliza asimismo para concretar y matizar el significado de lo que se narra. Aun así, algunos adjetivos de uso común pueden expresar a veces el mismo valor descriptivo tanto en posición antepuesta como pospuesta.

> **Ej.** El <u>principal</u> problema es que la oficina está cerrada / El problema <u>principal</u> es que la oficina está cerrada.

> **Ej.** No hay <u>suficiente</u> dinero / No hay dinero <u>suficiente</u>.

> **Ej.** Me bajo en la <u>siguiente</u> parada / Me bajo en la parada <u>siguiente</u>.

Las diferentes razones que determinan la posición final de un adjetivo responden, por lo tanto, a motivos estilísticos, y tienen que ver con el tono o con las implicaciones de significado que el hablante o el escritor quieran crear en un determinado contexto.

Actividad 9

9.a. Decide si los adjetivos que aparecen en el siguiente texto van antes o después del sustantivo al que acompañan. Fíjate en su significado y tacha la opción que no sea correcta.

Un asesor para entrar en Oxford y en Cambridge

James Uffindell, vestido con <u>un traje mil rayas</u> y un (**inalámbrico**) auricular (**inalámbrico**) en la oreja, corre por los pasillos de una (**dieciochesca**) mansión (**dieciochesca**) de las afueras de la (**inglesa**) ciudad (**inglesa**) de Oxford dirigiéndose a <u>presidir un retiro de fin de semana</u> para 175 (**ambiciosos**)
5 adolescentes (**ambiciosos**). Está vendiendo un sueño: <u>una papeleta para entrar en Cambridge o en Oxford,</u> los dos pilares del sistema de (**superior**) enseñanza (**superior**) del Reino Unido. <u>Los padres compran sin reparar en el gasto.</u> Según Bloomberg, el precio de asistencia es de 1.125 euros.
     Los progenitores se retiran después de extender los cheques y Uffindell, de 28
10 años, y fundador de la (**londinense**) consultora (**londinense**) *Oxbridge Applications* pregunta a los chicos: "¿Cuántos animales llevó Moisés en el arca con él?" Más de uno picará el anzuelo. Parece que a los doctores de Cambridge les gustan las picardías. Esta es una de las preguntas que hicieron en el (**último**) examen (**último**) de acceso a la Facultad de Ciencias. Uffindell y su empresa enseñan a sus (**jóvenes**)
15 clientes (**jóvenes**) a sortear las (**numerosas**) trampas (**numerosas**) y a brillar en las entrevistas. Entre las sugerencias: <u>responder con aplomo e inventiva.</u>

¿Qué hacer cuando tantos estudiantes sacan A en todo? Multitud de (**europeos**) jóvenes (**europeos**) codician el título de estas facultades por el prestigio, la (**excelente**) instrucción (**excelente**) y la oportunidad de ser uno de sus (**distin-**
20 **guidos**) ex alumnos (**distinguidos**). (**Grandes**) bancos (**grandes**) y (**famosas**) firmas (**famosas**) de abogados cortejan a sus graduados y Cambridge tiene más premios Nobel (82) que ninguna otra universidad. Ambos centros se están abriendo a las (**medias**) clases (**medias**) y el acceso se complica. Cambridge dice que próximamente quiere que el 60% de sus estudiantes vengan de (**estatales**)
25 escuelas (**estatales**), frente al 56% de años anteriores.

La meta del seminario y de las consultoras que ayudan a preparar el acceso, un (**labrado**) camino (**labrado**) desde hace tiempo en EEUU, es ayudar a los estudiantes a pulir las respuestas que darán en las entrevistas. Uffindell explica que el estudiante necesita saber lo que estas instituciones buscan: motivación y
30 pasión por el estudio.

"Lo que consiguen es hacernos creer firmemente que podemos ocupar uno de esos (**codiciados**) pupitres (**codiciados**)", asegura Nick de Taranto, un alemán de 18 años. "Estas empresas destapan talentos", asegura Alfonso Vericat, uno de los (**españoles**) mentores (**españoles**) más reputados. Vericat, que ha diseñado
35 (**varias**) carreras (**varias**) profesionales, reconoce la dificultad de los (**latinos**) estudiantes (**latinos**) para acceder a estos centros cuando se trata de cursar una licenciatura y no un posgrado. "La mayoría de nuestros jóvenes siguen sin saber el (**suficiente**) inglés (**suficiente**) y tienen demasiado (**familiar**) apego (**familiar**). Además, el número de becas, y su cuantía, dificultan la salida. A estos campus solo
40 va gente muy privilegiada intelectualmente".

Este (**conocido**) consultor (**conocido**) no cree que el negocio de acceso a la (**superior**) enseñanza (**superior**) llegue a nuestro país. Luis Tejada, asesor de (**familiares**) empresas (**familiares**), afirma sin tapujos: "¿De verdad cree que es necesario irse a Oxford o Harvard para cursar una carrera?" Los clientes de
45 *Oxbridge Applications* están dispuestos a pagar 4.600 euros por ello. Y los triunfadores pagan 2.600 adicionales.

Adaptado de: Marta Matute, *Cinco Días*

9.b. Intenta adivinar el significado de las siguientes palabras y expresiones a partir del contexto y responde a las preguntas.

1. "un traje mil rayas": Enumera otros tipos de estampado para la ropa.

2. "presidir un retiro de fin de semana": ¿Se te ocurre un sinónimo para el verbo "presidir" en este contexto?

3. "una papeleta para entrar en Cambridge o en Oxford": Busca la diferencia de significado entre: "papeleta", "papeleo" y "papelón".

4. "Los padres compran sin reparar en el gasto": Escribe un sinónimo del verbo "reparar" en este contexto y explica el significado más común de este verbo.

5. "responder con aplomo e inventiva": Busca un sinónimo de "aplomo".

6. "pulir las respuestas": En el texto se utiliza el verbo "pulir" en sentido metafórico. ¿Qué objetos se pueden pulir en el sentido literal del verbo?

7. "cuando se trata de cursar una licenciatura y no un posgrado": ¿Cuál es la diferencia entre una licenciatura y un posgrado?

8. "tienen demasiado apego": Busca un sinónimo y escribe una frase completa con esta palabra.

✓ No siempre podemos traducir un adjetivo con todas sus implicaciones de significado. Ante la duda de cuándo utilizar un determinado adjetivo lo mejor es consultar un diccionario combinatorio o verificar su uso en contexto, por ejemplo, en los corpus o bases de datos como el **CORPES XXI** (Corpus del Español del Siglo XXI), el **CREA** (Corpus de Referencia del Español Actual) y el **CORDE** (Corpus Diacrónico del Español). Consulta el capítulo 9 para más información.

5. La descripción en los textos literarios

Algunos de los recursos morfosintácticos más comunes en la descripción son: la elección entre el presente o el pasado; la posición de los adjetivos; la preferencia por una sintaxis sencilla, mediante el uso de las oraciones subordinadas, el empleo de las coordinadas y yuxtapuestas. Es importante además buscar un léxico preciso para que el lector pueda recrearse más fácilmente en los matices descriptivos. Por último, dependiendo de lo que se describa, se puede optar por unos recursos literarios u otros (comparaciones, metáforas, exageraciones, ironía, humor, etc.). En una caricatura se hará necesario el uso de la hipérbole o la exageración. Por ejemplo, "Sus manos eran tan voluminosas que no encontraba guantes de su talla".

A través de la descripción literaria, el lector percibe diversos matices y sensaciones que no podría apreciar de otra manera. Para ello se utilizan numerosos recursos descriptivos como, por ejemplo, diferentes maneras de describir la realidad o mediante el uso de las figuras retóricas que contribuyen a resaltar un aspecto concreto de la descripción. Fíjate en los siguientes ejemplos.

Ej. Entró en la sala **oscura** a sabiendas de que debería haber entrado con una linterna.	
Explicación contextual:	En este ejemplo lo que percibe el lector es que posiblemente había más de una sala y que el personaje entró en una sala que era oscura en comparación con otras salas, es decir, el adjetivo cumple una función clasificadora. También puede tener una función poética dependiendo del contexto de la narración.

Posible traducción:	*He entered <u>the room that was dark</u>, knowing that he should have carried a flashlight.*

Sin embargo, si el escritor le quiere dar a la narración un matiz más dramático y poético, posiblemente opte por anteponer el adjetivo.

Ej. Entró en <u>la **oscura** sala</u> a sabiendas de que debería haber entrado con una linterna.	
Explicación contextual:	Aquí, queda claro en el contexto que no hay ninguna sala más, sino que el personaje de la narración se adentra en una sala que estaba muy oscura, que era "particularmente oscura", y en la que no se veía nada a simple vista.
Posible traducción:	*He entered <u>the dark room</u> (en el sentido de: murky, gloomy, etc.), knowing that he should have carried a flashlight.*

Dentro de la descripción literaria cabe mencionar **los adjetivos epítetos,** que expresan una cualidad inherente al sustantivo, siempre van antepuestos y contribuyen a realzar su valor estético.

Ej. La **blanca** nieve caía sin cesar sobre la **verde** pradera.	
Cualidad inherente:	La nieve es blanca y en la pradera predomina el color verde.
Equivalencia de registro (poético):	*<u>White</u> snow fell unceasingly on the <u>green</u> meadow.*
Equivalencia de registro (más poético):	*<u>Pristine</u> snow fell unceasingly on the <u>verdant</u> meadow.*

También hay algunos **adjetivos que solamente pertenecen al registro culto, poético o literario** y que por lo tanto no se utilizan en otros contextos.

Ej. El **apacible** viento anunciaba que los **bizarros** marineros no tardarían en llegar al **añorado** puerto.	
Posible traducción:	*A <u>peaceful</u> wind augured the <u>valiant</u> sailors' imminent arrival at their <u>longed-for</u> destination.*

No obstante, incluso un adjetivo común se puede utilizar para expresar un matiz poético.

Ej. Me sonrió con sus **bonitos** labios.	
Posible traducción:	*She smiled at me with her <u>lovely</u> lips.*
Ej. El **pequeño** bolso que llevaba conjuntaba a la perfección con su vestido.	
Posible traducción:	*The <u>little</u> bag she was carrying matched her dress perfectly.*
Ej. Me hizo un **simpático** gesto al entrar.	
Posible traducción:	*Upon arriving, he made a <u>charming</u> gesture to me.*

Actividad 10

10.a. De los siguientes adjetivos, uno pertenece al discurso culto, poético o literario y el otro al registro popular. Identifica cuál es, busca los equivalentes en español y escribe una frase con cada uno de ellos.

1. *cold / gelid* .... / ....

2. *obvious / patent* .... / ....

10.b. Los siguientes adjetivos pertenecen a un registro culto. Elige el adjetivo equivalente del lenguaje popular para cada uno de ellos. Ayúdate de un diccionario monolingüe.

> alegre • cerrado • insignificante • prestigioso • callado • maloliente
> limpio • amable • inesperado • verdadero • inofensivo • mustio • ilustre • astuto

1.	hermético	6.	inusitado	11.	afable
2.	fétido	7.	jubiloso	12.	pulcro
3.	marchito	8.	ínfimo	13.	insigne
4.	egregio	9.	fidedigno	14.	inocuo
5.	sagaz	10.	taciturno		

Actividad 11

11.a. Lee la siguiente descripción poética sobre la imagen y subraya los 16 adjetivos que aparecen.

Cabo Touriñán, Galicia, España

En el paisaje se yergue un faro de cemento macizo que con su resplandeciente blancura ilumina, durante el claro día y la oscura noche, a los marineros exhaustos que buscan el camino certero para llegar hasta la añorada orilla. La torre se apoya sobre unas desgastadas rocas que silenciosamente atestiguan el paso del tiempo con sus diversas formas por la acción de las aguas saladas. El sosegado mar aparece al fondo y tan solo se ve momentáneamente perturbado por un tímido barco que, de manera casi imperceptible, parece alterar el color uniforme de las espumosas olas.

11.b. Sustituye cada adjetivo por uno que en este contexto funcione como sinónimo y haz la concordancia donde sea necesario. En algún caso los adjetivos pueden ser intercambiables, pero aun así expresan matices diferentes. Puedes utilizar un diccionario.

ansiado • seguro • erosionado • liso • inapreciable • deslumbrante
sombrío • burbujeante • nítido • extenuado • plácido • compacto • modesto
salino • diferente • agitado

En el paisaje se yergue un faro de cemento (1) .... que con su (2) .... blancura ilumina, durante el (3) .... día y la (4) .... noche, a los marineros (5) .... que buscan el camino (6) .... para llegar hasta la (7) .... orilla. La torre se apoya sobre unas (8) .... rocas que silenciosamente atestiguan el paso del tiempo con sus formas (9) .... por la acción de las (10) .... aguas. El (11) .... mar aparece al fondo y tan solo se ve momentáneamente (12) .... por un (13) .... barco que de manera casi (14) .... parece alterar el color (15) .... de las (16) .... olas.

11.c. Ahora describe esta imagen en unas 100 palabras combinando matices objetivos y subjetivos, anteponiendo y posponiendo los adjetivos. Puedes también darle a la descripción un carácter más literario. Recuerda lo que has aprendido en el capítulo 9.

Lago de Bled, Eslovenia

> Expresiones útiles: *en primer plano, en segundo plano, al fondo, a lo lejos, al lado de, delante de, detrás de, a la izquierda, a la derecha, a un lado, al otro lado, de izquierda a derecha, de arriba abajo, de abajo arriba, desde arriba, desde abajo, de frente, de cerca, de lejos...*

Actividad 12

Transforma los siguientes párrafos en descripciones de carácter literario como en el ejemplo. Añade los adjetivos que creas conveniente a los sustantivos que aparecen subrayados.

> **Ej.** Entró en la *oscura* biblioteca y, aunque le habían dicho que no tocara nada, cogió un *antiguo* libro que estaba encima de una estantería *metálica*. Al levantarlo dejó al descubierto un *complejo* engranaje *mecánico*, se oyó un ruido *estremecedor* y, de repente, se abrió una *pequeña* compuerta que dejaba ver un pasillo *estrecho*.

1. El reloj que le habían regalado albergaba más secretos de los que uno pueda imaginar. Las piezas que se veían eran de oro y la maquinaria la había diseñado en Suiza un relojero.

2. Me miró con sus ojos a través de la ventanilla y no abrió su boca para decir ni una palabra. El tren empezó a moverse lentamente por las vías; el ruido aumentaba al mismo tiempo que yo intentaba despegar mi mano del cristal, sin saber si volvería a ver esa sonrisa.

6. Tipos de descripción literaria

Aunque los diferentes tipos de descripción literaria se pueden combinar, es habitual que uno de ellos predomine en el transcurrir descriptivo de una obra. He aquí los principales tipos:

1. **La topografía.** Describe lugares, paisajes o ambientes. Se suelen utilizar expresiones que contribuyen a ubicar al lector en el espacio que se describe.

2. **La etopeya.** Describe el carácter, las acciones, la manera de actuar y las costumbres de una persona y por lo tanto se ocupa más de los aspectos psíquicos y morales.

3. **La prosopografía.** Describe a una persona o a un animal centrándose en su aspecto exterior, ya sea resaltando los rasgos físicos o la vestimenta que lleva.

4. **El retrato.** Describe la figura o el carácter de una persona, es decir, sus cualidades físicas o morales donde se pueden combinar la etopeya y la prosopografía.

5. **La caricatura.** Describe el aspecto físico de manera satírica o humorística en la que se deforman los rasgos de una persona.

6. **La hipotiposis.** Describe la realidad ofreciendo multitud de matices sensoriales por lo que suelen aparecer verbos relacionados con los sentidos: *ver, oír, oler, tocar*, etc.

7. **La écfrasis.** Describe con todo tipo de detalles una obra de arte, ya sea una pintura, una escultura, etc.

8. **La descripción cinematográfica.** Describe la realidad con un gran número de detalles, colores, sensaciones, movimiento, e incluso referencias sobre el espacio. El lector percibe los detalles que se describen como si estuviera visualizando la escena.

Actividad 13

Identifica los diferentes tipos de descripción literaria en los siguientes fragmentos. Subraya la información que te proporciona la clave.

Texto a: ....

Caminan lentamente sobre un lecho de confeti y serpentinas, una noche estrellada de septiembre, a lo largo de la desierta calle adornada con un techo de guirnaldas, papeles de colores y farolillos rotos: última noche de Fiesta Mayor (el confeti del adiós, el vals de las velas) en un barrio popular y suburbano, las cuatro de la madrugada, todo ha terminado. Está vacío el tablado donde poco antes la orquesta interpretaba melodías solicitadas, el piano cubierto con la funda amarilla, las luces apagadas y las sillas plegables apiladas sobre la acera [...]. Cuelgan las brillantes espirales de las serpentinas desde balcones y faroles cuya luz amarillenta, más indiferente aún que las estrellas, cae en polvo extenuado sobre la gruesa alfombra de confeti que ha puesto la calle como un paisaje nevado. Una ligera brisa estremece el techo de papelitos y le arranca un rumor fresco de cañaveral.

Últimas tardes con Teresa, Juan Marsé

Texto b: *etopeya*

Ahora fue Elena quien lo observó con detenimiento. Don Alonso rondaba la cuarentena, aunque aparentase más. Las fatigas de la vida parecían haberle caído antes de tiempo, endureciendo su cara cuidadosamente afeitada en contraste con los rostros barbados que poblaban la capital del antiguo reino nazarí. Y acentuaban su desconfianza los ojos negros y penetrantes, el entrecejo precavido, la boca tensa, recta. No solo era suspicacia lo que en él se adivinaba, sino un carácter taciturno. Esa melancolía de quien ha ido dejando tras de sí no pocas renuncias.

Esclava de nadie, Agustín Sánchez Vidal

Texto c: ....

Recorres con la mirada el cuarto: el tapete de lana roja, los muros empapelados, el sillón de terciopelo rojo, la vieja mesa de trabajo, nogal y cuero verde, la lámpara antigua de quinqué, luz opaca de tus noches de investigación, el estante clavado encima de la mesa, al alcance de tu mano, con los tomos encuadernados [...] un baño pasado de moda: tina de cuatro patas con florecillas pintadas, sobre la porcelana, un aguamanil azul.

Aura, Carlos Fuentes

Texto d: ....

Aproveché el tiempo para observar la fisonomía de aquel picador de tabaco, imperturbable, especie de patriarca. Manuel Baigorria, alias Baigorrita, tiene treinta y dos años. [...] Baigorrita tiene la talla mediana, predominando en su fisonomía el tipo español. Sus ojos son negros, grandes, redondos y brillantes; su nariz respingada y abierta; su boca regular; sus labios gruesos; su barba corta y ancha. Tiene una cabellera larga, negra y lacia, y una frente espaciosa que no carece de nobleza. Su mirada es dulce, bravia algunas veces. En este conjunto sobresalen los instintos carnales y cierta inclinación a las emociones fuertes, envuelto todo en las brumas de una melancolía genial.

Una excursión a los indios ranqueles, Lucio Victorio Mansilla

Texto e: ....

Sebastián tomó el candelabro y fue recorriendo el lienzo. La luz resbaló a lo largo de aquel elevado torreón que lo presidía, en el centro del cuadro. Era hermético y hexagonal como una colmena, aunque había sido despojado de su parte frontal para mostrar el interior. Y en lo más alto se hallaban encerradas unas mujeres uniformadas, afanándose sobre un bastidor común y continuo, pegado a la pared. Tejían con el hilo que brotaba de un atanor, aquel hornillo o destilatorio que un alquimista revolvía con su vara mientras leía en un libro. En realidad, la torre no era del todo hermética, pues en seis de sus lados contaba con estrechas troneras a la altura de los telares. Y el tejido así urdido se descolgaba por las ranuras y desbordaba en cascadas hasta el suelo, donde se extendía en todas direcciones perdiéndose en el horizonte, vistiendo el mundo, proveyéndolo de tierras, bosques, montes y lagos, ciudades y mares... Todo ese tapiz brotaba de aquellas manos femeninas como un manantial, formando el manto terrestre.

Nudo de sangre, Agustín Sánchez Vidal

Texto f: ....

Y cuando el rostro de ojos vaciados se acerca al tuyo, despiertas con un grito mudo, sudando, y sientes esas manos que acarician tu rostro y tu pelo, esos labios que murmuran con la voz más baja. [...] Alargas tus propias manos para encontrar el otro cuerpo, desnudo, que entonces agitará levemente el llavín que tú reconoces, y con él a la mujer que se recuesta encima de ti [...] pero hueles en su pelo el perfume de las plantas del patio, sientes en sus brazos la piel más suave y ansiosa, tocas en sus senos la flor entrelazada de las venas sensibles, vuelves a besarla y no le pides palabras.

Aura, Carlos Fuentes

Texto g: ....

Al levantar los ojos vi que habían aparecido varias mujeres fantasmales. Casi sentí erizarse mi piel al vislumbrar a una de ellas, vestida con un traje negro que tenía trazas de camisón de dormir. Todo en aquella mujer parecía horrible y desastrado, hasta la verdosa dentadura que me sonreía. La seguía un perro, que bostezaba ruidosamente, negro también el animal, como una prolongación de su luto. Luego me dijeron que era la criada, pero nunca otra criatura me ha producido impresión más desagradable.

Nada, Carmen Laforet

Texto h: ....

Cortabanyes jadeaba sin cesar. Era muy gordo; calvo como un peñasco. Tenía bolsas amoratadas bajo los ojos, nariz de garbanzo y un grueso labio inferior, colgante y húmedo que incitaba a humedecer en él el dorso engomado de los sellos. Una papada tersa se unía con los bordes del chaleco; sus manos eran delicadas, como rellenas de algodón. Cogía la pluma o el lápiz con los cinco deditos, como un niño agarra el chupete. Al hablar producía instantáneas burbujas de saliva. Era holgazán, moroso y chapucero.

La verdad sobre el caso Savolta, Eduardo Mendoza

Actividad 14

14.a. Elige una de las siguientes imágenes y selecciona los adjetivos que aparecen debajo que te pueden ayudar a describir a la persona que has elegido. Añade alguno más que se te ocurra.

Personaje A – hombre　　　　　　　　　　Personaje B – niña

Pelo: castaño, moreno, rubio, liso, rizado, etc.
Frente: despejada, amplia, estrecha, etc.
Cejas: arqueadas, delgadas, pobladas, etc.
Ojos: azules, marrones, ausentes, despiertos, alegres, melancólicos, etc.
Nariz: afilada, aguileña, chata, pronunciada, redonda, respingona, etc.
Orejas: grandes, pequeñas, de soplillo, redondas, etc.
Mejillas: redondas, rollizas, hinchadas, pálidas, etc.
Labios: carnosos, delicados, finos, sensuales, pequeños, etc.
Barbilla: puntiaguda, respingona, prominente, etc.
Piel: tersa, aceitunada, sonrosada, fina, delicada, etc.
Ropa: elegante, deportiva, militar, cómoda, etc.
Aspecto: corpulento, sano, flaco, delgado, atractivo, etc.
Carácter: alegre, valiente, feliz, travieso, divertido, extrovertido, etc.

14.b. ¿Cómo te imaginas la vida de la persona que has elegido? Elabora un texto narrativo de unas 500 palabras en el que incorpores matices descriptivos objetivos y subjetivos. Ten en cuenta todo lo que has aprendido en este capítulo y en el 1.

Actividad 15

Crea la caricatura de un personaje conocido en un texto de 150 palabras. Recuerda:

- Seleccionar los rasgos más característicos del personaje y destacarlos para conseguir deformar la realidad;
- Seguir un orden lógico para guiar al lector. Por ejemplo, comenzar la descripción por la cabeza del personaje y terminar por los pies;
- Utilizar comparaciones que distorsionan la realidad (con animales: *Los rasgos de su cara se parecían a los de un mono enfurecido*; plantas: *Los dedos de sus manos se asemejaban a las ramas de un árbol*; *Su carácter era áspero como un cactus*); adjetivos que transmiten sensaciones (*ojos punzantes, nariz afilada, pelo enmarañado*); exageraciones (*Se ponía tan nervioso que temblaba la tierra a su alrededor*), y el uso de sufijos afectivos (*Tenía siempre una complexión tan delgaducha que parecía que se lo iba a llevar volando la más fina ráfaga de viento*).

Actividad 16

Elige un cuadro de la colección del Museo Nacional del Prado (https://www.museodelprado.es/coleccion), que llame tu atención por la cantidad de detalles y matices que aparecen, y elabora una descripción de unas 250 palabras. Puedes consultar el vocabulario que aparece al final del capítulo. Sigue las siguientes pautas:

- Presenta brevemente en un párrafo inicial al artista, la época, el título, el género, el tema y la técnica pictórica utilizada;
- Describe la composición del cuadro (los elementos y su localización); la luz (*natural, artificial, clara, oscura, tenebrosa*); los colores (tonos que predominan, dónde y cómo se relacionan a nivel cromático); el dibujo (*trazo simple, grueso, detallado o poco definido*); (Consulta el vocabulario temático de este capítulo 2);
- El significado del cuadro, qué simboliza, sugiere o representa y otras posibles interpretaciones.

6. Vocabulario temático: describir una persona, una sensación, un lugar, un cuadro y una imagen

Una persona (retrato, etopeya, caricatura)

El rostro	La voz	La mirada
amable	aguda	amorosa
agradable	chillona	apagada
angelical	enérgica	apasionada
bello	grave	ausente
demacrado	nasal	cristalina
expresivo	profunda	cruel
impenetrable	suave	dura
llamativo		expresiva
particular		fría
serio		maternal
		penetrante
		profunda
La forma de vestir	**El carácter**	**Ejemplos de lenguaje caricaturesco**
andrajosa	absorbente	aspecto esmirriado
aseada	afable	cara anodina
colorida	arrogante	nariz ganchuda
curiosa	autoritario	alguien maquiavélico, masoquista, sádico
desaliñada	cariñoso	un don Juan, un Quijote, una Celestina
descuidada	colérico	ser un renacuajo
elegante	entusiasta	tener unos dientes de conejo
formal / informal	impulsivo	tener unos ojos saltones, de besugo
harapienta	irracional	tener unas orejas de elefante, de soplillo
hermosa	humilde	tener unas piernas de jirafa
impecable	melancólico	tener una voz de cotorra
inapropiada	racional	
inmaculada	sosegado	
pasada de moda	tóxico	
pulcra		

Una sensación (hipotiposis)

Un sonido	Un olor
chapoteo de los pies en el agua, el	afrutado
chasquido de los dedos, el	apestoso
chirrido de una puerta desengrasada, el	aromático

crujido de las hojas bajo los pies, el	asqueroso
derrape de un coche, el	dulce
estallido de una bomba, el	embriagador
fragor de la batalla, el	envolvente
goteo de un grifo, el	fétido
gruñido de un animal, el	floral
lamento/llanto de un niño, el	intenso
latido del corazón, el	nauseabundo
murmullo, susurro de una voz, el	penetrante
rumor de las olas, el	perfumado
silbido del viento, el	pestilente
traqueteo del tren, el	refrescante
tictac de un reloj, el	repugnante
Colores derivados	**Otros colores**
amarillento/a	ámbar
anaranjado/a	añil
azulado/a	azabache
blanquecino/a, blancuzco/a	bermejo
grisáceo/a	carmesí
negruzco/a	celeste
rojizo/a	ceniciento
rosáceo/a, rosado/a	cobrizo
verdoso/a	escarlata
violáceo/a	esmeralda
	malva
	pajizo
	pardo
	púrpura
	sepia
	turquesa

Un lugar (topografía), un cuadro (écfrasis) y una imagen

Un lugar	Un cuadro	Una imagen (secuencia cinematográfica)
Ciudad: amurallada, monumental Lugar: anclado en el pasado, bien conser-vado, decadente, señorial Sitio: con encanto,	**Espacio** a la derecha se observa a la izquierda se aprecia al fondo se destaca atrás se percibe en el centro se encuentra en un primer, segundo plano	**Montaje** Corte seco, encadenado, fundido, cortinilla **Movimientos de la cámara** Hacer un barrido, una

costero, de montaña
Suelo: adoquinado, asfaltado
Situación: dantesca, kafkiana
Contemplar a vista de pájaro
Divisar el horizonte

aparece
perspectiva aérea, lineal, bidimensional, tridimensional

Posición del personaje
Posición ecuestre, orante, sedente, yacente, de pie
Figuras de cuerpo entero, de perfil, sentadas, ladeadas, de rodillas, de frente

Cromatismo y luminosidad
Colores luminosos, oscuros, ocres, pasteles, alegres, tristes, brillantes, contrastados
Gama cromática utilizada
Iluminación apagada, tenue, natural, artificial

Técnica y soporte
Acrílico, acuarela, al óleo, al temple, carboncillo, fresco
Lienzo, tabla, muro

Composición
Líneas curvas, espirales, rectas, horizontales, verticales, diagonales
Trazos certeros, firmes, suaves, finos, furiosos, gruesos
Degradación de las gamas tonales
Difuminación de los colores
Formas que carecen de volumen, rectangulares, cuadradas, redondas, ovaladas
Pinceladas delicadas, fuertes, nítidas, precisas, suaves

Temática
abstracta, costumbrista, cotidiana, histórica, paisajística, religiosa, mitológica, de naturaleza muerta o de bodegones

panorámica, un *zoom*, un *travelling*
Posición de la cámara
En picado, contrapicado, inclinada, cenital

Tipos de plano
Plano detalle, plano general, plano medio, primer plano, plano americano

7. Actividades de corrección y estilo

Gramática

A. Corrige el único error gramatical que aparece en las siguientes oraciones. Si no lo detectas, subraya la información donde crees que se encuentra.

Ej: "En el cuadro se observa un dominio de la técnica del óleo propio de la época".

Corrección: "propia de la época" (La concordancia del adjetivo se establece con el sustantivo *técnica*).

1. Con primeras palabras de los personajes entendemos que en esta escena tendrá lugar un conflicto, de ahí que el director comience de manera abrupta su película.

2. El triunfo de la película no se debe solo a la exitosa dirección, sino a todas las personas centradas a crearla.

3. En conclusión, el cortometraje no le dejará indiferente a nadie. Obliga a pensar sobre el tema y esto es más importante que se le puede exigir a una película.

4. Aunque la película sea bastante triste y que lleve a los espectadores a derramar lágrimas, posee un final impactante.

5. Esta fruta se caracteriza por su gran tamaño y por las muchas espinas de su cáscara. Puede estar pesando entre 1 y 3 kilos.

6. El olor de este alimento es muy fuerte, por eso es prohibido llevarlo en el transporte público en el sur de Asia.

Estilo

B. Transforma el estilo de la información que aparece subrayada en las siguientes oraciones.

Ejemplo: "Poseía una mente tan sumamente <u>cerrada</u> que era imposible hacerle cambiar de opinión".

Corrección: "una mente tan sumamente <u>hermética</u>" (Se consigue un registro más culto y literario).

1. El protagonista <u>hace</u> que simpaticemos rápidamente con él por la ternura y confianza que transmiten sus gestos y actos.

2. La película cuenta con un final impactante que nos demuestra que el amor y la verdad se imponen sobre todo lo demás, aunque <u>la película</u> no consiga librarnos de la angustia.

3. Desde el principio, el texto fílmico <u>nos engancha</u> por su trama misteriosa y su rica fotografía.

4. Esta película <u>va sobre</u> un grupo de amigos que deciden dejar sus móviles en el centro de la mesa para leer en público los mensajes y llamadas que reciben.

5. La crítica de esta serie de televisión <u>no ha visto</u> el gran trabajo técnico y visual que se esconde detrás de esta gran producción.

6. La película <u>tuvo</u> un gran éxito comercial y <u>tuvo</u> numerosos premios en festivales de todo el mundo.

Capítulo 3
El texto expositivo

Objetivos

- Reconocer las principales características de los textos expositivos.
- Familiarizarse con técnicas de escritura propias de la exposición.
- Analizar una introducción y una conclusión de carácter expositivo.
- Distinguir entre distintos tipos de párrafos.
- Saber integrar la coherencia, la cohesión y la adecuación textual.
- Poner en práctica estrategias discursivas.
- Identificar la precisión léxica en la exposición.

Prácticas escritas

- Planificar la escritura de un texto expositivo.
- Elaborar un mapa conceptual y seleccionar el vocabulario temático.
- Escribir una introducción.
- Redactar una conclusión.
- Configurar la estructura interna de un texto.
- Elaborar un texto expositivo teniendo en cuenta lo aprendido en el capítulo.

◆ ¿En qué consiste?

El texto expositivo cumple la función de **informar, explicar, relacionar y ejemplificar** un determinado tema dispuesto de manera clara y ordenada, por lo que su contenido se centra en ideas, opiniones, reflexiones, etc. En general, el objetivo de este texto no consiste en defender una tesis concreta, sino en **exponer la información** de manera explicativa. Aunque el texto expositivo posee principalmente un carácter informativo, muchas veces también se combina con el argumentativo.

Algunos **ejemplos de textos expositivos** en la lengua escrita son los textos académicos (resúmenes, reseñas, comentarios de texto, exámenes, etc.), las entradas de una enciclopedia, los libros de texto, los ensayos y los tratados científicos. En la lengua oral los encontramos en conferencias, discursos académicos, disertaciones, etc. A la hora de enfrentarnos a este tipo de texto lo que más cuesta es comenzar a escribir, por eso existen numerosas técnicas para hacerlo:

- **La lluvia de ideas**. Una vez que tenemos el tema que vamos a tratar, anotamos sobre un papel las ideas según se nos ocurren y las escribimos sin un orden concreto.
- **El mapa mental o conceptual**. Sirve para organizar las ideas de manera gráfica a través de diferentes figuras geométricas (círculos, rectángulos, etc.) o de enlaces (flechas, líneas, etc.), que muestran la información organizada y la relación que existe entre los distintos elementos. El título, o el tema, suele ir destacado y en el centro del mapa conceptual.
- **El esquema numérico o decimal**. Muestra la información organizada de manera lineal (ej. 1., 1.1., 1.2., 1.3.,...) y ofrece ya un posible guion de lo que será la estructura del texto que se va a redactar.
- **La estrella**. A partir de una estrella dibujada, se plantean cuestiones sobre el tema que responden a las preguntas: qué, quién, cuándo, dónde, por qué, para qué, cómo, etc.

1. La planificación del texto expositivo

Actividad 1

1.a. Imagina que tienes que escribir un texto expositivo sobre el tema que se indica debajo. ¿Cómo abordarías la escritura? Escribe cinco ideas ayudándote de las siguientes citas.

"Las redes sociales, ¿mejoran la manera de relacionarse?"

1. "Internet no favorece el aislamiento. Las personas que más chatean son las más sociables".
2. "Los medios son la expresión de lo que piensa la sociedad".
3. "Internet amplifica la más vieja brecha social de la historia: el nivel de educación".
4. "Las tecnologías distancian cada vez más la política de la ciudadanía".

Manuel Castells, sociólogo

1.b. Observa el siguiente mapa conceptual sobre el ciberespacio. ¿Qué otros aspectos hay que tener en cuenta al hablar de las redes sociales? Comenta el vocabulario y escribe con otro estudiante dos ideas más sobre este tema.

EL CIBERESPACIO NO TIENE LÍMITES

EL CIBERESPACIO

OTROS NOMBRES PARA EL CIBERESPACIO

TEMAS SOBRE LAS REDES SOCIALES

USUARIOS DEL CIBERESPACIO

la era digital	el anonimato la privacidad	el/la cibernauta
las tecnologías de la información	la alfabetización digital	el/la internauta
la comunicación globalizada	la visibilidad la ética	el/la nativo/a digital
la interconexión	la brecha digital	el/la inmigrante digital
	el ciberataque	el/la pirata informático/a
	la libertad de expresión	el/la cibercriminal

1.c. Ahora completad el siguiente mapa conceptual con vuestras ideas.

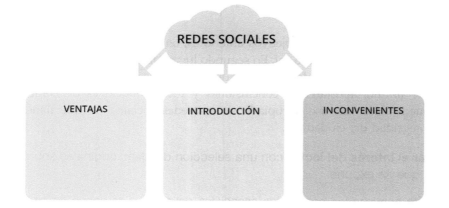

REDES SOCIALES

VENTAJAS   INTRODUCCIÓN   INCONVENIENTES

✓ La actividad anterior resume el recorrido necesario antes de elaborar un texto expositivo: investigar y familiarizarse con el tema de manera general; seleccionar y organizar las ideas para exponer un tema más específico y buscar un léxico temático apropiado. Es decir, para planificar la escritura es necesario pasar de lo general (tema sobre el que se escribe) a lo particular (selección de ideas y léxico).

2. La estructura general del texto expositivo: la introducción y la conclusión

El texto expositivo presenta tres partes principales: una introducción, un desarrollo y unas conclusiones. Las características de una **introducción** adecuada son:

- **presentar y definir** con claridad el **tema central** de la exposición:

  Ej. El tema que vamos a abordar es el del papel que desempeñan las redes sociales, más concretamente, si constituyen una manera de mejorar las relaciones interpersonales en la sociedad actual.

- **exponer** con precisión los **objetivos** que se persiguen con la elección del tema:

  Ej. Los objetivos que buscamos son, por un lado, proporcionar una visión clara de si este modo de relacionarse socialmente mejora el contacto entre las personas y, por otro, comprobar cuáles son algunos de los aspectos positivos y negativos de esta manera de relacionarse.

- **indicar la estructura**, anunciarla y justificarla. En un texto expositivo se prefiere una estructura enumerativa en la que se enuncia de manera ordenada ("en primer lugar", "en segundo lugar", etc.), o con otros marcadores textuales, las diferentes partes del texto. Estos marcadores tienen la función de organizar dicha estructura:

  Ej. Para conseguir los objetivos anteriores, en primer lugar, ofreceremos una definición de red social. En segundo lugar, presentaremos las ventajas y los inconvenientes de este modo de relacionarse a través de Internet. Y, por último, aportaremos conclusiones y recomendaciones de cómo se puede hacer un uso apropiado de las redes sociales sin que dañe la integridad del ciudadano.

- **captar el interés del lector** con una selección de ideas originales sobre el tema que se expone.

El **desarrollo** contiene los contenidos esenciales del texto y se apoya en citas o referencias. Su estructura puede variar y ser deductiva, inductiva, partir de un problema, una causa, una pregunta, una ventaja o una comparación. Podemos encontrar diferentes tipos de **estructura**:

1. **Deductiva**. Se parte de un hecho general para llegar a uno particular, es decir, la idea principal se transmite al comienzo:

Ej. "Las redes sociales mejoran la manera de relacionarse. Primero, porque ayudan a que la gente pueda entablar comunicación con otras personas. Segundo, porque contribuyen a que las personas recuperen el contacto…".

2. **Inductiva**. Se parte de un hecho particular a uno general, es decir, la información más importante la encontramos al final:

    Ej. "Las redes sociales ayudan a que la gente no se sienta sola, por eso mejoran la forma de relacionarse".

3. **Problema→solución**. Primero se presenta la problemática y se propone a continuación una manera de solucionarla:

    Ej. "Algunos usuarios de redes sociales se lamentan de los engaños que se producen en algunos casos a la hora de conocer a otras personas. Quizá la solución radique en ser cautelosos a la hora de permitir que se utilicen nuestros datos personales y de informarse bien antes de entrar en determinados sitios web".

4. **Causa→efecto**. En primer lugar se identifica la causa para pasar después a algunas de las consecuencias:

    Ej. "Las redes sociales se han propagado como la pólvora en los últimos años, de ahí que se haya aumentado sobre todo la venta de los teléfonos inteligentes".

5. **Pregunta→respuesta (o resolución)**. Se plantea un interrogante, a menudo de carácter retórico, y se intenta proporcionar una respuesta.

    Ej. "¿Cómo podemos saber cuál es la mejor red social para una finalidad concreta? Sin duda, además de lo que opinen los demás, es necesario familiarizarse con su uso y, posteriormente, decidir qué plataforma se ajusta más al objetivo que se tiene en mente".

6. **Ventaja→desventaja**. Se comienza por una situación ventajosa para luego comentar algunos aspectos menos positivos. Con esta estructura se busca presentar el tema desde diferentes ángulos o puntos de vista:

    Ej. "La principal ventaja de las redes sociales es que mejoran la manera de relacionarse, aunque en la mayoría de los casos todo queda en un mero contacto virtual".

7. **Comparación→contraste**. Se comienza con una comparación y, a continuación, se contrasta con otros elementos que se sitúan al mismo nivel o dentro del mismo ámbito:

Ej. "Por un lado, *Facebook* es la red social que cuenta con un mayor número de usuarios y seguidores y que permite tener un contacto más cercano con amigos y familiares. Por otro, si lo que se desea es compartir fotografías, *Instagram* te permite compartir imágenes de manera instantánea. Si lo que se busca es estar informado, la plataforma más adecuada es *Twitter*. Toda la información se encuentra condensada en un número limitado de caracteres".

Para concluir un texto expositivo distinguimos principalmente dos tipos de **conclusiones** que se pueden combinar:

- **Cerrada**. Es aquella que se refiere de nuevo al texto, resume lo que se ha dicho, y evalúa las ideas principales.

     Ej. "Por todo lo dicho anteriormente, podemos decir que las redes sociales tienen muchas más ventajas que desventajas".

- **Abierta**. Es aquella que lanza preguntas que se pueden dejar sin responder o que abre nuevas posibilidades para profundizar en la investigación sobre el tema principal del texto.

     Ej. "¿Serán las redes sociales la única manera de relacionarnos en el futuro?".

Actividad 2

2.a. Aquí tienes varias introducciones de textos expositivos. Señala en la tabla si presentan el tema, los objetivos y la estructura del texto, e identifica la única que reúne las tres características.

Texto 1

Las redes sociales: ¿mejoran las formas de relacionarse?
Vivimos en una época en la que las relaciones entre las personas se han visto facilitadas por diversos medios de comunicación. ¿Quién no está ligado a los servicios de Internet? Estas compañías ganan millones de euros gracias a que, con un simple tecleo, se puede hablar con un amigo o un familiar que se encuentra a cientos de kilómetros y además, a tiempo real. ¿Puede esta tecnología contribuir de manera positiva a las relaciones entre personas?
Antes de empezar a hablar sobre las redes sociales, y sobre el hecho de que incrementan las formas de relacionarse, definiré lo que son para seguidamente exponer las ventajas y los inconvenientes que una red social puede tener.

Texto 2

El deporte: ¿una moda o una necesidad fisiológica?

Debemos diferenciar los términos ejercicio y deporte: el ejercicio es la actividad que se realiza con el fin de mejorar la forma física y el deporte es lo mismo, pero ejercido como juego o competición, cuya práctica supone entrenamiento y sujeción a unas normas establecidas.

Podríamos preguntarnos acerca de la finalidad que tenían los deportes dentro de una sociedad en la antigüedad. Muchos parecen haber surgido para ejercitar destrezas físicas o psicológicas y así poder sobrevivir. El lanzamiento de jabalina, flechas, el salto de longitud o de altura, la lucha cuerpo a cuerpo, correr, nadar, bucear, el remo, etc., son claros ejemplos que hacen posible la hipótesis del instinto de supervivencia. Estas actividades estarían quizás destinadas a las guerras que por motivos territoriales, políticos o religiosos se suscitaban entre los pueblos de la antigüedad. También las danzas rituales podrían haber generado ciertos deportes como la gimnasia o el patinaje artístico.

Pero, ¿por qué se compite hoy para saber quién salta más alto o quién nada más rápido? Cuando un jugador de fútbol marca un gol, sus compañeros corren hacia él para abrazarlo y felicitarlo. A este hecho se le une el reconocimiento, la fama y el grito de toda la tribuna de aficionados a quienes, en muchas ocasiones, se les dedica la gloriosa hazaña, sobre todo si es el gol que determina la victoria. En la actualidad también encontramos rituales que acompañan a las actividades deportivas muy parecidos a los que se realizaban entonces: fiesta, himnos, banderas, colores, pancartas, etc. Ejemplo de ello es la ceremonia inaugural de los Juegos Olímpicos (de Olimpo, lugar de permanencia de los dioses), en la que el fuego simboliza el principio de la "Gran Fiesta" y el conocimiento de la verdad, de lo mejor y de lo más bello.

Texto 3

El Plan de Bolonia: ¿mejora la enseñanza y las perspectivas laborales?

En las próximas líneas vamos a intentar explicar en qué consiste el denominado "Plan Bolonia" con la idea de conocer mejor este proyecto tan esperado por unos y odiado por otros. En primer lugar, resumiremos las ideas generales y orígenes de este proyecto educativo así como los motivos de su implantación en España. Después, analizaremos su instauración desde dos puntos de vista completamente enfrentados: el de los partidarios y el de los detractores. Posteriormente, hablaremos de las causas y consecuencias de su aplicación y por último, haremos una reflexión sobre el tema a modo de conclusión preguntándonos si merece la pena.

El Proceso de Bolonia, más conocido en la sociedad como Plan Bolonia, tiene su origen en el acuerdo firmado en 1999 por los ministros de educación de los estados miembros de la Unión Europea y otros como Rusia o Turquía (Declaración de

Bolonia). El objetivo de este compromiso fue crear un Espacio Europeo de Enseñanza Superior (EEES) para potenciar la movilidad de estudiantes y trabajadores entre las naciones firmantes mediante la homologación de títulos, y aumentar la competitividad de sus universidades. Con la firma de la Declaración de Bolonia, los países se comprometían a implantar este plan de estudios, lo que ha supuesto un gran cambio en la educación universitaria europea.

Texto	Presenta el tema	Expone los objetivos	Indica la estructura
1			
2			
3			

2.b. Ahora elabora una introducción de unas 200 palabras a partir de uno de los siguientes temas. Ten en cuenta la estructura a la hora de redactarla.

1. "El uso de las redes sociales en nuestra sociedad"
2. "La piratería virtual, ¿perjudica realmente la venta de música?"
3. "¿Cómo ha evolucionado el concepto de familia?"
4. "La tecnología va a cambiar nuestra manera de amar"
5. "La fama, ¿perjudica o beneficia a los hijos de los famosos?"
6. "¿Son seguros los alimentos transgénicos?"

Actividad 3

3.a. Aquí tienes las conclusiones de las introducciones de la actividad 2a. Señala si son abiertas, cerradas o mixtas.

Texto 1: Tipo ....

En conclusión, ¿mejoran las redes sociales las relaciones entre las personas? En gran medida sí, ya que facilitan la comunicación con su multitud de aplicaciones y recursos, como poder mantener conversaciones en tiempo real y la utilización de la "webcam". Y aunque se plantean varios inconvenientes, el poco respeto por la ortografía, la usurpación de identidades o de falsos perfiles, esta herramienta la puede utilizar todo tipo de personas. En mi opinión, esta forma de entablar relaciones va a ser la que impere en el siglo XXI.

Texto 2: Tipo ....

A modo de conclusión podemos decir que, al margen de las modas, los beneficios del deporte son indiscutibles. ¿Necesidad fisiológica? Sin duda. Todo el mundo se siente mejor cuando comienza a practicar algún deporte ya sea por necesidad física, como perder peso, o por simple afición. Tampoco hay que olvidar el factor social: por ejemplo, cuando un niño se apunta a un equipo de fútbol gana en salud, pero también conoce a otros chicos de su edad que posiblemente acabarán siendo sus amigos. Aprende a relacionarse desde temprana edad, valores como el compañerismo, la deportividad, etc. Por todo ello, animaría a todos los padres a iniciar a sus hijos en cualquier deporte y a todo el mundo en general porque nunca es demasiado tarde para cuidar nuestra salud.

Texto 3: Tipo ....

Por todo ello podemos decir que la entrada en vigor del controvertido Plan Bolonia tiene, según a quien preguntemos, un efecto positivo o negativo en la educación española y europea. Las posibilidades universitarias y laborales que se nos abren con este proyecto son mucho más amplias que en la actualidad, pero en la práctica el número de personas que sacarán provecho a la movilidad que nos ofrece seguramente será limitado. Por otra parte, la organización en grados, posgrados y másteres tiene aún defectos que pulir, en especial en disciplinas como medicina o veterinaria, por lo que no es extraño que sus detractores exijan que no se ponga en práctica, o al menos, que se retrase su puesta en marcha, ya que solamente cuando pase el tiempo y miremos atrás podremos decidir si la aplicación del proceso de Bolonia ha sido o no positiva.

3.b. Subraya cómo se marca o se introduce la conclusión en los textos que acabas de leer. ¿Se te ocurre alguna otra manera?

✓ Para ver cómo se introduce una conclusión puedes consultar las diferentes posibilidades que existen en la tabla de marcadores discursivos y expresiones útiles del capítulo 9.

3.c. Escribe una conclusión de unas 200 palabras a partir de uno de los temas propuestos en la actividad 2.b.

Actividad 4

4.a. El siguiente texto está desordenado. Ordena las diferentes partes que lo componen e identifica la introducción, el desarrollo y la conclusión.

> A. Además, las empresas que crean estas plataformas en Internet nos permiten conocer nuevas personas y mantenernos comunicados con nuestros amigos; sin embargo, ayudarnos a mejorar nuestro nivel de vida es un objetivo secundario, ya que el principal consiste en conseguir beneficios. Para ello, ponen a nuestra disposición servicios adicionales que, por supuesto, tienen un coste añadido. De este modo, utilizan nuestras relaciones personales como fuente de ingresos y, en algunos casos, incluso violan su propia política empresarial para conseguir más beneficios. Un ejemplo es la comentada noticia en la que se informaba de que Tuenti permitía la entrada en su red a niños menores de 13 años, a pesar de que en sus normas se exponía claramente que se les denegaba el acceso. Pero claro, más usuarios significan más visitas, más afluencia y más dinero.

> B. Sin embargo, no todo son inconvenientes. También, estas páginas nos proporcionan algunas ventajas. Gracias al anonimato de los chats también es cierto que una persona puede aprender a ser más abierta y extrovertida. También nos permiten conocer gente nueva, que en la mayoría de los casos suelen ser buenas personas, y que sin la existencia de las redes sociales nunca hubiésemos llegado a conocer. Asimismo, podemos mantenernos en contacto con familiares y amigos que se encuentran en cualquier parte del mundo de una manera sencilla y gratuita gracias a estas plataformas, o reencontrarnos con personas con las que habíamos perdido el contacto.

> C. Una red social es una forma de interacción, un intercambio dinámico entre personas o grupos que se identifican con las mismas necesidades, con los mismos problemas, gustos, aficiones, etc. En la actualidad, las redes sociales se encuentran en pleno apogeo. Cada día somos más las personas que utilizamos distintas páginas web dedicadas a expandir y afianzar nuestra lista de contactos y que nos ofrecen un amplio repertorio de funcionalidades añadidas. Algunos ejemplos son Facebook, Tuenti, Twitter o Hi5. Solo en España, Facebook contabiliza seis millones de usuarios activos. Y Tuenti no se queda atrás: con sólo tres años cuenta con tres millones de internautas que actualizan regularmente su perfil. Otro ejemplo es Twitter, que comienza a expandirse de manera alarmante entre los jóvenes españoles, y que cuenta con una más que sólida base en Norteamérica. La lista de nuevas redes es inmensa, y cada vez se presentan ideas más innovadoras. En este trabajo, me centraré en la cuestión de si las redes sociales mejoran nuestra forma de relacionarnos. Además, defenderé mi postura sobre este tema mediante una serie de argumentos que son aplicables a cualquiera de estas páginas en general.

D. En segundo lugar, porque hay muchos casos en los que descuidamos a nuestros amigos, familiares y conocidos en favor de nuestras cuentas de Internet y de las nuevas personas que hemos conocido (y que como he mencionado antes, pueden no ser lo que parecen). Conozco bastantes casos reales de personas que, por ejemplo, prefieren pasar horas y horas chateando o actualizando su cuenta de Facebook, antes que salir y divertirse con sus amigos.

E. En definitiva, las redes sociales nos ofrecen algunas ventajas para relacionarnos y, en mayor medida, para expandir nuestra lista de contactos. No obstante, a mi parecer, los inconvenientes son mucho más abundantes, ya que estas webs favorecen que descuidemos nuestras habilidades comunicativas y que dejemos de lado el aspecto real de nuestras relaciones en favor del virtual. Por último, nos podemos plantear cómo una herramienta creada para mejorar la sociabilidad de las personas puede terminar causando el efecto contrario. Y es que hay que dejar claro que el planteamiento inicial de las redes sociales es positivo, el problema reside en su mala utilización.

F. Personalmente, considero que las redes sociales no ayudan a mejorar nuestras relaciones. En primer lugar, porque favorecen el contacto con personas que no conocemos. Realmente no podemos determinar cómo es el usuario que está al otro lado de la pantalla. Así pues, cuando nuestro interlocutor nos dice que es alto/a, moreno/a, etc., no tenemos forma alguna de verificar dicha información. Se han dado casos de acosadores o degenerados que, al gozar del anonimato, se han hecho pasar por otro tipo de persona y han utilizado Internet para acercarse a sus víctimas, mediante un perfil falso, pasando desapercibidos entre el resto de usuarios.

1.		4.	
2.		5.	
3.		6.	

4.b. Subraya los conectores que aparecen en cada texto y busca un sinónimo.

4.c. Transforma el texto anterior en una de las técnicas que has aprendido en este capítulo, la estrella, respondiendo a las preguntas qué, quién, cuándo, dónde, por qué, para qué y cómo.

3. La estructura interna del texto expositivo: el párrafo

La **estructura interna** del texto expositivo se divide en párrafos. Un **párrafo** es un conjunto de frases (la extensión es variable, pero se aconseja que conste al menos de tres o cuatro líneas) relacionadas entre sí que desarrollan un único tema. Sus funciones son:

- estructurar el contenido del texto;
- marcar los diversos puntos de los que consta un tema;
- señalar un cambio de perspectiva en el discurso;
- mostrar formalmente la organización del texto: se distingue visualmente en la página ya que empieza con mayúscula, a la izquierda, en una línea nueva y termina con punto y aparte.

Podemos encontrar los siguientes tipos:

1. **Párrafo de introducción o de apertura**. Se introduce el texto, se plantea la tesis y se intenta captar la atención del lector. Suele ir introducido por expresiones típicas para comenzar un texto: "El propósito de este trabajo es", "La finalidad de este escrito es", etc.

2. **Párrafo de enumeración**. Enumera una serie de ideas relacionadas entre sí. El orden de las diferentes informaciones debe estar organizado de antemano para que el conjunto del párrafo sea coherente.

3. **Párrafo de comparación o contraste**. Presenta las semejanzas o las diferencias entre dos o más elementos a partir de una comparación.

4. **Párrafo cronológico**. Introduce la información de manera ordenada en relación con las coordenadas temporales, o bien realiza un recorrido histórico a través de las diferentes informaciones.

5. **Párrafo de causa-efecto**. Se presenta un hecho y la consecuencia o posibles consecuencias que se derivan de él.

6. **Párrafo conceptual**. Se utiliza para concretar o puntualizar el significado de un concepto y familiarizar al lector con el mismo.

7. **Párrafo de transición**. Se da paso a otra información y sirve, por ejemplo, para cambiar de tema o para pasar de una parte del párrafo a otra. Suele ir introducido por marcadores discursivos como "por otro lado", "a continuación", "dicho lo anterior", etc.

8. **Párrafo deductivo**. La idea principal aparece al comienzo del párrafo mediante una generalización para pasar después a la información secundaria.

9. **Párrafo inductivo**. Se comienza con un planteamiento de carácter secundario para llegar a una generalización, por lo que la idea principal aparece al final.

10. **Párrafo de conclusión o cierre**. Suele ir introducido por expresiones de cierre o que concluyen una parte y se utiliza para cerrar un tema o un apartado: "en resumen", "en conclusión", etc.

Aunque los diferentes tipos de párrafos en función de su estructura se diferencian entre sí, también se pueden combinar. Recuerda que los párrafos se pueden clasificar además según su contenido, ya sea este de carácter narrativo, descriptivo, expositivo, etc.

Actividad 5

5.a. Identifica los diferentes tipos de párrafos que aparecen a continuación. Subraya la información que te proporcione la clave sobre el tipo de párrafo.

Texto 1: *párrafo deductivo*

Numerosos estudios han dedicado sus páginas a cuestionar si *Nada* (1945) es el germen de un tipo de novela que rompe con el conformismo ideológico de los años cuarenta o si, por el contrario, se mantiene dentro de los cánones literarios de posguerra. No podemos hablar de *Nada* como una obra que no casa con el vínculo sociopolítico que se articula en el momento de su elaboración, ya que no existe una denuncia explícita de la situación social de la que se nutren sus páginas. Sin embargo, la construcción del armazón semántico del relato permite observar una caracterización intencional tanto del espacio como de los personajes.

Texto 2: ....

Carlos Fuentes se vale del artificio retórico de la hipotiposis para construir el plano descriptivo en su novela *Aura,* estableciendo un vínculo de unión entre el género literario y el grado de descripción que se desarrolla en la novela. Por hipotiposis nos referimos a la descripción de la realidad mediante una gran cantidad de matices sensoriales y cuya manera de describir intenta aproximar, mediante diferentes recursos lingüísticos, la experiencia del personaje a la del lector.

Texto 3: ....

A continuación, vamos a analizar otros factores que pueden influir en el calentamiento global y sobre los que no se suele hablar con tanta asiduidad en los medios de comunicación, ya sea porque son un tanto desconocidos o porque existen intereses partidistas en las esferas de la política para que esta información no llegue a salir a la luz.

Texto 4: ....

En el presente estudio nos embarcamos en una lectura del *Libro de buen amor* que atiende a una disposición tripartita en su configuración, en un intento de romper con la tendencia a la dicotomía a la que nos tiene acostumbrados la crítica ruiciana. Para ello realizaremos un recorrido puntual de la obra en los estadios retórico-discursivos de: *inventio*, selección y elaboración, *dispositio*, orden o estructura, y *elocutio*, modo de expresión o estilo, que aunque han sido identificados por la crítica en estudios independientes, no se han considerado hasta la fecha como eje de una aproximación conjunta que permita reflexionar sobre el propósito de la obra.

Texto 5: ....

Podemos sintetizar todo lo dicho afirmando que, para que el gobierno dé el paso de exigir que en las escuelas públicas los alumnos tengan que aprender dos lenguas de manera obligatoria, primero se debe concienciar a los padres sobre las numerosas ventajas que conlleva aprender una lengua extranjera a una edad temprana.

Texto 6: ....

A lo largo de la historia de la literatura se ha producido una constante reelaboración y revisión teórica del hecho crítico. Por ejemplo, Santo Tomás de Aquino desarrolla su pensamiento fundamentado en una crítica que atiende a explicar la literalidad normativa de la palabra sin más alternativa hermenéutica. Foucault convierte su teoría en una categorización del individuo como ser sujeto a una constante normatividad social. Ambas teorías, aunque *a priori* nos puedan parecer claramente distintas, y pese a la salvedad cronológica, se elaboran como presupuestos asertivos que ofrecen una visión global del conjunto de la sociedad.

Texto 7: ....

Uno de los primeros problemas que nos plantea *El reino de este mundo,* atendiendo a su composición textual, es cómo catalogar el contenido narrativo desde el punto de vista formal. ¿Dónde termina el prólogo?, ¿dónde comienza la narración de los hechos de la obra en su función semántico-funcional? Ambas partes quedan claramente delimitadas con respecto a la división bipartita en la novela. Sin embargo, su significado global nos lleva a replantear si las dos partes del libro se refieren a separar el contenido de las mismas, además de la estructura, o por el contrario, responden a una intención unificadora.

Texto 8: ....

Convivimos con los grafiti, ya sea en el ámbito académico o cuando nos dirigimos al trabajo; forman y conforman parte del paisaje urbano y se adueñan de las superficies más recónditas para entablar comunicación desde un lugar estratégico. Los receptores de este tipo de literatura marginal responden de diferentes maneras: se muestran indiferentes, los leen con curiosidad sin atreverse a responder, o sencillamente entran en el juego de provocación confeccionando una cadena de mensajes que dejan constancia anónima de su intencionalidad comunicativa.

Texto 9: ....

Zaragoza y Sevilla son dos ciudades que compiten por ser la cuarta ciudad más grande de España. Las dos han organizado exposiciones internacionales y otros eventos de prestigio mundial, las dos poseen una población similar en torno al millón de habitantes y, aunque Sevilla sea una ciudad con más turismo, Zaragoza cada vez atrae a más visitantes. Su ubicación, a solo dos horas de la frontera francesa y a solo una hora y cuarto en alta velocidad de Madrid y Barcelona, es un atractivo más para la ciudad aragonesa.

Texto 10: ....

Nos estamos acostumbrando cada vez con más frecuencia a los programas de televisión que persiguen el objetivo de transformar a un individuo completamente desconocido en la persona más célebre del país, aunque sea sólo durante unos meses, y cuyo resultado más directo es que los jóvenes opinen que la televisión le proporciona la solución a la mayoría de sus problemas y que "ser famoso" es una profesión como otra cualquiera.

5.b. En esta lista aparecen expresiones hechas que se utilizan para introducir la información en un párrafo. Clasifícalas según su función comunicativa.

A	Con esto llegamos al *quid* de la cuestión...
B	En contraposición con lo que se ha mencionado...
C	La opinión expresada por el autor resulta un tanto discutible puesto que...
D	Aceptamos como válidas las conclusiones dado que...
E	La conclusión a la que llegamos a través de este análisis es que...

F	Llegado el caso, cabría preguntarse si...
G	En realidad, todo lo mencionado tiene que ver con...
H	Ha quedado demostrado que...

Función comunicativa	Frase
1. Expresar certeza	No se puede negar que...
	Ha quedado demostrado que...
2. Expresar duda	Resulta difícil creer que...
3. Expresar acuerdo	Puede que los datos estén en lo cierto ya que...
4. Expresar desacuerdo	De ninguna manera cabría decir que...
5. Poner énfasis	Debemos llamar la atención también sobre el hecho de que...
6. Hacer una corrección	Más bien cabría decir que...
7. Indicar la consecuencia de algo	De este razonamiento se puede deducir que...
8. Hacer una comparación o un contraste	Existe una diferencia fundamental entre...

Actividad 6

6.a. Señala los seis párrafos que aparecen en este texto. Fíjate en el ejemplo.

[En la actualidad, las redes sociales están presentes en nuestra sociedad, de un modo que no se podía imaginar nadie. La carta ha sido sustituida por el e-mail, el teléfono por el chat y cada vez son más comunes las redes sociales, del tipo Tuenti, Facebook, Fotolog, Twitter, YouTube, Blog, etc. Casi todo el mundo, jóvenes y mayores, usan al menos una de estas redes y según la edad que se tenga se prefiere una u otra red. Muchos de estos usuarios llegan a utilizar más de una a la vez, pero… ¿realmente estas redes mejoran la forma de comunicarnos? A continuación describiremos algunas de ellas.]

En primer lugar, Tuenti es una de las redes de más reciente creación y es la preferida por los adolescentes españoles entre catorce y veinte años. Esta red fue creada en 2006 por Zaryn Dentzel, un estudiante estadounidense que residía en Madrid. Zaryn creó Tuenti para mantenerse en contacto con sus compañeros tras realizar un
5   intercambio con nuestro país. Lo que surgió como un proyecto entre amigos, se ha convertido en una de las redes sociales más conocidas y usadas de toda España. Permite subir fotos y compartirlas con amigos, dejar comentarios, mandar mensajes privados, etc., e incluso, recientemente se ha creado una nueva aplicación que está sustituyendo al famoso Messenger, el chat del Tuenti, con el que se puede compartir
10   mensajes a tiempo real con los amigos. En segundo lugar, Facebook fue elaborado por Mark Zuckerberg. En un principio se creó como un sitio para estudiantes de la Universidad de Harvard, pero en la actualidad está abierto a cualquier persona que posea una cuenta de correo electrónico. Esta red social es más usada entre jóvenes a partir de veinte años. Permite hacer básicamente las mismas cosas que Tuenti, es
15   decir, compartir fotos y comentarios con amigos, contactar con gente que hace tiempo que no se ha visto, hacer tests, etc. Y por último y a modo de ejemplo, podemos citar la red social Twitter que aparece en marzo de 2006 como un proyecto de investigación y desarrollo en San Francisco, inspirada por Flickr. En principio, la utilizó de manera exclusiva la compañía que la elaboró. Es una red que permite, por un lado, elaborar
20   entradas de texto denominadas "tweets", de una longitud máxima de 280 caracteres, y por otro, crear un perfil y compartir estos textos con amigos y conocidos. Es una manera muy útil de expresarse y es la más utilizada entre personas de veinte a treinta años. El mayor inconveniente que acarrea este tipo de redes sociales son los peligros que derivan de la falta de privacidad. Hay que ser muy cuidadoso y prudente a la hora
25   de poner fotos, dar datos, etc., ya que puede manipularse esta información. Además, sin un buen uso de estos medios de interacción y comunicación, podemos encontrarnos con problemas de adicción ya que pasamos tanto tiempo frente a la pantalla del ordenador, que la falta de contacto humano puede hacer que perdamos el rumbo de la vida real. Sin embargo, en mi opinión, las ventajas son mucho mayores y más
30   satisfactorias que los inconvenientes. Todas estas redes sociales ayudan a la gente a ponerse en contacto unas con otras o a encontrar a viejas amistades, compartir experiencias con el resto del mundo, fotos, vídeos, textos y multitud de sensaciones y opiniones. Frente a la carta, permiten una comunicación escrita inmediata además de

poder hablar a tiempo real. No es descabellado decir que ayudan a estudiar. Por
35 ejemplo, ya muchas universidades las emplean como una herramienta que pone en
contacto a los alumnos con los profesores y sus asignaturas y desde sus páginas se
puede acceder a apuntes o soluciones y solicitar ayuda. En definitiva, las redes sociales
mejoran la forma de comunicarnos pese a los inconvenientes antes citados, y son una
manera muy útil de trabajar. Las nuevas tecnologías evolucionan y nosotros con ellas.
40 Es cierto que da pena que se vaya perdiendo la costumbre de escribir una carta, revelar
una foto en papel, etc. Pero hay que vivir con los tiempos, porque si no, ¿qué habría
pasado si no hubiéramos acogido otros inventos como el teléfono, la radio o la
televisión?

6.b. Elige el significado equivalente a los enunciados del texto anterior. Fíjate en el
ejemplo.

Ej. Las redes sociales <u>están presentes en</u> nuestra sociedad.
  a. *forman parte de* b. constan de   c. constituyen

1. Tuenti es una de <u>las redes</u> de <u>reciente</u> creación. (l. 1)

a. las cadenas digitales	b. las comunicaciones digitales	c. las plataformas digitales
a. gran	b. nueva	c. fresca

2. Se puede compartir mensajes <u>a tiempo real</u>. (l. 10)
  a. en la estación actual b. en la edad presente c. en el momento

3. Facebook <u>se creó</u> como un sitio para estudiantes de la Universidad de Harvard. (l. 11)
  a. se trató   b. se concretó   c. se fundó

4. <u>Permite</u> hacer <u>básicamente</u> las mismas cosas que Tuenti. (l. 14)

a. Impide	b. Posibilita	c. Evita
a. generalmente	b. fundamentalmente	c. inicialmente

5. Aparece como un <u>proyecto</u> de investigación. (l. 17)
  a. plan   b. mapa   c. dibujo

6. Twitter elabora <u>entradas</u> de texto de una <u>longitud</u> máxima de 280 caracteres.
 (l. 20)

a. puertas	b. anotaciones	c. conjuntos de datos
a. extensión	b. cantidad	c. distancia

7. El mayor inconveniente que <u>acarrea</u> este tipo de redes son los peligros que derivan
 de la <u>falta</u> de privacidad. (l. 23–24)

a. ocasiona	b. transporta	c. conduce
a. error	b. carencia	c. infracción

8. Hay que ser muy cuidadoso a la hora de <u>poner</u> fotos. (l. 24–25)
  a. preparar   b. revelar   c. colgar

9. La falta de contacto humano puede hacer que perdamos el rumbo de la vida real. (l. 28–29)

    a. el sentido   b. la navegación   c. el puerto

10. Ayudan a la gente a encontrar viejas amistades. (l. 30–31)

    a. chocar   b. recuperar   c. converger

11. No es descabellado decir que ayudan a estudiar. (l. 34)

    a. aventurado   b. inútil   c. impresentable

12. Muchas universidades las emplean como una herramienta que pone en contacto a los alumnos con los profesores. (l. 36–37)

    a. martillo   b. material   c. instrumento

4. Características del texto expositivo

Características morfosintácticas

El texto expositivo se caracteriza por su **objetividad**: predomina la función representativa o referencial del lenguaje, es decir, aquella que transmite la información sin connotaciones; su **precisión**, con un léxico concreto, datos exactos de la información, etc.; y su **claridad**, a partir de ejemplos, explicaciones, gráficos de apoyo, marcadores del discurso, etc. He aquí algunas de las principales pautas que se deben seguir a la hora de elaborar un texto expositivo:

1. Utilizar oraciones claras: primero la información principal y luego la secundaria.

Ej. *El pasado mes de septiembre, de madrugada, en el Hospital Miguel Servet de Zaragoza, falleció el cantautor y escritor José Antonio Labordeta.	→ El cantautor y escritor José Antonio Labordeta falleció de madrugada el pasado mes de septiembre en el Hospital Miguel Servet de Zaragoza.

2. Evitar la incoherencia sintáctica entre la segunda y la primera parte de la oración.

Ej. *Las redes sociales además de relacionarnos mucho más, su objetivo debería ser también formativo. **Ej.** *El deporte es por un lado una moda y una necesidad fisiológica. **Ej.** *La justicia y la honestidad es los dos valores que la gente aprecia más.	→ Las redes sociales, además de relacionarnos mucho más, deberían ser formativas. → El deporte es por un lado una moda y por otro una necesidad fisiológica. → La justicia y la honestidad son los dos valores que la gente aprecia más.

3. **Usar el presente de indicativo con un valor atemporal.**

> **Ej.** La presentación de este tema nos lleva a separar las causas y las consecuencias de que se implante el Plan de Bolonia en nuestra educación.

4. **Prestar atención al uso del gerundio con valor de posterioridad.**

> Se debe evitar el uso excesivo del gerundio ya que hace el discurso un tanto pesado y es conveniente sustituirlo por la correspondiente forma personal.

Ej. *Compró un pastel, <u>comiéndoselo</u> después en su casa.	→ Compró un pastel y <u>se lo comió</u> después en su casa.

5. **No abusar de los adverbios terminados en '-mente'.**

> Estos se pueden sustituir por otros equivalentes, ej. <u>indudablemente</u> → <u>sin duda</u>. Cuando dos adverbios terminados en '-mente' aparecen juntos, solo el segundo lleva esta terminación.

> **Ej.** Los precios han subido <u>injusta y absurdamente</u>.

6. **Exponer el tema mediante el uso de la primera persona del singular y del plural, o la tercera del singular.**

> **Ej.** Para comenzar, <u>queremos</u> presentar las ventajas que tiene el hecho de poder descargar música gratuitamente de Internet.

> **Ej.** En primer lugar, <u>considero</u> que debería fomentarse más el apoyo a las energías renovables.

> **Ej.** El objetivo principal de este ensayo <u>consiste</u> en analizar las posibles causas que han conducido a una gran parte de la sociedad a no apoyar la huelga general de controladores aéreos.

Actividad 7

7.a. En el siguiente texto aparecen subrayados algunos errores morfosintácticos. Clasifícalos según el tipo de error.

> El Facebook, elaborado por Mark Zuckerberg, surge <u>por un lado</u> como un sitio para estudiantes de la Universidad de Harvard, pero en la actualidad está abierto a cualquier persona que <u>tengan</u> una cuenta de correo electrónico. Esta red social provoca más interés entre los jóvenes de unos veinte años, pero se ha convertido en una de las redes sociales más utilizadas mundial e internacionalmente, <u>siendo</u> después reconocido su enorme éxito entre gente de todas las edades. Básicamente, permite hacer las mismas cosas que el Tuenti, es decir, compartir fotos <u>conjuntamente</u>, comentarios con amigos, contactar con gente y amistades <u>rápidamente</u> que hace tiempo que no se ven o con los que no se ha hablado por teléfono, hacer tests, etc. Una de las curiosidades de esta red es que deja enviar unos detallitos llamados regalos (gifts), que son unos pequeños iconos con un mensajito; algunos cuestan dinero y otros son totalmente gratis. Por mi parte, <u>pertenezco y colaboro en</u> estas redes sociales <u>buscando</u> siempre la manera de que sean útiles <u>no solo en mi labor académica y en lo personal</u>.

Errores morfosintácticos	
1. Incoherencia sintáctica	
2. Uso inadecuado del gerundio	
3. Empleo incorrecto de las preposiciones	
4. Abuso de adverbios	

7.b. Reescribe el texto anterior con los errores corregidos. También puedes hacer otros cambios para mejorar la redacción.

Características léxico-semánticas

En un texto expositivo, el léxico debe ser preciso, por lo que hay que tener en cuenta una serie de aspectos que tienen que ver con el estilo y con la coherencia semántica.

1. **No utilizar palabras comodín en la medida de lo posible**: por ejemplo, nombres (*cosa, tema, problema,* etc.); adjetivos (*estupendo, interesante, bueno, magnífico,* etc.) o verbos poco precisos (*hacer, dar, haber, poner, decir,* etc.).

   Ej. decir un secreto → revelar, desvelar, contar... un secreto.

2. **Es preferible emplear palabras cortas a las largas**.

   Ej. "influir" en lugar de "influenciar"; "legitimar" en lugar de "legitimizar".

3. **Evitar las ambigüedades y los dobles sentidos**.

   Ej. *La actriz Penélope Cruz molesta en el festival de Toronto.
   (Ambigüedad: ¿ella molesta o está molesta?).

4. **Tener cuidado con las impropiedades léxicas que se generan por el parecido entre algunos idiomas**: por ejemplo, los llamados "falsos amigos" (*sensible, éxito, tópico,* etc.).

5. **Suprimir la información que sea redundante**.

   Ej. *<u>Baja abajo</u> y deja estas maletas. → <u>Baja</u> y deja estas maletas.

   Ej. *Os haré unas <u>pequeñas miniobservaciones</u>. → Os haré unas <u>pequeñas observaciones</u> / unas <u>miniobservaciones</u>.

Actividad 8

8.a. Sustituye el verbo TENER de las siguientes oraciones por otro que signifique lo mismo como en el ejemplo. No olvides hacer la concordancia donde sea necesario.

concebir • sentir • establecer • ~~producir~~ • desempeñar • alcanzar • adoptar profesar • surtir • padecer • disponer de • contraer • constar de • gozar de • fijarse

1. El medicamento <u>tiene</u> efectos alérgicos, por eso el niño se ha puesto enfermo.
   → *produce*
2. Mi abuelo siempre <u>ha tenido</u> muy buena salud, espero que llegue a centenario.
3. Ese actor <u>ha tenido</u> muy buena fama gracias a los papeles estelares de sus últimas películas.
4. Me gusta <u>tener</u> siempre alguna meta.
5. El jefe no <u>tiene</u> tiempo para atenderle, venga usted mañana.
6. El libro que hay que leer para clase <u>tiene</u> doce capítulos.
7. El paciente <u>tiene</u> una grave enfermedad y es posible que vaya a la unidad de vigilancia intensiva.
8. Quien <u>tenga</u> un cargo importante, debería tomárselo en serio.
9. No me gusta <u>tener</u> ningún compromiso con nadie.
10. Busca a alguien que <u>tenga</u> una actitud más tolerante y sensata.
11. Si <u>tuviera</u> otra ideología, hablaría más a gusto con él.
12. Cuando he saltado desde el trampolín, <u>he tenido</u> mucho miedo.
13. La nueva ley contra la piratería musical no <u>ha tenido</u> ningún efecto.
14. A lo largo de su vida <u>tuvo</u> numerosos contactos con gente de la policía secreta.
15. Aunque no <u>tenga</u> ningún proyecto a corto plazo, sé que pronto te ofreceré alguna propuesta.

8.b. Sustituye el verbo PONER de las siguientes oraciones por otro que signifique lo mismo. No olvides hacer la concordancia donde sea necesario.

> proyectar • suponer • escribir • ~~prestar~~ • fijar • servir • instalar • sintonizar
> colocar • vestirse • estampar • extender • levantar • asignar • montar

1. Este niño, como no <u>ponga</u> más atención en clase, no va a aprobar ningún examen.
   → *preste*
2. ¿Vienes al cine? <u>Ponen</u> la película que querías ir a ver.
3. Todos los centros públicos y privados <u>han puesto</u> normas antitabaco.
4. El fontanero <u>puso</u> las tuberías de la cocina.
5. Vamos a ese restaurante donde <u>ponen</u> tan buena comida.
6. Aunque <u>ponga</u> ese negocio tan original, no sé cómo le irán las cosas con esta crisis.
7. <u>Puso</u> su firma y se marchó sin decir nada a nadie.
8. Si no te importa, <u>pon</u> otra emisora, que estoy harta de oír tanta publicidad.
9. ¡Vaya sueldo me <u>han puesto</u> por hacer estas tareas! No sé si me merece la pena hacerlo, la verdad.
10. ¡Voy a <u>ponerle</u> un monumento por lo bien que ha solucionado todo!
11. Primero debes <u>poner</u> la colchoneta en el suelo y luego colocar la toalla.
12. Te <u>has puesto</u> muy arreglada, ¿vas a alguna fiesta?
13. Sería mejor que <u>pusieras</u> los papeles en el cajón, si no pueden perderse.
14. <u>Hemos puesto</u> en este papel nuestras direcciones de correo electrónico para que nos escribas.
15. <u>Pongamos</u> que tienes unos días de vacaciones, ¿vendrías a verme?

8.c. Sustituye el verbo DECIR de las siguientes oraciones por otro que signifique lo mismo. No olvides hacer la concordancia donde sea necesario.

> anunciar • ~~contar~~ • insinuar • revelar • advertir • pronunciar • exponer • rogar
> recitar • precisar • indicar • proferir • expresar • declarar • mencionar

1. Nadie me <u>ha dicho</u> un chiste tan bueno como este. → *ha contado*
2. Este alumno no <u>dice</u> bien los sonidos *r* y *l*, habrá que practicar con más ejercicios.
3. <u>Di</u> tu opinión y luego dialogamos sobre este tema.
4. ¿Puede usted <u>decir</u> los detalles del robo?
5. Su hermano se enfadó y <u>dijo</u> muchos insultos contra su familia.
6. Por favor, ¿podría <u>decirme</u> dónde está la calle Ríos Rosas? Es que estoy un poco perdido.
7. Lo <u>has dicho</u> otra vez mal. Anda, inténtalo de nuevo.
8. A ver, voy a <u>decir</u> los nombres que están en el grupo del nivel superior.
9. Si me <u>dijeras</u> el secreto que guardas tan celosamente, yo te contaría el mío.
10. <u>Dijo</u> el poema de tal manera que todos los presentes se quedaron boquiabiertos.
11. Cuando fue al juicio, <u>dijo</u> que tenía argumentos suficientes para ser inocente.
12. Por favor, te <u>digo</u> que no lo cuentes a nadie, no quiero que se sepa.
13. Nos lo <u>dijo</u> varias veces: coged el paraguas, que hoy va a llover.
14. No sé, igual le gustas –le <u>dijo</u> su amiga.
15. Los periodistas <u>dijeron</u> la gran noticia: la boda de los príncipes.

Actividad 9

9.a. En el siguiente texto aparecen subrayadas algunas palabras que se repiten mucho. Busca otras alternativas y haz los cambios que creas necesarios.

> ✓ Recuerda que puedes utilizar un diccionario de sinónimos para no repetir palabras. Para ello, consulta en el capítulo 9 el apartado sobre los diferentes tipos de diccionarios.
>
> • Puedes omitir las palabras que no sean necesarias.
> • Puedes utilizar los pronombres relativos para enlazar las frases, ej. "...ha sido <u>el que</u> más me ha llamado la atención..."

El <u>tema</u> que he escogido <u>es</u> sobre la publicidad, si <u>es</u> nociva o ayuda. Lo he elegido porque <u>es</u> un <u>tema</u> que me interesa como consumidor que <u>soy</u>, y también <u>es</u> verdad que me afecta directamente y <u>ha sido</u> el <u>tema</u> que más me ha llamado la atención porque <u>es</u> un <u>tema</u> de actualidad.

9.b. Ahora lee estos dos fragmentos y subraya los términos que más se repiten. Da otras posibilidades para que haya una mayor riqueza léxica.

1. Por un lado la publicidad ayuda al consumidor a decantarse por un producto u otro y a conocer mejor las características y las cualidades que tiene lo que va a comprar. Por ejemplo, si se quiere comprar un producto farmacéutico, la publicidad que acompaña al producto indica qué efectos tiene, si se tiene que consultar con un médico antes, si se tiene que tomar o no, si tiene efectos alérgicos, etc.

2. En cambio, la publicidad puede ser nociva para los consumidores porque les pueden confundir a la hora de elegir un producto o servicio, ya que a veces ponen cosas que luego no son ciertas del todo. Por ejemplo, el anuncio de un coche pone el precio más bajo del coche y luego ponen el modelo más superior de gama, para que quede más bonito y llame más la atención. Otro ejemplo puede ser también un viaje que pone el precio muy económico pero no ponen las tasas de avión o alguna otra cosa. Estos métodos pueden llegar a confundir al consumidor.

Actividad 10

10.a. En la lengua existen numerosos "falsos amigos" que a veces nos confunden. Lee el artículo de Javier Marías y responde si las afirmaciones que aparecen más abajo son verdaderas o falsas.

Que no me entero

Leo este periódico a diario, desde su fundación. Además he escrito en él desde 1978, esporádicamente durante muchos años, mensualmente durante unos pocos, semanalmente desde hace casi siete, en este dominical. Es normal que lo que no me gusta de *El País* me preocupe, no tiene nada de particular. Les sucede a los que
5 son solo lectores, como demuestran sus *Cartas al Director* y sus quejas a la Defensora. En los últimos tiempos encuentro cada vez más motivos de preocupación: de tendencia, de estilo, de contenido, de foco o atención. Me fijo en los nombres de quienes firman las noticias, los comentarios, los reportajes, las críticas, las columnas y artículos de opinión. Conozco los de los corresponsales,
10 nacionales e internacionales. Estos han sido con frecuencia excelentes, y algunos lo siguen siendo. No voy a hablar, sin embargo, de las tendencias ni de los estilos ni de los contenidos ni de los focos o atenciones. Con todo, aún es mucho más lo que me agrada que lo que me desagrada. Y todo ello es subjetivo. Me voy a limitar a señalar un aspecto, el más preocupante de todos y el que más urgiría corregir.
15   Nunca me había sucedido lo que me sucede a menudo últimamente: leo una información intentando enterarme de lo que ocurre en un lugar determinado, o de cómo está la situación de tal conflicto, o de cuáles van a ser los problemas del libro cuando se generalicen el *e-book* y similares, o de qué va a pasar con la fosa de García Lorca, y no lo consigo. En el mejor de los casos, me quedo como estaba, y
20 en el peor, han aumentado mi ignorancia y mi confusión. Como he perdido muchas

cosas, pero aún no mi capacidad intelectiva (o no enteramente), solo me queda concluir que con frecuencia no se entiende nada de lo que los nuevos redactores (cada vez hay más nombres nuevos que no se asientan, no sé si son becarios que vienen y se van) intentan explicar. A veces se tiene la impresión de que fingen
25 explicar algo que ellos no han comprendido previamente, lo cual hace su tarea imposible, claro está. En el caso de algunos corresponsales extranjeros, uno detecta con facilidad que se han limitado a mal copiar –es decir, a traducir mal– lo que los diarios o televisiones de cada país han dicho, y nada es más incomprensible que una traducción hecha por alguien que conoce mal la lengua
30 de origen y deficientemente la propia. El resultado habitual es que el lector con ciertos conocimientos se ve obligado a llevar a cabo sobre la marcha una "traducción" de la información, esto es, a "deducir" lo que los redactores habrán entendido o habrán querido decir en realidad. Un juego de adivinación, que va contra las reglas más elementales del periodismo. Lo peor es que, como esto no se da
35 solo en *El País,* sino también en todos los demás diarios y sobre todo en las radios y televisiones –con la fuerza divulgadora de estas últimas, y lo de TVE es atroz–, nos encontramos con que también quienes *no* son corresponsales en el extranjero, y por tanto no tendrían en principio de dónde traducir, adoptan las meteduras de pata, las sintaxis ininteligibles y los innumerables *falsos amigos* que sus colegas
40 propagan. Es llamativa la resistencia mínima que se opone hoy al continuo destrozo de la lengua. (Ojo, mi preocupación no se debe a ningún purismo, sino al creciente peligro de que no nos entendamos más que "retraduciéndonos" los unos a los otros, si cada cual trufa el español con los disparates que se le antojan).

Sirva como ejemplo modesto la proliferación de *falsos amigos,* y eso que hay
45 diccionarios para prevenirnos contra ellos. Obviamente, hay redactores de este diario (y por supuesto de otros) que ni los tienen ni los consultan, porque aún no se han enterado de que en inglés *"extravagant"* nunca significa "extravagante" sino "derrochador" o "despilfarrador"; de que *"fastidious"* es "puntilloso" o "meticuloso"; de que *"dramatic"* en bastantes contextos, no es "dramático" sino
50 "espectacular"; de que *"bizarre"* no equivale a nuestro "bizarro" sino, como en francés, a "extraño" o incluso "estrafalario"; de que *"to abuse"* es "insultar" o "maltratar" muchas más veces que "abusar"; de que *"anxiety"* no significa "ansiedad" sino "angustia" (hace poco un crítico de *Babelia* se congratulaba de que por fin se hubiera traducido "fielmente" el título de una obra que contiene esa
55 palabra, cuando precisamente ahora se ha traducido mal); de que *"a stranger"* no es "un extraño", sino "un desconocido" o el viejo "forastero" de las películas del Oeste; de que *"miserable"* quiere decir "desdichado"; de que *"to remove"* no es "remover" sino "quitar" o "sacar"; de que *"ingenuity"* e *"intoxication"* no son lo que parecen, sino "ingenio" y "embriaguez" y así decenas de casos más, que no se
60 dan solo en el inglés. La mayoría son cosas que los estudiantes de cualquier lengua aprenden en el primer curso. Gente que lleva años o meses viviendo en un país, y que escribe para la prensa, las desconoce y las traduce mal una y mil veces, hasta contagiárselas a quienes jamás han puesto un pie en el país en cuestión. Regalen esos diccionarios a quienes los necesiten en la redacción, por favor. Desearía volver
65 a leer un periódico en el que no tuviera que retraducir a mi lengua las noticias que en él se me dan, y en el que me enterara un poco más.

© Javier Marías, *El País*

Según el artículo...	V	F
1. El autor tiene dificultades para entender lo que lee.		
2. Algunos redactores no comprenden lo que escriben.		
3. Las traducciones que se hacen actualmente tergiversan la realidad.		
4. Javier Marías critica directamente a los becarios que trabajan en las redacciones de los periódicos.		
5. Los lectores tienen que descubrir el contenido de los textos.		
6. Los corresponsales extranjeros son sobre todo los responsables del uso de los falsos amigos.		
7. El autor del texto se declara purista de la lengua.		
8. Javier Marías se queja del mal uso del diccionario.		
9. Los falsos amigos se estudian desde niveles básicos.		
10. El autor dejará de leer los periódicos si no cambia la forma de escribir.		

10.b. En las siguientes frases aparecen algunos "falsos amigos". Identifica el término correcto según el contexto. Fíjate en el ejemplo.

Ej. Me voy a la *librería a estudiar, que mañana tengo el examen de gramática. → *biblioteca*

1. Ese *sujeto no me interesa, prefiero otros como las matemáticas o la física.
2. Ana es una chica muy *sensible, siempre medita las cosas antes de tomar una decisión.
3. Le ha llevado casi dos meses tomar una decisión, pero por fin se ha decidido a quitar el tabaco.
4. ¿Sabes que me voy a *mover de barrio? Me voy a vivir a las afueras, que en el centro hay mucho ruido.
5. El *tópico sobre el que tenemos que escribir es las ventajas y desventajas del teléfono móvil.
6. Los trabajadores llevaron a cabo una *demostración porque no estaban de acuerdo con la reforma laboral.
7. He comprado una *carpeta para el salón que hace juego con las cortinas.
8. Después de la discusión, se sintió un poco *embarazada por las palabras que le había dicho.
9. El *conductor de la orquesta es un conocido músico venezolano.
10. ¿Te *has realizado que ya estamos en septiembre y que se ha terminado el verano?
11. ¡Qué pena! Esa película no ha tenido el *suceso que se esperaba.

111

12. ¿Me permite que le haga una última *cuestión relacionada con el tema?
13. Este *desierto está riquísimo, ¿quieres probarlo?
14. El éxito de ese grupo musical, *actualmente, fue por lo bien que se llevaban entre ellos.
15. En primer lugar, voy a realizar un análisis *comprensivo de la situación.
16. Mañana te voy a *introducir a una amiga muy simpática. Ya verás qué bien te cae.
17. El profesor Delgado imparte una *lectura mañana en el auditorio.
18. No te recomiendo que vayas por esa zona de la ciudad, dicen que hay muchas *gangas callejeras.
19. El actor protagonista que *juega en esta serie de televisión es de mi ciudad natal.
20. *Eventualmente, creo que este año nos quedaremos sin ir de vacaciones.

Características pragmáticas

Un texto expositivo ha de ser **coherente** y para ello es importante que se observe una **progresión temática**, o lo que es lo mismo, una alternancia entre la información nueva y la ya conocida. La coherencia también se logra mediante una organización y una correcta distribución de la información, como por ejemplo a partir de **párrafos**.

Asimismo, un texto expositivo debe tener **cohesión**, es decir, la unión entre las diferentes partes mediante elementos lingüísticos como: los marcadores del discurso; los deícticos (los pronombres personales, posesivos, adverbios); las relaciones léxicas de sinonimia, antonimia e hiperonimia (vehículo → coche, autobús); y la puntuación.

Un texto expositivo ha de tener también **adecuación**, por lo que se debe adaptar a las situaciones de comunicación y al tipo de registro apropiado.

> **Ej.** Miembros del partido socialista *se mosquearon con los populares por las críticas recibidas. → se enfadaron con los populares

Actividad 11

11.a. Identifica en cuál de los dos siguientes textos hay progresión temática. Para que te resulte más fácil, fíjate en si avanza la información o no.

1. Así pues, para que el turismo se considere ecológico debe cumplir los anteriores principios pero, sobre todo, el bajo impacto ambiental que implica un turismo cuidadosamente regulado, practicado por personas interesadas en la naturaleza, dispuestas a causar el menor daño posible y respetuosas con las costumbres locales. Una técnica para reducir tal impacto es la "zonificación" de áreas protegidas, delimitando las áreas más frágiles con acceso restringido.
2. La piratería es la distribución o reproducción ilegal de música para un uso comercial o particular. Es una práctica ilegal y está castigada por la ley. Cuando

se adquiere un disco solo se es propietario del objeto en sí, nunca de los derechos de autor del mismo. Esto conlleva el no poder distribuirlo sin pagar una tasa por ello. En la actualidad, hay diversas formas de piratería. Por un lado, la duplicación y comercialización de discos compactos en la calle y, por otro, la copia y distribución por Internet sin permiso del autor. Si se copia un CD sin haber adquirido el número de licencias adecuado, se infringen las leyes de derechos de autor, es decir, se comete un delito. Si esta práctica se repite de manera continuada y abusiva, la sanción puede conllevar una pena de cárcel.

11.b. En un texto expositivo debe primar la adecuación y, por lo tanto, el lenguaje se debe adaptar a un tipo de registro apropiado. Transforma los siguientes párrafos de tal manera que resulten adecuados.

> **Ej.** Internet hace que escribamos mal. Es cierto que yo también recorto alguna que otra palabra, pero hay personas que son reencarnaciones de antiguos egipcios, escriben jeroglíficos, por ejemplo: "bs", "tb", "xq", "x fa". ¡Espabilad, hombre, que por pulsar dos o tres letras más no os vais a romper los dedos!

> *Con Internet y las nuevas tecnologías se ha deteriorado nuestra escritura. Es cierto que en este contexto se pueden abreviar algunas palabras, como por ejemplo "bs" (beso), "tb" (también), "xq" (porque), "x fa" (por favor), pero muchas veces esta práctica llega a convertirse en un auténtico jeroglífico difícil de descifrar y, por lo tanto, se deberían respetar las normas ortográficas a la hora de escribir.*

1. Otro tema muy peligroso en Internet es el de la privacidad. ¿Es seguro hablar por Internet? ¿Es seguro confiar tus contraseñas de banco, de chat, etc.? En teoría, sí, lo es. No obstante, como ya comentaré a continuación, existe gente capaz de acceder a ello. La intimidad es uno de los derechos del hombre. Daría miedo pensar que dicha intimidad pueda esfumarse por confiar en un programa informático.

2. ¡Cuidado! No hay que fiarse jamás de las cosas que descarguemos o que nos envíen, podrían contener virus informáticos. Estos virus son como los que nos producen enfermedades, solo que estos afectan a nuestros ordenadores, infectándolos y haciéndolos funcionar erróneamente. Los *hackers* saben cómo crearlos y emplearlos, así que debemos andar con pies de plomo. Lo mejor es contar con un buen antivirus, antiespía, *firewall,* etc., que detectan su presencia, los bloquean y los eliminan para proteger al ordenador.

Características fónicas

En un texto expositivo se dan también a veces impropiedades léxicas debido a semejanzas fónicas: "adoptar" en lugar de "adaptar", "aludir" en lugar de "eludir", o "surgir" en lugar de "surtir". Se debe evitar asimismo la repetición excesiva de un mismo sonido o cacofonía, ej. *"Los partidos que pensaban proponer propuestas para el presupuesto tienen que posponerlas". También es conveniente prestar atención a que no haya rimas dentro de una misma oración, ej. *"Se ha sopesado el alto grado de evacuados en el otro lado de la frontera".

Actividad 12

12.a. Algunas palabras se parecen en su forma por una proximidad fónica, pero poseen significados diferentes. Escoge la opción más adecuada según el sentido de cada palabra y haz la concordancia donde sea necesario.

accesible • asequible	1. No voy a comprarme ese libro, la verdad es que no es muy .... , lo cogeré en la biblioteca. 2. Luis no es una persona muy .... , es un tanto reservado y parece que todo el mundo le molesta.
adaptar • adoptar	3. Mis tíos van a .... a una niña que se ha quedado huérfana tras el terremoto. 4. Tomoko se sabe .... a cualquier situación con bastante optimismo.
aludir • eludir	5. ¿En qué capítulo se .... al texto argumentativo? 6. Juan, no .... los problemas y afróntalos de una vez por todas.
adición • adicción	7. Tengo una enorme .... a todo tipo de dulces. 8. Dos más dos son cuatro, eso es una .... ¿no?
aptitud • actitud	9. No me gusta tu .... ante lo que ha sucedido. Es mejor que hables con ella. 10. Le encanta bailar pero carece de .... para ser un músico profesional.
competer • competir	11. Rafael Nadal siempre .... contra Roger Federer en los grandes torneos. 12. Creo que ese asunto no te .... en lo más mínimo. Será mejor que no te metas.

espirar • expirar	13. Venga, chicos, ... lentamente y luego relajaos. 14. Dijo unas últimas palabras y después .... para siempre.
especie • especia	15. La vaca pertenece a la .... de los animales vertebrados. 16. Me gusta poner en la comida diferentes .... para darle más sabor.
estática • estética	17. Me compré una bicicleta .... para hacer ejercicio sin tener que ir al gimnasio. 18. No me gusta la .... que llevan ahora algunas tribus urbanas.
exhaustivo • exhausto	19. Realizó un informe .... de todas las incidencias que tuvieron durante el viaje. 20. Estoy .... He corrido cinco kilómetros de un tirón hasta el club de tenis.
inflación • infracción	21. Se dice que con el carné por puntos los conductores cometen menos .... 22. Con la .... que tenemos ahora mismo, será difícil salir pronto de la crisis.
perjuicio • prejuicio	23. Cobrará por los daños y .... ocasionados en el accidente. 24. ¿Tú crees que ese político tiene .... contra los inmigrantes?
prescribir • proscribir	25. El médico le .... unas pastillas contra los mareos que eran demasiado fuertes. 26. Lo .... de su país por motivos políticos y se tuvo que exiliar.
surgir • surtir	27. La ley antitabaco no .... efecto hasta principios de año. 28. Ayer .... diversos problemas que retrasarán la fecha de entrega del proyecto.
visionar • visualizar	29. Tengo que .... unos documentales para elaborar luego un reportaje. 30. Está .... como sería estar ahora en una isla desierta del Caribe.

12.b. Reescribe los siguientes enunciados para evitar las rimas internas y repeticiones de sonidos.

> Ej. Hizo la presentación con tanta emoción que el público le aplaudió con total devoción.
>
> *Impartió la conferencia con tanta emoción que el público le aplaudió con total fervor.*

1. Francamente, no puedo entender verdaderamente por qué se ha enfadado si le he dicho tranquilamente lo que me molestaba.
2. No ha comido mucho por lo que se ha sentido bastante desfallecido.
3. La verdad es que la capacidad de cada cual depende de la cantidad de paciencia y bondad.
4. Tomando el té con tanta teína tendrás que tomarte un tranquilizante.
5. Recogió sus cosas, recordó el rato que transcurrió en el restaurante y se rio de sí mismo.

5. Estrategias discursivas para elaborar textos expositivos

En este apartado nos centraremos en algunas estrategias discursivas que se pueden utilizar para conseguir que un texto expositivo sea más claro.

1. **Reformular o parafrasear**. Consiste en repetir una idea o información con la que podemos aclarar el contenido del texto. Se puede lograr a partir de los marcadores del discurso, sobre todo de los llamados reformuladores que pueden ser:
   - **Explicativos** (*o sea, es decir, esto es, a saber, en otras palabras, dicho de otra manera*, etc.) o **rectificativos** (*mejor dicho, más bien*, etc.).
   - **De distanciamiento** (*en cualquier caso, en todo caso, de todos modos, de cualquier forma*, etc.).
   - **Recapitulativos** (*en suma, en conclusión, en resumen, en síntesis, en resumidas cuentas, en definitiva, al fin y al cabo*, etc.).
   - **Estructuradores de la información** que son **comentadores** (*pues, pues bien*), **ordenadores** (*en primer lugar*, etc.) y **digresores** (*por cierto, a propósito*, etc.).

2. **Ejemplificar**. La utilización de ejemplos, citas de autoridad, o referencias que testimonian la información, contribuye a aclarar algunas de las ideas expuestas; por ejemplo, a partir de los operadores de concreción (*en concreto, en particular*, etc.).

Ej. Muchas veces las redes sociales se convierten en una obsesión. Unas veces porque hemos conseguido cierto renombre en la red y no queremos perder nuestra lista de seguidores, y otras porque pretendemos actuar igual que el resto. Un ejemplo es el del estadounidense Josh Bancroft (*blogger* bastante conocido en la red), que en un mes envió 984 SMS únicamente para actualizar su estado en la red social de Twitter.

3. **Ordenar y clasificar la información**. Es conveniente organizar el contenido de manera que se perciba cuál es la información primaria y la secundaria. Los marcadores discursivos ayudan también en esta tarea.

Ej. Podemos clasificar las principales ventajas de Internet de la siguiente manera. En primer lugar, con el uso de las redes sociales obtenemos una comunicación más directa y mucho más rápida. En segundo lugar, la conexión a Internet es a largo plazo mucho más económica que la de un teléfono móvil. Por último, al pertenecer a este tipo de redes, se recupera el contacto con personas de las que hace tiempo que no tenemos noticias.

4. **Resumir**. Sintetizar la información principal de un texto de tal manera que se recoja lo esencial. No se trata de copiar las mismas frases que aparecen en el texto original, sino de leer primero el texto, identificar las ideas más importantes y dejar a un lado las secundarias. Si se trata de resumir un texto extenso, normalmente cada párrafo desarrolla una idea diferente, por lo que extraeremos la información principal y después, para que resulte coherente, uniremos las ideas manteniendo el orden propuesto en la exposición. Un resumen no se debe completar con una opinión personal, sino que se debe limitar a lo que expone el texto.

Ej. La piratería es la distribución o reproducción ilegal de música para un uso comercial o particular. Es una práctica ilegal y está castigada por la ley. Cuando se adquiere un disco solo se es propietario del objeto en sí, nunca de los derechos de autor del mismo. Esto conlleva el no poder distribuirlo sin pagar una tasa por ello. En la actualidad, hay diversas formas de piratería. Por un lado, la duplicación y comercialización de discos compactos (CD) en la calle y, por otro, la copia y distribución por Internet sin permiso del autor. Si se copia un CD sin haber adquirido el número de licencias adecuado, se infringen las leyes de derechos de autor, es decir, se comete un delito. Si esta práctica se repite de manera continuada y abusiva, la sanción puede conllevar una pena de cárcel.

Resumen: En este párrafo se define el término "piratería" y se establecen los tipos que hay **junto** a las consecuencias que pueden conllevar su uso.

5. **Revisar**. Es conveniente redactar varios **borradores** antes de llegar a la versión definitiva (véase el capítulo 9). Al revisar el borrador hay que fijarse tanto en su **contenido** (si hay progresión temática y si la información se ha distribuido correctamente; si la estructura es clara y tiene las tres partes fundamentales: introducción, desarrollo y conclusión); y en su **forma** (si contiene párrafos, marcadores del discurso que son variados y que se han utilizado correctamente, un léxico preciso, una gramática y una ortografía correctas).

Actividad 13

13.a. Lee el siguiente texto y coloca los marcadores discursivos en su lugar correspondiente.

es decir • por ejemplo • en pocas palabras • por cierto • además • en concreto

¡Socorro! ¡Quiero escapar de mi red social!

A sus 27 años, Magnus W. Leijel trabaja en la oficina de patentes de Estocolmo. Pero no es su actividad laboral la que le ha deparado los cerca de 33.000 'amigos' o seguidores que atesora en la red social Facebook, sino un grupo de nombre explícito que formó en ella: cómo borrar tu cuenta de Facebook para siempre.
5 Aunque sostiene que la política de la red social ha mejorado, afirma que «nunca sabremos a ciencia cierta qué ocurre con nuestros datos personales. Al entrar en Facebook, tenemos que confiar en ellos. ¿Merecen nuestra confianza? Eso es algo que cada uno tiene que decidir».
      (1) .... hasta noviembre de este año, 350 millones de usuarios le
10 han otorgado esa confianza a la red social; la cifra es imponente, más aun teniendo en cuenta que en enero eran 'solo' 150 millones. Sin embargo, muy pocos se detienen en las condiciones de servicio que, necesariamente, hay que aceptar para formar parte de esta y otras redes sociales, como Twitter, MySpace o Tuenti.
      Los 2.000 millones de fotos que se suben mensualmente a la plataforma o los 14
15 millones de vídeos que los usuarios comparten con sus 'amigos' quedan a merced de la compañía. Esto les confiere derecho, (2) .... , a compartir las fotos con terceros o a utilizarlas con fines publicitarios, aunque sin asociarlas a ningún perfil o nombre propio concreto. A comienzos de este año, la compañía añadió una cláusula a sus condiciones en la que matizaban que recibían esos derechos a perpetuidad.
20 (3) .... , que aunque el internauta se diera de baja en el servicio, el material seguía en poder de la red social. Cosa que, (4) .... , sí puede leerse en las condiciones de uso de ciertos productos Google. Twitter, por su parte, explica en el apartado referente a su política de privacidad que puede utilizar los datos que recoge sobre el usuario para labores de marketing.
25 Inicialmente, si bien el intento de Facebook de aplicarse una licencia perpetua pasó inadvertido, la página web Consumerist.com hizo saltar las alarmas. Tras un

primer anuncio hecho por el propio Mark Zuckerberg, fundador del site, de que renovarían sus condiciones de uso, el nuevo texto llegó, por fin, a comienzos de diciembre. Para mejorar el control de los usuarios sobre sus datos, añaden

30 nuevas categorías que se refieren a quién podrá ver las actualizaciones: solo las amistades, los amigos de los amigos o todos. Así, por ejemplo, podemos compartir cierta información determinada con los amigos, pero no con compañeros de trabajo.

Tal como recuerda Lorena Fernández, impulsora del uso de las TIC y la web 2.0

35 en la docencia en la Universidad de Deusto y autora de un reconocido blog (blog. loretahur.net): «Las redes son servicios gratuitos, pero tienen una contraprestación: los datos de los usuarios. La clave está en conocer las reglas del juego». Pese a todo, ella no cree que las redes vayan a hacer un uso abusivo, «incluso aunque se lo permitan sus condiciones». ¿Por qué? «Sin los usuarios no se sostienen, y ellos lo

40 saben».

Pero el problema de fondo es más profundo. Una vez que nos damos de baja, ¿desaparecen realmente todos nuestros datos? La respuesta es sencilla: no. Aunque el usuario elimine su perfil en la red social, todas las fotos, vídeos o comentarios que ha compartido con sus contactos siguen presentes en sus páginas. (5) ....

45 hay un problema añadido: la legislación que rige cualquier conflicto que pueda surgir entre el usuario y las redes sociales es la del país donde estas tengan su sede. La legislación estadounidense es bastante más generosa con las compañías y la española es mucho más garantista para el usuario. Con todo, quizá por ese usuario más exigente, quizá por unas autoridades más concienciadas, algún día podremos ver un nuevo sistema que mejorará la privacidad y el control de la información por parte de los usuarios. (6) .... mientras llega, y también después, la solución es leerse con detalle la letra pequeña.

Daniel Méndez, "¡Socorro! ¡Quiero escapar de mi red social!", *XLSemanal*

13.b. Resume cada uno de los párrafos del texto "¡Socorro! ¡Quiero escapar de la red social!".

13.c. Contesta a las siguientes preguntas sobre el texto.

1. ¿Qué te parece el título del texto?
2. ¿Cómo explicas el significado de las siguientes expresiones?
   a. "amigos o seguidores que atesora en la red" (l. 2–3)
   b. "Nunca sabremos, a ciencia cierta, qué ocurre con nuestros datos personales" (l. 5–6)
   c. "vídeos que quedan a merced de la compañía" (l. 15–16)
   d. "el intento pasó inadvertido" (l. 25–26)
   e. "La página web hizo saltar las alarmas" (l. 26)
   f. "La clave está en conocer las reglas de juego" (l. 37)
   g. "La solución es leerse con detalle la letra pequeña" (l. 51–52)

3. ¿Recuerdas qué palabra del texto acompaña a estas expresiones? Escoge una de ellas y explica su significado.

  a. licencia (perpetua / caduca)
  b. otorgar (cifras / confianza)
  c. conferir (problema / derecho)
  d. uso (abusivo / abusador)
  e. política de (privacidad / perpetuidad)
  f. problema (de alto grado / de fondo)
  g. autoridades (concienciadas / concienzudas)

Actividad 14

Escoge uno de los temas que te proponemos y elabora un texto expositivo de 500 palabras. A la hora de redactar el texto, ten en cuenta que la estructura sea clara, que haya cohesión, coherencia y adecuación, y presta atención a todos los aspectos formales (la gramática, la ortografía, etc.).

1. "La inmigración, ¿problema o solución?"
2. "Vivir en la era digital: retos inmediatos a los que nos enfrentamos".
3. "¿Qué se entiende por 'belleza interior'?"
4. "La música: una manera de expresar la identidad".
5. "Ir al psicólogo: una actividad necesaria en nuestra sociedad".
6. "¿Desaparecerán las clases presenciales en la enseñanza de idiomas?"

6. Vocabulario temático: exponer información

Las siguientes muestras de lengua clasificadas por función comunicativa son de utilidad a la hora de elaborar párrafos. Estos enunciados te servirán para exponer la información de manera clara.

Ejemplificar

Bastaría con / Sería suficiente con dar un ejemplo de lo expuesto anteriormente...
El ejemplo más significativo es...
Esto me hace pensar en que... / Me recuerda a...
Lo anteriormente dicho se puede ilustrar con un claro ejemplo...
Me gustaría citar a título de ejemplo...
Pondré un ejemplo concreto...
Pongamos como ejemplo el caso de...
Se ofrecen soluciones tales como...
Tal (y) como se ha señalado...

Tal es el caso de...
Tomemos como ejemplo lo dicho por...
Uno de los ejemplos más claros / contundentes que podemos aportar...

Comparar y contrastar

De la misma manera podemos decir que...
En contraposición con lo que se ha mencionado...
Esta idea se asemeja a / se aproxima a / es comparable con...
Este problema recuerda a / puede compararse con...
Existe una diferencia fundamental entre...
Se trata de una especie de / una suerte de fenómeno...

Hacer una corrección, reformular y aclarar

A saber... / Esto es... / Dicho de otra manera todos son claros indicios de...
En otras palabras, se puede decir que...
En realidad, todo lo mencionado tiene que ver con...
Lo que quiere decir, que la información aportada es...
Más bien cabría decir que...
Mejor aún, podría decirse que...
Para ser exactos, no es necesario que...

Poner énfasis

Cabría resaltar / recalcar además...
Con esto llegamos al *quid* de la cuestión...
Conviene subrayar...
Debe quedar claro que...
Debemos llamar la atención también sobre el hecho de que...
Es necesario hacer hincapié en que...
Habría que poner de manifiesto...
Hay que tener en cuenta / destacar que...
Me gustaría poner de relieve que...

Expresar certeza

Es cierto, evidente, innegable que hoy en día...
Es un hecho constatado que...
Esto me hace pensar en que...
Esto me recuerda a...
Estoy absolutamente / completamente convencido/a de que...
Ha quedado demostrado con lo expuesto más arriba que...
Las claves aportadas por los estudiosos del tema demuestran que...
Los siguientes datos corroboran que...
No cabe duda de que...
No se puede negar que...

Resultan certeras las razones aludidas...
Se puede constatar que...

Expresar duda

La opinión expresada por el autor resulta un tanto discutible, puesto que...
Las razones que se comentan resultan difíciles de creer...
Llegado el caso, cabría preguntarse si...
Parece increíble que en esta época aún...
Resulta difícil creer que...
Tengo mis reservas ante esa opinión...

Expresar acuerdo

Aceptamos como válidas todas estas explicaciones, puesto que...
Coincido con la postura de este autor porque...
Comparto las ideas de...
Efectivamente, este problema podría plantearse desde otra perspectiva si...
Puede que los datos estén en lo cierto, ya que...

Expresar desacuerdo

De ninguna manera cabría decir que...
Debo mostrar mi discrepancia con...
Esa opinión resulta un tanto discutible...
No me atrevería a afirmar / dar por hecho...
No es cierto que...
No me convence que se argumente de esta manera, pero...

7. Actividades de corrección y estilo

Gramática

A. Corrige el único error gramatical que aparece en las siguientes oraciones. Si no lo detectas, subraya la información donde crees que se encuentra.

Ejemplo: "En el último siglo se han observado importantes cambios en la composición de la fuerza de trabajo en el mundo ocidental".

Corrección: "mundo occidental" (Se trata de un error ortográfico).

1. Aún así, es posible concluir sin temor a equivocarnos que los inmigrantes contribuyen enormemente al desarrollo del potencial cultural de la sociedad.

2. Una encuesta explorando la participación femenina en los puestos de trabajo en el campo de la informática ha arrojado resultados poco satisfactorios.

3. A modo de conclusión, me gustaría destacar que la mayoría de los argumentos presentados por la prensa son exageraciones que utilizan a los inmigrantes como chico expiatorio.

4. Dada la brecha salarial de género no es sorprendente que muchas mujeres no pueden reincorporarse a su puesto de trabajo tras la baja de maternidad.

5. Se trata de un tema ampliamente estudiado y que tiene implicaciones sociales y políticos que nos afectan a todos como ciudadanos.

6. Es aconsejable que todo inmigrante se esfuerce en aprender el idioma que se habla en el país para que se sienta más integrado en su comunidad.

7. No quiero decir que la gente tiene que quedarse en sus países de origen, pero sí que la comunidad internacional debería unirse para abordar el problema con una política común.

8. Para mí, convendría tratar a las personas que huyen de un conflicto bélico en una manera más humana, tal y como nos gustaría que nos trataran a nosotros si nos encontráramos en una situación similar.

Estilo

B. Transforma el estilo de la información que aparece subrayada en las siguientes oraciones.

Ejemplo: "Es decir, un sistema de normas que decide lo que es correcto en una lengua y lo que no lo es".

Corrección: "Es decir, un sistema de normas que regula / determina / reglamenta / estipula / establece / decreta...". (Con el cambio se consigue una mayor precisión léxica).

1. El nuevo protocolo pone el foco en la prevención de ciberacosos y para ello dice las consecuencias y los síntomas que pueden identificar a la víctima, al agresor y a sus colaboradores.

2. La fuga de talentos y la precariedad salarial causan la pérdida de competitividad del mercado laboral español en Europa.

3. En la actualidad, es posible observar a diestro y siniestro que el fenómeno de la inmigración ha despertado fuertes polémicas tanto entre los políticos como entre la gente.

4. Los pobres siguen siendo aquellas personas más vulnerables en una sociedad en la que la desigualdad sigue aumentando.

5. A pesar de los logros conquistados, todavía quedan áreas en las que las mujeres no han alcanzado afianzar una posición, especialmente en la política.

6. Sin embargo, la remuneración media que recibe una mujer siempre ha sido muy inferior en comparación con la de un hombre.

7. En los últimos años se han multiplicado los debates en Europa sobre la inmigración y las consecuencias que los flujos migratorios sin control podrían tener en la sociedad.

8. Todas estas experiencias durante el siglo XXI nos dan la oportunidad de aprender que vivimos en un mundo globalizado y multicultural donde han dejado de existir las barreras culturales de antaño.

Capítulo 4
El texto argumentativo

Objetivos

- Planificar un texto argumentativo.
- Aprender a utilizar distintos tipos de introducción y conclusión.
- Familiarizarse con los principales tipos de argumentos y contraargumentos.
- Emplear técnicas de escritura para argumentar.
- Buscar la cohesión discursiva a partir de marcadores textuales.
- Desarrollar técnicas para expresar un punto de vista y poner énfasis.
- Seleccionar un vocabulario temático y buscar la precisión léxica.
- Perfeccionar el estilo de los textos argumentativos.

Prácticas escritas

- Crear una introducción que capte el interés del lector.
- Sintetizar la información en una conclusión.
- Elaborar argumentos y contraargumentos.
- Formular una opinión basada en una cita.
- Planificar y construir un texto argumentativo.
- Elaborar un texto argumentativo sobre un tema concreto.

◆ ¿En qué consiste?

En el texto argumentativo se busca **persuadir o convencer al lector** a partir de argumentos o ejemplos que contribuyan a sustentar una tesis o idea central. Este tipo de texto se combina en numerosas ocasiones con el texto expositivo, pero aun así en el argumentativo queda más latente la postura y la opinión del escritor. Se pueden incorporar asimismo la narración y la descripción, también con el objetivo de persuadir o de convencer al lector.

A la hora de argumentar se exponen tanto los **argumentos** a favor como los **contraargumentos**. Al presentar dos puntos de vista, se pretende dotar al texto de una mayor objetividad a la vez que se encamina al lector hacia la idea central defendida por el autor. Algunos ejemplos de textos argumentativos son: los artículos de investigación, los textos periodísticos, de opinión o filosóficos.

- Su estructura se divide principalmente en las siguientes partes:
  - **El tema principal**. Puede aparecer de manera explícita en el título.
  - **La introducción**. Se intenta captar la atención del lector y presentar algunas de las ideas que sustentan la tesis principal.
  - **La tesis principal**. Es la idea o el conjunto de ideas esenciales del texto.
  - **Los argumentos y los contraargumentos**. Aparecen en el desarrollo del texto mediante párrafos con el objetivo de sustentar la tesis principal.
  - **La conclusión**. Sirve de recapitulación y concluye el texto haciendo referencia a la tesis principal o a alguna de las ideas principales.

- Además de escoger cuidadosamente los argumentos o razonamientos, se debe asimismo seleccionar el lenguaje de manera que resulte convincente en la tarea de defender la tesis principal.

- En la retórica clásica se establecían tres pasos principales a la hora de elaborar un discurso. Estos tres pasos lógicos contribuyen a que cualquier texto argumentativo cumpla con los requisitos principales que debe tener:
  - La *inventio* o selección de ideas, en la que el escritor debe decidir, en primer lugar, cuáles son los mejores argumentos para defender su tesis, a partir de una lluvia de ideas, un esquema, un mapa mental, etc.
  - La *dispositio* u orden de los argumentos, donde el escritor debe decidir en qué momento y en qué lugar va a distribuir los diferentes razonamientos o argumentos para que sean coherentes y se produzca un orden lógico y convincente a la hora de presentar la información. Aquí es donde habría que decidir en qué momento tienen que aparecer las ideas, qué tipo de introducción, de argumentos, de párrafos y de conclusión se van a utilizar, etc.
  - La *elocutio* o modo de expresión, el paso que lleva al escritor a seleccionar el lenguaje para realizar el conjunto textual dentro de los parámetros genéricos del texto; por ejemplo, un texto periodístico, filosófico o académico. En esta fase se incluye la selección del léxico y de una terminología apropiada, el uso de expresiones, la precisión en el significado, el uso de los adjetivos, de los verbos, etc.

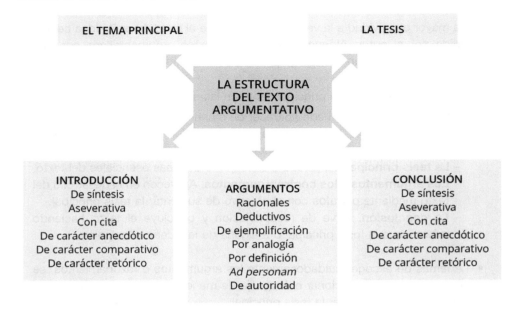

1. La introducción de los textos argumentativos

La introducción de un texto argumentativo presenta el tema y trata de captar la atención del lector. Una buena introducción asegura una predisposición favorable por parte del receptor del texto. A continuación vamos a ver los principales tipos de introducción que, aunque en principio se diferencian entre sí, también se pueden combinar.

1. **Introducción de síntesis**. Se sintetiza o se presenta la tesis principal del texto. La manera de introducirlo puede guardar una estrecha relación con el título, ya que en este muchas veces se resume la idea central del texto.

2. **Introducción aseverativa o mediante afirmaciones**. Se presenta información que se supone como verídica, pero el lector tiene que estar familiarizado con la información a la que se hace referencia. De esta manera se consigue un estilo más directo y dinámico para introducir el texto.

3. **Introducción con cita**. Se exponen ideas, ya sean de manera textual o parafraseada, que provienen de una fuente de información concreta, de una institución de reconocido prestigio o de un personaje público. También se puede iniciar un texto haciendo referencia a un refrán, un proverbio, o a cualquier otra información que sea pertinente para el desarrollo del tema principal. Mediante este tipo de introducción se pretende captar la atención del lector y dotar al texto de una mayor credibilidad.

4. **Introducción de carácter anecdótico**. Se elabora a partir de una información de carácter anecdótico, o de un evento relacionado con el tema central del texto, se busca vincular al lector de manera indirecta para abordar el asunto principal que ocupa al desarrollo del texto. El lector tiene que estar familiarizado con la anécdota a la que se alude.

5. **Introducción de carácter comparativo**. Se introduce el texto con una comparación en la que se plantea un problema similar o de carácter metafórico, que puede arrojar ideas o datos pertinentes sobre la tesis central del texto.

6. **Introducción de carácter retórico**. Comienza planteando una pregunta o una serie de preguntas de carácter retórico, cuyo tema se desarrolla más adelante para llegar así a plantear la tesis del ensayo. El interrogante o los interrogantes que se plantean en la introducción se centran en la cuestión principal que ocupa al texto.

Actividad 1

1.a. Lee con atención los diferentes extractos de algunos textos argumentativos e identifica el tipo de introducción que se utiliza. Subraya la información que te proporcione la clave.

Texto 1: *introducción aseverativa*

> Se suele decir que las acciones de un buen gobierno siempre se justifican porque contribuyen a salvaguardar los intereses de los ciudadanos. Sin embargo, convendría analizar esta afirmación a la luz de los actuales planes económicos del ejecutivo, ya que parece que últimamente al gobierno le gusta adoptar medidas económicas que creen polémica entre los contribuyentes. Como todo el mundo sabe, tarde o temprano, tanto los recién licenciados que se lanzan ilusionados al mercado laboral como los pensionistas que se merecen poder disfrutar de la añorada tranquilidad de tantos años de esfuerzo, van a tener que sufrir todas estas austeras medidas que no parece que sean la solución a la grave crisis económica que atravesamos. Algunos lo justifican aludiendo a que es lo mismo que se hace en otros países de la Unión Europea, pero quizás estos países no tengan la misma realidad social que tenemos ahora mismo en nuestro país.

Texto 2: ....

> Un problema que se debate con frecuencia hoy en día es si debemos dejar que las creencias religiosas de un grupo en particular formen parte de las decisiones conjuntas de una nación, como derecho que poseen y al que todos nos vemos adheridos, o es tan solo una obligación moral para aquellos que profesan una determinada fe. Deberíamos preguntarnos, no obstante, qué ocurre con todos los

que no tienen o que no expresan sus creencias, ¿son en realidad muchos menos que aquellos que exigen que se les tenga en cuenta en la toma de decisiones?, ¿son simplemente una mayoría que no hace tanto ruido?, ¿deberíamos respetarlos también de alguna manera y reconocer su existencia y otorgarles representación popular? Resulta irónico, por lo tanto, que en temas como el aborto o la eutanasia se recurra casi obligatoriamente a las altas esferas de la oligarquía eclesiástica para que no se ofendan ni se sientan olvidados, casi como si estuviéramos en el siglo pasado o en algún siglo anterior, en vez de pensar que ya hemos superado todos aquellos prejuicios de antaño.

Texto 3: ....

Existe una gran divergencia de opiniones sobre la legalización del cannabis en México, cuyo debate parlamentario pasa estos días por un lento y delicado proceso que no hace más que estar sujeto a impedimentos burocráticos de todo tipo. Sin embargo, valga a modo de ejemplo que en Holanda hace ya muchos años que este debate dejó de existir y no parece que la legalización de algunas drogas tuviera un efecto demoledor en dicha sociedad, ni que asimismo desencadenara un efecto llamada que animara a todas aquellas personas adictas a ciertas drogas a refugiarse allí para poder satisfacer su adicción con entera libertad. Muy por el contrario se respira en la sociedad holandesa lo que no parece que vaya a ocurrir nunca aquí, una normalización absoluta sobre este tema que deja en manos de cada consumidor la elección de dónde tiene que ir y qué es lo que debe hacer.

Texto 4: ....

En la cultura popular encontramos una fuente inagotable de ejemplos de diversa índole que han ayudado a cambiar la actitud de la gente. En la década de los ochenta, el grupo musical Alaska y Dinarama consiguió con el estribillo de una de sus canciones, "a quién le importa lo que yo haga, a quién le importa lo que yo diga, yo soy así y así seguiré, nunca cambiaré", crear un himno de libertad a favor del colectivo homosexual que por fin se ha materializado en la sociedad española. Si algo ha caracterizado a los españoles a través de su ajetreada historia, ha sido el saber adaptarse a cualquier realidad, no solo por las incesantes invasiones de diferentes pueblos que más o menos cortésmente nos visitaban en la Península, sino porque hemos pasado de vivir hace tan solo unas cuantas décadas bajo una dictadura dominada por una sociedad patriarcal, a redefinir el concepto de familia y saber adaptarlo tal y como exige la época en la que vivimos.

Texto 5: ....

Una actitud muy extendida hoy en día es la de hacer promesas electorales antes de las elecciones, aunque se sepa a ciencia cierta que puede que sea muy difícil cumplirlas. La semana pasada asistimos expectantes al proyecto de alta velocidad desde la capital del imperio británico, aunque sin que nos llegaran a desvelar una fecha concreta para el comienzo de las obras. El evento, que congregó a numerosas autoridades así como a políticos interesados en hacerse la foto de rigor, tuvo lugar curiosamente a muy pocas millas de donde se empezó a construir la primera locomotora de vapor. No deja de ser una paradoja que Inglaterra, país inventor de este medio de transporte, no tenga todavía ningún tren de alta velocidad en circulación. Y aunque todo apunta a que esta vez va en serio, son muchos los interrogantes que se han dejado en el aire, ya sea por la falta de información o de presupuesto.

Texto 6: ....

En este ensayo intentaremos explicar y dar respuesta a los diferentes interrogantes que han surgido en los medios de comunicación, a raíz de la decisión parlamentaria de instalar cámaras de vídeo en las calles de la capital. Para ello, presentaremos diferentes argumentos a favor y en contra que nos ayudarán a analizar si este sistema sirve para proteger al ciudadano o si, por el contrario, contribuye a mermar su privacidad. También intentaremos ofrecer un método alternativo que, en nuestra opinión, cumpliría la misma función y que podría tanto ayudar al control de la delincuencia común como a salvaguardar la privacidad del ciudadano de a pie.

1.b. Es importante que un texto argumentativo tenga un buen título que no solamente sintetice la información y haga referencia al tema principal, sino que también capte la atención del lector. ¿Se te ocurre un título para cada una de las introducciones que acabas de leer?

Ej. 1. *El fin no justifica lo que decide hacer el Gobierno*

1.c. Escoge una de las introducciones anteriores y transfórmala en otra de otro tipo. Te ponemos aquí la *introducción retórica* (Texto 2, Actividad 1.a.) transformada en una *introducción de síntesis*.

"El objetivo de este ensayo es reflexionar sobre el peso que ostentan las creencias religiosas en la toma de decisiones que tienen lugar en la esfera política. Para empezar, se ofrecerá una visión general sobre el tema, poniendo énfasis en algunos ejemplos recientes como el aborto y la eutanasia. A continuación se analizarán, por un lado, las razones que aducen aquellos que consideran que las creencias religiosas deberían desligarse de las decisiones del Estado y, por otro, de quienes consideran que dichas creencias sí deberían tenerse en cuenta. Con todo, se analizará hasta qué punto los planteamientos de una minoría pueden afectar e influir en el conjunto de la sociedad".

2. Tipos de argumentos

Para argumentar se deben expresar diferentes razonamientos, ideas o argumentos. Estos son los principales:

1. **Argumento racional.** Presenta ideas que están aceptadas por el conjunto de la sociedad y que, por lo tanto, no se cuestionan en su planteamiento.

   > **Ej.** Todo el mundo sabe que para hablar bien una lengua hay que conocer bien la gramática.

2. **Argumento deductivo.** A partir de lo que se plantea se pueden deducir o extraer conclusiones certeras.

   > **Ej.** El tren de alta velocidad no consume tanto combustible como el avión y puede transportar al mismo número de pasajeros, por lo tanto, es más ecológico como medio de transporte.

3. **Argumento de ejemplificación.** Se extrae un ejemplo concreto y se utiliza para ampliarlo a escala general.

   > **Ej.** En algunos países la corrupción no solamente existe en las altas esferas de la política, sino que también es un hecho que afecta a todas las escalas sociales, desde policías, médicos e incluso abogados.

4. **Argumento por analogía.** Busca la semejanza entre diferentes ideas que no tienen por qué estar relacionadas, pero que se parecen en su planteamiento.

   > **Ej.** Si en algunos países se han legalizado las drogas para intentar acabar con el estigma de lacra social que suponen, ¿por qué no se puede legalizar también la prostitución para dotar al individuo de una mayor libertad de decisión?

5. **Argumento por definición.** Presenta diferentes definiciones de un mismo concepto y las contrasta para dar más validez al conjunto argumentativo.

   > **Ej.** El concepto de "alma" no es el mismo en todas las culturas. Mientras que para algunos filósofos como Freud consiste en la diferencia entre el "yo" y el "superyó", para la mayoría de las religiones se trata de una entidad inmaterial e invisible.

6. **Argumento *ad personam*.** Se utiliza para desacreditar un planteamiento de otra persona, colectivo o institución y reforzar de esta manera los argumentos propios.

> **Ej.** Resulta irónico que aquellos que en los ochenta exigían privatizaciones masivas de las empresas públicas, defiendan hoy en día un sistema plenamente público como eje central del sistema del bienestar.

7. **Argumento de causa.** Intenta explicar la relación que existe entre causa y efecto, aunque no siempre sea una relación que se pueda comprobar o verificar en su totalidad.

> **Ej.** Prohibir fumar en los espacios públicos servirá para que el nivel de tabaquismo descienda también entre la población más joven.

8. **Argumento de autoridad.** Se presenta un argumento de una fuente de información fiable, de una institución o de un individuo de reconocido prestigio que corrobora su validez y a partir del cual se desarrollan otros argumentos.

> **Ej.** Greenpeace ha denunciado que pese a las restricciones internacionales se sigue practicando la caza furtiva de ballenas y otros cetáceos.

El escritor de un texto argumentativo siempre busca la manera más convincente de presentar la información, por eso utiliza **contraargumentos** que en cierto modo contradicen o contrastan la información de los argumentos que se acaban de presentar y que sirven para plantear diversos puntos de vista, aunque el objetivo siga siendo el de persuadir al receptor del texto. No tiene por qué haber un contraargumento para cada argumento, por lo que aparecen allí donde el escritor lo cree conveniente. Los contraargumentos se suelen introducir con marcadores discursivos como: por el contrario, sin embargo, no obstante, en cambio, con todo, aun así, pese a esto, a pesar de esto, etc.

> **Ej.** <u>Argumento:</u> El tren de alta velocidad se ha impuesto como el único sistema de transporte viable que respeta el medioambiente y que es rentable a medio y largo plazo.

> **Ej.** <u>Contraargumento:</u> No obstante, construir toda la infraestructura necesaria para que un tren de alta velocidad pueda entrar en circulación, requiere un elevado coste y un esfuerzo económico muy importante por parte de la Administración.

Actividad 2

2.a. Identifica los diferentes tipos de argumentos a partir de lo que acabas de leer. Subraya la información que te proporcione la clave.

Texto 1: *argumento ad personam*

> Hay gente fumadora que se muestra en contra de la prohibición de fumar en los espacios públicos y que arguye equívocamente que si no se puede fumar en los restaurantes, bares y discotecas, les costará mucho más socializar y relacionarse. Evidentemente, parece que a estos individuos les preocupa más acrecentar su red social de amistades que su propia salud y la de los demás.

Texto 2: ....

> La Organización Mundial de la Salud acaba de comunicar que la mayor parte de los beneficios del té se pierden al embotellarlo, y que el té que se vende como bebidas y refrescos embotellados no tiene la misma cantidad de antioxidantes o propiedades beneficiosas para la salud, ni es tan sano como anuncian los fabricantes.

Texto 3: ....

> Si los empresarios de la industria del automóvil optan por producir solamente coches híbridos a partir del año que viene, se reducirá la contaminación ambiental y acústica a la mitad y, posiblemente, el precio de los carburantes baje como consecuencia de la menor demanda.

Texto 4: ....

> Aunque el partido en la oposición no deje de hacer propuestas, algunas de ellas bastante estrambóticas y difíciles de creer, es bien sabido que no se puede poner en marcha una ley si primero no se aprueba por mayoría en el parlamento.

Texto 5: ....

> El problema de la violencia gratuita en la televisión y demás medios de comunicación no solo afecta a los jóvenes, que son los primeros receptores de este tipo de información, sino también a los padres, que no saben cómo controlarla, y a los educadores, que en algunas ocasiones llegan hasta a ser víctimas de este exceso de agresividad, ya sea verbal o física, por parte de la población más joven.

Texto 6: ....

Cuando uno es parte de una orquesta debe seguir en todo momento las indicaciones del director, por lo que cuando se trabaja en equipo, aunque todos los integrantes tengan que estar de acuerdo, siempre tiene que haber alguien que lleve la batuta en la toma de decisiones.

Texto 7: ....

Los inmigrantes que residen legalmente en nuestro país cotizan en la seguridad social, pagan sus impuestos como cualquier contribuyente y suelen tener más hijos que el ciudadano medio, por lo que gracias a ellos se ha conseguido invertir la tasa negativa de natalidad. Por lo tanto de aquí se deduce que, pese a las trabas y a las críticas que se intentan crear sobre su situación, también contribuyen de manera positiva en nuestra sociedad.

Texto 8: ....

Algunos definen el grafiti como un arte y un medio de expresión único que la sociedad moderna no acierta a comprender, mientras que otros lo consideran un mero acto de vandalismo que solamente busca la provocación, que ensucia y destruye el paisaje urbano. Pese a que ambas posturas son aceptables y lógicas, es innegable el hecho de que el grafiti ha existido desde la época prehistórica como método de comunicación.

2.b. Lee las siguientes afirmaciones y escribe un argumento o un contraargumento en un breve párrafo para cada una de ellas.

1. "Lo importante no es ganar, sino participar".
2. "El cambio climático tiene solución, basta con hacer un poco cada día".
3. "No es oro todo lo que reluce: estudiar en una buena universidad no siempre te proporciona la mejor educación".
4. "Con la llegada al mercado del libro electrónico, todos los libros convencionales van a desaparecer en cuestión de años".

3. La conclusión de los textos argumentativos

Un texto argumentativo se concluye sintetizando la tesis, haciendo referencia a la misma o a diferentes ideas o argumentos en torno a los que ha girado el tema principal. La conclusión tiene que ser progresiva y, por lo tanto, en esta parte del texto no se deben incluir ejemplos que no se hayan incorporado en su desarrollo. A continuación, vamos a ver los principales tipos de conclusión que aparecen en un texto argumentativo. Aunque en principio se diferencian entre sí también es posible encontrar una combinación de varios tipos.

1. **Conclusión de síntesis**. Sintetiza o resume parte de los principales argumentos o razonamientos en torno a los que ha girado la tesis principal del texto.

2. **Conclusión aseverativa o mediante afirmaciones**. Presenta la información de manera que se presupone como verídica, pero el lector tiene que estar familiarizado con esta. De este modo se consigue un estilo más directo y más dinámico.

3. **Conclusión con cita**. Mediante la inclusión de una cita se consigue apoyar un determinado argumento durante el desarrollo de un texto y también puede contribuir a su cierre.

4. **Conclusión de carácter anecdótico**. Con un hecho anecdótico, o un evento relacionado con el tema principal, también se puede concluir un texto con el objeto de ilustrar la tesis que se ha defendido. Sin embargo, el lector tiene que estar familiarizado con la anécdota a la que se alude.

5. **Conclusión de carácter comparativo**. Se elabora a partir de una comparación en la que se sintetiza el tema principal del texto. Sin embargo, no se debe incluir una comparación si se trata de un ejemplo más que se podría haber incluido en el desarrollo del texto.

6. **Conclusión de carácter retórico**. Plantea una cuestión de carácter retórico, a modo de síntesis, como un interrogante más a partir de lo expuesto y que hace referencia a la tesis del ensayo. El interrogante, o los interrogantes, que se presentan en la conclusión, hacen referencia al tema principal del texto.

Actividad 3

3.a. Lee con atención los diferentes extractos de algunos textos argumentativos e identifica el tipo de conclusión que se utiliza. Subraya la información que te proporcione la clave.

Texto 1: *conclusión aseverativa*

La cuestión de la que nos hemos ocupado en este ensayo se reduce en lo esencial a un análisis de por qué la sociedad mexicana se ve incapacitada para adoptar una visión unilateral sobre la legalización controlada de algunas drogas. Ha quedado puesto de manifiesto que son muchas las trabas administrativas y los obstáculos que no hacen más que confirmar que seguimos viviendo aislados, en una parte del planeta en la que no se tiene en cuenta lo que se hace en otros continentes y en donde el narcotráfico, y los efectos negativos que provoca, son una realidad con la que convivimos a diario. Pese a todo lo expuesto, no es difícil prever cuál será el resultado del debate que se ha generado entre las clases políticas en las últimas semanas a raíz de este tema pero, a pesar del bullicio en los medios de comunicación, parece inevitable que todo siga igual que antes.

Texto 2: ....

Para llevar a término el presente análisis solo falta añadir que el tren de alta velocidad dista de ser una realidad tangible en Inglaterra a corto plazo. Tal y como reza el refrán, "las cosas de palacio van despacio", todos los grandes proyectos requieren una atención especial, mucha burocracia y un esfuerzo adicional, y efectivamente parece que este tema no está entre las prioridades del nuevo gobierno, cuyos miembros se han atrevido a calificar el proyecto de "capricho del consumidor". Solo el tiempo confirmará si en realidad se trata de un antojo de aquellos que desean poder disfrutar de un medio de transporte de primera categoría o de una necesidad que llega con mucho retraso, y de si Inglaterra será uno de los últimos países de Europa en subirse al tren de la alta velocidad.

Texto 3: ....

Vemos, pues, que es difícil adivinar a ciencia cierta cuál será la evolución de la economía global y más difícil aún saber cuál será la previsión de la economía española de aquí a unos meses. Ha quedado claro que estamos mentalizados para superar este bache que está durando más de lo previsto y que nos ha llegado de sopetón a todos, pero ¿estamos preparados para aguantar durante mucho tiempo sin ese dinero que se nos descuenta de la nómina cada mes y que antes se nos daba?, ¿es justo que esto solo les suceda a los que son funcionarios y que ellos tengan que soportar doblemente el peso de la crisis?, ¿por qué no se produce un apretón colectivo también en la empresa privada para que el esfuerzo resulte más distribuido entre los contribuyentes? Estos son algunos de los interrogantes que quedan sin resolver, y solo el tiempo desvelará si todo esto ha valido la pena y si en realidad era el único camino por el que podíamos transitar para ver la luz al final del túnel.

Texto 4: ....

> Todos los argumentos mencionados aquí apuntan a la misma conclusión, que poco a poco las sociedades se van dando cuenta de que el modelo tradicional de familia ya no funciona en su totalidad para la nueva realidad social. Son ya muchos los países que como España han ido abriendo poco a poco sus puertas a las uniones entre personas del mismo sexo: Holanda, Bélgica, Canadá, Sudáfrica, Suecia, Noruega, Argentina, Islandia, Portugal, etc., e incluso ciudades donde antes parecía un tema tabú como Ciudad de México han aprendido de lo que ocurre en otros lugares, y han comprendido que los individuos deben disfrutar por igual de los mismos derechos sociales independientemente de su sexo y de su orientación sexual.

Texto 5: ....

> En conclusión, a partir de los diferentes ejemplos que hemos expuesto a lo largo de este ensayo hemos constatado que se debe respetar no solo al que cree y expresa abiertamente sus creencias, sino también a aquellos que no las expresan o no las tienen y que, como ha quedado puesto de manifiesto, constituyen una mayoría en nuestra sociedad. Por lo tanto, a pesar de que exista una gran divergencia de opiniones sobre temas que puedan herir la sensibilidad moral de algunos colectivos, hay que tratar en todo momento de buscar un consenso pero, al mismo tiempo, no hay que olvidar que vivimos en un país laico en el que todos los ciudadanos se definen por igual y deben responder ante las mismas leyes independientemente de si tienen o no creencias religiosas.

Texto 6: ....

> De esta manera ponemos fin al presente ensayo preguntándonos cuáles son las conclusiones válidas que se pueden extraer de la decisión parlamentaria de instalar cámaras de seguridad en los espacios públicos, cuando la semana pasada las mismas cámaras fueron incapaces de desvelar quién había intentado agredir al presidente durante un mitin electoral. Sin duda, hay que buscar otros sistemas alternativos y, sobre todo, exigir transparencia por parte de las autoridades competentes para que el ciudadano no se sienta parte de un sistema que en lugar de protegerlo se dedica a vigilarlo.

3.b. Fíjate en las diferentes conclusiones y observa que cada una empieza con una frase hecha. ¿Puedes localizarlas en cada uno de los textos?

3.c. Explica con tus propias palabras las siguientes expresiones que aparecen en las anteriores conclusiones.

1. "Adoptar una visión unilateral" (Texto 1)
2. "Ha quedado puesto de manifiesto" (Texto 1)

3. "Dista de ser una realidad tangible" (Texto 2)
4. "Subirse al tren de la alta velocidad" (Texto 2)
5. "Adivinar a ciencia cierta" (Texto 3)
6. "Superar este bache" (Texto 3)
7. "Ver la luz al final del túnel" (Texto 3)
8. "Abrir poco a poco sus puertas" (Texto 4)
9. "Herir la sensibilidad" (Texto 5)
10. "Buscar un consenso" (Texto 5)

4. El proceso de la argumentación

Actividad 4

4.a. Lee el siguiente texto. Fíjate en cómo se desarrolla el tema principal en los diferentes argumentos que se utilizan y responde a las preguntas que aparecen debajo.

Un ejercicio de comprensión

La cruzada antitabaco del Gobierno está adquiriendo tintes tan demagógicos que, antes de tarifar con ellos a todos los efectos, he intentado darles la razón, a ver qué pasaba. En lo relativo a la inminente prohibición de fumar en todos los lugares públicos cerrados, no lo consigo. ¿Por qué en todos? ¿Es que los no
5   fumadores piensan frecuentar todos y cada uno de las decenas de millares de bares y restaurantes desperdigados por España? Los fumadores ya solo aspiramos a que en algunos locales se nos permita echarnos un pitillo mientras tomamos una caña o justo después de almorzar o cenar. ¿Por qué no puede haber unos cuantos sitios así, llámense clubs de fumadores o como se quiera? ¿Por
10   qué, entre los muchísimos que prefieren que se fume en ellos –no me cansaré de repetir que esa ha sido la causa de la nueva ley que se avecina: que los propietarios han hecho uso de la libertad que se les concedió contrariamente a los deseos del Gobierno, en vista de lo cual este se la retira, vaya libertad condicionada–, no se efectúa un sorteo y se consiente que cierto porcentaje
15   admita el humo en sus dependencias? Los no fumadores no entrarían en ellos, como otros no entramos en casinos, puticlubs o sex-shops, eso sería todo. En cuanto a los camareros –también podrían ser autoservicios, y no haberlos–, tendrían que ser asimismo fumadores voluntarios, no se verían obligados a respirar una atmósfera indeseada.
20   Este ejercicio de comprensión que intento no lo están llevando a cabo muchos más fumadores. Conozco a no pocos que han prometido no volver a pisar un bar ni un restaurante una vez que la intolerante nueva ley entre en vigor. Así que es natural que el gremio de hostelería esté preocupado. Este diario se ha alineado con el Gobierno hasta el punto de publicar un reportaje con
25   el titular "Sin humo no se hunde el bar" y el subtitular "Los hosteleros vaticinan un desastre por la prohibición de fumar, pero la experiencia en otros países lo desmiente" en el que sin embargo, al leer la información, esta desmentía

rotundamente dichos titulares, que se convertían en incomprensibles: resulta que en Irlanda hay un 25% menos pubs de los existentes antes de la prohibición; en el Reino Unido caen 52 a la semana, en el plazo de un año cerraron 2.377 y se redujeron 24.000 empleos; en Italia, un 12% de los establecimientos acusó pérdidas "significativas"; y en Francia la gente se ha refugiado en las terrazas, convirtiendo el "problema del humo" en el "problema del vocerío" desesperante para los vecinos, que es lo que sucederá en España, dados el buen tiempo reinante y los pingües beneficios que sacan los Ayuntamientos de la proliferación de mesas en las calles. Otro extraño titular de *El País* afirmaba que los partidarios de la prohibición total eran "clara mayoría". Luego, la noticia revelaba que se trataba de una mayoría pelada del 52%, frente a un 44% que se oponía, si mal no recuerdo. Un 44% es mucha gente, como para cercenar su libertad completamente. Unos veinte millones de personas, con las cuales, yo creo, debería llegarse a algún tipo de entendimiento.

En lo que sí he logrado darles la razón a los tramposos del Gobierno es en su última medida de adornar con pavorosas fotos los paquetes de cigarrillos: pulmones destrozados, dentaduras roídas, fetos, jeringuillas, gatillazos y demás males que pueden sobrevenir a los fumadores. Aunque eso no hará sino disparar la venta de pitilleras (yo las uso desde hace años), me parece bien, siempre que se haga lo mismo con todos los demás productos que pueden dañar nuestra salud o matarnos. Exijo, por tanto, que las botellas de vino, whisky y ginebra lleven fotos de repulsivos borrachos, de hígados con cirrosis y de las ratas y arañas que se aparecen a quienes sufren de *delirium tremens*. Quiero que en las carreteras, y sobre las portezuelas de los coches, haya, bien visibles, imágenes de muertos aplastados por la chatarra, tetrapléjicos en sillas de ruedas, motoristas decapitados, peatones atropellados, cueros cabelludos arrancados y brazos y piernas amputados. Que presidan las playas grandes fotos de ahogados, de miembros hinchados por las picaduras de las medusas y de afectados por cánceres de piel. Reclamo que los costados de los aviones exhiban imágenes de catástrofes aéreas, con cuerpos desmembrados, terroristas con bombas y momentáneos supervivientes chapoteando en un mar helado, y otro tanto los de los trenes, ilustrados por desastres ferroviarios y por las consecuencias del 11-M. Pido que en las fachadas de los Ayuntamientos se vean fotos de paisajes destruidos por la especulación inmobiliaria, y de gente sorda por culpa del ruido de sus infinitas y arbitrarias obras. Porque todas esas desgracias pueden acaecerle a quien bebe alcohol, o monta en coche o en moto o es un mero transeúnte, o a quien vuela o viaja en tren, o a quien se baña en el mar, o a quien está expuesto a los abusos del Ayuntamiento de turno. Sería un mundo alentador y alegre, lleno de estampas que nos describieran gráficamente los peligros y horrores que se ciernen sobre nosotros constantemente. Es posible que la economía se fuera al traste, pero qué se le va a hacer. Al fin y al cabo, ¿no son los Gobiernos los que sacan mayor provecho del consumo de tabaco? Si nos ponen fotos espantosas en las cajetillas, que las pongan también en todo el resto, incluyendo las de obesos inmovilizados en muchos productos alimenticios. Si no lo hacen, quedarán como hipócritas, además de como fanáticos y supresores de las libertades.

© Javier Marías, "Un ejercicio de comprensión", *El País Semanal*

1. Explica el título. ¿A qué se refiere el autor?

2. Resume en unas líneas la tesis principal.

3. Identifica el tipo de introducción que se utiliza. Justifica tu respuesta.

4. Elige el tipo de argumento que se emplea en cada uno de los siguientes fragmentos del texto.

   a. "¿Por qué, entre los muchísimos que prefieren que se fume en ellos –no me cansaré de repetir que esa ha sido la causa de la nueva ley que se avecina: que los propietarios han hecho uso de la libertad que se les concedió contrariamente a los deseos del Gobierno, en vista de lo cual este se la retira, vaya libertad condicionada–, no se efectúa un sorteo y se consiente que cierto porcentaje admita el humo en sus dependencias? <u>Los no fumadores no entrarían en ellos, como otros no entramos en casinos, puticlubs o sex-shops, eso sería todo</u>".

Ej. *Argumento por analogía*

   b. "Este ejercicio de comprensión que intento no lo están llevando a cabo muchos más fumadores. <u>Conozco a no pocos que han prometido no volver a pisar un bar ni un restaurante una vez que la intolerante nueva ley entre en vigor</u>. Así que es natural que el gremio de hostelería esté preocupado".

Argumento de autoridad / Argumento de causa

   c. "<u>resulta que en Irlanda hay un 25% menos pubs de los existentes antes de la prohibición; en el Reino Unido caen 52 a la semana, en el plazo de un año cerraron 2.377 y se redujeron 24.000 empleos; en Italia, un 12% de los establecimientos acusó pérdidas 'significativas'</u>".

Argumento por analogía / Argumento de ejemplificación

   d. "en Francia la gente se ha refugiado en las terrazas, convirtiendo el "problema del humo" en el "problema del vocerío" desesperante para los vecinos, <u>que es lo que sucederá en España, dados el buen tiempo reinante y los pingües beneficios que sacan los Ayuntamientos de la proliferación de mesas en las calles</u>".

Argumento racional / Argumento deductivo

   e. "<u>Otro extraño titular de *El País* afirmaba que los partidarios de la prohibición total eran "clara mayoría". Luego, la noticia revelaba que se trataba de una</u>

mayoría pelada del 52%, frente a un 44% que se oponía, si mal no recuerdo. Un 44% es mucha gente, como para cercenar su libertad completamente. Unos veinte millones de personas, con las cuales, yo creo, debería llegarse a algún tipo de entendimiento".

Argumento *ad personam* / Argumento por definición

f. "En lo que sí he logrado darles la razón a los tramposos del Gobierno es en su última medida de adornar con pavorosas fotos los paquetes de cigarrillos: pulmones destrozados, dentaduras roídas, fetos, jeringuillas, gatillazos y demás males que pueden sobrevenir a los fumadores. Aunque eso no hará sino disparar la venta de pitilleras (yo las uso desde hace años), me parece bien, siempre que se haga lo mismo con todos los demás productos que pueden dañar nuestra salud o matarnos. Exijo, por tanto, que las botellas de vino, whisky y ginebra lleven fotos de repulsivos borrachos, de hígados con cirrosis y de las ratas y arañas que se aparecen a quienes sufren de delirium tremens".

Argumento por analogía / Argumento de autoridad

5. Identifica el tipo de conclusión. Justifica tu respuesta.

4.b. Elige dos de los argumentos que han aparecido en el texto y escribe tu opinión en unas 100 palabras.

Actividad 5

5.a. Completa la tabla con los siguientes marcadores discursivos y frases hechas según su función comunicativa. Hay un marcador para cada categoría. Una vez que hagas el ejercicio puedes consultar la tabla de marcadores discursivos y expresiones útiles en el capítulo 9.

En relación con • Dado que • En otras palabras • De ahí que • Hay que destacar (tener en cuenta) • Posiblemente • El propósito de este ensayo es • Todavía cabe señalar • Asimismo • Con tal de que • Para ser más específicos Con el propósito de • En conclusión • No obstante • En segunda instancia

Función comunicativa	Marcador discursivo o frase hecha	
1. Aclarar el contenido	*Es decir*	
2. Añadir información o introducir un aspecto nuevo sobre el tema		*Hay que mencionar además*
3. Cambiar de perspectiva o mostrar que un aspecto está relacionado con otro	*En cuanto a*	
4. Expresar causa		*Ya que*
5. Comenzar o introducir el tema principal del texto	*A modo de introducción cabe señalar que*	
6. Concluir o expresar la consecuencia de algo		*Por (lo) tanto*
7. Expresar condición	*A condición de que*	
8. Contrastar un aspecto del texto u objetar algo		*En contraste con lo anterior*
9. Expresar conformidad o semejanza	*De manera análoga*	
10. Detallar información o ejemplificar		*El siguiente ejemplo sirve para*
11. Enfatizar o destacar ciertos aspectos del texto	*Definitivamente*	
12. Expresar finalidad		*Para que*
13. Expresar hipótesis o probabilidad	*Es probable que*	
14. Ordenar cronológicamente las ideas en el texto		*En primer lugar*
15. Recapitular, resumir o sintetizar información	*Finalmente*	

5.b. Los marcadores discursivos y frases hechas que aparecen en el siguiente ejercicio se suelen utilizar mucho. Sin embargo, existen otros que expresan el mismo significado y que contribuyen a variar el estilo. Sustituye la expresión que aparece subrayada por expresiones que desempeñen la misma función. En algún ejemplo puede que tengas que hacer algún pequeño cambio.

✓ Ten en cuenta que los marcadores que pertenecen a una misma categoría no son siempre intercambiables. Su uso puede depender del estilo del texto o de la frecuencia con la que se utilicen. En caso de duda, lo mejor es verificar su uso, por ejemplo, en el banco de datos **CREA** (Corpus de Referencia del Español Actual) y **CORPES XXI** (Corpus del Español del Siglo XXI) de la Real Academia Española. Consulta el capítulo 9 para más información.

1. <u>Definitivamente</u>, otra de las ventajas del tren de alta velocidad es la puntualidad, ya que en su circulación no influyen el exceso de tráfico aéreo ni la meteorología.

   Ej. *Indiscutiblemente,...*

2. Todos los contribuyentes, <u>es decir</u>, los funcionarios, los empleados de la empresa privada, los autónomos y demás asalariados y los pensionistas deben pagar sus impuestos y no defraudar al Estado.

3. <u>También</u> hay que tener en cuenta a la hora de abordar este tema que no todo el mundo opina de la misma manera.

4. <u>En relación con</u> la supuesta corrupción de concejal del ayuntamiento, cabe decir que no nos podemos pronunciar hasta que la justicia demuestre lo contrario.

5. El mercado del arte parece no entender de crisis económica, <u>ya que</u> cuanto mayor es la crisis mayor es también el precio que alcanzan algunas obras de arte en las subastas.

6. <u>El objetivo principal</u> de este ensayo es llevar a cabo un análisis pormenorizado de las diferentes campañas publicitarias de los últimos años, cuya finalidad ha sido la de concienciar a los ciudadanos sobre la importancia de las labores de reciclaje en los núcleos urbanos.

7. Estimamos muy oportuno que el Gobierno haya decidido intervenir una serie de bancos que presentaban cuentas dudosas, <u>por lo tanto</u> es previsible que el mercado bursátil se comporte de manera anómala en los próximos días.

8. La idea de que en todos los colegios públicos los alumnos aprendan dos lenguas de manera obligatoria parece ser una batalla perdida, <u>a menos que</u> convenzamos a la opinión pública sobre las múltiples ventajas de hablar lenguas extranjeras.

9. La legalización de algunas drogas, en particular el cannabis, puede ser una solución parcial al tráfico ilegal de estupefacientes, <u>pero</u> antes de poder estar seguros habría que poner sobre la mesa cuáles serían las ventajas y las desventajas a corto y a largo plazo si se llegara a adoptar esta medida.

10. Antes de lanzarse a hacer conjeturas sobre por qué en los últimos años ha aumentado la delincuencia en las ciudades donde reside un importante número de población inmigrante, <u>igualmente</u>, cabría preguntarse cuáles han sido las medidas que ha tomado la Administración a este respecto.

11. Me refiero, <u>por ejemplo</u>, a los programas también conocidos como *reality shows*, puesto que no todos los programas de la franja horaria de máxima audiencia exhiben el mismo tipo de contenidos.

12. Después de las últimas elecciones, ha quedado demostrado que es necesario reformar el sistema electoral <u>para que</u> haya una mayor equidad entre todos los candidatos y las formaciones políticas que representan.

13. <u>Quizás</u>, a largo plazo, la energía solar se constituya como una alternativa real para el uso de combustibles en la automoción.

14. En primer lugar analizaremos el verdadero origen de la tauromaquia y el papel que desempeña en la actualidad, y <u>luego</u> daremos paso a un análisis de casos concretos que ilustran las desventajas que podría acarrear prohibir una tradición tan arraigada en la sociedad española.

15. <u>Finalmente</u>, parece que el *quid* de la cuestión que nos ha ocupado en este ensayo radica en vislumbrar si existe una manera para que ambos países, pese a haber estado enfrentados durante décadas, puedan alcanzar un acuerdo de paz.

Actividad 6

6.a. Lee el siguiente texto argumentativo y subraya las frases hechas y los marcadores discursivos. Presta atención a cómo se introduce la información y a las diferentes partes de las que consta.

El tren de alta velocidad en Inglaterra: ¿realidad tangible o reto inalcanzable?

Una actitud muy extendida hoy en día es la de hacer promesas electorales antes de las elecciones, aunque se sepa a ciencia cierta que puede que sea muy difícil cumplirlas. La semana pasada asistimos expectantes al proyecto de alta velocidad desde la capital del imperio británico, aunque sin que nos llegaran a desvelar una
5 fecha concreta para el comienzo de las obras. El evento, que congregó a numerosas autoridades así como a políticos interesados en hacerse la foto de rigor, tuvo lugar curiosamente a muy pocas millas de donde se empezó a construir la primera locomotora de vapor. No deja de ser una paradoja que Inglaterra, país inventor de este medio de transporte, no tenga todavía ningún tren de alta velocidad en
10 circulación. Y aunque todo apunta a que esta vez va en serio, son muchos los interrogantes que se han dejado en el aire, ya sea por la falta de información o de presupuesto.

El tren de alta velocidad ha demostrado ser el único medio de transporte capaz de competir con el avión y es ya una realidad en la mayoría de las grandes
15 potencias. Sin embargo en Inglaterra, pese a tener una red de ferrocarril muy desarrollada, continúa siendo una asignatura pendiente. Cabe destacar, en primer lugar, que este medio de transporte se ha impuesto como el único sistema viable que respeta el medioambiente y que es rentable a medio y largo plazo. No obstante, construir toda la infraestructura necesaria para que un tren de alta velocidad pueda
20 entrar en circulación, requiere un elevado coste y un esfuerzo económico muy importante por parte de la administración pública, aunque también son muchas las ventajas de este medio de transporte.

Baste, como muestra, que ciudades del norte del país como Birmingham, Liverpool o Mánchester, o del sur como Oxford, Cambridge y Londres, podrían
25 estar conectadas entre sí en menos de treinta minutos, lo que constituiría un eje de comunicaciones de pasajeros y mercancías fundamental para todo el territorio. Indiscutiblemente, otra de las ventajas del tren de alta velocidad es la puntualidad, puesto que en su circulación no influirían el exceso de tráfico aéreo ni la meteorología, y también el pasajero tardaría menos tiempo en desplazarse ya que
30 a diferencia de los aeropuertos, que se hallan ubicados a las afueras de una ciudad, las estaciones de ferrocarril se encuentran normalmente en el centro de las ciudades o dentro del perímetro metropolitano.

Sin embargo, no resultaría barato desplazarse en alta velocidad dado que el precio del billete reflejaría también la amortización de la inversión llevada a cabo y,
35 por lo tanto, convendría buscar mecanismos para que el ya de por sí caro sistema de transportes británico, el más caro de Europa, no estuviera tan solo al alcance de las clases más pudientes. De la misma manera, la posibilidad de viajar en alta velocidad en Inglaterra tendría un impacto muy positivo sobre el medioambiente, ya que mucha gente optaría por este medio de transporte en vez de utilizar el coche a
40 diario, lo cual reduciría notablemente la emisión de gases de efecto invernadero. En cambio, hay que ser realista puesto que establecer una red de alta velocidad por todo el país sería un proceso lento que tendría numerosas fases y que se podría prolongar décadas, por lo que los efectos positivos sobre el impacto medioam-biental de otros medios de transporte convencionales no se harían notar tan
45 rápidamente.

Por último, solo falta añadir que el tren de alta velocidad dista de ser una realidad tangible en Inglaterra a corto plazo. Tal y como reza el dicho, "las cosas de palacio van despacio", todos los grandes proyectos requieren una atención especial, mucha burocracia y un esfuerzo adicional, y efectivamente parece que
50 este tema no está entre las prioridades del nuevo gobierno, cuyos miembros se han atrevido a calificar el proyecto de "capricho del consumidor". Solo el tiempo confirmará si en realidad se trata de un mero antojo de aquellos que desean poder disfrutar de un medio de transporte cómodo y veloz, o de una necesidad que llega con mucho retraso, y de si Inglaterra será uno de los últimos países de Europa en
55 subirse al tren de la alta velocidad.

6.b. Identifica las principales partes del texto argumentativo como en la tabla. Para que te resulte más fácil, fíjate en cómo se desarrollan las diferentes partes y en cómo se introduce la información.

Tema	El tren de alta velocidad
Título	El tren de alta velocidad en Inglaterra: ¿realidad tangible o reto inalcanzable?
Introducción	
Tesis principal	
Argumento 1	*Cabe destacar, en primer lugar, que este medio de transporte se ha impuesto como el único sistema viable que respeta el medioambiente y que es rentable a medio y largo plazo.*
Contraargumento	*No obstante, construir toda la infraestructura necesaria para que un tren de alta velocidad pueda entrar en circulación, requiere un elevado coste y un esfuerzo económico muy importante por parte de la administración pública, aunque también son muchas las ventajas de este medio de transporte.*
Argumento 2	
Argumento 3	
Contraargumento	
Argumento 4	
Contraargumento	
Conclusión	

6.c. Los proverbios y los refranes se basan en la tradición popular y, como has visto en el texto, se pueden utilizar para reforzar un argumento. A continuación te damos la primera parte de algunos de ellos y tienes que enlazarla con la terminación adecuada. Para que te resulte más fácil piensa que algunos de ellos riman.

Proverbios y refranes	
1. Las cosas de palacio... → *van despacio.*	a. es un pañuelo.
2. Una imagen...	b. tener todo en esta vida.
3. Donde hay patrón,...	c. sobre mojado.
4. El mundo...	d. maña que fuerza.
5. Las palabras...	e. pero no puedes obligarlo a que lo siga.
6. Más vale...	f. no manda marinero.
7. Siempre llueve...	g. y pocas nueces.
8. Sobre gustos y colores...	h. ~~van despacio.~~
9. Puedes darle un consejo a alguien,...	i. se las lleva el viento.
10. Mucho ruido...	j. algo le cuesta.
11. No se puede...	k. no hay nada escrito.
12. El que algo quiere,...	l. vale más que mil palabras.

6.d. Para que no tengas ninguna duda sobre su significado, ahora te damos los proverbios y refranes de la actividad anterior en inglés. Escribe el equivalente español. Algunos se parecen, pero otros son completamente diferentes.

1. *The wheels of bureaucracy grind slowly.*	
2. *A picture is worth a thousand words.*	
3. *What the boss says goes.*	
4. *It's a small world!*	
5. *All talk and no action.*	
6. *Brain is better than brawn.*	
7. *When it rains, it pours.*	
8. *There's no accounting for taste.*	

9. *You can lead a horse to water, but you can't make it drink.*	
10. *Much ado about nothing.*	
11. *You can't have your cake and eat it too.*	
12. *No pain, no gain.*	

Actividad 7

7.a. A continuación, te explicamos el proceso para preparar un texto argumentativo sobre "la globalización". Apunta todos aquellos aspectos que te sugiere esta imagen. Puedes llevar a cabo una pequeña investigación preliminar para familiarizarte con el tema.

Imagen: http://es.wikipedia.org/wiki/Archivo:Geokeys.jpg

7.b. Completa ahora un mapa conceptual en el que planifiques un texto sobre "la globalización".

ÁMBITO ECONÓMICO

ÁMBITO POLÍTICO

LA GLOBALIZACIÓN

ÁMBITO SOCIAL

ÁMBITO TECNOLÓGICO

ÁMBITO CULTURAL

7.c. Añade argumentos y contraargumentos en los que analices las ventajas y las desventajas.

La globalización	
Ventajas	Argumentos
	Contraargumentos
Desventajas	Argumentos
	Contraargumentos

7.d. Planifica la terminología que vas a utilizar y piensa que cada palabra te puede proporcionar más ideas. Aquí aparecen algunos términos que te pueden servir.

La globalización	
Terminología	**Ej.** macroeconomía, microeconomía, producción, mercado, competencia, comercio, PIB (Producto Interior Bruto), inflación, recesión, exportaciones, importaciones, proteccionismo económico, consumo, países en vías de desarrollo, países desarrollados, deslocalización, condonación de la deuda externa, libre movimiento de mercancías y capitales, comercio justo, flujos migratorios, desarrollo sostenible, países interdependientes, brecha tecnológica o digital, globalización (comercial, tecnológica, financiera, política, ideológica)...

7.e. Elabora un texto argumentativo de unas 500 palabras a partir de la información que has desarrollado. La siguiente tabla te puede ayudar con la estructura. Añade los argumentos y contraargumentos que creas conveniente y recuerda seleccionar el tipo de introducción y de conclusión. Puedes abordar el tema desde la perspectiva que desees. No olvides ponerle un buen título.

Tema	*La globalización*
Título	
Introducción	
Tesis principal	
Argumento 1	
Contraargumento 1	
Argumento 2	
Contraargumento 2	
Argumento 3	
Contraargumento 3	
Argumento 4	
Contraargumento 4	
Argumento 5	
Contraargumento 5	
Conclusión	

5. Rasgos lingüísticos del texto argumentativo: la escritura académica y el estilo

Uno de los grandes retos a la hora de redactar un texto argumentativo consiste en seleccionar el lenguaje. No solamente se trata de una cuestión de estilo, sino de que además el léxico se adecúe al tema en cuestión y sea preciso en su significado. A veces se puede mezclar el registro culto con el más propio del discurso oral, y en otras ocasiones predomina **la escritura académica**. Aun así, cualquier texto argumentativo o académico se caracteriza por poseer un tipo de lenguaje que busca precisión en lo que el autor desea expresar. Algunos de los principales **rasgos lingüísticos** que estos textos comparten son:

1. La variedad y la precisión verbal, por lo que se evita el uso excesivo de los llamados "verbos comodín", ej. *tener, hacer, poner, decir, echar, haber*.
2. Un vocabulario variado y preciso en su significado, con terminología adecuada cuando se trata de un texto de carácter más técnico.
3. El uso de adjetivos para expresar diferentes matices, ya sean antepuestos o pospuestos, y que contribuyen a mostrar el punto de vista del autor.
4. El empleo de cultismos, expresiones latinas, locuciones y frases hechas.
5. Los marcadores discursivos para introducir y organizar la información.
6. Las comparaciones, la ejemplificación y el uso del lenguaje metafórico, con la finalidad de que el texto sea más convincente.
7. Las oraciones condicionales e interrogaciones retóricas como paso previo al desarrollo de una idea antes de abordar un tema.
8. El tono o estilo del texto, que suele ser más bien formal, pero que también puede combinar el estilo culto con el informal dependiendo del tema y del destinatario.
9. La despersonalización del discurso para dotar al texto de una mayor objetividad, y que consiste en evitar el uso de la primera persona "yo" o la referencia directa a la persona que escribe. Esto se consigue mediante la forma "nosotros" o plural de modestia; la tercera persona del plural; o los pronombres "se" (en oraciones impersonales), "cualquiera que" o "alguien".

Actividad 8

8.a. Uno de los principales problemas en relación con el estilo es el uso excesivo de determinados verbos. Sustituye el verbo HACER en las siguientes oraciones por un sinónimo. No olvides hacer la concordancia.

tramitar • interpretar • elaborar • aprobar • entablar • cometer • grabar • rodar
celebrar • cursar • fabricar • confeccionar • construir • formular • cumplimentar

1. Quiere aprovechar sus contactos para <u>hacer</u> amistad con un importante empresario.
2. Es importante que <u>hagas</u> un esquema antes de escribir el ensayo.
3. Mario <u>hará</u> el papel de protagonista en la obra de teatro del colegio.
4. La modista me <u>hizo</u> el vestido gratis, solamente me pidió que posara para unas fotos.
5. ¿Hay alguien más que desee <u>hacerle</u> alguna pregunta a nuestro invitado?
6. Si no te compras un buen libro de gramática y haces todos los ejercicios, <u>harás</u> siempre los mismos errores gramaticales.
7. Al final, si reúnen suficiente dinero, es posible que <u>hagan</u> el cumpleaños en una discoteca del centro.
8. Perdone, pero para que le devuelvan el dinero tendrá que <u>hacer</u> una instancia explicando sus razones.
9. El libro *The Jam Jar* ha sido todo un éxito de ventas y ahora ya han comenzado a <u>hacer</u> la película.
10. Es la misma inmobiliaria que <u>ha hecho</u> una nueva urbanización junto a la playa de La Pineda.
11. Si quieres estudiar en la universidad, ¿no sería mejor que primero <u>hicieras</u> los estudios de bachillerato?
12. Me han dicho que ahora ya solo tardan un día en <u>hacer</u> el pasaporte.
13. En la nave industrial en la que trabaja Luis <u>hacen</u> productos de limpieza ecológicos.
14. Ya <u>han hecho</u> el programa y como trata de un tema de interés público se emitirá durante el horario de máxima audiencia.
15. En Suecia <u>han hecho</u> una ley para que todos los estudiantes tengan que aprender dos idiomas obligatoriamente.

8.b. Sustituye el verbo HABER en las siguientes oraciones por otro que signifique lo mismo. No olvides hacer la concordancia.

> acontecer • exponerse • oírse • acechar • quedar • colgar • asistir • convocarse
> convivir • esconderse • persistir • celebrarse • figurar • reinar • concurrir

1. El concierto del cantante Saúl Gaesma es hoy en el cine "El Molino", seguro que <u>habrá</u> mucha gente.
2. Para las elecciones <u>hay</u> diferentes candidatos pero no conozco la trayectoria de ninguno.
3. Después de la visita del presidente <u>hubo</u> un hecho sin precedentes: la reconciliación de las dos naciones.
4. Parece que tiene mucho talante por su manera de hablar, pero detrás de esa fachada <u>hay</u> una persona muy distinta.
5. Todos los años <u>hay</u> el mismo evento deportivo entre las diferentes universidades de la ciudad.

6. Entre otros valiosos objetos, en el museo Ashmolean de Oxford hay joyas que pertenecieron a los normandos.

7. En torno a la ciudad de Oaxaca (México), hubo diferentes civilizaciones que se extinguieron por las enormes sequías.

8. En aquella inolvidable casa de campo sobre la verde colina, había una tranquilidad pasmosa que ni el aire se atrevía a quebrantar.

9. Pensábamos que no había nadie en el edificio, pero de repente hubo un portazo y escuchamos pasos en el piso de arriba.

10. En el diccionario no hay ninguna palabra con esa ortografía, a lo mejor no la has escrito bien.

11. En breve habrá elecciones para presidente, pero las encuestas apuntan a que puede que haya un empate técnico.

12. Aunque parezca lo contrario, todavía hay bastante gente en la región que habla el dialecto de sus abuelos.

13. Cuando en la montaña hay una situación peligrosa e inevitable lo mejor es pensar dos veces en cómo actuar.

14. A muchos turistas extranjeros les llama la atención que en los techos de los bares españoles haya patas de jamón serrano.

15. Por la falta de comunicación hay las mismas incertidumbres sobre el futuro del proyecto que hace un año.

8.c. Sustituye el verbo DAR en las siguientes oraciones por otro que signifique lo mismo y no olvides hacer la concordancia. En este caso, algunas respuestas se pueden utilizar para más de un verbo.

> propinar • esgrimir • acarrear • regalar • otorgar • pasar • repartir • inspirar
> causar • rendir • arrojar • transmitir • aducir • facilitar • impartir

1. Todavía no sé qué le voy a dar por su cumpleaños.
2. Aunque no quiera tendrá que darle cuentas al jefe por lo que ha hecho.
3. Sin comerlo ni beberlo se metió en una discusión y le dieron una paliza.
4. La última vez que vi a Ester seguía dando clases de matemáticas en la Universidad de Zaragoza.
5. El último día del curso académico le dieron el premio de mejor profesora del año.
6. Al final el abogado se ha salido con la suya al dar argumentos difíciles de rebatir.
7. ¿Te importaría darme la sal? Esto está demasiado soso.
8. Antes de realizar la compra necesito que en primer lugar me dé todos sus datos personales.
9. Si no comienzas a educar a tu perro ahora, te dará muchos problemas en el futuro.
10. Los últimos datos han dado luz sobre una nueva técnica para paliar síntomas del Alzheimer.
11. Cuando lo vi por primera vez me dio muy buena impresión, pero últimamente anda un poco desaliñado.

12. En primer lugar, me gustaría <u>darle</u> mi más sincera enhorabuena por el enorme éxito de su última novela.
13. Según el periódico van a <u>dar</u> toallas y balones gratis a todos los asistentes al evento.
14. <u>Han dado</u> una serie de razones personales, pero no han logrado convencerme.
15. Ese vecino fisgón que tienes no me <u>da</u> nada de confianza; en tu lugar pondría dos cerrojos más en la puerta por si acaso.

Actividad 9

9.a. Los siguientes verbos y locuciones verbales se utilizan en los textos argumentativos para poner énfasis o expresar un punto de vista. Escribe una frase con cada uno de los verbos que por su estilo pueda pertenecer a un texto argumentativo.

1. abordar: **Ej.** *Nos gustaría <u>abordar</u> el siguiente tema desde un punto de vista empírico, es decir, ofreciendo ejemplos claros que nos ayuden a comprenderlo mejor;* 2. analizar; 3. argumentar; 4. caracterizar; 5. clasificar; 6. comparar; 7. contrastar; 8. definir; 9. describir; 10. destacar; 11. documentar; 12. ejemplificar; 13. exponer; 14. evaluar; 15. hacer hincapié; 16. interpretar; 17. poner de relieve; 18. referirse a; 19. resaltar; 20. sopesar.

9b. Uno de los rasgos típicos tanto del texto argumentativo como de la escritura académica es la despersonalización del discurso. Subraya todas las referencias de primera persona que aparecen en el siguiente texto y transfórmalo para que resulte más apropiado. Haz los cambios que creas conveniente.

> ✓ Recuerda que puedes utilizar cualquier forma que contribuya a darle al texto un tono menos personal: la forma "nosotros" o plural de modestia, los pronombres "se", "cualquiera que", "alguien", etc.

<s>Yo creo que</s> *Para restringir* el tráfico en el centro de Buenos Aires, en primer lugar, tendría que existir un buen sistema de transporte público que garantizara que los habitantes se pudieran desplazar sin ningún problema hasta el epicentro de la capital. Veo que muchas veces cuando voy por las plazas del centro no puedo
5   pasear y, al instante, me viene a la cabeza una de esas estampas de principios de siglo, que desafortunadamente ya han caído en el olvido, en la que unas elegantes damiselas con sombrilla paseaban alegremente disfrutando del espacio público sin tener que soportar la constante algarabía de vehículos. Conozco, por ejemplo, la medida que se ha puesto en práctica en Londres y que se denomina en inglés
10 *congestion charge,* en la que cada coche que circula por el centro de la ciudad, y cuyo propietario que no sea residente en la zona, tiene que pagar una tasa a modo de impuesto por cada día de circulación. Sé que esto aporta dinero a las arcas públicas y que también le obliga indirectamente al ciudadano de a pie a utilizar el

15 transporte público, pero quizás habría que ir más allá y convertir más calles en espacios peatonales.

Aunque a una parte de la opinión pública quizás le resultara un tanto extraño que se restringiera la circulación y que se recuperara este espacio para los habitantes de la ciudad –conozco el carácter bonaerense y al principio les parecería que echan de menos el ruido diario de motores–, estoy convencido de 20 que esta medida revitalizaría el centro de la ciudad. Lo convertiría en un espacio abierto al público en el que se podría disfrutar más de la ciudad y de su tranquilidad. Estoy seguro de que se crearían puestos de trabajo y se abrirían más comercios, restaurantes y espacios para el ocio, y también habría actividades culturales que atraerían a una gran cantidad de habitantes. Tengo la confianza de 25 que si algún candidato electoral a la alcaldía de la ciudad porteña propone una medida similar, se verá seguramente respaldado en las urnas por los ciudadanos, puesto que dicha medida serviría para recuperar un espacio público del que con el paso del tiempo se han ido adueñando los automóviles.

Actividad 10

10.a. Completa el siguiente texto con los marcadores discursivos. Fíjate en lo que expresan y en el contexto, y ten en cuenta que algunos de ellos pueden ser intercambiables.

Los medios me dan miedo

Cuando llega el verano siempre experimento la misma sensación delante del televisor. Vuelvo de la Inglaterra más tradicional donde la BBC se sigue llamando BBC, y donde los periódicos se adaptan a los nuevos tiempos sin perder 5 esa rancia áurea victoriana de lo que fue una esplendorosa época que existió y que se esfumó, (1) .... que continúa siendo parte del paisaje arquitectónico y de la memoria colectiva de todos los británicos. 10 (2) ...., me asusta comprobar cómo en España, donde la innovación siempre ha superado a la tradición, algunos programas de televisión de la franja horaria de máxima audiencia, alimentados por la prensa del corazón, están comenzando a parecerse más a lo que sería un medio difusor de subcultura o, (3) ...., 15 una despótica instauración de una norma social que insta a la cultura vociferante de la falta de respeto por el prójimo, a la más exquisita chabacanería, a la representación artística de la vulgaridad, (4) ...., que todo vale (5) .... el objetivo sea la *captatio* 20 *benevolentiae* de los telespectadores.	es decir siempre y cuando pero lo que es lo mismo no obstante

154

Estos medios de comunicación exhiben patente de corso y, (6) ...., creen poder hacer lo que les venga en gana (7) .... las cifras de audiencia testifiquen que unos cuantos millones de españolitos se agazapan ante sus pantallas de plasma para pasar el rato. El miedo viene después, cuando el tiempo pasa y las generaciones más jóvenes crecen y conviven en casa con toda esta cultura de tercera clase, en la que el maleducado espectador ha pasado a ser el protagonista indiscutible, y donde el vecino del quinto, o el frutero de la esquina, han vencido el miedo escénico español, tan típico de los colegios, y se pueden convertir de la noche a la mañana en la persona más célebre del país y, (8) ...., más famosamente vulgar.	por lo tanto por consiguiente con tal de que
(9) ...., ostentar el título de "famoso" parece conferir licencia para ser autoridad en diversidad de materias, y el mero hecho de salir en la caja tonta permite que cualquiera pueda decir lo que quiera, en el momento que quiera y en el lugar que quiera, sin atenerse a las pertinentes consecuencias. (10) .... este miedo que experimento yo al encender el televisor cada verano, y mucha otra gente que no se atreve a reconocer, no sea tangible, (11) .... se trata de una especie de miedo encubierto en una explosión de risa momentánea y pasajera, que provoca el morbo más vulgar y que hasta en su mejor momento acuña frases célebres que el embelesado televidente de a pie reproduce y repite hasta la saciedad. (12) ...., este miedo que transmite el televisor es un miedo que se intuye y se presiente en todo momento, y que se asemeja a la sensación producida al contemplar una de aquellas películas de horror de los años ochenta en las que un grupo de jóvenes que lo están pasando bien, y donde parece imposible que algo macabro suceda, acaban degollados víctimas de una broma de mal gusto de alguno de ellos.	puesto que asimismo sin embargo de ahí que
Mientras tanto, la gente no suele pararse a reflexionar que la televisión es el mayor canalizador cultural que existe en la actualidad y que su poder educativo puede, (13) ...., transformarse en antipedagógico y convertir a toda una generación en seguidores de unos referentes de comportamiento que influyan más en sus	ahora bien

65 70 75	vidas que en su propio entorno social o en sus progenitores. (14) ...., ¿qué podemos hacer ante tal amenaza o temor?, si es que se puede hacer algo al respecto. Lo que está claro es que la telebasura que las generaciones más jóvenes absorben, y que hasta en algunos casos succionan junto con la comida, les sirve de un nutrido escapismo para dar sentido a sus vidas; ese sentido que en otra época lo proporcionaba la música, la pintura, los paseos por el parque, o una buena novela, (15) .... el medio audiovisual cumple una función social irremplazable y, (16) ...., es demasiado tarde para dar marcha atrás.	por consiguiente a su vez ya que
80 85 90	(17) ...., cada persona puede hacer algo, (18) .... a lo que ocurre con el tan de moda y necesario reciclaje, y podemos ayudar a que aquellos que nos rodean y que son víctimas del ente televisivo se reciclen y dirijan su atención hacia la cotidianeidad que han dejado a un lado (19) .... efecto hipnótico de la televisión ante el que han sucumbido. (20) ...., podemos armarnos de valor, sin tratar de emular a Juana de Arco, y combatir la pasividad, abrirles los ojos o por lo menos intentar que los abran, y perderle el miedo a los medios y a la constante amenaza de crear una masa de aterrorizados sujetos pensantes, alienígenas que opinan lo mismo, o zombis que deambulan en manada, dominados al unísono por una única directriz cultural de la que uno no se puede zafar.	en pocas palabras a causa del con todo de manera análoga

10.b. Ahora vuelve a leer el texto completo y responde a las preguntas.

> 1. Explica cómo es el estilo que utiliza el autor.
>
> 2. Comenta el título y explica por qué está relacionado con el contenido del texto.
>
> 3. Resume en un par de líneas la tesis principal.
>
> 4. En el texto se utilizan formas verbales cultas. Identifícalas y señala los sinónimos de los siguientes verbos.
>   a. parecerse a → *asemejarse a*
>   b. dar
>   c. ocurrir
>   d. imitar
>   e. luchar
>   f. pensar
>   g. caminar
>   h. escaparse

5. Subraya todos los adjetivos antepuestos que encuentres, elige tres de ellos y comenta por qué se han utilizado de esta manera. Recuerda lo que has aprendido en el capítulo 2.

6. Explica el significado de las siguientes expresiones en función del contexto.
   a. "todo vale siempre y cuando el objetivo sea la *captatio benevolentiae* de los telespectadores"
   b. "Estos medios de comunicación exhiben patente de corso"
   c. "ostentar el título de 'famoso' parece conferir licencia para ser autoridad en diversidad de materias"
   d. "les sirve de un nutrido escapismo para dar sentido a sus vidas"
   e. "podemos armarnos de valor, sin tratar de emular a Juana de Arco, y combatir la pasividad"

Actividad 11

11.a. El estilo es un componente muy importante en cualquier texto argumentativo y en la escritura en general, ya que contribuye a captar el interés del lector. Lee el siguiente texto y subraya todo aquello que creas que se debe cambiar para mejorarlo.

Texto A

La literatura gótica es una "literatura de sensaciones" que, al adentrar al lector en el espacio psicológico de los protagonistas, pone en la narración un plano descriptivo más cercano al lector que normalmente. El género gótico cuenta historias y leyendas que han estado en la cultura popular como inexplicables. También, la historia se ambienta en un ambiente de acción lleno de elementos típicos que ayudan a enmarcar lo sobrenatural. Lo gótico es oscuridad, pero una oscuridad hecha intencionadamente con imágenes, cosas, animales e historias, haciendo con todos estos ingredientes una sopa literaria que confunde al lector. Lo que se busca es llevar al lector del texto hasta el más absoluto desconcierto de las cosas, pero siempre augurando un mal desenlace de la acción. Para que la mezcla narrativa tenga efecto, se tiene que dejar el espacio interno de la novela oscuro, descalificar cualquier acción sensorial y, así, confundir al lector-personaje.

11.b. Ahora te proporcionamos una versión del mismo texto en la que el estilo está mucho más cuidado y trabajado. Compara los cambios que se han hecho para mejorar el texto, subraya las diferencias que observes e identifica un ejemplo para cada categoría.

Texto B

La literatura gótica se caracteriza por ser una "literatura de sensaciones" que, al adentrar al lector en la dimensión psicológica de los protagonistas, incorpora en el entramado narrativo un plano descriptivo más cercano al lector de lo habitual. El género gótico revive historias y leyendas que han permanecido en la cultura popular como inexplicables. Por esta razón, la trama se ambienta en un *locus* de acción cargado de elementos arquetípicos que contribuyen a enmarcar lo sobrenatural. Lo gótico es oscuridad, pero una oscuridad construida intencionadamente a partir de imágenes, objetos, animales e historias, creando con todos estos ingredientes un caldo literario que desorienta al lector. El efecto buscado es llevar al receptor del texto hasta el más absoluto desconcierto de los hechos, aunque siempre augurando un nefasto desenlace de la acción. Para que la mezcla narrativa surta efecto, se tiene que dejar el escenario interno de la novela en penumbra, descalificar cualquier acción sensorial y, así, desconcertar al lector-personaje.

1. Precisión en el uso de verbos:

    Ej. es → se caracteriza por ser

2. Evitar el uso de verbos comodín (*tener, hacer, poner, decir, echar, haber*, etc.):

    Ej. pone → incorpora

3. Precisión en el uso de sustantivos:

    Ej. el espacio → la dimensión

4. Precisión en el uso de adjetivos:

    Ej. lleno → cargado

5. Precisión en el uso de marcadores discursivos:

    Ej. También → Por esta razón

6. Evitar las repeticiones:

    Ej. se ambienta en un ambiente → se ambienta en un *locus*

7. Cambio de estructuras:

    Ej. que normalmente → de lo habitual

Actividad 12

12.a. Escoge uno de los temas que te proponemos y escribe un texto argumentativo de unas 500 palabras. A la hora de redactar el texto, ten en cuenta todos los aspectos que se han mencionado en este capítulo y no olvides ponerle tu propio título.

1. "No es más rico el que más tiene sino el que menos necesita".
2. "¿Por qué los mandatarios son cada vez más jóvenes?"
3. "Enseña más la necesidad que la universidad".
4. "¿Somos realmente lo que comemos?"
5. "Cómo ha cambiado el paisaje urbano de mi ciudad".
6. "La escritura es el espejo del alma".

12.b. Una vez terminado el texto aplica la siguiente plantilla y reflexiona sobre lo que has escrito.

Plantilla para el análisis de textos escritos

1. Analiza la **introducción**. ¿Cómo se logra guiar al lector y captar su atención?
2. ¿Cuál es la **tesis** o **idea central** que se intenta defender? ¿Te parece convincente?
3. ¿Crees que se ha elaborado un **esquema** antes de escribir? ¿Por qué?
4. ¿Se ha tenido en cuenta la **coherencia textual**? ¿Cómo se percibe la estructura general del texto?
5. ¿Se ha tenido en cuenta la **cohesión textual**? ¿Contribuyen los marcadores discursivos a enlazar las ideas?
6. ¿Qué te parecen los **argumentos** o ejemplos? ¿Son relevantes, claros y significativos? ¿Crees que cualquier lector los podría entender?
7. Analiza la **conclusión**. ¿Se logra recapitular sobre lo que se ha dicho?
8. ¿Se utiliza en general la **gramática** de manera correcta? ¿Es su uso variado? ¿A qué se debería prestar más atención?
9. ¿Cómo es el vocabulario? ¿Se percibe el uso de un **vocabulario temático**?
10. ¿Cómo es el estilo? ¿Crees que se han tenido en cuenta los **aspectos estilísticos** de la escritura?

---

6. Vocabulario temático: argumentar y contraargumentar

Las siguientes muestras de lengua clasificadas por función comunicativa permiten estructurar un texto de manera adecuada y reforzar la argumentación y la contraargumentación de manera convincente.

Introducir un tema

El propósito / la finalidad / el objetivo de este trabajo consiste en...
El tema que nos ocupa se puede ver desde ángulos distintos...
El punto de partida de este texto es...
En el presente escrito, pretendemos dar respuesta a...
En primer lugar, presentaremos / abordaremos el tema...
Empezaremos por considerar las causas por las que...
Esta es la cuestión / el tema / el problema que me gustaría abordar...
Este ensayo se divide en tres partes claramente diferenciadas...
Este texto trata de la relación entre / es un intento de...
Existe una gran diversidad de opiniones sobre este asunto, por lo que...
Me centraré en diversos asuntos / problemas / temas...
Para comenzar, hablaremos de / haremos referencia a...
Para entender de lo que vamos a hablar, resulta fundamental...
Se puede abordar el tema desde distintos puntos de vista...
Sería útil considerar / examinar este tema a la luz de...
Trataré sobre varias cuestiones relacionadas con / que tienen que ver con...

Argumentar

Este autor afirma / asegura / defiende / mantiene / sostiene que...
Esto demuestra que...
La prueba más evidente es que...
Podrían aducirse razones específicas a favor de / favorables a...
Se puede sostener / afirmar que...
Si bien es cierto que... no debemos olvidar que...
Si sopesamos los pros y los contras del asunto...
Sin embargo, cabe apuntar / señalar que...

Contraargumentar

A lo expuesto, se podría objetar que...
En contra de estos argumentos se podría decir que...
En contrapartida, habría que detenerse también en los aspectos negativos del asunto...
Habría que considerar otros puntos de vista del tema...
Los argumentos en contra también cuentan con un gran peso, así que...
No es un mal planteamiento, aunque...
No discutimos la calidad de los argumentos expuestos, si bien...
No le falta razón al autor, sin embargo, podemos argüir que...
No niego / discuto que se pueda plantear así, ahora bien...
Podría enfocarse de otra manera el tema...
Sería conveniente ver además los argumentos en contra de esta propuesta...

Concluir

En definitiva, cabe preguntarse qué sentido tiene...

En síntesis, resumen / conclusión / definitiva, según lo anteriormente expuesto...

En suma, se podría considerar...

La cuestión de la que nos hemos ocupado se reduce en lo esencial a...

Lo anteriormente expuesto se reduce, esencialmente, a diversos factores de gran calado...

Los argumentos arriba mencionados apuntan, en definitiva, a que...

Para llevar a término el presente análisis, cabría añadir que...

Recapitulando, se puede concluir que...

Todo lo precedente sirve de ilustración...

7. Actividades de corrección y estilo

Gramática

A. Corrige el único error gramatical que aparece en las siguientes oraciones. Si no lo detectas, subraya la información donde crees que se encuentra.

> **Ejemplo:** "Cualquiera persona diría lo mismo en una situación parecida".
> **Corrección:** "Cualquier persona..." (La forma se apocopa, al tratarse de un adjetivo y no de un pronombre, como en "Cualquiera diría lo mismo...").

1. Tradicionalmente, cuidar de la casa y de los hijos ha sido el principal ocupación para un gran número de mujeres.

2. Si no hubiera tenido que cumplir un rol tradicional en la familia, las mujeres habrían podido formarse y desarrollarse profesionalmente.

3. Es una lástima que en el mercado laboral del siglo XXI todavía no podemos decir que la discriminación es un problema del pasado.

4. Ahora bien, todavía queda por resolver la cuestión de como se pueden poner en práctica las bajas de paternidad en la sociedad actual.

5. Si no valoramos el trabajo que realizan, nunca podremos integrar plenamente las mujeres en el mercado laboral.

6. Hay que tener cuenta que los servicios públicos de un país deben abastecer las necesidades mínimas (sanitarias, educativas, etc.) de toda su población.

7. Ignorar la discriminación a la que se enfrentan las mujeres en el ámbito laboral resulta en graves problemas en el tejido productivo de un país.

8. A modo de conclusión, podríamos decir que no resulta posible encontrar una solución a corto plazo a este problema, pero que depende de múltiples factores.

Estilo

B. Transforma el estilo de la información que aparece subrayada en las siguientes oraciones.

> **Ejemplo:** "Todas las empresas deberían declarar cuánto perciben sus empleados, hombres y mujeres, para <u>tener</u> una igualdad salarial plena".
> **Corrección:** "<u>conseguir</u> una igualdad salarial plena" (El cambio contribuye a mejorar la precisión léxica).

1. No debemos olvidar nunca que la integración de la mujer al mercado laboral comenzó cuando los hombres se vieron obligados a abandonar sus países y <u>pelear</u> en la Segunda Guerra Mundial.
2. El hecho de que los hombres compartan las tareas domésticas es importante, pero <u>es</u> un cambio de mentalidad bastante novedoso todavía.
3. Si incrementáramos la mano de obra, también generaríamos más <u>cosas</u> para nuestra economía y nuestro país disfrutaría enormemente de los beneficios económicos.
4. En los últimos años, el número de mujeres que trabajan como consejeras en empresas <u>ha subido mucho</u>.
5. Resulta imposible promover la igualdad global sin que la mujer esté representada entre los <u>lugares</u> que tienen más influencia.
6. Las opiniones <u>están</u> divididas sobre si se debería aceptar a todo el mundo o si se debería implantar un sistema de cuotas.
7. Si de verdad queremos acabar con la brecha salarial de género y el sexismo en el ámbito laboral, hay una serie de requisitos que <u>hay que</u> cumplir.
8. Durante el siglo XX las mujeres conquistaron una serie de derechos civiles y aumentó el número de mujeres que obtuvieron <u>una carrera</u>.

Capítulo 5
El texto periodístico

Objetivos

- Identificar los objetivos del lenguaje periodístico.
- Familiarizarse con los principales géneros del periodismo.
- Analizar la información según el emisor y sus destinatarios.
- Presentar de manera detallada la estructura y los objetivos de una noticia.
- Diferenciar entre los géneros periodísticos de carácter objetivo y subjetivo.
- Reconocer los rasgos estilísticos de la escritura periodística.

Prácticas escritas

- Condensar el significado en un titular de carácter implícito o explícito.
- Desarrollar el contenido de un titular en una entradilla.
- Reescribir una entradilla.
- Completar la información de una noticia atendiendo a su estructura.
- Resumir el contenido de una noticia desde distintos puntos de vista.
- Escribir un reportaje.
- Elaborar una columna de opinión.
- Redactar un artículo de opinión.

◆ ¿En qué consiste?

La tarea del texto periodístico consiste en **reflejar la realidad** de los sucesos que se narran, por lo tanto, el lenguaje que se utiliza suele presentar los hechos de manera verídica, precisa, clara y breve.

Dada la diversidad de medios de comunicación, su alcance y la influencia que ejercen sobre los lectores, el lenguaje periodístico posee asimismo un importante impacto sobre el uso de la lengua. Por esta razón, el periodista tiene la responsabilidad de utilizar el lenguaje de la manera más correcta y apropiada posible, por lo que es habitual que algunos periódicos tengan sus propias normas de estilo.

- **Los principales objetivos** de los textos periodísticos son:

  - **informar e instruir**: sobre un hecho o un tema en concreto que se quiere dar a conocer al público y sobre el que se busca una mayor difusión;
  - **entretener**: con reportajes sobre temas de actualidad o con noticias que interesan al público en general;
  - **vender**: mediante diferentes recursos como, por ejemplo, el uso de titulares llamativos o de componentes publicitarios.

- En general, **el lenguaje periodístico** se caracteriza por:

  1. un tipo de lenguaje que persigue, como norma general, una **función principalmente informativa**. Este hecho se puede ver condicionado en algún género periodístico en concreto, como por ejemplo en el artículo de opinión;
  2. un **tipo de público o lector específico** a quien va dirigido el texto periodístico en cuestión;
  3. un **enfoque determinado con mayor o menor objetividad**, en función del género periodístico: una noticia de última hora, un reportaje, un artículo de opinión, una reseña, una entrevista, un editorial, una crónica, una columna, las cartas al director, etc. En cada género se reflejan una variedad de estilo y de léxico según la finalidad informativa;
  4. una **variedad temática interdisciplinar**: noticias de política nacional e internacional, economía, cultura, deportes, educación, ciencia y tecnología, sociedad, salud, viajes y turismo, etc.

En ocasiones, el periodismo también busca influir e incluso manipular a la opinión pública sobre un punto de vista expresado por el periodista o por el equipo editorial. En estos casos, el lenguaje que se utiliza suele ir acompañado de un gran componente argumentativo y persuasivo.

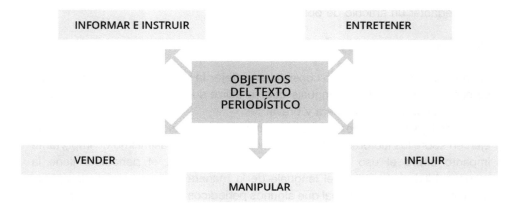

1. Características y objetivos de la noticia

La noticia periodística debe ser un texto claro, fácil de comprender y lo suficientemente interesante como para atraer y mantener el interés del lector. Entre las características generales de la noticia se pueden citar:

1. **La concisión, la claridad y la brevedad de la información**. El enorme volumen de la actualidad informativa y las limitaciones de espacio hacen que la concisión y la brevedad sean esenciales para transmitir la mayor cantidad de información posible. Para lograr esta labor, los periodistas evitan el empleo de coloquialismos, de ideas abstractas o de generalizaciones, y, por lo tanto, utilizan oraciones breves que suelen seguir el orden lógico de sujeto, verbo, complemento; un léxico sencillo; el uso de sinónimos para no repetir una palabra en un mismo párrafo, etc.

2. **La estructura de pirámide invertida**. Debido a la necesidad de captar la atención del lector se utiliza la estructura de "pirámide invertida", es decir, los datos de mayor interés aparecen, a modo de resumen, en el primer párrafo de una noticia y los aspectos secundarios en los párrafos siguientes. De esta manera, al presentar de forma resumida los datos de mayor interés se permite hacer una lectura rápida, ya que el lector se puede informar con solo el primer párrafo, sin tener que leer la noticia completa si no es de su interés.

3. **La viveza y la plasticidad sobre lo que se informa**. La concisión que requieren los textos periodísticos tiene como resultado una prosa explícita y precisa y un estilo dinámico en el que se condensa el significado. Esto se consigue mediante el empleo de palabras concretas y expresiones para captar la atención del lector, o el uso telegráfico de algunos titulares.

4. **La búsqueda de la objetividad como norma general**. La información periodística, y en especial la noticia, busca presentar los hechos de la manera más objetiva posible. Por esta razón, a menudo se evitan los adjetivos antepuestos o valorativos, el uso de un vocabulario poco concreto, el empleo de pronombres o formas verbales de primera persona, u otros recursos que puedan añadir subjetividad al texto. Resulta difícil, no obstante, hablar de un texto periodístico enteramente objetivo, dado que cualquier texto escrito puede representar el punto de vista particular de un escritor. Por ejemplo, si se trata de un artículo de opinión, la persuasión adquiere mayor relevancia que el carácter objetivo.

En cualquier caso, el periodismo busca informar y, por lo tanto, los contenidos que aparecen en una noticia tienen que dar respuesta a las siguientes preguntas: ¿qué?, ¿quién?, ¿cómo?, ¿cuándo?, ¿dónde? y ¿por qué?

Actividad 1

1.a. Ordena los párrafos de la siguiente noticia para que su lectura resulte coherente.

Noticia: "El peligro de llamarse Kevin"

Orden	Texto de la noticia
A (....)	El punto de partida del estudio fue una investigación anterior, realizada también en Oldenburg por Julia Kube, quien había logrado determinar una lista de nombres asociados a prejuicios negativos y otra relacionada con prejuicios positivos. Ante ello, Kaiser y una de sus estudiantes se preguntaron en qué medida el nombre propio de un niño podía favorecer o perjudicar sus notas escolares, independientemente de sus rendimientos.
B (....)	El nombre Kevin, que entró en Alemania probablemente en los tiempos en que el inglés Kevin Keagan jugaba en el Hamburgo y luego se hizo popular por la película "Kevin solo en casa", parece ser de momento el que más estigmatizado está en Alemania. Existe, por lo tanto, algo así como el peligro de llamarse Kevin.
C (....)	Según el estudio, un trabajo firmado por un niño llamado Kevin, Mandy o Cedric –nombres que en Alemania están ligados a estratos sociales inferiores– suele tener una peor calificación que un trabajo idéntico firmado por Maximilian, Jakob o Simon.
D (....)	Para ello, un grupo de 12 niños realizó trabajos que luego fueron escaneados y enviados a 200 profesores para que los calificaran. Algunos de ellos estaban firmados con un nombre con carga positiva, como Alexander, y otros con nombres con carga negativa como, por ejemplo, Marvin.
E (....)	Curiosamente, las diferencias de calificación solo se observaron en los nombres masculinos, entre Kevin y Maximilian, por ejemplo, y no entre Celine y Charlotte, lo que, según Kaiser, tiene en parte su explicación en que los chicos suelen sufrir más prejuicios de los profesores que las chicas.
F (1)	La idea de que las notas escolares no siempre son objetivas no es nueva, pero que el nombre propio de un alumno sea un factor para su éxito escolar es un resultado algo sorprendente de un estudio de la Universidad de Oldenburg (norte de Alemania), dirigido por la profesora Astrid Kaiser.
G (....)	Cada trabajo debía ser calificado por dos profesores distintos, uno que lo recibía con la firma de un nombre positivo y otro que suscribía un niño con un nombre de carga negativa. En el experimento, un trabajo firmado por Jakob, Maximilian o Simon fue siempre mejor calificado que si estaba firmado por Kevin o Mandy, pese a tratarse del mismo texto.

Adaptado de: Rodrigo Zuleta, "El peligro de llamarse Kevin", *El País*

1.b. Sintetiza la noticia en un párrafo que comience con: "Se ha publicado un estudio en el que…".

Actividad 2

Lee con atención la siguiente noticia y responde con tus propias palabras a las preguntas que te indicamos debajo.

Noticia: "Detenida y esposada una niña de 12 años en Nueva York por escribir en su pupitre"

Una niña latina de 12 años fue sacada esposada de su escuela en Forest Hills (Queens, Nueva York) y llevada a una comisaría de la policía por haber escrito en su pupitre, según informó en su edición digital el diario *Daily News*.

5 Alexa González garabateaba unas palabras en su pupitre mientras guardaba la llegada de su maestra de español, el pasado lunes, en la escuela superior 190 en Forest Hills, en el condado de Queens (Nueva York, EE.UU.).

Alexa dijo que había utilizado tinta lavable y que había escrito los mensajes: "Quiero a mis amigas Abby y Faith", "Lex estuvo aquí" y que había dibujado una carita feliz. La niña fue llevada a un cuartel de policía cercano donde estuvo algunas
10 horas, según explicó la madre, Moraima Camacho, en declaraciones que reproduce el diario *Daily News*.

"Lloré mucho. Hice dos pequeños garabatos, que eran fáciles de borrar. Ponerme esposas era innecesario. Pensé que sólo tendría que limpiarlo", señaló la menor, que hasta ahora había tenido un buen récord de asistencia a la escuela, a
15 la que no ha vuelto desde el lunes tras ser expulsada.

El pasado martes, Camacho y su hija fueron a la Corte de Familia, donde a la niña se le impusieron, además, ocho horas de trabajo comunitario y un ensayo de lo que aprendió de esta experiencia. Camacho, de 49 años, aseguró que están viviendo "una pesadilla", mientras la Unión de Libertades Civiles de Nueva York
20 condenó el acto.

El Departamento de Educación señaló a través de su portavoz, David Cantor, que la detención de la niña "fue un error", mientras que la policía indicó que aunque están autorizados para hacer detenciones, "debe prevalecer el sentido común y usar la discreción al decidir si realmente es necesario recurrir a las esposas".
25 La Unión de Libertades Civiles de Nueva York presentó el mes pasado una demanda en una corte federal contra la Policía de la ciudad por las más de 20 detenciones y uso de fuerza excesiva contra los niños.

Efe, "Detenida y esposada una niña de 12 años en Nueva York por escribir en su pupitre",
El Mundo

---

1. Explica cómo responde la noticia anterior a los interrogantes: ¿qué?, ¿quién?, ¿cómo?, ¿cuándo?, ¿dónde? y ¿por qué?
2. Consulta las cuatro "características y objetivos de la noticia" del recuadro anterior. ¿Cómo se cumplen?

2. El titular y el subtítulo

El titular es la frase que encabeza o presenta una noticia y en él se sintetiza el contenido principal del cuerpo de la información. Principalmente se distinguen dos tipos de titulares:

1. **Titulares explícitos**. Sintetizan la información y la presentan de manera explícita sin más intención que la de informar. A veces también se combina un titular objetivo con información que aparece de manera implícita para captar la atención del lector.

2. **Titulares implícitos**. Buscan llamar la atención del lector y suelen condensar el significado del titular. Para lograr este objetivo se utilizan, por ejemplo, enunciados ambiguos, paradojas, juegos de palabras o estructuras binarias que dividen la oración en dos partes, o se modifican expresiones hechas.

En algunos casos también podemos encontrar **titulares sensacionalistas**, es decir, que además de captar la atención y de presentar la información de manera explícita o implícita buscan producir emoción o sensación en el lector.

Cuando una noticia lleva un **subtítulo**, este cumple una función explicativa, es decir, complementa y amplía la información que se condensa en el titular para que el lector la pueda comprender mejor. El subtítulo puede presentar una información concreta, en estilo directo, o mediante una cita que pertenece al cuerpo de la noticia.

Actividad 3

3.a. Lee con atención los siguientes titulares y relaciónalos con los subtítulos que corresponden a la misma información.

El titular de la noticia	El subtítulo de la noticia
1. "El Presidente se la juega por la libertad de culto" ⟶ *c*.	a. Los antiabortistas reclaman que desde el anestesista hasta el celador puedan negarse a todo lo relacionado con la interrupción del embarazo.
2. "Oposición de chiringuito"	b. Memphis recuerda la muerte de "El Rey" poniendo a disposición del público algunos de los objetos personales más preciados del desaparecido cantante.
3. "La batalla de la objeción"	c. El Primer Mandatario de Estados Unidos respalda la construcción de una mezquita en la "zona cero" de Nueva York a pesar de la fuerte oposición política y ciudadana al proyecto.

El titular de la noticia	El subtítulo de la noticia
4. "Agilizar la memoria"	d. Los precios de los cereales se disparan por las malas cosechas y la especulación.
5. "Elvis sale a subasta"	e. Si se tratara de recomendar una lectura para el verano, la propuesta sería un libro que nos arrastrara desde el principio: *Ana Karénina*. Nabokov dijo que se trata de "la mejor novela de amor de todos los tiempos".
6. "Bronce a contracorriente"	f. Peris logra su primera medalla en la modalidad de 50m espalda y Villaécija se consolida en la élite de la natación de fondo.
7. "La lección de Tolstói"	g. Líderes del PP (Partido Popular) lanzan a diario declaraciones incendiarias contra el Gobierno socialista desde su lugar de vacaciones.
8. "Sicilia construye otra cara"	h. La prensa británica estima las deudas de la Duquesa de York en 6 millones de euros.
9. "La bancarrota de Sarah Ferguson"	i. Los bienes confiscados a la mafia italiana se convierten en lugares turísticos en manos de jóvenes.
10. "El desayuno se pone por las nubes"	j. El ejercicio físico puede frenar los efectos del Alzheimer.

Titulares adaptados de: *El País*

3.b. Elige la sección del periódico que mejor se ajusta al tema de la noticia de los titulares que acabas de leer y escribe su número en la tabla. Aunque en algunos casos un titular pueda pertenecer a más de una categoría hay uno para cada sección.

ECONOMÍA Y EMPRESAS	POLÍTICA	DEPORTES	CURIOSIDADES	SALUD
TURISMO Y VIAJES	GENTE	INTERNACIONAL	CULTURA	SOCIEDAD

3.c. En algunos titulares la información aparece de manera más explícita y en otros de manera implícita. Lee los subtítulos correspondientes en la actividad 3a y transforma los siguientes titulares.

Titulares con información explícita:

1. "La bancarrota de Sara Ferguson"

    Ej. *Cómo ser duquesa y vivir con 6 millones de euros en deudas*

2. "El Presidente se la juega por la libertad de culto"

3. "Elvis sale a subasta"

4. "Agilizar la memoria"

Titulares con información implícita:

5. "La lección de Tolstói"

   Ej. *Tolstói nos enseña el arte de amar en sus novelas: una de las mejores opciones de lectura para este verano*

6. "Sicilia construye otra cara"

7. "Oposición de chiringuito"

8. "El desayuno se pone por las nubes"

Actividad 4

Los siguientes titulares aparecen con el subtítulo completo. Explica el titular con tus propias palabras a partir de la información que aparece. Fíjate en el ejemplo.

Titular: "El tabaco de liar seduce al fumador"
Subtítulo: Las empresas del sector tabaquero y el fisco pierden ingresos por culpa de la nueva moda.

En el titular se alude a que los fumadores se aficionan cada vez más al tabaco de liar, que se está imponiendo como una nueva moda, quizás porque resulta más barato que comprarlo empaquetado como cigarrillos. Se utiliza el verbo "seducir" para mostrar la relación que se establece entre este producto y el consumidor, además de las connotaciones que tradicionalmente ha tenido el tabaco como elemento asociado a la seducción, por ejemplo, en las películas en blanco y negro.

1. Titular: "Las muñecas de Famosa hablarán inglés"
   Subtítulo: Un fondo de inversión de EE.UU. compra la empresa juguetera española 'Famosa'; tercer cambio de manos en ocho años.

2. Titular: "El cuerpo del gatillo fácil"
   Subtítulo: La frecuente implicación de la policía argentina en homicidios, robos y otros delitos dispara la alarma social.

3. Titular: "Más gas, más samba y una ración de algas"
   Subtítulo: La petrolera española Repsol amplía reservas en Bolivia, va a cotizar en Brasil y compra la empresa AlgaEnergy.

3. La entradilla y el cuerpo de la noticia

La entradilla constituye el primer párrafo o los dos primeros de una noticia. Introduce la información principal del artículo y se centra en algunas de las preguntas del cuerpo de la noticia: ¿qué?, ¿quién?, ¿cómo?, ¿cuándo?, ¿dónde? y ¿por qué?

He aquí los principales tipos de entradillas:

1. **Entradilla de síntesis o de datos**. Resume el contenido de una noticia o presenta datos que se desarrollan después.

2. **Entradilla descriptiva**. Comienza describiendo los diferentes aspectos de una persona, de un lugar, etc., que tienen que ver con la información.

3. **Entradilla de cita**. Se vale de una cita del cuerpo de la noticia a modo de avanzadilla para dejar entrever el contenido. Suele ser habitual en los reportajes y en las entrevistas.

4. **Entradilla retórica**. Plantea uno o varios interrogantes que buscan captar la atención del lector como paso previo a la lectura.

5. **Entradilla anecdótica**. Presenta una anécdota a modo de analogía para crear cierto suspense antes de leer una noticia.

6. **Entradilla sensacionalista**. Busca captar la atención del lector a partir de un hecho curioso o de una exageración.

El cuerpo de la noticia aparece después de la entradilla y en él se amplía la información que se acaba de exponer, se incluyen datos complementarios u otras explicaciones pertinentes y se da respuesta a las preguntas: ¿qué?, ¿quién?, ¿cómo?, ¿cuándo?, ¿dónde? y ¿por qué?

Actividad 5

5.a. Lee las siguientes entradillas e identifica a qué tipo corresponde cada una de ellas.

Texto 1: *entradilla anecdótica*

> Durante los siglos XVIII y XIX se puso de moda en las capitales europeas instalar unas urnas o cápsulas del tiempo debajo de monumentos, edificios y otros notables elementos arquitectónicos. En ellas se depositaban libros de la época, monedas, así como otros objetos, con la esperanza de que fueran descubiertos siglos después por generaciones futuras. Esto es precisamente con lo que se han encontrado durante las obras de remodelación de la Puerta del Sol de Madrid.

Texto 2: *Entradilla Cita*

> "Estoy harto de que me estafen, de que se queden con mi dinero, de dormir en el suelo y de que me dejen tirado sin ninguna explicación", ha manifestado un viajero que no pudo coger el vuelo a su país de origen en el tercer día de huelga indefinida de la compañía aérea *Vamos Airways*.

Texto 3: *Entradilla retórica*

> ¿Hasta cuándo tendremos que soportar las obras en esta ciudad? ¿Se ha propuesto el alcalde levantar todo el paseo marítimo a costa de sus contribuyentes para que sus "amigotes" puedan instalar bares y discotecas de moda? ¿A qué esperan los ciudadanos de a pie para expresar su rotunda oposición a un proyecto urbanístico que atraerá a más turismo de tercera clase?

Texto 4: *Entradilla Sensacionalista*

> De origen humilde, licenciado en derecho y doctor por la Universidad de Oxford, ha conseguido mantenerse al mando de su partido político durante las etapas más duras de la transición de la dictadura a la democracia. A continuación, nos desvela su secreto para seguir al pie del cañón en la escena política de nuestro país.

Texto 5: *Entradilla descriptiva*

> Imagínense a un culturista rubio con el pelo corto y musculoso que habla inglés con acento austríaco, que no ha dudado en posar semidesnudo en multitud de ocasiones y que nos lo ha enseñado "casi todo" en la gran pantalla, que ha llegado a ser gobernador y que aspira a lo más alto en su carrera política. Lo que parece sacado del argumento de una película puede convertirse en realidad tras la última convención republicana.

Texto 6: *Entradilla de Síntesis*

> ¿Existe el secreto de la eterna juventud? Ese tratamiento que nos permitiera tener una piel tersa y firme sin reflejar casi el más mínimo detalle del paso del tiempo. Esa dieta alimenticia que nos aportara nutrientes y, a la vez, nos asegurara una salud fuerte a lo largo de los años. Esa rutina diaria de ejercicio que nos llevara a constatar la afirmación de "mens sana in corpore sano". Estas son solo algunas de las promesas, tan solo al alcance del bolsillo de unos cuantos, que se presentan estos días en el Salón Internacional de Estética y Nutrición de Valencia.

5.b. Transforma una de las entradillas anteriores en otro tipo.

Ejemplo: *entradilla anecdótica → sensacionalista*

¿Se imaginan poder ver unas urnas o cápsulas del tiempo de los siglos XVIII y XIX? ¿Cómo sería poder apreciar libros de la época, las monedas y otros objetos? Todo ello es ahora posible si se pasa por la Puerta del Sol en Madrid. Todo un viaje al pasado.

Actividad 6

6.a. Las siguientes entradillas pertenecen a unas noticias bastante curiosas. Léelas con atención y escribe un titular para cada una de ellas. Recuerda que puedes escribir un titular con información explícita, uno con información implícita, sensacionalista, etc.

Las noticias más absurdas del año

1. Titular: *Una universidad rechaza a un alumno por el olor de pies*

> Una corte holandesa estableció que la Universidad Erasmo de Rotterdam readmitiese a Teunis T., un estudiante de Filosofía, pese a las protestas de sus compañeros y profesores. Se le prohibió pisar el campus por la incomodidad que causaba su "olor", después de que se sacara los zapatos a menudo en las aulas y otras zonas públicas. Por el mismo motivo fue expulsado también de la biblioteca de la Universidad de Delft.

2. Titular: *Exmagnate Demanda Compensación Por Su adicción al Juego*

> Un exmagnate inmobiliario puso una demanda por 50 millones de dólares australianos (38 millones de dólares estadounidenses) tras perder en el casino 20 millones en tres años. El reconocido ludópata se prohibió a sí mismo pisar el casino, pero la casa de juegos le ofreció ventajas para regresar. Según dice el exmagnate en 30 ocasiones voló gratis de su casa en Gold Coast a Melbourne para jugar; lo registraban con nombre falso para evadir la prohibición y le daban dinero para iniciar sus apuestas.

3. Titular: Puedes besar 111 mujeres en 60 segundos? Este hombre se logro

Un alemán entró en el Libro Guinness de los Récords por besar a 111 mujeres en 60 segundos. Michael Basting, de 31 años, batió el récord mundial de besos rápidos besando aceleradamente en la mejilla a las mujeres, colocadas en fila sobre la acera frente a una discoteca en Berlín.

4. Titular: Campa. de McDonald's fallan por un detalle peque

La cadena de hamburgueserías McDonald's cometió un incómodo error en un cartel publicitario con el que promocionaba en Suiza sus menús como "100% carne suiza". El cartel mostraba a una vaca con una pequeña marca amarilla en la oreja. Ese detalle se convirtió en su ruina, pues en la marca se leía la abreviatura "AT", prueba de que el animal era austríaco. McDonald's había usado antes la misma vaca para otra campaña en Austria. La cadena aseguró pese a todo que la carne que sirve en Suiza es realmente solo de ese país.

5. Titular: "Al verlo volar en espiral, supe que algo no iba bien"

Un británico sobrevivió a un salto de 3.000 metros tras fallarle su paracaídas principal y el de reserva. El hombre se precipitó al suelo girando en espiral para aterrizar en el tejado de un hangar, y sufrió heridas en la cabeza y hombros, pero según sus amigos se encuentra en buen estado. "Al verlo volar en espiral, supe que algo no iba bien. Llamé a una ambulancia antes de que chocara" dijo el dueño de la empresa de saltos en paracaídas. En su opinión, el tejado del hangar frenó el impacto. "Si hubiera caído a un par de metros, habría chocado con hormigón".

6. Titular: Quedarías embarazada para mantener su trabajo?

Más de 5.000 empleadas del fabricante automotor ruso Lada se quedaron embarazadas ante un eventual recorte de plantilla. "Al acogerse a la baja materna, la legislación rusa prohíbe despedirlas", dijo un portavoz de la empresa. La fábrica sita en Togliatti, a orillas del Volga, estudia despedir a 27.000 de sus 100.000 obreros.

7. Titular: Mujer trata aprobar su examen de conducir cada día.

La Sra. Cha, una vendedora de 68 años, se presenta casi a diario al carnet de conducir, sin que haya podido conseguir más de 50 puntos en el examen teórico, cuando el mínimo son 60. "Cada vez que fracasa me da pena. Le daré una placa de reconocimiento cuando apruebe", relató un funcionario. Las tasas de exámenes ya le han costado más de cuatro millones de won (2.800 dólares). Hace cuatro años que la Sra. Cha decidió comprarse un coche y se apuntó a las pruebas.

8. Titular: *¿Vacaciones gratis en París o crimen?*

> Un mendigo tunecino de 46 años pernoctó sin pagar durante una semana en un hotel de lujo en París antes de ser descubierto. Jamel B. se hizo pasar por secretario de jeques árabes y dijo tener por misión organizarles viajes a París. Para probar los servicios, durmió en las habitaciones que ocuparían sus inexistentes jefes y hasta encargó champán a cargo del hotel. También pidió un guardia de seguridad y un jet privado. Jamel se fue del hotel antes de ser descubierto, pero la policía lo encontró.

Adaptado de: Agencia DPA, "Las noticias más absurdas del año", *El Mundo*

6.b. Ahora que ya tienes el titular y la entradilla, elige la noticia del ejercicio anterior que más te haya gustado y complétala en unas 200 palabras. Ten en cuenta las características del lenguaje periodístico y no olvides responder a las preguntas: ¿qué?, ¿quién?, ¿cómo?, ¿cuándo?, ¿dónde? y ¿por qué?

4. El lenguaje de la prensa

A la hora de redactar un texto periodístico hay que tener en cuenta diferentes aspectos relacionados con el estilo de la escritura. Uno de ellos es la voz pasiva que, aunque no se suele utilizar en español, es más común en la prosa periodística que en otro tipo de textos. Aun así, siempre es conveniente intentar evitarla para que el estilo no resulte demasiado recargado.

- En muchos manuales de escritura periodística se recomienda utilizar siempre la voz activa. También cabe recordar que la voz pasiva se utiliza mucho más en inglés y, debido a la influencia que esta lengua ejerce en la actualidad en los medios de comunicación, conviene acostumbrarse a utilizar otras alternativas o estrategias en voz activa. He aquí algunas de ellas:

  1. El uso de oraciones impersonales:

  Ej. Voz pasiva: El cuadro <u>fue subastado</u> por una gran cantidad de dinero.

  Ej. Voz activa: El cuadro <u>se subastó</u> por una gran cantidad de dinero.

  2. El uso de la tercera persona del plural:

  Ej. Voz pasiva: El cuadro <u>fue subastado</u> por una gran cantidad de dinero.

  Ej. Voz activa: (Ellos) <u>Subastaron</u> el cuadro por una gran cantidad de dinero.

3. La reduplicación del complemento directo:

Ej. Voz pasiva: El cuadro <u>fue subastado</u> por una gran cantidad de dinero.

Ej. Voz activa: El cuadro <u>lo</u> subastaron por una gran cantidad de dinero.

4. Reescritura de la oración:

Ej. Voz pasiva: El cuadro <u>fue subastado</u> por una gran cantidad de dinero.

Ej. Voz activa: <u>La subasta del cuadro</u> alcanzó una importante suma de dinero.

- En los textos periodísticos existe la tendencia a construir algunos verbos con voz pasiva. Aunque algunas veces se puede tratar de una cuestión de estilo, en otros casos se debe a la influencia del inglés. Veamos el siguiente ejemplo con el verbo "publicar":

  Ej. *The first part of* Don Quixote <u>*was published*</u> *in 1605.*

  Ej. Voz pasiva: La primera parte de *El Quijote* <u>fue publicada</u> en 1605.

Alternativas en voz activa:

1. La primera parte de *El Quijote* <u>se publicó</u> en 1605.

2. Cervantes <u>publicó</u> la primera parte de *El Quijote* en 1605. / <u>Publicaron</u> la primera parte de *El Quijote* en 1605.

3. <u>La primera parte</u> de *El Quijote* <u>la publicó</u> Cervantes en 1605.

4. <u>Fue en 1605</u> cuando la primera parte de *El Quijote* <u>vio la luz.</u>

- Por último, existen verbos en español que no admiten este tipo de construcción y que, sin embargo, en inglés suelen ir casi siempre acompañados de la voz pasiva.

  Ej. *I* <u>*was born*</u> *in 1980.*

Traducción: <u>Nací</u> en 1980. (Incorrecto: *~~Fui nacido~~*)

  Ej. *President Kennedy* <u>*was killed/assassinated*</u> *in 1963.*

Traducción: <u>Mataron/Asesinaron</u> al presidente Kennedy en 1963. / Al presidente Kennedy <u>lo mataron/lo asesinaron</u> en 1963. (Incorrecto: *~~Fue matado~~*) Sin embargo, sería correcto decir: El presidente Kennedy <u>fue asesinado</u> en 1963.

Como norma general, los verbos de consumo (*comer*), percepción (*escuchar*), emoción (*querer*), reflexivos (*lavarse*) o recíprocos (*mirarse*) no se suelen construir con la voz pasiva. En cualquier caso, recomendamos que en la medida de lo posible se busque siempre la manera de evitar un uso innecesario de la voz pasiva en español.

Actividad 7

7.a. Transforma el siguiente ejemplo utilizando las cuatro estrategias que acabas de aprender.

> **Ej.** La obra de arte <u>fue vendida</u> al mejor postor.

1. Uso de oraciones impersonales

2. Uso de la tercera persona del plural

3. Reduplicación del complemento directo

4. Reescritura de la oración

7.b. En las siguientes oraciones se ha utilizado la voz pasiva innecesariamente y el estilo resulta poco habitual en español. Transforma cada oración en la voz activa y haz los cambios necesarios.

> **Ej.** Después de la acalorada reunión que mantuvo con la jefa durante más de tres horas, ~~fue transferida~~ *la transfirieron* a otro departamento sin previo aviso.

1. El jarrón de porcelana china fue roto por los niños mientras estábamos en la cocina, pero sorprendentemente nadie oyó ningún ruido extraño.

2. Las migas de pan que había dejado Pulgarcito para orientarse por el camino fueron comidas por los pájaros en un santiamén.

3. Tras los cristales de los ventanales de la planta baja fueron vistas dos personas encapuchadas que finalmente resultaron ser los atracadores del banco.

4. Este fin de semana han sido subastados con fines benéficos algunos objetos de un conocido escritor y político que ha preferido permanecer en el anonimato.

5. Antes de que le consiguieran robar el maletín, en el que supuestamente guardaba los planos del reactor, fue empujado por un transeúnte que llevaba una peluca.

6. La semana que viene serán homenajeados todos aquellos estudiantes de la Universidad Carlos III de Madrid que han terminado sus estudios con la máxima calificación.

7. El Presidente fue agredido con un huevo duro por un manifestante que protestaba por la subida del precio de los huevos, lo cual solamente le produjo una leve herida sin importancia.

8. Recientemente ha sido creada una universidad virtual en la que los alumnos podrán disponer de un profesor a cualquier hora del día.

9. En lo que va de año han sido vendidas 800 copias del libro de gramática. Si las ventas continúan así, muy pronto nos tendremos que encargar de la redacción de la segunda edición.

10. El representante del Gobierno ha sido preguntado por la nueva propuesta económica durante la rueda de prensa que ha ofrecido en el Palacio de la Moncloa.

11. Durante los Juegos Olímpicos la antorcha olímpica será llevada por un famoso deportista, cuyo nombre todavía no se ha desvelado a la prensa.

12. El transatlántico, que ha sido armado en la ciudad polaca de Szczecin, se va a llamar "Solidaridad" en homenaje al sindicato homónimo que encabezó la lucha por los derechos sociales durante la transición del país hacia la democracia.

7.c. Debido a la inmediatez de la información periodística, muchas veces las agencias de comunicación traducen noticias del inglés con un matiz pasivo o con la voz pasiva. Traduce los siguientes titulares al español utilizando la voz activa.

1. *Seattle is battered by storm.*
   La tormenta golpea Seattle.
2. *Former U.S. President hospitalized in Cleveland.*
3. *Magenta sculptures will be placed along several Chicago roads.*
4. *Officer accused of accepting bribes to allow illegal immigrants to cross border.*
5. *Missing hiker found alive after 6 days in Joshua Tree National Park.*
6. *Computer virus used to steal bank accounts.*
7. *Parade of Elves saved from budget cuts in Miami.*
8. *Pulitzer Prize won by Californian journalist.*

5. Los géneros periodísticos

En la siguiente tabla aparecen los principales géneros periodísticos. Como hemos explicado, el periodismo busca como norma general la objetividad del mensaje, dado que su función principal es la de informar al lector. Sin embargo, también encontramos géneros de opinión, o géneros mixtos, que muestran un punto de vista más subjetivo sobre un tema concreto.

Géneros periodísticos informativos e interpretativos	Géneros periodísticos de opinión
La noticia. Al redactar una noticia se busca ante todo informar a los lectores sobre un hecho, un evento, un suceso o un tema de actualidad. La noticia sintetiza los aspectos más importantes de la información y, según la sección en la que aparezca, prima el carácter informativo.	**El artículo de opinión.** Consiste en un escrito que elabora un colaborador del periódico o un periodista donde se expone un punto de vista determinado sobre un tema de diversa índole: sociedad, política, cultura, salud, etc. Se puede mezclar el lenguaje culto con el coloquial para presentar diferentes matices y buscar un vínculo con el lector.
La entrevista objetiva. Se redacta normalmente en estilo directo y consiste en presentar el diálogo que se ha mantenido sobre un tema entre el periodista y la persona entrevistada. El lector se informa o juzga la relevancia informativa a partir de las respuestas del entrevistado.	**Las cartas al director / a la directora.** En este género son los lectores los que tienen la voz, ya que se reserva una pequeña sección del periódico para que estos expresen su opinión sobre un tema de actualidad. Suelen ir firmadas con el nombre del autor, su procedencia o mediante un seudónimo.
El reportaje objetivo. Se analiza un tema en profundidad, cuya información, como norma general, presenta el periodista a partir de su propia experiencia. Es lo que a menudo se denomina periodismo de investigación.	**La columna o el comentario.** Consiste en una valoración sobre un tema que se publica de manera regular y que, como su propio nombre indica, aparece en una columna en uno de los lados de la página.
La crónica. En este género se narran hechos de actualidad que se han producido durante un período de tiempo concreto. Suele aparecer con la firma del autor.	**La crítica.** Se analiza un tema de manera detallada y, para ello, se requiere tener los conocimientos necesarios sobre la materia. Suele comenzar con una información objetiva a modo de síntesis, y a continuación el autor expresa su opinión de manera directa.
El suelto o corto. Consiste en una breve crónica que informa sobre un tema de actualidad y que no suele aparecer con la firma del autor.	**El editorial.** Aparece siempre en la misma sección y de manera regular, y normalmente no está firmado por el autor. Analiza un tema de actualidad desde un punto de vista acorde con la ideología que pueda tener un periódico. El equipo editorial y el director se responsabilizan de las opiniones que se puedan verter.

Aun con todo, a veces resulta difícil determinar el grado de objetividad de un medio de comunicación. En algunos casos se puede manipular el carácter objetivo de la información para introducir matices subjetivos, por ejemplo, según la ideología que históricamente haya predominado en un periódico. Por lo tanto, este hecho puede condicionar el punto de vista así como la manera en la que se presenta la información, desde el titular o la entradilla hasta el desarrollo del cuerpo de la noticia.

Actividad 8

Decide a qué género periodístico pertenecen los siguientes fragmentos.

1. No queremos que nos discriminen por ser mujeres. No queremos que a la hora de buscar un trabajo nos pregunten si vamos a tener hijos, ni queremos sufrir la injusticia de la brecha salarial. Queremos conciliar la vida laboral y familiar sin tener que andar preocupadas por perder el trabajo si nuestros hijos se ponen enfermos. Queremos que los políticos se impliquen y apliquen de una vez leyes sobre igualdad, tener un verdadero Ministerio de Igualdad. Confiemos en que huelgas como las del pasado 8 de marzo sirvan para dar pasos en firme y que haya cambios.

   Teresa Ruiz, Málaga

2. ¿Por qué se censura la cultura?

   Que en pleno siglo XXI tengamos que estar presenciando que una obra de arte ha sido censurada porque era "demasiada" la libertad de expresión, dice mucho de un país. El arte es eso: ARTE. Y la libertad de expresión es un derecho fundamental, con todo lo que conlleva y en todas las dimensiones. Que algunos políticos ordenaran retirar la obra de un autor por ejercer su derecho a expresarse nos lleva a afirmar que la cultura no es censura.

3. La investigación sobre la energía solar acaba de recibir un nuevo batacazo al haberse cancelado las ayudas necesarias para su desarrollo a corto plazo. Resulta incomprensible que un país no vea este tipo de energía como una manera sostenible de garantizar el futuro de su población. Desde este periódico, queremos manifestar nuestro más rotundo apoyo a los avances de la ciencia para la preservación del medioambiente.

4. El Fútbol Club Barcelona consiguió un ajustado y difícil triunfo ante el Bayern. Firmaron su cuarta victoria consecutiva después del bache que habían sufrido la semana anterior. Messi impuso su ley en el terreno de juego si bien volvió a fallar un tiro decisivo que hubiera forzado la prórroga. El equipo contrario, tras marcar un gol y poner el marcador a 3-1, a falta de 3 minutos para finalizar el partido, hizo que todo el estadio temblara de la emoción.

   Marcos Benavides (EFE)

Actividad 9

9.a. A continuación, aparece la misma noticia recogida por tres periódicos españoles. Lee las tres versiones. Después, resume la información que, en tu opinión, se diferencia de un periódico a otro.

1. Noticia de *El País:*

También Gordon Brown tiene un mal día

Gordon Brown es un hombre justo: si el conservador David Cameron tuvo un mal día el martes, cuando el padre de un niño discapacitado le echó en cara en público sus políticas educativas, el candidato laborista ha hecho hoy todo lo posible para tener un día mucho peor. En una visita a Rochdale, una ciudad con problemas al
5 norte de Mánchester, tuvo un vivo intercambio de palabras con una viuda de 65 años llamada Gillian Duffy.

La señora se quejaba de los problemas de gamberrismo en la zona, de la situación económica, de la elevada deuda del Estado, de los problemas que tendrían sus nietos para ir a la universidad cuando crecieran, de que había demasiados
10 inmigrantes de Europa del Este.

Brown salió airoso de la conversación y la abuela acabó declarando después a la prensa que pensaba seguir votando a los laboristas y que esperaba que Gordon siguiera un tiempo en Downing Street. Pero el líder laborista no se dio cuenta de que el micrófono que llevaba en la solapa seguía conectado y que la conversación
15 privada que mantuvo con su ayudante nada más montarse en su coche estaba siendo grabada por la cadena Sky.

Y la conversación reflejó la otra cara de Brown. "Ha sido un desastre. No me teníais que haber puesto en esa situación. ¿De quién ha sido idea?", dice, con aire más deprimido que airado. "Qué mujer tan intolerante", concluye Brown en un tono
20 muy despectivo.

El líder laborista se disculpó de inmediato en una entrevista radiofónica. Pero quizá lo más dañino son las imágenes de Brown en esa entrevista, en la que aparece absolutamente destrozado, cabizbajo, literalmente tapándose la cabeza con las manos mientras escucha sus propias palabras, ignorando quizás
25 que hay cámaras también en el estudio radiofónico. La viva imagen de un hombre que ha convertido en derrota lo que podía haber sido un triunfo.

Esta semana, la nueva estrategia electoral de los laboristas ha consistido en poner a Brown directamente en contacto con los votantes. Con resultados desastrosos: Gillian Duffy declaró, después de que Brown se disculpara directa-
30 mente a ella en una conversación telefónica, que ya no piensa votarle.

Walter Oppenheimer, "También Gordon Brown tiene un mal día", *El País*

2. Noticia del *ABC*:

El "patinazo" de Brown

Gordon Brown puede haberse despedido ya del todo en su deseo de reelección tras la catástrofe electoral que han supuesto unos comentarios suyos en privado contra una viuda con la que acababa de hablar ante las cámaras. "Ha sido un desastre" se le oye decir a Brown cuando entra en su coche oficial sin
5   percatarse de que aún llevaba el micrófono de una televisión en la solapa, "es una mujer intolerante". Gillian Duffy, de 65 años y votante laborista, dice que ya no votará a Brown.

Las imágenes de sus sonrisas a Duffy, en la población de Rochdale, y luego sus comentarios despectivos contra quien no es más que una ciudadana que ha
10 expuesto sus preocupaciones al primer ministro enseguida saltaron a todos los canales de televisión. Brown pidió luego disculpas e intentó justificarse indicando la actitud de la viuda ante la inmigración de Europa del Este, aunque todos los medios destacaron que la conversación había sido en realidad sobre muy diversos temas, sin estar centrada en la inmigración, y que lo relativo a esta se había tratado de
15 modo amigable.

"Ha sido un desastre. Nunca debían haberme puesto con esa mujer. ¿De quién ha sido esa idea? Simplemente es ridículo", dice Brown a un ayudante mientras se sienta junto a él en la parte trasera del coche, al tiempo que seguía abierto el micro de Sky News que le habían puesto para grabar la conversación
20 con Duffy. Preguntado por su asistente sobre qué había dicho la mujer, Brown responde: "¡Buff, todo! Es el tipo de mujer intolerante que dice que suele votar laborista. Quiero decir, es simplemente ridículo. No sé por qué Sue me la ha traído a mí".

Consciente del letal golpe que se había infligido a sí mismo, Brown rápidamente
25 intentó disculparse ante los micrófonos en un estudio de radio, pero su imagen con la cabeza gacha, tapándose la cara mientras le hacían escuchar la grabación de lo que había dicho en el coche fue aún más humillante y perjudicial para sus expectativas electorales. "Pido disculpas por haber dicho algo que era ofensivo; nunca debía haber dicho esto sobre una mujer a la que he encontrado", manifestó
30 compungido.

Gillian Duffy tenía preparado su voto al Partido Laborista para emitirlo por correo, aunque Brown no le había convencido en la conversación mantenida. Pero tras enterarse de lo que Brown había dicho de ella a sus espaldas, ya no le votará. "Estoy muy disgustada. Es una persona educada, ¿por qué tiene que soltar palabras
35 así? Se supone que dirige el país. Pide a una mujer ordinaria que se acerque, y esta le plantea las preguntas que mucha gente quisiera hacerle. Va a haber impuestos, impuestos, impuestos otros veinte años para salir de la deuda nacional y encima me llama intolerante".

Emili J. Blasco, "El «patinazo» de Brown", *ABC*

3. Noticia de *La Razón:*

Brown, un «pecador arrepentido» tras llamar «intolerante» a una votante

Se puede decir que Gordon Brown hoy ha firmado su sentencia de muerte política. El "premier" se reunió esta mañana con una votante laborista y al finalizar la conversación no se percató de que su micrófono aún seguía abierto y todo el país pudo escuchar cómo regañaba a sus asesores por haberle puesto a hablar con una "racista".

5 "Ha sido un desastre, nunca deberían haberme puesto con esa mujer, ¿de quién fue la idea? Es ridículo", se le escuchaba dentro del coche. "Es simplemente el tipo de mujer intolerante que dice que solía ser laborista". El momento más desagradable fue cuando tuvo que escuchar la grabación íntegra en una entrevista para la radio. Su imagen tapándose la cara al más estilo "tierra trágame" no para de

10 aparecer en todos los telediarios.

La mujer agravada expresó su malestar tras escuchar lo que había dicho de ella el primer ministro. "Estoy muy ofendida, él es una persona educada, ¿por qué ha salido con palabras como esas?", se preguntó. "Se supone que dirige el país y está llamando a una mujer corriente que va y le pregunta algo que mucha gente querría

15 preguntarle [...] y va y me llama intolerante", le reprochó.

La mujer había explicado previamente a la prensa tras hablar con Brown que había sido votante laborista durante toda su vida y que Brown le había parecido "muy agradable". La anécdota se ha convertido en el tema del día. Tanto es así que por la tarde, Brown ha tenido que ir a casa de la protagonista, una viuda de Rochdale

20 llamada Gillian Duffy, para pedirle personalmente disculpas. Al salir de la casa de la mujer, dijo que se siente como "un pecador arrepentido".

Para cualquier otro candidato, el episodio habría sido tan solo un varapalo, pero para Gordon Brown es mucho más. El laborista está hundido en las encuestas y su partido estudia la posibilidad de quitarle de en medio para poder llegar a un pacto

25 con los liberales.

Desde el Partido Conservador y el Liberal Demócrata se han apresurado en echar leña al fuego. El responsable de Finanzas de los 'tories', George Osborne, subrayó que "esto es lo que pasa en las elecciones generales, que revelan la verdad sobre las personas". Por su parte, el líder liberaldemócrata, Nick Clegg, consideró

30 que "uno debería siempre intentar responder las preguntas de la mejor manera posible. Fue grabado diciendo lo que ha dicho y tendrá que responder por ello".

Celia Maza de Pablo, "Brown, un «pecador arrepentido» tras llamar «fanática» a una votante", *La Razón*

9.b. Comenta los diferentes titulares de los tres periódicos. ¿Observas alguna diferencia en su configuración? Piensa en el lector que lee la noticia por primera vez.

9.c. Analiza el comienzo y el cuerpo de la noticia. ¿Observas alguna diferencia general en cómo se relatan los hechos? Fíjate no solo en la información, sino también en las referencias que se hacen y en cómo reaccionan las diferentes personas implicadas.

9.d. ¿Cómo se retrata a Gordon Brown en cada una de las noticias?

6. Géneros periodísticos de carácter objetivo: el reportaje y la entrevista

El reportaje y la entrevista son dos de los géneros más comunes de un periódico. Suelen ser más extensos que una noticia y por lo general analizan un tema concreto en profundidad.

El reportaje transmite de manera detallada la experiencia del periodista que informa al lector sobre un tema de actualidad. **La entrevista**, en cambio, es un género en el que podemos leer las preguntas formuladas por el periodista y las respuestas de la persona entrevistada. Ambos géneros contribuyen al propósito informativo del texto periodístico, aunque el periodista también puede dejar entrever en ocasiones su punto de vista sobre el tema en cuestión.

El reportaje posee una estructura menos fija, ya que incorpora otros géneros en su desarrollo. Con esto se busca presentar la información de la manera más detallada posible. Además de informar y de describir los hechos, en el reportaje se puede observar la investigación llevada a cabo por el periodista con la que ha obtenido la información. Consta de un titular, una entradilla, una introducción, el cuerpo del reportaje y el cierre. Si atendemos a su organización textual y a su contenido se divide en las siguientes categorías:

- **El reportaje según su organización**.
  - **Reportajes de acontecimiento**. Se relatan los hechos y el periodista se desvincula de los mismos, por lo que solamente se reproducen los datos sin otra intención que la de informar.
  - **Reportajes de acción**. El periodista presenta la información como una experiencia que ha vivido de manera directa.
- **El reportaje según su contenido**.
  - **Reportaje informativo**. Se informa al lector de manera detallada.
  - **Reportaje interpretativo**. Se informa al lector, pero también se puede leer la opinión de análisis del periodista.
  - **Reportaje de investigación**. Se profundiza más en el tema y también se presentan los pasos o la trayectoria investigadora que ha tenido que seguir el periodista para llegar a recopilar los datos. Puede ser de diferentes tipos: científico, social, de viajes, de salud, etc.
  - **Reportaje de semblanza**. Como ocurre con la entrevista, describe la manera de ser de una persona y, además de algunas de las respuestas del entrevistado, se añaden diferentes datos contextuales.

En la entrevista se utiliza habitualmente un lenguaje claro y sin ambigüedades. Consta de un titular, una entrada, el cuerpo de la entrevista y el cierre.

- **Tipos de entrevista**.
  - **Entrevista de semblanza o de personalidad**. Se describe la personalidad del entrevistado a partir de las preguntas y de sus respuestas.
  - **Entrevista informativa**. Se presenta un tema determinado para darlo a conocer de manera objetiva, sin más intención que la de informar.
  - **Entrevista de opinión**. Se analiza un tema en concreto y asimismo se da a conocer la opinión del entrevistado. En este caso se puede entrever el punto de vista del periodista.

Las entradillas que se utilizan en las entrevistas son similares a las de una noticia: mediante un resumen de los principales rasgos del entrevistado, una pequeña porción del diálogo o de la entrevista, o con la inserción de una cita que proviene de la entrevista o que está relacionada.

Actividad 10

10.a. Lee el siguiente reportaje, subraya la información que se refiere a las diferentes culturas que aparecen y completa la tabla con una característica para cada categoría.

Reportaje: Guía de estereotipos para los JJ.OO.

Reino Unido adoctrina sobre el trato a los turistas según su nacionalidad con vistas a los Juegos Olímpicos

Los españoles gritan y gesticulan al hablar, pero eso no es señal de arrogancia. No le guiñes el ojo a un turista de Hong Kong. Evita el contacto físico si viene de la

5   India... Puede parecer un catálogo de tópicos pero es una guía para que los londinenses no metan la pata durante los Juegos Olímpicos y el Reino Unido mejore posiciones en la tabla que mide la calidad de la bienvenida que 50 países dan a sus visitantes.

España está bien colocada: cuarta, empatada con Nueva Zelanda y solo

10 superada por Canadá, Italia y Australia. Pero los británicos están en la posición 14. VisitBritain, un organismo que trabaja en colaboración con el Gobierno y la industria para promover el turismo, quiere así "ayudar desde los hoteleros a los taxistas a proporcionar un servicio más eficiente y útil que tenga en cuenta las necesidades culturales" de los extranjeros. ¿Y qué mejor para ello que tener una

15 idea más clara del visitante y alguna pista sobre lo que no hay que hacer?

¿Quién no ha visto sonreír a un turista japonés? Pero eso no significa necesariamente que el buen hombre esté feliz. "Los japoneses tienden a sonreír cuando están furiosos, avergonzados, tristes o decepcionados", advierte VisitBritain. Además, les puede parecer mala educación que te dirijas a ellos

20 con las manos en los bolsillos, que les mires a los ojos o que te suenes la nariz.

Si el turista viene de Hong Kong es mejor no guiñarle un ojo porque se considera grosero. Tampoco hay que señalarles con el dedo porque es como si te dirigieras a un animal: hay que hacerlo con la mano abierta. Los chinos de Hong Kong son muy supersticiosos y mencionarles la pobreza o la muerte les puede
25 ofender. Tampoco es adecuado hablarles de pobreza a los mexicanos. Ni de inmigrantes sin papeles o de la guerra de 1845-46 que perdieron contra Estados Unidos y que les significó la entrega de Texas al vecino del norte. Con un brasileño es mejor no hablar de cosas personales como edad, salario o algo parecido a un elogio a Argentina.

30 A un árabe le molesta que le digan lo que tiene que hacer y le encanta que les demuestren un cierto conocimiento de su cultura: nunca le preguntes si quiere bacón con los huevos del desayuno ni le sirvas vino aunque esté incluido en el menú.

No le llames americano a un canadiense ni le des las gracias a un chino cuando
35 te haga un cumplido: hay que demostrar humildad. "Los chinos son famosos por comunicarse diciendo las cosas sin decirlas. Tendrás que aprender a leer entre líneas. Usa solo blanco y negro en las presentaciones gráficas porque los colores tienen significados importantes en la cultura china", dice el texto.

Los españoles son de carácter fuerte, muy expresivos, habladores, directos y
40 francos. "Tienden a hablar muy rápido y muy alto y el tono suena imperativo, aunque eso no significa que intenten mostrar superioridad o enfado", advierte el manual. Lamentablemente, aunque hablan mucho, solo uno de cada cuatro es capaz de mantener una conversación en inglés por lo que es muy conveniente que los folletos informativos estén traducidos al castellano. Sobre todo si hay versiones
45 en italiano y japonés.

Los españoles, añade la guía, disfrutan comiendo y fuman como carreteros pero beben menos de lo que se podría esperar de un país que produce tanto vino. Les encanta contar chistes y reírse de sí mismos. Su ancestral machismo está declinando y España es hoy "una sociedad muy igualitaria".

50 Los portugueses, en cambio, se manejan bien en inglés y si algo les molesta es ser considerados una rama de España. Son nostálgicos, tolerantes, acostumbrados a enfrentarse a otras culturas y es difícil ofenderles. No son muy calurosos y expresivos "pero si te dan los buenos días es porque lo sienten de verdad". Para ellos las apariencias son importantes y les gusta vestir bien. Su sociedad está muy
55 jerarquizada y respetan la autoridad, pero eso significa también que esperan que les traten con respeto.

A los franceses no les cuesta nada criticar pero hay que ser pacientes con ellos. También en la mesa: nunca hay que retirar el pan hasta el final y si piden agua no les traigas un vaso, sino una jarra. Ah, ¡y sin hielo ni limón!

60 No pierdas los nervios delante de un alemán porque es señal de debilidad; levántate cuando entra una persona mayor en la habitación; no grites; no pongas los pies encima del sofá o de la mesa; no masques chicle en público; no hables con las manos en los bolsillos y cuidado con el uso de los dedos: señalar con el pulgar hacia arriba en señal de aprobación es de mala educación y apuntar a tu propia sien con el
65 índice es un insulto. ¿Y dónde no?

Walter Oppenheimer, "Guía de estereotipos", *El País*

Turistas	Características
1. CHINOS	*"Los chinos son famosos por comunicarse diciendo las cosas sin decirlas"*
2. ESPAÑOLES	
3. FRANCESES	
4. BRASILEÑOS	
5. JAPONESES	
6. MEXICANOS	
7. ÁRABES	
8. CANADIENSES	
9. PORTUGUESES	
10. ALEMANES	

10.b. ¿De qué tipo de reportaje se trata según su organización y su contenido? Justifica tu respuesta.

Actividad 11

11.a. En el siguiente reportaje se explica cómo retratan a los españoles las distintas guías turísticas de algunos países. Subraya la información que hace referencia a las diferentes culturas que aparecen y decide si lo que se dice en la tabla de debajo sobre los españoles es verdadero o falso.

Reportaje: España, ese tópico

Es el lugar donde se leen menos periódicos de Europa. Donde el periódico más leído solo da noticias deportivas. Donde el jamón se considera parte de la dieta vegetariana. Donde no todo es sol pero el sol lo condiciona todo. Donde se desayuna copa de licor con el café. Donde el chocolate es dulce y espeso. Donde
5   el vello corporal en axilas y piernas es tabú para las mujeres. Donde todo, o casi todo, se para a cierta hora del día. Donde antes de cenar se procesiona de bar en bar para comer pequeñas raciones. Donde el servicio ferroviario es limpio y eficiente. Donde los conductores urbanos tienen a los peatones en un puño en cada cruce. Donde el robo con estrangulamiento es la modalidad de atraco más
10 frecuente. Donde la vida comienza cuando en el resto de Europa las luces se apagan. Donde por cinco euros sirven una botella de vino en un restaurante. Donde sacan a pasear a Dios con cualquier pretexto. Donde es Europa sin que se sientan europeos. Donde los baños están limpios pero sin papel. Donde hay que

15   tener cuidado con los simpáticos que quieren cháchara. Donde se critica a todo
el mundo menos al Rey. Donde el hambre ha marcado su historia. Donde
no hay verdadera cocina nacional. ¿Dónde no hay cocina? ¿Dónde? En España,
claro.

Todo lo anterior es España, según los autores de **guías turísticas escritas en
Francia, Italia, Alemania, Reino Unido, Japón y Rusia**. Mientras que los
20   españoles llevan siglos guerreando por la idea de España –la cosa ha mejorado y
últimamente solo se discute–, los extranjeros lo tienen claro. Acierten o no, este es
un lugar con señas propias que se repiten en cada guía: siesta, vitalidad y marcha.
No se depriman por la simpleza, por favor. En general, los extranjeros tienen mejor
opinión de España que los españoles. Y ellos son muchos más: 59 millones de
25   turistas nos visitaron el año pasado. España sigue gustando –es el segundo destino
más visitado en el mundo después de Francia– a pesar de que algunos mitos se
encuentran en franco declive (¿cuántos españoles se echan la siesta cuando no
están de vacaciones?). Pues eso, topicazo. Pero vayamos por partes.

– Tiempo 'is not time'. Una cosa es el tiempo real; otra, el tiempo español.
30   **Basta leer a los británicos**, que son los turistas más fieles (16 millones al año): "En
teoría, España va una hora por delante de Reino Unido, pero conceptualmente debe
de estar en otro planeta". Y siguen en otro párrafo: "En España, el sentido del
tiempo es algo elástico: excepto si se trata de una cita de negocios, no se ofenda si
tiene que esperar entre 10 y 20 minutos".

35   – Omnipresente siesta. La seña de identidad por antonomasia, haya o no haya.
Todas las guías se recrean en ella. **Los italianos** dicen que merece la pena "seguir
la costumbre española de la siesta a la hora de comer". Está claro que los autores
de guías eligen los mismos lugares. "Las tiendas están todas cerradas y en las
horas más calientes del día se para todo, o casi" *(Touring club italiano)*. "Es
40   frecuente que tiendas y pueblos paren durante la comida y la siesta" *(The rough
guide)*.

– Crisantemos, mejor no. **Los alemanes** consideran que la cortesía es
"importantísima", aunque "en ocasiones los españoles entienden por cortesía
algo distinto a nosotros". Dicen que no sabemos decir que no. "Si te invitan a casa
45   de alguien a cenar", dice *The rough guide,* "debes llevar un pequeño regalo para los
niños, además de chocolate, vino o flores". Ojo. Avisan de que se excluyan los
crisantemos y ornamentos propios de funerales.

– Tópicos autonómicos. **Los franceses** nos tienen muy estudiados. Tanto, que
hay numerosas guías regionalizadas. En el texto editado por Gallimard en su
50   *Bibliothèque du voyageur* tienen claro qué se encontrarán en cada autonomía: "Los
andaluces son, de lejos, el pueblo de España más exuberante"; "los gallegos son
todo lo contrario"; "los vascos son trabajadores y les gusta vivir bien", y, **añaden
los rusos** de la editorial Vokrug Sveta, "extremadamente religiosos". **Según la
visión francesa**, "los catalanes comparten con los vascos el ardiente deseo de
55   romper con los vínculos que les atan al resto del país". ¿Y qué dicen de los
castellanos? Pues que "consideran que el país les pertenece por derecho divino".
Touché.

– Señas de identidad. ¿Qué vertebra a España? **Para los franceses**, el tapeo:
"El ritmo de la vida está marcado por la necesidad de encontrarse, al atardecer,
60   todas las generaciones confundidas, en los paseos y bares de tapas. Eso confiere
unidad al país". **Dice la citada guía francesa, escrita por británicos**, que, como

ocurre en el Reino Unido, "los españoles tienden a menudo a considerar Europa como un territorio al que no pertenecen". Otra variable común **que destacan los italianos** es la crítica: "En un país donde generalmente no se ahorran críticas a los hombres de poder, es raro escuchar hablar mal del Rey". Al que siempre tienen los españoles en boca es a Dios, **según los franceses**. "La parte concedida a Dios en la vida cotidiana es testimonio de esas reminiscencias morunas fuertemente enraizadas en el comportamiento español, algo evidente en la costumbre de santiguarse o de evocar a Dios por cualquier pretexto".

– Ser español en una semana. **Los alemanes sugieren** un método "sencillo y agradable" para participar en el estilo de vida local: "Vaya a las cinco a una plaza. Al principio se encontrará solo, porque la siesta está acabando, pero poco a poco la gente irá llegando a la plaza. Es el momento de la movida, de indolentes paseos hasta altas horas de la noche. Únase sencillamente, vaya de bar en bar, tomándose aquí un jerez, allí un vinito tinto o una sidra, pero pruebe las maravillosas tapas y olvídese de la cena planeada y del programa de visitas del día siguiente. Le felicitamos. Si lo consigue habrá secundado una parte pequeña, pero de ninguna manera irrelevante, del estilo de vida español".

– Ni velludas ni desastrados. **Los italianos aconsejan** vestir de "manera decorosa" y mostrar "respeto" cuando se visitan catedrales e iglesias, "en particular en las zonas más lejanas, donde la gente del lugar, sobre todo los ancianos, son muy tradicionalistas y poco tolerantes". **Los alemanes consideran** que se atribuye muchísima importancia al buen aspecto: "Por eso, sean hombres o mujeres, salen de casa como un pincel incluso en los días más calurosos". Y lo más chocante **para los germanos**: "El vello corporal de cualquier tipo, en axilas o piernas, es un absoluto tabú para las mujeres".

– Cuidado con los simpáticos. **La guía japonesa** (*Diamond*) es la que más se extiende en este apartado. Alerta principalmente sobre los robos en Madrid y da una clasificación de delitos más frecuentes: el primero es el "robo con estrangulamiento"; le siguen el tirón del bolso y "los que cometen ladrones camuflados de policías". Recomienda cautela con quienes se acercan y "se expresan de manera simpática" y "con los grupos de dos o tres personas, que intentan acosar, a veces con la excusa de vender flores". **La guía británica** clasifica a las fuerzas de seguridad. La Guardia Civil es la más celosa y "la que se debe evitar". "Si tiene que informar de un delito serio, vaya siempre a la más comprensiva policía local". Y avisa de que no se espere mucha preocupación si se denuncia el robo de un artículo pequeño.

– Vino tirado, cocina fantasma. ¿Cuántas veces ha pagado cinco euros por una botella de vino en un restaurante? Los autores de *The rough guide* omiten los lugares secretos donde han pimplado tan barato. Como depende de con quién se nos compare, **los británicos creen** que somos unos bebedores moderados y recomiendan igual continencia a sus compatriotas: "Beber demasiado no es frecuente, a pesar de que parece haber un bar en cada esquina, es más para tomar café y socializar que para una monumental cogorza". Es una opinión. Y atención a la siguiente: ¿quién pone en duda que España, donde trabaja Ferran Adrià, considerado mejor cocinero del mundo según *The New York Times,* tenga una cocina verdadera (en lo de nacional es mejor no meterse)? **Los italianos**: "Además de paella, tortilla y gazpacho, el país no posee una verdadera cocina nacional, pero cada región tiene sus propios platos y tradiciones culinarias locales".

110

– ¿Qué llevarse de 'Spain'? Ahí va la extravagante lista propuesta **por los japoneses**: aceite de oliva, aceitunas, vinagre de jerez, tinta de calamar, salsa alioli, corazones de alcachofa en vinagre, figuras de Lladró... y chupa-chups.

Tereixa Constenla, "España, ese tópico", *El País*

Información	Opinión sobre los españoles	V	F
Según las guías francesas	1. De las diferentes regiones españolas, los gallegos son los más trabajadores.		
	2. Los catalanes y los vascos no tienen nada en común.		
Según las guías rusas	3. Los vascos son muy religiosos.		
	4. A los españoles les encanta bailar sobre todo cuando han bebido.		
Según las guías inglesas	5. El concepto de puntualidad no existe, siempre llegan tarde incluso si se trata de una reunión importante.		
	6. Los españoles no beben mucho y el vino es baratísimo.		
Según las guías alemanas	7. Los españoles son muy alegres y muestran sus ganas de vivir a diario.		
	8. Son muy informales y, si te invitan a cenar a una casa, tu presencia es el único requisito.		
Según las guías japonesas	9. Hay que tener cuidado con los robos y solamente confiar en la policía.		
	10. No hay que olvidarse de comprar tinta de calamar como recuerdo del viaje.		
Según las guías italianas	11. Después de comer, es preferible dormir la siesta a ir de compras.		
	12. Los españoles cada vez se están volviendo más europeos y su alegría está desapareciendo paulatinamente.		

11.b. ¿Cuáles son algunos de los rasgos típicos de tu cultura? Escribe un breve reportaje de unas 250 palabras en el que describas algunos de estos aspectos (carácter de la gente, música, gastronomía, tiempo atmosférico, etc.).

Actividad 12

12.a. El siguiente texto corresponde a una entrevista a la que la faltan las preguntas. Lee las respuestas del periodista Antonio Pérez Henares y reescribe las preguntas en su lugar correspondiente.

Entrevista: "El periodista está perdiendo mucha independencia"

A –¿Usted ha evolucionado como periodista?
B –El periodista, ¿cuándo pierde su independencia?
C –Como escritor, ha publicado más de una docena de novelas y es autor de libros periodísticos de gran actualidad. ¿Cuáles son sus próximos proyectos en este campo?
D –Usted empezó su carrera profesional en el diario *Pueblo,* fue redactor jefe de *Mundo Obrero* y portavoz parlamentario del Partido Comunista. Ahora trabaja en el periódico *La Razón* y colabora en RNE y Antena 3. Este cambio tan drástico de un extremo a otro puede resultar algo chocante, ¿no cree?
E –¿Cree que la telebasura está perjudicando a los medios de comunicación?
F –¿Cómo ve las nuevas generaciones de profesionales?
G ~~–¿Ha cambiado mucho la forma de hacer periodismo desde que empezó hasta hoy en día?~~
H –¿Por qué tomó esta decisión?
I –¿Y cómo ve la profesión en el siglo XXI?

	Antonio Pérez Henares lleva el periodismo en la sangre. Este periodista y escritor empezó su labor profesional en el diario *Pueblo* junto a su maestro y amigo Raúl del Pozo. Aquellos eran otros tiempos. No había libertad y los profesionales tenían que despistar a la censura para que los ciudadanos conocieran la verdad. Hoy, que vivimos en una democracia basada en la libertad de expresión, el periodismo se ve amenazado por un fatídico fenómeno en imparable crecimiento, "la telebasura", y "la pérdida de independencia del profesional".
P1	*¿Ha cambiado mucho la forma de hacer periodismo desde que empezó hasta hoy en día?*
R	–Sí, ha cambiado sustancialmente. En primer lugar, ha habido un cambio magnífico, ya que cuando yo empecé en el mundo del periodismo no había libertades en España y teníamos que hacer verdaderas virguerías. Yo comencé mi andadura profesional en el diario *Pueblo* y, junto a Raúl del Pozo, nos convertimos en unos maestros de escribir veladamente.

P2	
R	–Ahora nos encontramos en un periodo de plena libertad de expresión, pero en los últimos tiempos ha habido algunos cambios dentro de la libertad de prensa que a mí no me gustan. Creo que se está perdiendo mucha independencia y valores, que deberían estar en la frente de los periodistas, y no lo están. Además, hay un fenómeno que es el que más me hiere como a muchos de mis compañeros. Nosotros somos periodistas, con lo bueno y lo malo, y nos duele profundamente ser asimilados con este fenómeno creciente y repugnante de la telebasura.
P3	
R	–Sí, está haciendo mucho daño, sobre todo, y esencialmente, a la televisión, que es un medio masivo. Pienso que, por fortuna, otros medios, como la prensa escrita y la radio, están aguantando el embiste. Creo que ganaremos, y podemos decir con mucho orgullo que somos periodistas. Ser periodista es una profesión canalla pero muy digna.
P4	
R	–En el primer momento que empieza a escribir. Todos sabemos que la objetividad absoluta no existe y, lógicamente, el periodista trabaja para una empresa. Yo creo que el impulso del joven periodista, ese afán por conocer y querer cambiar las cosas, se debe mantener, intentar por todos los medios seguir con ese rigor, esa independencia y ese amor a la verdad. Yo haría un llamamiento a los periodistas a no dejarse tentar por los poderes.
P5	
R	–Pienso que a las nuevas generaciones de periodistas les falta tener una cierta idea de la profesión como un instrumento social importantísimo. Luego, uno a los 50 se da cuenta de que no vas a cambiar el mundo con un artículo, pero es tremendamente hermoso pensarlo a los 20 años. No hay cosa que más me moleste que venga un joven periodista y te pregunte, "¿qué es lo que tengo que hacer?" Lo lógico es que vengan y te propongan mil cosas. Lo que caracteriza al periodista es ser curioso y tener ese ímpetu de que, a través de lo que escribes, vas a mejorar las cosas. Espíritu crítico y una cierta rebeldía son esenciales.
P6	
R	–Claro, como todos, por supuesto que sí. Te haces menos airado, más templado. Cambias la ira por la ironía. Esto es bueno para la calidad de tus escritos.

P7	
R	–Soy director de ediciones especiales y columnista del diario *La Razón* y me encuentro profundamente libre. En los dos años y medio que llevo en este medio jamás me han tocado una coma, y eso que el periódico tiene unas señas de identidad muy claras en su línea editorial. Yo soy un columnista y puedo manifestar mis opiniones libremente. Esto es lo que exijo a un medio de comunicación y tengo que reconocer que estoy muy contento de trabajar en este medio.
P8	
R	–Simplemente porque fue donde me ofrecieron trabajo una vez que dejé la dirección de la revista *Tribuna*. Desde luego, lo que no permito es que nadie dé carnets de progresista, porque parece ser que hay algunos grupos editoriales que dan o quitan el carnet de progresista. Yo he tenido una posición durísima en contra de la guerra, y la sigo manteniendo. Y esta opinión la he manifestado tanto en el diario *La Razón* como en RNE o Antena 3. Si en algún momento he tenido alguna presión, pues he tenido que saber aguantarla, pero bueno, he podido expresar mi opinión con total libertad, y eso es importante.
P9	
R	–Lo que quiero publicar es un libro de poesías, es un capricho. He recopilado y seleccionado mis poesías desde que tenía 15 años, y tengo una ilusión tremenda por publicarlas. Será un libro muy ingenuo, pero tengo muchas ganas de que salga. El otro proyecto que tengo es una novela, que ya está terminada, titulada *El hijo del italiano*. Se trata de dos historias paralelas, la de un joven del cuerpo de voluntarios italiano, un fascista que vino a combatir a Guadalajara en la Guerra Civil, y la del hijo, que tuvo con una joven de un pueblo de la Alcarria.

Héctor Luesma Gazol, "El periodista está perdiendo mucha independencia",
El Día de Cuenca

12.b. Lee de nuevo el texto completo y responde a las preguntas. En algunas de ellas encontrarás la información en la entrevista, pero en otras tendrás que ampliar tú la respuesta con tu interpretación.

1. ¿Qué diferencia señala el periodista que existe entre sus comienzos en el periodismo y en la actualidad?
2. ¿Cuál es el aspecto del periodismo en la actualidad que más le hiere?
3. ¿Cuál es su opinión sobre la telebasura y qué cree que ocurrirá a largo plazo?
4. ¿Por qué dice que "ser periodista es una profesión canalla pero muy digna"?
5. ¿Cuál es su opinión sobre la objetividad periodística? ¿Estás de acuerdo?

6. ¿Qué es lo que más le molesta de las nuevas generaciones de periodistas?

7. ¿Con qué términos describe su evolución como periodista? ¿Por qué?

8. ¿Qué quiere decir con "jamás me han tocado una coma"?

9. ¿Cree el periodista que trabajar en un medio u otro ha condicionado su libertad de expresión?

10. El periodista tiene especial interés en que salga publicado un libro en concreto. ¿Cómo lo describe? ¿Por qué?

7. Géneros periodísticos de carácter subjetivo: la crítica, el artículo y la columna de opinión

La crítica pone de manifiesto la subjetividad del periodista, puesto que se presenta el análisis o la opinión sobre un libro, una película, una exposición o cualquier evento cultural de interés. Antes de emitir su juicio y de compartirlo con el lector, el escritor debe documentarse ya que su opinión se tiene que ver justificada.

> **Ej.** "El nuevo libro del escritor colombiano tiene ese aire de recuerdo a la infancia que envuelve al lector en un cálido ambiente amoroso y al mismo tiempo destructivo desde el primer capítulo. A lo largo de más de trescientas páginas, se nos traslada al mundo de una Colombia agitada por la violencia desde los ojos de un niño inocente. Todo ello con una prosa pulcra, acertada y que, a momentos, hace revivir al lector experiencias que tal vez no quisiera recordar".

El artículo de opinión es quizás uno de los géneros periodísticos más subjetivos. Lo suele elaborar un colaborador del periódico y a menudo se combina el lenguaje culto con el coloquial mediante una prosa directa y dinámica. De esta manera, también se busca la complicidad del lector para que este se pueda sentir identificado con las opiniones expresadas por el escritor. Se caracteriza por la presencia de numerosas referencias de actualidad del momento en el que se escribe el artículo.

> **Ej.** "Ayer me tropecé con un comentario en una red social en el que se decía que las mujeres ya habían conseguido todos sus derechos y que no necesitaban manifestarse. No voy a citar aquí al personaje que se atrevió a pronunciar estas palabras, pero sí que aprovecharé estas líneas para recordar históricamente lo que se ha conseguido, cómo y todo lo que queda todavía por reivindicar, ya que es un capítulo de la historia que, lamentablemente, no se ha cerrado".

La columna de opinión es mucho más breve que el artículo de opinión (unas 250 o 350 palabras) y normalmente está asignada a un periodista, escritor o analista concreto que se ocupa una vez a la semana de reflexionar y opinar sobre un tema de actualidad o una situación particular de carácter reciente en el tiempo.

Ej. "Actualmente parece que en una conversación solamente buscamos que nuestro interlocutor piense lo mismo, en lugar de escuchar algo distinto y dejarnos conquistar por la argumentación del otro. Lejos de reconocernos en las opiniones de los demás, y de interactuar, perdemos la capacidad de considerar lo que piensan otras personas. Deberíamos aprender a escuchar lo distinto, ya que sin diferencias, no habrá nada que compartir".

Algunas de las **características estilísticas** que se pueden utilizar en estos géneros son:

1. un intento de **captar la atención del lector y de entretenerlo**, que en especial se advierte al comienzo y al final del texto;

2. la inclusión de **información anecdótica** y el uso de **referencias culturales** o de ejemplos que tienen que ver con la actualidad del momento;

3. el uso de **referencias cronológicas** y de **comparaciones poco habituales** que cumplen un propósito explicativo;

4. el empleo de **coloquialismos**, **extranjerismos** e **interrogaciones retóricas**;

5. el uso de **adjetivos antepuestos** para precisar la descripción del sustantivo al que acompañan y transmitir un mayor número de matices, de **sinónimos** para referirse a un mismo concepto o de **verbos que concretan el significado**.

Actividad 13

13.a. Lee la siguiente crítica de una película y coloca los sustantivos, los adjetivos y los verbos de la tabla en el lugar correcto. No olvides hacer la concordancia con cada elemento.

Reseña: Shrek conoce a sus suegros

No hay mayor calvario para un recién (1) .... que el momento de conocer a sus (2) ...., ya sea hombre, mujer u ogro, sobre todo si no eres el marido perfecto que un padre desea para su hija. Pues por este suplicio tiene que (3) .... el ogro más simpático de la (4) .... pantalla, Shrek, en la (5) .... parte de sus aventuras.

Shrek 2 sigue en la misma línea que en la primera parte, con ese humor ácido y (6) .... , y no defrauda para nada al (7) .... ; al contrario, lo sorprende con nuevos "gags" y situaciones cómicas que (8) .... una serie de risas y carcajadas desde los primeros minutos del (9) ....

En *Shrek 2* se vuelven a (10) .... los cuentos de la literatura clásica infantil para adaptarlos a los nuevos tiempos y darles un (11) .... más actual, más acordes con la sociedad consumista, mediática y del bienestar en la que vivimos. De esta manera podemos ver a un lobo (12) .... que le gusta ir vestido de (13) .... y que se mete en la primera cama que pilla, a los tres cerditos de buen rollo con el lobo y Pinocho que están (14) .... a los programas de cotilleo que pueden ver a través del espejito (15) .... , o a una Hada Madrina convertida en una mujer de negocios, dueña de una industria de magia y de deseos, y que (16) .... un consultorio (17) ....

Shrek y Fiona vuelven de su luna de (18) .... y reciben la invitación de los padres de ella, los reyes de un país muy, muy lejano, para darles la bendición por el matrimonio. Los dos, acompañados por el (19) .... asno, aceptan la invitación de los monarcas, pero cuál será la sorpresa del rey al ver que el marido de su hija no es el (20) .... , encargado de despertarla con un (21) ...., sino que en su lugar está un ogro verde desaliñado y muy maleducado.

En estas nuevas aventuras aparecen nuevos personajes, como el gato con botas que se une al (22) .... Shrek-Asno para (23) .... el amor de Fiona. Otro de los alicientes de esta segunda parte es la música. ¿Se imaginan a una cándida Hada Madrina cantando, al estilo de Michelle Pfeiffer en *Los fabulosos Baker Boys*, "Holding out for a hero" de Bonnie Tyler? O mejor aún, ¿al gato con botas con un burro entonando "Living la vida loca" y (24) .... las caderas como Ricky Martin? Estas cosas solo pueden (25) .... en el universo particular de *Shrek 2*, una de las películas imprescindibles de este verano.

Adaptado de: Héctor Luesma Gazol, "Shrek conoce a sus suegros",
El Día de Cuenca

Sustantivos	Adjetivos	Verbos
metraje	feroz	regentar
Príncipe Azul	sentimental	suceder
espectador	perspicaz	mover
miel	gran	desencadenar
tándem	casado	reconquistar
toque	enganchado	pasar
abuelita	mágico	reinventar
suegro	segundo	
beso	inseparable	

13.b. En las reseñas de un periódico se puede utilizar un lenguaje especializado. Por ejemplo, un sinónimo para referirse al cine es *el séptimo arte*. Clasifica las siguientes palabras según la categoría a la que pertenecen. De esta manera obtendrás más vocabulario relacionado con el mundo del cine.

la cámara • el tráiler • el tipo de plano (general, primer plano, a cámara lenta, etc.) la sinopsis • la escenografía o la puesta en escena • la cartelera • el extra o el figurante • el estreno • el suspense • el vestuario y el maquillaje • el cinéfilo los efectos especiales • la publicidad • el reparto • el metraje • el aplauso la trayectoria cinematográfica • la taquilla • la entrada • el éxito de taquilla la butaca • la recaudación • el desenlace • el cartel

Directores y actores (6 palabras)	Película (6 palabras)	Distribución (6 palabras)	Espectador (6 palabras)
el papel	*el guion*	*el festival*	*la gran pantalla*

13.c. Cuando se traduce el título de una película, a veces se hace una traducción literal y en otras ocasiones la traducción no está directamente relacionada con el significado original. ¿A qué películas corresponden los siguientes títulos? Piensa en su argumento, pero si no las conoces, intenta establecer una relación según su significado.

✓ Al escribir los títulos no olvides que en español solamente se utilizan las mayúsculas para la primera palabra del título y los nombres propios.

Tu madre se ha comido a mi perro • El hotel de los líos • Desayuno con diamantes Sonrisas y lágrimas • Con faldas y a lo loco • La guerra de las galaxias • Lo que el viento se llevó • Tiburón • Soñando, soñando... triunfé patinando • Los caballeros de la mesa cuadrada (y sus locos seguidores) • Aterriza como puedas • La loca historia de las galaxias

1. *Room Service* (William A. Seiter, 1938)	*El hotel de los líos*
2. *Gone with the Wind* (Victor Fleming, 1939)	
3. *Some Like it Hot* (Billy Wilder, 1959)	
4. *Breakfast at Tiffany's* (Blake Edwards, 1961)	
5. *The Sound of Music* (Robert Wise, 1965)	
6. *Monty Python and the Holy Grail* (Terry Gilliam, Terry Jones, 1975)	
7. *Jaws* (Steven Spielberg, 1975)	

8. *Star Wars* (George Lucas, 1977)	
9. *Airplane* (Jim Abrahams, David Zucker, Jerry Zucker, 1980)	
10. *Spaceballs* (Mel Brooks, 1987)	
11. *Braindead* (Peter Jackson, 1991)	
12. *The Ice Princess* (Tim Fywell, 2005)	

13.d. Como habrás visto, los títulos en español tienden a ser más explicativos. Elige un título en español que te haya gustado y explica brevemente por qué.

Actividad 14

Lee las características estilísticas que han aparecido antes sobre el artículo de opinión, y subraya aquellos aspectos del texto que se utilizan para conseguir que la prosa sea más directa.

Artículo de opinión: La normalidad no existe

El otro día vi en televisión a Belén Esteban y Jorge Javier Vázquez comentando algo cuyo principio no llegué a escuchar. Vázquez decía: "Allí acuden muchos gays", o algo parecido. Y Esteban, con aplastante naturalidad, contestó: "Van gays, pero también vamos mucha gente normal". Vázquez torció el gesto acusando el golpe y

5 puso una cara dificilísima, a medio camino entre la risa y la indignación, o entre hablar o no hacerlo, y al final no dijo nada. Y por consiguiente se quedó varado dentro del sector de los *anormales.* Es increíble comprobar cómo la homofobia continúa instalada en el inconsciente social a poco que uno rasque ligeramente. Sorprende la incomprensible perdurabilidad de ese prejuicio, sobre todo teniendo

10 en cuenta que otros tabúes se han borrado mucho más fácilmente. Por ejemplo, en la España de hace cincuenta años se pensaba que una mujer que hacía el amor con alguien sin casarse era una puta; pero hoy la inmensa mayoría de los ciudadanos contempla con toda naturalidad las relaciones sexuales extramatrimoniales. De hecho, hoy lo extraordinario (lo *anormal*) es llegar virgen al matrimonio, tanto en

15 ellos como en ellas. Un 28% de los jóvenes viven en pareja sin casarse, y un 30% de los hijos lo son de madre soltera. Todo lo cual no llama en absoluto la atención. En cambio, pese a los indudables y enormes avances que se han hecho en el reconocimiento de los derechos de los homosexuales, se diría que ser gay sigue siendo algo un poco "rarillo" para un montón de gente.

20 Por fortuna, no creo que este prejuicio tenga mucha vida por delante, porque vivimos en un mundo en el que hablar de "lo normal" resulta cada día más obsoleto. Desde el principio de los tiempos el concepto de normalidad ha sido contradictorio y confuso. Siempre se ha entendido como sinónimo de lo habitual, de lo mayoritario, pero en realidad tiene mucho más que ver con lo normativo, con lo obligatorio, con

25 la ley social, sea o no una ley escrita. Y así, aunque en épocas pasadas más monolíticas y represivas la *normalidad* pareciera algo férreo, luego, si mirabas por debajo de la superficie de las cosas, en la clandestinidad y en el secreto de lo

íntimo, comprobabas que los heterodoxos han existido siempre. Incluso en la rígida
Inglaterra victoriana había relaciones extramaritales, adulterios, homosexuales o
30 mujeres que se hacían amantes de hombres mucho más jóvenes que ellas, por no
salirnos de los temas de la carne. La gloriosa diversidad del ser humano siempre ha
existido, aunque a veces haya sido necesario esconderse muchísimo. Si uno acerca
la lupa a la sociedad, las diferencias emergen, de la misma manera que una gota de
agua aparentemente vacía se revela bajo el microscopio poblada por un hervor de
35 bichos. La normalidad no resiste una mirada atenta, porque la normalidad es algo
que no existe.

Y lo curioso es que Internet se está convirtiendo en una especie de gigantesca lupa
que permite ver toda la infinidad de peculiaridades que antes permanecían sepultadas
en los fondos sociales. Por ejemplo, uno de los últimos récords de audiencia de la Red
40 lo tiene un norteamericano que ha hecho una página para contar las 101 maneras en
que puede destrozar el traje de novia de su exesposa, a la cual sin duda odia y de la que
se está vengando de esta manera tan creativa y, por qué no decirlo, tan chiflada. La
Red, con democrática impavidez e indiferencia, totalmente ajena a cualquier noción de
normalidad, da las mismas opciones de expresión a un *friki* que a un premio Nobel (por
45 cierto, la mayoría de los premios Nobel son bastante *frikis,* vistos desde cerca) y
permite que los distintos se junten y conozcan a través del ciberespacio. Es decir,
permite que todos podamos encontrar a un igual al otro lado de la negrura electrónica.
¿Que te comes el pelo a escondidas hasta el punto de que eso se convierte en una
tortura para ti? Pues Internet te enseña que lo que te ocurre se llama tricotilomanía y te
50 pone en contacto con otras personas a las que les pasa. ¿Que te gusta disfrazarte de
perro de peluche para hacer el amor? Pues en la Red aprendes que eso es ser un *furry*
y te puedes conectar con más peludos. Por muy rara que sea tu rareza, siempre
encontrarás a otros individuos que la comparten, porque los seres humanos somos
diferentes, pero no tanto. Y todo esto gracias a Internet. Ya digo, la palabra *normal* se
55 está quedando obsoleta. Es un alivio.

© Rosa Montero, "La normalidad no existe", *El País Semanal*

Actividad 15

15.a. Lee la siguiente columna de opinión y presta atención al uso del lenguaje.
Después responde a las preguntas que aparecen a continuación.

Saber leer

Bastantes de mis alumnos en la universidad son incapaces de comprender un texto en
toda su amplitud: con sus matices, con sus posos ideológicos, con su posible ironía,
con sus guiños al lector, con sus mentiras presentadas como verdades, con sus juegos
de palabras, con sus respetos a la norma, con sus voluntarias violaciones de esa misma
5 norma, con sus intenciones ocultas, con su propia (in)coherencia como tal texto.

Saber leer un texto no es simplemente comprender el significado de las
palabras que lo configuran, lo tejen e incluso lo enmadejan. No es ir desvelando la
vida oculta de cada palabra: es mucho más. Saber leer no es (solamente) diferenciar
surtir de surgir, o adición de adicción, o erguir de erigir... Saber leer lleva su tiempo
10 pero no es un galimatías, ni un laberinto, ni un guirigay, ni un embrollo. Es estar
dispuesto a pensar, repensar, criticar, asumir, rechazar, dilucidar y contraatacar.

¿Conoceréis la verdad, y la verdad os hará libres? ¡Ya no hay verdades! Solo hay opiniones, sesgos, ángulos y perspectivas. Saber leer es hoy la única opción que nos queda para defendernos, clamar y lanzar al viento nuestro derecho al pataleo. El 15 'pan y fútbol' jamás fue buen compañero para aprender a leer. Cambian los tiempos y los enemigos se transforman: "pan y Fortnite".

Mal vamos. Nos quejamos de que la gente no sabe escribir, pero lo que sucede es que no sabe leer; aún peor, no lee. Como diría el loco: cuando las barbas de tu 20 vecino veas cortar, amanece más temprano.

David Serrano-Dolader, *Heraldo de Aragón*

1. Explica el significado de las siguientes expresiones en función del contexto.
   a. "con sus matices" (l. 2)
   b. "con sus posos ideológicos" (l. 2)
   c. "con su posible ironía" (l. 2–3)
   d. "con sus guiños al lector" (l. 3)
   e. "con sus mentiras presentadas como verdades" (l. 3)
   f. "con sus juegos de palabras" (l. 3–4)
   g. "con sus respetos a la norma, con sus voluntarias violaciones de esa misma norma" (l. 4–5)
   h. "con sus intenciones ocultas" (l. 5)
   i. "con su propia (in)coherencia como tal texto" (l. 5–6)
   j. "el significado de las palabras que lo configuran, lo tejen e incluso lo enmadejan" (l. 7–8)

2. Escribe una oración con cada uno de los términos que se contraponen: "diferenciar surtir de surgir, o adición de adicción, o erguir de erigir" (l. 9–10)

3. Explica las diferencias entre los sustantivos: "galimatías, laberinto, guirigay y embrollo" (l. 11)

4. En la última oración se entremezclan dos refranes. Reconstruye cada refrán, su significado, y busca los equivalentes en inglés (l. 19–20)

15.b. Ahora identifica un ejemplo en el texto para las siguientes técnicas de escritura.

1. Enumeraciones:

2. Explicaciones:

3. Uso de la ironía:

4. Referencias culturales:

5. Paralelismos:

6. Reescritura de expresiones:

15.c. Resume en dos líneas la opinión del autor sobre la lectura hoy en día.

15.d. Elige un tema de actualidad y elabora una columna de opinión de unas 250 palabras donde integres algunas de las técnicas anteriores.

Actividad 16

Redacta un artículo de opinión de unas 500 palabras en el que retrates la actualidad sobre uno de los temas que te proponemos a continuación. No olvides fijarte en el modelo de texto de la actividad anterior.

1. "Las noticias falsas están destruyendo el periodismo objetivo".

2. "Dime qué periódico lees y te diré cómo piensas".

3. "La libertad de expresión no entiende de límites".

4. "¿Tienen los periódicos de papel los días contados?"

5. "¿Para qué sirve realmente la prensa del corazón?"

6. "Las noticias que se difunden en un país son un reflejo de su cultura".

8. Vocabulario temático: los medios de comunicación y la tecnología

Los siguientes términos y expresiones te ayudarán a expresar ideas concretas sobre los medios de comunicación y la tecnología.

Los medios de comunicación

Sustantivos

artículo, el
cartas al director, las
censura, la
contraportada, la
corresponsal, el/la
editorial, el
enviado/a especial, el/la
entradilla, la
exclusiva, la
imparcialidad, la

libertad de expresión, la
noticias falsas, las
objetividad, la
pie de foto, el
portada, la
prensa amarilla o sensacionalista, la
prensa rosa o del corazón, la
publicación, la
rueda de prensa, la
sección, la
subjetividad, la
suplemento, el
titular, el

Verbos

ahondar, profundizar en una noticia
difundir
dirigirse a un lector medio, especializado
ofrecer una información exhaustiva
propagarse (como la pólvora)
redactar una noticia
sacar a la luz
suscribirse a un periódico, una revista

La tecnología

Sustantivos

administrador/a del grupo, el/la
almohadilla, la
arroba, la
bloguero/a, el/la
blogosfera, la
brecha digital, la
ciberespacio, el
cibernauta, el/la
comunidad virtual, la
configuración, la
emoticonos, emojis, los
enlace, el o hipervínculo
geolocalización, la
gifs, los
iconos, los

influencer, el/la
infografía, la
interfaz, la
internauta, el/la
monitorización, la
navegador, el
plataforma, la
perfil, el
programador/a, el/la
protección de datos, la
realidad virtual, la
redes sociales, las
seguidor/a, el/la
usuario/a, el/la
usurpación/suplantación de identidad, la
youtuber, el/la

Verbos / colocaciones léxicas

abrir varias pestañas, un foro de discusión
actualizar un perfil, una web
agregar a un amigo a tu red social
almacenar información
arrastrar un archivo, una carpeta
bloquear a un/a usuario/a
cambiar la contraseña
colgar/subir un documento, una foto
comprimir un archivo
conectarse a la red
configurar una cuenta
crear un avatar, un contenido
chatear
dejar de seguir a alguien
descargar un archivo
editar una foto
eliminar el correo no deseado
encriptar los datos privados
engancharse a las pantallas
etiquetar una foto
filtrar un comentario
formatear el disco duro
hacer una captura de pantalla
hacerse viral una noticia, un vídeo
instalar una aplicación
pinchar en un icono

subir a la nube
tener conexión/cobertura

9. Actividades de corrección y estilo

Gramática

A. Corrige el único error gramatical que aparece en las siguientes oraciones. Si no lo detectas, subraya la información donde crees que se encuentra.

> **Ejemplo:** "Médicos sin Fronteras mostró aliviado por la liberación de un cooperante chileno secuestrado hace cuatro semanas".
>
> **Corrección:** "Médicos sin Fronteras <u>se</u> mostró aliviado...". (El verbo debe aparecer en la forma pronominal al existir una diferencia de significado entre *mostrar* y *mostrarse*).

1. El pasado 7 de febrero, la Comisión Europea aprobó un paquete de medidas para modernizar su infraestructura económica y impulsar el crecimiento.

2. El actual presidente ha exigido a los empresarios que escuchen el nuevo gobierno después de años de intervencionismo.

3. La influencia de las medias es también un problema acuciante porque constantemente nos bombardean con las mismas noticias.

4. La primer ministro fue vitoreada por los diputados tras quedar como la única candidata al liderazgo del partido.

5. Más de 100 países, entre ellos algunos con gobiernos negacionistas del cambio climático, ha ratificado ya el Acuerdo de París que entró en vigor la semana pasada.

6. Si sopesamos los pro y los contras de la cuestión, nos daremos cuenta de que no todas las noticias filtradas a los medios de comunicación son ciertas.

7. La famosa nadadora Mexicana disfruta en la actualidad del mayor número de medallas conseguidas por una deportista de natación sincronizada.

8. Se ha dado a conocer la noticia de que el gurú de la moda más rico del mundo ha deseredado a sus hijos al no haberse hecho cargo estos del negocio familiar.

Estilo

B. Transforma el estilo de la información que aparece subrayada en las siguientes oraciones.

> **Ejemplo:** "No se ha podido concluir el informe, <u>pues</u> no había datos suficientes".
>
> **Corrección:** "<u>puesto que</u> / <u>ya que</u> / <u>dado que</u> / <u>debido a que</u>" (El cambio contribuye a mejorar el registro).

1. En el acuerdo de paz entre el gobierno y la guerrilla se contempla el derecho de la pequeña y mediana propiedad rural <u>para</u> garantizar los derechos de los habitantes.

2. El cine más antiguo del mundo cerrará definitivamente en mayo debido a las dificultades económicas por las que <u>pasa</u>.

3. La principal asociación de periodistas independientes se encuentra <u>muy</u> preocupada por las normas de censura introducidas a nivel institucional.

4. El conocido escritor <u>dijo</u> que no podía revelar todavía ninguna información acerca de su próximo proyecto.

5. <u>Hubo</u> numerosos disturbios callejeros y altercados durante las manifestaciones en contra de la nueva ley antiinmigración.

6. Todavía no <u>ha sido creada</u> una normativa adecuada que regule los vehículos sin conductor.

7. La llegada del <u>hombre</u> a Marte se encuentra cada vez más cerca gracias al compromiso adquirido por las principales potencias mundiales.

8. Las aplicaciones de los móviles utilizan algoritmos, <u>o sea</u>, secuencias de operaciones que solucionan problemas y contribuyen a la mejora de su funcionamiento.

Capítulo 6
El texto publicitario

Objetivos

- Reconocer los principales rasgos estilísticos del lenguaje publicitario.
- Identificar los elementos comunicativos en un anuncio.
- Detectar los tópicos y estereotipos que transmite la publicidad.
- Distinguir entre el mensaje implícito y explícito.
- Aprender a reconocer los tipos de argumentos publicitarios.
- Diferenciar los objetivos de la publicidad comercial e institucional.
- Familiarizarse con los distintos formatos de anuncio publicitario.
- Crear el lenguaje metafórico propio de la publicidad.

Prácticas escritas

- Interpretar una imagen de un texto publicitario.
- Crear un eslogan.
- Elaborar argumentos publicitarios.
- Configurar una narración a partir de una publicidad.
- Interpretar el significado de un anuncio.
- Escribir un correo electrónico informal.
- Elaborar un artículo en el que se publicite un producto.

◆ ¿En qué consiste?

El texto publicitario trata de informar y persuadir a un público de la compra de un determinado producto o de la ejecución de una determinada acción. En él predomina la función conativa o apelativa del lenguaje, puesto que se quiere llamar la atención sobre aquello que se ofrece.

Los elementos que intervienen en la comunicación se distribuyen de la siguiente manera:

1. **El emisor** del mensaje es una empresa o entidad concreta, normalmente especializada en técnicas publicitarias.
2. **El receptor** es colectivo. Puede centrarse en distintos grupos (en los jóvenes, en las mujeres, en los hombres, en los ancianos, en determinadas profesiones, etc.). Por eso, muchas veces se recurre a **estereotipos**, puesto que se buscan características comunes que unen a estos grupos para captar su atención (ideas, gustos, actitudes, etc.), o bien a **tópicos** de la cultura para apelar así a la tradición o al prestigio.
3. **El objetivo** o intención comunicativa de la publicidad es dar a conocer un producto para captar a un futuro destinatario a partir de la información ofrecida y de la persuasión, por lo que lleva al receptor a adoptar determinadas conductas.
4. **El canal** o modo para difundir la publicidad es muy variado: a partir de los medios de comunicación (prensa, radio, televisión, cine, Internet, etc.); de cartas de empresas, folletos, catálogos, por correo postal; o a través de otros soportes (autobuses, marquesinas, camisetas, vallas publicitarias, bolsas, bolígrafos, etc.).
5. **El mensaje** se compone de códigos verbales y de no verbales (la imagen, el sonido, el color, la tipografía de las letras). El contenido puede ser directo, si difunde un producto para captar a un comprador, o indirecto, si además de intentar captar a un posible comprador transmite información objetiva. Por estas razones, a la hora de hacer las actividades se debe tener en cuenta el lenguaje denotativo (o mensaje explícito) y el connotativo (o implícito).

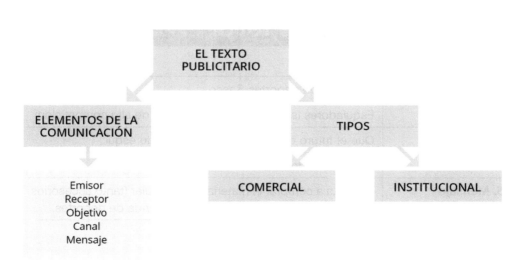

1. Los elementos de la comunicación en la publicidad

Actividad 1

1.a. Observa el ejemplo de análisis comunicativo del siguiente anuncio.

1. Emisor	La tienda de deportes Sasco.
2. Receptor	Esquiadores (sobre todo profesionales, de alta competición).
3. Objetivo	Que el futuro cliente compre artículos de esquí.
4. Canal	Por prensa, dentro de una revista especializada en deportes.
5. Mensaje	Se invita a comprar el material para esquiar (tanto accesorios como la ropa del esquiador) en esta tienda de deportes.

1.b. Ahora lee los siguientes anuncios e indica cuáles son los elementos de la comunicación.

1. Emisor	
2. Receptor	
3. Objetivo	
4. Canal	
5. Mensaje	

CUENTA NÓMINA

EL BANCO MÁS RECOMENDADO POR SUS CLIENTES

HAMACA

TUMBONA

¿A QUE NO SON IGUALES? PUES LAS CUENTAS NÓMINA TAMPOCO.
Unas te cobran por las tarjetas VISA.
La cuenta NÓMINA del banco ING DIRECT
te las da gratis.

1. Emisor	
2. Receptor	
3. Objetivo	
4. Canal	
5. Mensaje	

2. Los tópicos y estereotipos en la publicidad

Actividad 2

2.a. Como hemos comentado, muchas veces se utilizan estereotipos y tópicos para captar la atención de determinados receptores. Observa el siguiente ejemplo.

Estereotipos	El anuncio se dirige a un grupo concreto de hombres modernos y elegantes que quieren cuidar su piel.
Tópicos	Se apela a la tradición centenaria, al prestigio que le da al producto tener más de 130 años de antigüedad. Además, por un lado se indica la fecha y el lugar de origen del producto y por otro se busca también la modernidad cuando se dice que son "los productos del futuro".

2.b. Ahora fíjate en el anuncio que aparece a continuación y analiza los estereotipos y tópicos que se utilizan.

UNA PEQUEÑA BAYA.
UN PODEROSO ANTIOXIDANTE.

La baya de Acaí de Brasil es un "superalimento" debido al alto contenido de componentes antioxidantes polifenólicos tales como antocianidinas, flavonoides y proantocianidinas. La baya de Acaí de Brasil es además rica en proteínas, fibras, enzimas, vitamina E, aminoácidos, minerales, filosteroles y ácidos grasos esenciales.
Usadas tradicionalmente por las tribus amazónicas desde hace cientos de años para mantenimiento general de la salud y de la vitalidad.

Actividad 3

3.a. La siguiente publicidad pertenece a un anuncio radiofónico. Identifica qué producto se vende a partir de la información.

Este país es así:

asturianos de braveza,	dueños del sudor y el hacha.
vascos de piedra blindada,	Lo dijo Miguel Hernández.
valencianos de alegría	Y es que este país es así:
y castellanos de alma,	Espléndido.
andaluces de relámpagos	Y llama a las cosas por su
nacidos entre guitarras,	nombre:
extremeños de centeno,	al pan, pan y al brandy:
gallegos de lluvia y calma,	Espléndido.
catalanes de firmeza,	Porque España es como es,
aragoneses de casta,	buena gente, aquí se vive como
murcianos frutalmente	se bebe,
propagados,	cada uno a su manera.
y leoneses, y navarros,	Brandy, Espléndido: de Garvey.

3.b. ¿En qué tópicos sobre los españoles se apoya este texto publicitario? ¿En qué estereotipos se centra?

3.c. El anuncio se inspira en el poema "Vientos del pueblo me llevan" del poeta Miguel Hernández *(Vientos del pueblo,* 1936-37). ¿Cómo interpretarías el anuncio?

3. El significado del texto publicitario: lo implícito y lo explícito

Actividad 4

4.a. En la publicidad se utilizan mensajes explícitos e implícitos. Observa este ejemplo:

> Cuando pasa un tren, casi no pasa nada (*RENFE)*

Mensaje explícito: Publicidad de RENFE (Red Española Nacional de Ferrocarriles) para que la gente viaje en tren.

Mensaje implícito: Alude a que no se nota ni que viajas, a la comodidad de este medio de transporte.

4.b. Lee ahora estos textos publicitarios y explica cuáles son los mensajes explícitos e implícitos.

Anuncio 1

> PIÉNSALO. EL HOMBRE LLEGÓ A LA LUNA PORQUE
> DESEABA LLEGAR A LA LUNA.
> COCA-COLA. AHORA TÚ.

Anuncio 2

> El verano ya se fue.
> Pero el CALOR seguirá pegado a ti.
> (chaquetas Roc Neige colección invierno)

Anuncio 3

> Irlanda.
> Ni un alma en millas.
> ¿Por qué será que los pubs están tan abarrotados?
> EL WHISKEY DEL PAÍS QUE INVENTÓ EL WHISKEY.
>
> (publicidad de Jameson)

Anuncio 4

> En Iberia seguimos ajustando el cinturón a nuestros precios.

Anuncio 5

> Con Teka no volverás a limpiar el horno. ¡Cuelga los guantes!

4. Tipos de argumentos publicitarios

La publicidad puede apelar a argumentos:

1. **Racionales**: si se piensa en el consumidor como en alguien que adopta formas de conducta según las causas que conoce. Estos argumentos pueden ser **deductivos** (si parten de un principio general), **inductivos** (si presentan un caso particular) o **analógicos** (si se compara con otro producto o se cita su garantía).

   Ej. *Total, por un botellín... Total: 22.000 incendios destruyen cada año 50.000 hectáreas de superficie arbolada en España. Alterando nuestra flora y fauna más valiosa. Nuestra rica biodiversidad se ve afectada por miles de actos irresponsables. En todos está invertir este proceso. El Total es lo que cuenta* (campaña institucional del Ministerio de Medio Ambiente).

2. **Emocionales**: si se centra en el público al que se dirige, más que en el producto.

   Ej. *Donde algunos ven solo una carretera, tú ves una invitación a descubrir nuevas emociones. A mirar más allá para ver lo que otros no ven. Y ahora, tienes el mejor compañero de viaje para hacerlo. No, no es solo un automóvil. Es una nueva forma de sentir la carretera* (una marca de coches).

3. **Instintivos**: el público actúa por impulsos naturales y el producto (los dulces, la música, etc.) se concibe como algo que va más allá de lo tangible.

   Ej. *Si la receta de la publicidad consiste en saber disfrutar de cada instante, una copa de vino es uno de sus ingredientes. Vives en el mayor viñedo del mundo. El país de la exquisita y saludable dieta mediterránea. Quien bebe vino con moderación sabe disfrutar, comer, reír, compartir... Quien sabe beber, sabe vivir* (Ministerio de Agricultura).

4. **Subliminales**: si el mensaje incluye elementos que no resultan tan evidentes pero que igualmente percibe el consumidor.

Ej. *Se avecina tormenta. Disfruta* (unas botas de montaña).

En un mismo anuncio puede darse la combinación de varios de estos argumentos para llegar con más eficacia al público al que está dirigido.

Actividad 5

5.a. La publicidad se apoya en distintos argumentos para tratar de convencer al receptor de que compre un determinado producto. Lee este anuncio y observa los argumentos principales que utiliza.

215

Tipos de argumentos:

• **Racionales (analógicos):** se cita la garantía ("El espíritu de lo auténtico" y "Desde 1700").

• **Emocionales:** este anuncio se centra en una persona que lleva muchos años comiendo este chocolate y que desea que este hábito pase a sus hijos. En concreto, apela a la infancia y a la hora de la merienda (las tardes en el parque) y lo asocia a los momentos de juego (el balón; el pilla-pilla, que consiste en perseguir a un jugador y atraparlo) y de diversión (la expresión "pasárselo pipa", es decir, pasárselo bien).

5.b. A continuación te damos los textos de tres anuncios de prensa que quieren vender distintos modelos de coche. ¿Qué argumentos se ofrecen en cada uno para que el destinatario compre el automóvil?

Anuncio 1

> Nuevo Lancia Ypsilon. For **V**ery_**Y**psilon_**P**eople
> Tus amigos te copian, tus enemigos te envidian.
> Vas un paso por delante. Vives la vida al máximo.
> Consigues lo que quieres. Vistes como te apetece.
> Conduces lo que te gusta. Eres VYP.

Anuncio 2

> Todos conocemos la Belleza porque es bella
> Y por eso conocemos la Fealdad.
> Conocemos el Bien ya que es bueno
> Y por eso conocemos el Mal.
> La Forma nació con la Sustancia,
> La Facilidad con la Dificultad.
> El Largo es hermano del Corto,
> El Alto del Bajo,
> Y el Blanco del Negro.
> Eso es la Armonía.
>   (Lao Tzu, Tao te Ching)
>
> Conócete a ti mismo y descubre el nuevo Altea BLACK&WHITE. La pura belleza de su diseño perfecto. El puro espacio de su interior en piel clara. El puro placer de conducir con la mejor tecnología de serie. Esa es la Armonía y ya puedes conseguirla. Nuevo Altea BLACK&WHITE. Respeta tu espacio vital.

Anuncio 3

LA INSPIRACIÓN NO SIEMPRE ES EFÍMERA

La inspiración puede llegar en cualquier momento y desaparecer tan rápido como vino. Es caprichosa, se presenta sin avisar y convierte un momento fortuito en un instante mágico. Como el escultor da forma a un momento de belleza, nuestros diseñadores han conseguido recoger toda esa belleza en cada detalle del nuevo BMW Serie 5.

Una obra maestra en ingeniería que combina innovación y diseño. Con el nuevo BMW Serie 5, ahora la inspiración también se puede conducir.

5. La publicidad comercial y la institucional

Se distinguen básicamente dos tipos de publicidad: por un lado, **la comercial**, en la que se anuncian productos o servicios de consumo (el anuncio de un coche, un detergente, un reloj, una compañía telefónica). Por ejemplo: *¡Pásatelo pipa con las pipas!* (una marca de frutos secos). Y, por otro lado, **la institucional o de propaganda**, donde se anuncian líneas de conducta como las campañas políticas, las de impacto social (de tráfico, etc.), de prevención de enfermedades (lucha contra el cáncer, donación de sangre, etc.), resolutivas (de un problema como el tabaco, la violencia de género, etc.). Ej. *Cambia la bolsa de una vez por todas* (campaña para reducir el consumo de bolsas de plástico); *Danos la lata* (campaña de recogida de alimentos enlatados para hospitales).

Actividad 6

6.a. Lee estos anuncios e identifica uno que pertenece a la publicidad comercial y dos a la institucional. Justifica tus respuestas.

Anuncio 1

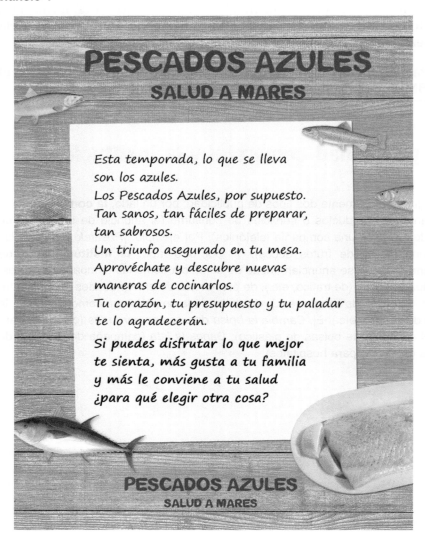

Anuncio 2

La cuchara, la sopa, y Knorr

Ah, la cuchara. Ese hermoso instrumento tan completo y tan fielmente entregado al placer y a la buena mesa. Y que logra, sola y orgullosa, transportarte a todo el mundo de sabor y bienestar.

Por eso, te invitamos a levantar tu chuchara, llena de nuestras nuevas, deliciosas y saludables cremas de verduras y dar gracias a tan maravilloso invento, que hoy con Knorr te permite disfrutar de sugerentes recetas en cualquier ocasión.

Gracias, cuchara.

Anuncio 3

100% Sabor
EL CHAMPIÑÓN
LA IDEA GENIAL

LIGERO
El alimento perfecto
para una dieta equilibrada
y sabrosa.

NUTRITIVO
Te aporta muchas
vitaminas que ayudan
el buen funcionamiento
corporal.

SALUDABLE
Contiene mucha fibra.

ENERGÉTICO
La energía es la fuerza
vital. Contiene calcio,
hierro, magnesio,
proteínas, yodo y zinc.

AGUA
Agua, la esencia
de la vida. El champiñón
europeo tiene un alto
contenido en agua que
beneficia directamente
al organismo.

6.b. Los anuncios 1 y 3 pertenecen a una campaña del Ministerio de Agricultura, Pesca y Alimentación de España. Completa la siguiente tabla.

	Destinatario(s)	Mensaje	Argumentos
TEXTO 1		• Explícito: • Implícito: *es salud para toda la familia.*	*Racionales: comprar pescado azul es comprar salud para toda la familia.*
TEXTO 3	*Toda la población*	• Explícito: *los champiñones no pueden faltar en la dieta habitual.* • Implícito:	

6. El formato del texto publicitario

Todo texto publicitario se compone de varios **elementos** que pueden ir ordenados según el propósito perseguido. Estos son:

- **El eslogan**. Es la frase que concentra el mensaje que se quiere transmitir. Muchas veces connota, sugiere.
- **El componente verbal** o texto principal. La tipografía de la letra utilizada informa del propósito del mensaje. Lo verbal va acompañado de alguna imagen.
- **El componente visual**. Es especialmente importante ya que proporciona mucha información del mensaje transmitido. Observaremos las imágenes seleccionadas, los colores, la distribución de los elementos de la fotografía.
- **El componente sonoro**, si se trata de textos radiofónicos, televisivos, cinematográficos.
- **La marca** o nombre del producto, reflejado por el propio nombre o a partir de un icono o un logotipo.

Además, el texto publicitario puede presentarse en diferentes **formatos**: narración (forma de relato, carta, postal); una escena de la vida real; un testimonio (si alguien narra su experiencia en relación con el producto); una noticia; una demostración (si muestra hechos); una comparación; una sátira, etc.

Actividad 7

7.a. Aquí tienes algunos eslóganes conocidos. Relaciónalos con el producto o servicio que crees que ofrecen. Hay cinco que no necesitas.

un gimnasio
un banco
una escalera
un colchón

"La chispa de la vida"
"Vamos al futuro, ¿subes?"
"Un gran tentempié"
"Usa tus alas"
"Frescor sin azúcar"
"Símbolo del descanso"
"El secreto está en la masa"
"Alimenta tu piel de vida"
"Siempre te tenemos en cuenta"
"Quítate un peso de encima"

viajar en tren
un chicle de menta
una bebida de chocolate
un frigorífico
un refresco de cola
una pizza
unos zapatos
viajar en avión
una esponja
una crema corporal
una cinta métrica

7.b. ¿Cuáles de los eslóganes anteriores te parecen más creativos? ¿Por qué?

Actividad 8

8.a. Junto al texto, la imagen crea mensajes simultáneos. Observa el siguiente cartel e indica las connotaciones que aporta el componente visual a esta campaña publicitaria contra el ruido. Fíjate en la imagen y describe: la cara/expresión del chico, el altavoz, los símbolos de la parte inferior del cartel, los logotipos, el tipo de letra utilizado.

8.b. Ahora, sin ninguna indicación, analiza la relación entre el texto y la imagen en la siguiente publicidad e interpreta su significado. Puedes describir lo que ocurre o crear una narración a partir de la imagen.

Actividad 9

9.a. El siguiente anuncio corresponde a la publicidad de una empresa de energía. Léelo y responde a las siguientes preguntas.

1. ¿Cuál es el objetivo de este texto publicitario?
2. ¿Quién es su destinatario?
3. ¿Por qué se citan diferentes inventos?
4. Fíjate en el formato. ¿Crees que se corresponde con el objetivo del anuncio? ¿Por qué?

9.b. Redacta un párrafo en el que expliques tu interpretación.

Actividad 10

10.a. La publicidad de un producto también se puede integrar en un artículo de prensa. Lee el siguiente texto y responde a las preguntas.

1. ¿Quiénes son los destinatarios de este artículo?
2. ¿Cuál es el mensaje principal?
3. Subraya dos de los argumentos en los que se apoya el texto para apelar al consumidor.

Jóvenes triunfan vendiendo dulces típicos mexicanos por Internet

Coloridos, afrutados, con chile, leche o miel. Son los dulces mexicanos, reflejo de una rica cultura y tradición que despierta pasión y, a la vez, nostalgia entre la comunidad hispana alrededor del mundo.

5 Los mexicanos residentes en el extranjero sienten la falta de productos originarios de su tierra, y es por ello que una empresa estadounidense decidió crear un servicio de suscripción y entrega a domicilio de cajas repletas de los dulces más populares. Mexitreat, con sede en San Diego (California), es una *startup* fundada por Saúl Torres y Ángel Beringuel, dos jóvenes criados en México que encontraron el éxito en este nicho de mercado dedicado a aplacar la nostalgia y los
10 caprichos de los expatriados que viven en Estados Unidos.

"Me di cuenta de que mucha gente extraña el dulce mexicano, que a veces es difícil de encontrar, y de que podía darles una alegría al traer a la puerta de su casa una caja sorpresa", explicó Torres en una entrevista telefónica con EFE. Barritas de tamarindo, mazapanes, rebanaditas, dulce de guayaba, jamoncillos y
15 borrachitos son aperitivos clásicos que no pasan de moda y que forman parte de los más de 30 productos que incluyen estas cajas de suscripción mensual, anual o trimestral.

En México existe una gran variedad de dulces en cada región, cuya historia está ligada a las raíces prehispánicas y coloniales, entre los cuales el tamarindo es el rey.
20 El pulparindo –popular marca comercial de este dulce–, se elabora en Guadalajara y está hecho a base de pulpa de tamarindo (fruto muy popular) y condimentado con azúcar, sal y chile, lo que la da un curioso sabor picante y agridulce, una combinación a la que el paladar mexicano está muy acostumbrado.

"No es solo un aperitivo, un bocado de pulparindo nos lleva de vuelta a
25 aquellos días en los que nos sentíamos libres para perseguir a los paleteros (vendedores de paletas y helados)", dice su página de Facebook. Torres aseguró que hay una demanda muy grande en el sector, por lo que en su tiempo libre se dedica a viajar por México en busca de nuevas exquisiteces que deleiten sus sentidos para ofrecer a sus clientes, y afirmó que, hasta el momento, les ha ido
30 "muy bien", sin precisar cifras de ventas. Algunos de los productos que comercializan traen sabores típicos de lugares como Oaxaca, Monterrey, Michoacán y Guanajuato.

"La meta era poner en la caja los dulces clásicos que todos conocemos, y además selecciones de otros dulces que no se conocen tanto", afirmó el joven. Y
35 es que en Estados Unidos 34,6 millones de personas son de origen mexicano, lo que representa más del 60% de la población hispana o latina en el país, según datos de la Oficina del Censo. En este sentido, la importación de productos mexicanos es una gran oportunidad de negocio, sobre todo en las ciudades y estados fronterizos. De hecho, varias empresas estadounidenses han adquirido compañías mexicanas,
40 como es el caso de Hersheys, la compañía fabricante de chocolate más grande del país, que compró la marca Pelón Pelo Rico.

La empresa no solo cuenta con fieles clientes en Estados Unidos: Canadá, Perú, Brasil, Australia, Japón, Corea del Sur y China son algunos de los países a los que han realizado envíos en el último año. "El 70% de los compradores son mujeres y
45 más de la mitad de los clientes fuera de Estados Unidos no son mexicanos, y eso me gusta mucho", aseveró Torres. La marca ha tenido tan buena acogida que la *startup*, o empresa emergente, ya busca ampliar el negocio con la venta al por mayor y una tienda en línea que incorpore productos individuales originarios de México. "Mi sueño es poder vivir de la marca", afirmó Torres, para quien los dulces son un recuerdo de su infancia.

Adaptado de: www.eleconomistaamerica.com/nacional

10.b. Trabajas en la empresa Mexitreat y un antiguo colega tuyo (casado y con 3 hijos) está interesado en conocerla y en saber más sobre estos dulces mexicanos. Escríbele un correo electrónico informal (unas 220-250 palabras) en el que:

* Le resumas la información principal de la empresa según el artículo anterior.
* Le comentes los posibles aspectos positivos y negativos que podría tener trabajar en esta empresa.
* Le animes a mandar su currículum.

Actividad 11

11.a. ¿Por qué formato opta este anuncio? ¿Cuáles son las marcas de este género?

11.b. A partir del modelo anterior, escribe un texto publicitario de unas 100 palabras en el que intentes convencer al receptor de la compra de uno de estos productos. Recuerda elegir un receptor, un eslogan, un mensaje con unos argumentos, etc.

1. Un salero   2. Unas gafas de bucear   3. Una almohada

7. Otros rasgos del texto publicitario

El texto publicitario se caracteriza por su libertad absoluta a la hora de construir el mensaje, ya que puede romper las normas ortográficas, gramaticales y léxicas para conseguir llamar la atención. A veces se caracteriza por su brevedad, por ejemplo, puede contener tan solo unas palabras o una imagen.

Rasgos morfosintácticos

1. **Ausencia de verbo en la frase para crear un mensaje más directo.**

   Ej. "Hoteles Meliá de mar. El mar en tus manos" (una cadena de hoteles)

2. **Formas no personales del verbo, como el infinitivo, para detallar las funciones del producto.**

   Ej. "In-Out Innovage. Lipo-Reductor Celulítico que ayuda a: estimular el alisamiento de la piel de naranja; reducir y movilizar la grasa localizada; re-estructurar localmente los tejidos y reducir la celulitis dura" (una crema)

3. **Empleo frecuente del modo imperativo y de tiempos verbales como el futuro y el condicional.**

   Ej. "Cámbiate a la suavidad" (desodorante Rexona)
   Ej. "Si fueras de tarjeta, serías ganador. Y si recargas 20€ o más, premio seguro" (una compañía de teléfonos)

4. **Uso de oraciones afirmativas que proporcionan contundencia al mensaje; uso frecuente de oraciones finales y causales.**

   Ej. "Algunos aparentan ser fuertes. Otros simplemente lo son. La experiencia y el conocimiento crean esquís, botas y fijaciones para el mejor comportamiento en la nieve" (accesorios de nieve)

   Ej. "Sanitas. Para lo que de verdad importa" (un seguro médico)

5. **Preferencia por la primera y segunda persona del singular y del plural.**

   Ej. "Soy como un adicto. Necesito liberar endorfinas. Correr es mi pasión. No descanso hasta que llego a la meta. Mi entrenador personal: Forerunner 405" (un cronómetro)

6. **Uso abundante de adjetivos que destacan las cualidades de lo que se anuncia; empleo del superlativo para ponderar.**

   Ej. "El primer y único suavizante que te ofrece una fragancia duradera en tu ropa" (Vernel)

Ej. "Tu Hogar es el lugar más importante del mundo. Bienvenido a la República Independiente de tu Casa" (Ikea)

7. Empleo habitual de adverbios.

Ej. "Pestañas increíblemente largas y curvas hasta 100° durante 12 horas gracias a Virtuôse de Lancôme" (un rímel)

Ej. "Blancos y colores visiblemente luminosos" (detergente Ariel)

8. Paralelismos.

Ej. "Aquí hay sabor, aquí hay Fundador" (un coñac)

Rasgos léxico-semánticos

1. Tecnicismos.

Ej. "Hemos desarrollado un dispositivo portátil inédito para la regeneración celular con una luz que desencadena un proceso bioenergético que reactiva la producción del colágeno" (Talika Light 590, luz pulsada anti-edad)

2. Préstamos lingüísticos, sobre todo del inglés, del francés, del italiano y del latín.

Ej. "Enjoy! Elegir un vestido de novia es una experiencia única" (tiendas Pronovias)

3. Formación de palabras nuevas.

Ej. "Lactourea. 40% Ultra hidratación" (una crema hidratante)

4. Juegos de palabras.

Ej. "Andalucía sabe. Elige nuestro saber y sabor cada día" (una región)

5. Expresiones idiomáticas.

Ej. "¡Visite Perú y disfrute del sabor que tanto estaba esperando! Y es que cuando se trata de Perú, la experiencia puede resultar: ¡A pedir de boca!"

6. Metonimias.

Cuando se produce entre dos palabras una contigüidad o proximidad de significados.

Ej. "El Rioja más reconocido en el mundo. Nueva York & Faustino Selección de Familia" (Bodegas Faustino, un vino)

7. **Metáforas.**

Cuando una palabra sustituye a otra y entre ambas hay una relación de semejanza. Contribuye a aumentar el léxico de una lengua. Algunos autores piensan que nuestra percepción del mundo es sobre todo metafórica y que no es solo una cuestión de lenguaje, sino de pensamiento y acción.

Ej. "Restaura la hidratación. Combate las líneas" (crema anti-edad de Clinique)

8. **Comparaciones.**

Ej. "El nuevo desodorante de roll-on se aplica con un movimiento suave y continuo, como una caricia"

9. **Contraposiciones.**

Ej. "Tamaño Mini. Placer Magnum" (un helado)

10. **Hipérboles o exageraciones.**

Ej. "Gillette presenta la nueva Venus Breeze. Disfruta de la suavidad de un mundo diseñado para nosotras. Descubre la Diosa que hay en ti" (cuchillas de afeitar)

Rasgos ortográficos

1. **Uso libre de las mayúsculas.**

Ej. "Supérate con medilast sport. El primer calcetín **LARGO** deportivo de compresión. El complemento indispensable para **AUMENTAR** tu rendimiento" (calcetines de deporte)

2. **Empleo abundante de los signos de interrogación y exclamación.**

Ej. "¿Arrugas? ¿Contaminación? ¿Estrés? ¡Acción reparadora! ClarinsMen ¡Que viva la piel del hombre!" (crema antiarrugas)

Rasgos fónicos

1. **Uso de onomatopeyas.**

Ej. "La casa de tus sueños… Sshh… buenas noches" (tienda de muebles Avanthaus)

2. **Rimas.**

   Ej. "Gallina Blanca Sofrito y trabajo que te quito" (una salsa de tomate)

3. **Aliteraciones.**

   Ej. "Bueno, bonito y barato" (frase típica que se suele oír en un mercadillo)

4. **Paronomasias.**

   Ej. "El que sabe, SABA" (marca de una TV)
   Ej. "Te falta… ¿TEFAL?" (marca de una sartén)

Actividad 12

12.a. El imperativo es una de las formas más empleadas en los textos publicitarios ya que pertenece a la modalidad apelativa. Tiene muchas funciones que dependen siempre del tono en el que se expresen. Observa esta tabla para comprobarlo.

Función	Ejemplo
1. Dar una orden	¡Cambie ya de televisor!
2. Aconsejar, hacer sugerencias	Mantenga este medicamento fuera del alcance de los niños.
3. Dar instrucciones	Busque, compare y, si encuentra algo mejor, cómprelo.
4. Invitar a alguien o a algo	Ven a nuestras tiendas y encontrarás lo que buscas.
5. Ofrecer algo	Coman, coman estos deliciosos bombones. Todo un placer.
6. Hacer peticiones	SAL NATURAL. La auténtica. Pásamela, por favor.
7. Expresar una condición	Entre en nuestra página web y encontrará todas las ofertas a precios de risa.
8. Conceder permiso	Pasen, pasen, a la república independiente de su casa.

Función	Ejemplo
9. Con imperativos gramaticalizados (mira, oye, venga, vaya, anda, toma,...) se ha perdido su valor original y se utilizan según los contextos para: • llamar la atención • expresar sorpresa • animar a la acción	*Mira, mira el nuevo FIAT para familias numerosas. No encontrarás otro igual.* *Oye, no te quedes sin tu desayuno preferido. Prueba los nuevos cereales de Nestlé y sabrás lo que es un buen desayuno.* *Venga, corre a nuestros supermercados y escoge la calidad. No lo pienses más.*

12.b. Señala qué función o funciones tiene el imperativo en los siguientes textos publicitarios. Puede haber más de una opción.

Anuncio 1

CURSO DE TÉCNICAS DE ESTUDIO
Memoria y Concentración

¡CELEBRA TU ÉXITO CON PASCAL!

• ORGANÍZATE Y PROGRAMA TU TIEMPO ADECUADAMENTE.
• MEJORA TU MOTIVACIÓN Y POTENCIA TU AUTOESTIMA.
• UTILIZA TÉCNICAS DE TRATAMIENTO DE LA INFORMACIÓN.
• MEJORA TU CONCENTRACIÓN.
• APRENDE A TOMAR APUNTES.
• MEMORIZA DE FORMA COMPRENSIVA Y EFICAZ.
• APRENDE A REALIZAR LOS EXÁMENES CON ÉXITO.

INSTITUTO PASCAL

Anuncio 2

Lo que necesitan urgentemente
NO SON UNOS ZAPATOS
Lo que necesitan, es tener una vida digna
APADRINA UN NIÑO
Contribuye al desarrollo de su comunidad

AYUDA EN ACCIÓN

Anuncio 3

> Descubre el frescor
> del pepino y el té verde
> en tus axilas
> Dove go fresh con ingredientes
> naturales:
> Extracción de pepino y té verde.
>
> Go fresh

Actividad 13

13.a. Estos eslóganes reflejan diferentes rasgos. Agrúpalos en esta tabla según el recurso que se emplee. Hay dos eslóganes para cada característica. Fíjate en los ejemplos.

paralelismos	expresiones idiomáticas	juegos fónicos y rimas	frases nominales	estructuras condicionales
2		1, (rima entre "plin/ Pikolín"),		

1. *A mi plin, yo duermo en Pikolín.* (Colchones)
2. *Metal que se limpia con Netol, metal que brilla como el sol.* (Producto de limpieza)
3. *Tienes algo, tienes don.* (Colonia Don Algodón)
4. *Rexona, el desodorante que no te abandona.*
5. *Si no queda satisfecho, le devolvemos su dinero.* (Tiendas El Corte Inglés)
6. *Calor de hogar.* (Marca de un café, Nescafé)
7. *Busque, compare y, si encuentra algo mejor, cómprelo.* (Detergente Colón)
8. *Nuevas Pringles. ¡Diversión por un tubo!* (Patatas fritas en un envase en forma de tubo)
9. *Clearasil. La ciencia de la belleza.* (Crema de granos)
10. *Con Tulipán, cada día crecer es pan comido.* (Una mantequilla)

13.b. Señala los recursos que encuentres en este anuncio comercial. Para facilitarte la tarea, completa la siguiente tabla. Fíjate en los ejemplos.

Morfosintácticos	• Usos del infinitivo (sabe a ganar, a estar atados, a descubrir...)
Léxico-semánticos	• Metonimias (¿A qué sabe Asturias en Gijón?)
Ortográficos	
Fónicos	

¿A qué sabe Asturias en Gijón?

Gijón sabe a saber saborear. A ganar en Norte sin perder la orientación, a estar atados solo a la libertad, a empaparse de ¡holas! en cada esquina, a dorarse en el juego lento de noches y días. Sabe a descubrir quiénes somos dejando de ser nosotros, sabe a todo y sabe a poco, sabe a sabiduría de siglos, sabe a sabernos en casa. Sabe a la tierra con un paraíso dentro de otro, donde la luz se hace de encargo solo para tus ojos, donde los árboles tienen madera de sabios, donde los sabios tienen arrugas de árboles...

Asturias con sal

GIJÓN

Adaptado de: www.gijon.info

13.c. Ahora crea un nuevo anuncio utilizando algunos de los recursos vistos y haz un análisis como en la actividad 13.b.

8. Las marcas publicitarias y el lenguaje metafórico

La **metáfora** es un recurso semántico utilizado por parte del hablante de una manera más habitual de lo que se piensa. Cuántas veces se puede escuchar: "Echa dos dientes de ajo al asado" o "Me he dado un golpe con el pico de la mesa". Es decir, se trata de un recurso integrado en el **lenguaje cotidiano**. Algunas veces, el término real que se nombra se identifica con otro buscando describirlo a partir de algo semejante o parecido: "Ese atleta es un rayo". O bien, en otras ocasiones, el término que se quiere describir o calificar se sustituye por otro: "Nubes de algodón" o "El invierno de la vida". Sin ser conscientes de este empleo, el hablante hace uso de un **lenguaje connotativo** cargado de sentido emocional que contribuye a ampliar el significado de las palabras. No es un recurso exclusivo de la literatura. Como ya se ha señalado, la publicidad recurre a él con frecuencia para conectar con la psicología de un determinado receptor a través de un mensaje bien pensado con un fin claro: vender un determinado producto o idea.

Este lenguaje se puede extender a cualquier texto, ya sea formal o informal. Se utiliza para darle mayor expresividad al lenguaje: *una ola de crímenes; una ola de calor; los surcos de la vida; un sorbo de placer; un poso de tristeza; la raíz del problema; un abanico de posibilidades; no tiene ni pizca de importancia; una ráfaga de ideas, la columna vertebral del Estado; ser una inyección de liquidez*, etc.

Actividad 14

14.a. En el lenguaje cotidiano se emplean habitualmente varias marcas comerciales para designar diferentes productos de manera genérica. ¿Sabrías decir a qué productos corresponden estas marcas? Relaciona las dos columnas como en el ejemplo.

1.	una cocacola	a.	una batidora
2.	una casera	b.	una gaseosa
3.	un chupa chups	c.	una rosquilla
4.	un donuts	d.	un tampón
5.	un bollycao	e.	una moto
6.	un celo	f.	un apósito
7.	un tippex	g.	un corrector
8.	un túrmix	h.	~~un refresco de cola~~
9.	una vespino	i.	un pañuelo de papel
10.	una tirita	j.	una cinta adhesiva
11.	un tampax	k.	un chico guapo
12.	un kleenex	l.	un caramelo con un palo

14.b. Lee el siguiente artículo y comprueba tus respuestas anteriores.

ASPIRINA, DONUTS, CELO... son marcas que han dado nombre a una gama de productos

¿Ha escuchado a alguien pedir en un bar un refresco de cola? Seguramente no, dado que cualquier camarero del mundo entiende el genérico cocacola —aunque luego te ponga una pepsi–. ¿Se le ocurre algún nombre, aparte de velux, para denominar la ventana que se coloca en el tejado? Se conoce como marcas genéricas a aquellos productos que han trascendido la categoría de marca comercial para designar enteramente una categoría de productos.

PARA UN TENTEMPIÉ:
* Coca-Cola
  Logró convertirse en sinónimo de bebida carbonatada con extracto de cola por su condición de pionera en el segmento. El término no está aceptado por la Real Academia Española.
* La Casera
  Ha logrado la misma condición respecto a las gaseosas gracias a su publicidad: La Casera, pídala en todas partes, un mandato disfrazado de eslogan que ha acabado por convertir en estándar el vino con casera.
* Chupa Chups
  Uno de los inventos españoles más celebrados —y vendidos– es la marca genérica con la que se conoce en medio mundo a los caramelos con palo incorporado.
* Donuts
  Nombre con el que Panrico bautizó a la rosquilla dulce que en EE.UU. se conoce como doughnut —la misma pronunciación para una ortografía mucho más complicada— y en muchos países hispanohablantes como dona. Nacidos en los años sesenta, los donuts son los abuelos de los donetes y de los bollycaos, marca que ha acabado designando a los y a las adolescentes de buen ver, también conocidos como yogurines.

EN LA OFICINA:
* Papel celo
  La oficina, epicentro de las invenciones tecnológicas del mundo empresarial, ha dado un puñado de genéricos al diccionario. Entre ellos están el papel celo (comercializado inicialmente bajo la marca O-Cel-O) o el ubicuo post-it, productos ambos del gigante norteamericano 3M.
* Tippex
  Las tachaduras pasaron a mejor vida cuando una secretaria inventó el tippex, ese líquido milagroso que devuelve al papel su blanco original.

COSAS DE CASA:
- Turmix y Vaporeta
Si por la oficina entra el *hightech* laboral, por la cocina lo hace el doméstico. Es por ello que la batidora de vaso siempre se la llamó aquí túrmix y el artefacto de limpieza a presión, vaporeta. No están en el diccionario.
- Cristasol y picadora Moulinex
Hasta que no se demuestre lo contrario, el líquido para limpiar las ventanas se llama cristasol y la máquina de trocear ajo y perejil se conoce como (un, dos, tres) picadora moulinex.

SOBRE RUEDAS:
- Jeep
Hasta que llegaron los 4x4, la gente se refería a los vehículos todoterreno como jeeps (pronunciado yips), haciendo una metonimia del fabricante Jeep, creador del venerable vehículo de doble tracción que ayudó a los aliados a vencer en la segunda guerra mundial. El término no está aceptado por la RAE.
- Vespino
Del mismo modo, durante décadas la vespa y la vespino definían sus respectivas categorías de motos de baja cilindrada, hoy bastante más conocidas por el nombre de scooters.

EN EL BOTIQUÍN:
- Aspirina
La marca se impone en la farmacia, el territorio de los genéricos. La aspirina que todos pedimos en la botica no es otra cosa que la marca comercial del ácido acetilsalicílico, un medicamento diseñado por Bayer.
- Tiritas
Es la marca con la que comercializa el comerciante Hartmann esos apósitos adhesivos para cubrir heridas y que hasta la propia Real Academia reconoce como término en su diccionario.
- Tampax
La que aún no tiene entrada en el diccionario es la palabra tampax, el modo popular y fino de llamar a los tampones, para Procter&Gamble, que los fabrica.
- Kleenex
Si algún producto de higiene se lleva la palma en cuanto a genérico ese es el kleenex, el pañuelo de papel que llegó para acabar con los pañuelos con iniciales bordadas en la tela. La castellanización de la marca ha derivado hasta en singular: "Dame un clin".

Iñaki Berazaluce, "Aspirina, Donuts, Celo...", *20 Minutos*

Actividad 15

15.a. Lee este anuncio. ¿Con qué se relaciona este vino?

¿Hay algo más exclusivo que un Diamante?

En Bodegas Franco Españolas
Tenemos uno que queremos
Presentarle

RIOJA

15.b. La asociación de una palabra con otra, con la que se establece una relación de semejanza, se conoce con el nombre de metáfora. En el ejemplo anterior, el vino se relaciona con un diamante, es decir, con una piedra preciosa o joya, por lo tanto, con el significado de calidad.

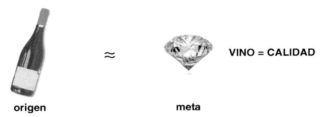

origen   meta

¿Qué asociaciones se establecen en los anuncios siguientes? Destaca también el elemento del que se parte (origen) y al que se llega (meta).

1. *Ven a nuestras mejores playas. Hazlo por ti, que eres un sol.*
2. *Viaja en metro. Tu tiempo es oro.*
3. *Combate las cucarachas con Cucal. Tendrás la batalla ganada.*
4. *Conduzca con los cinco sentidos. La vida no es un juego.*
5. *Toma Ron Cacique. El oro negro.*

Actividad 16

16.a. Un gran número de metáforas se forman mediante relaciones de semejanza con las partes del cuerpo, los animales, la naturaleza o con campos semánticos concretos (la guerra, la religión, etc.). Observa estas imágenes. ¿Con qué parte del cuerpo humano o animal las asociarías? Escoge entre BOCA / PATA / LENGUA / PICO / DIENTE / OJO.

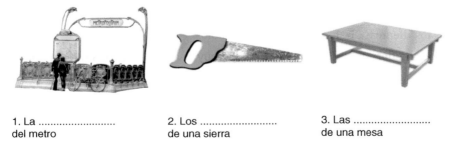

1. La ....
del metro

2. Los ....
de una sierra

3. Las ....
de una mesa

16.b. Escoge una de estas partes del cuerpo humano o animal para formar metáforas como en el ejemplo.

> **Ej.** Se dice que la forma geográfica de España es como *una piel* de toro.

> a. un ala   b. una piel   c. un pie

1. A mi madre le han salido .... de gallo en el contorno de ojos.

> a. alas   b. patas   c. uñas

2. Ese famoso está en .... del huracán.

> a. el ojo   b. la oreja   c. el pie

3. Lleva una camiseta muy bonita de .... de cisne.

> a. pata   b. pelo   c. cuello

4. Si miras por .... de buey del barco verás el mar.

> a. el ojo   b. la piel   c. el diente

5. Se le puso .... de gallina al saber la noticia.

> a. el pelo   b. la cabeza   c. la piel

6. Me encantan .... de gato. Bueno, en general, todo lo que sea de chocolate.

> a. las lenguas   b. los bigotes   c. las orejas

7. Ese político tiene .... de trapo, habla de manera torpe y confusa.

> a. una lengua   b. una boca   c. una garganta

8. Este médico tiene .... de santo, siempre acierta con lo que receta a sus pacientes.

> a. pie   b. mano   c. rodilla

9. ¡Vaya .... de víbora que tiene! No hace más que hablar mal de todo el mundo.

> a. diente   b. cabeza   c. lengua

10. .... de león es una planta que se utiliza para proteger el hígado.

> a. La mano   b. El pico   c. El diente

11. .... derecha del edificio está vacía.

> a. El ala   b. La mano   c. La pata

12. ¿No te parece que tiene .... de besugo, muy saltones?

> a. los dientes   b. los ojos   c. los labios

13. Empezó a tener .... de naranja muy joven y la celulitis cuesta quitarla.

> a. la pierna   b. la cabeza   c. la piel

14. Tiene .... de piñón, muy pequeñita.

> a. una boca   b. una lengua   c. una mano

16.c. Otras metáforas se forman a partir de denominaciones que se han ido configurando con el paso del tiempo y que pueden ser útiles alternativas estilísticas. Relaciona las siguientes.

1. Las arcas del Estado	a. La Unión Europea
2. El gigante asiático	b. El Vaticano
3. El Viejo Continente	c. América
4. El telón de acero	d. Hacienda
5. El cuarto poder	e. Japón
6. El séptimo arte	f. China
7. El Nuevo Mundo	g. Diferencia entre Europa del este y oeste
8. El país del sol naciente	h. El cine
9. La Santa Sede	i. El periodismo
10. El grupo de los 27	j. Europa

Actividad 17

17.a. Lee la siguiente noticia sobre el objeto de una subasta.

Vuelve a subastarse en eBay un sándwich "divino" tras haber sido vetado en el sitio

La empresa de subastas por Internet eBay vuelve a acoger en su oferta de subastas un emparedado de queso derretido mordido, hecho hace diez años y en el que, según su dueña, se puede ver la imagen de la Virgen María, tras haberlo retirado por
5 considerarlo 'una broma'.

Diana Duyser, de la ciudad estadounidense de Holly-wood, en el estado de Florida, sacó el emparedado a subasta la semana pasada y atrajo ofertas de hasta 22.000 dólares. Ahora la puja está por encima de 16.000 dólares.

10 Según Hani Durzy, portavoz de eBay, la página en la que se ofrecía el "emparedado sagrado" fue visitada 100.000 veces antes de que fuera cancelada el pasado domingo –cuando el plazo de pujas debía terminar–, por considerar la compañía que no cumplía con los regla-
15 mentos, que "no permite incluir en las subastas artículos

Imagen del emparedado (eBay)

que pretenden ser una broma". Pero parece que la 'broma' va muy en serio.

Duyser, diseñadora de joyas y que ha vendido artículos a través de eBay desde hace dos años, aseguró que no hay ningún chiste en el emparedado que, "además, no ha mostrado signos de podredumbre en todos estos años".
20 "¡No sé cómo me hacen esto!" dijo la mujer de 52 años, quien agregó que creyó que subastarlo era la mejor manera de "compartirlo con el mundo". Duyser

relató que hizo el emparedado hace una década con pan blanco y queso amarillo, cocinándolo sin aceite o mantequilla.

25 "Después de darle un mordisco me di cuenta de la imagen. Me miraba fijamente y mi primera reacción fue de temor, pero luego me di cuenta de lo especial que es. La puse en una caja de plástico con algodones y la he guardado con respeto todos estos años", agregó.

Agencia EFE, *El Mundo*

17.b. Consulta la página de eBay y busca un objeto curioso. Después, elabora un artículo de unas 300 palabras en el que hagas publicidad sobre el objeto que has elegido. Piensa en un eslogan, un receptor, un mensaje e incorpora las diferentes características del lenguaje publicitario que has aprendido a lo largo de este capítulo.

Actividad 18

Escoge uno de los temas que te proponemos a continuación y elabora un texto expositivo-argumentativo de unas 500 palabras. Incorpora vocabulario y expresiones relacionadas con el tema elegido.

1. "La publicidad fomenta el culto a uno mismo"
2. "Una televisión pública no debería mostrar anuncios"
3. "La publicidad contribuye a romper estereotipos"
4. "¿Por qué algunas personas son víctimas de las marcas?"
5. "El humor: un poderoso aliado de la publicidad"
6. "¿Cómo poner límites a la publicidad no deseada?"

9. Vocabulario temático: el mensaje, el formato y el producto

Los siguientes términos y expresiones te ayudarán a analizar y describir un texto publicitario según las características del lenguaje utilizado, el mensaje que se quiere transmitir y el formato con el que se presenta un producto.

El lenguaje y el mensaje

comercial
convincente
connotativo
convencional
creativo
denotativo
directo
eficaz
emocional
estereotipado
explícito
impactante
implícito
indirecto
inmediato
institucional
intrusivo
metafórico
persuasivo
racional
simbólico
subliminal

El formato

anuncio, el
canal, el
cartel, el
catálogo, el
composición, la
cuerpo del texto, el
diseño gráfico, el
encabezado, el
eslogan, el
firma, la
folleto, el

imagen, la
logotipo, logo, el
marca, la
propaganda, la
publirreportaje, el
telepromoción, la
valla publicitaria, la

El análisis de un producto, un anuncio o una campaña

Con este producto se capta la atención / el interés sobre / por...
El canal utilizado para presentar el producto es...
El mensaje que se transmite...
El mensaje implícito que subyace en este anuncio es...
El contraste entre las imágenes hace que el espectador ancle la mirada en...
El público al que se dirige esta publicidad es...
El receptor no aparta la atención del producto...
Esta campaña cuenta con el patrocinio de...
La imagen se caracteriza por...
La propia composición del anuncio denota...
Las características principales de esta campaña son...
Las técnicas de persuasión utilizadas son...
Los colores utilizados pueden simbolizar...
Los principales rasgos léxico-semánticos que encontramos en esta publicidad consisten en...
No se llama la atención del producto, se busca convencer al oyente de...
Se enriquece el mensaje con emociones...
Se incita a la compra de un producto...
Se manifiestan estereotipos muy marcados porque...
Se observa el uso de un lenguaje metafórico para...
Se trata de modificar el pensamiento del consumidor, ya que...
Se utiliza el humor / la descripción para atraer al comprador...
Se ven tópicos publicitarios para argumentar a favor de la excelencia de una marca...

10. Actividades de corrección y estilo

Gramática

A. Corrige el único error gramatical que aparece en las siguientes oraciones. Si no lo detectas, subraya la información donde crees que se encuentra.

Ejemplo: "El consumerismo puede suponer una adicción para algunas personas".
Corrección: "El consumismo..." (Se trata de un sustantivo inexistente).

1. La última guía de viajes de "Lonely Planet" se ofrece algunos de los desiertos más impresionantes del planeta, escenarios de fenómenos extraños y formaciones insólitas.

2. Por ello, el principal objetivo de la publicidad es conseguir que su mensaje lleguen a los espectadores.

3. Los anuncios de empresas o Instituciones públicas cuyos mensajes tienen como finalidad influir en nuestra conducta de forma importante, resultan beneficiosos.

4. A pesar de todo, podemos considerar que muchas veces la publicidad transmite mensajes que sus objetivos no consisten en buscar nuestro propio bienestar y felicidad.

5. Muchos publicistas utilizan estrategias publicitarias subliminales, que se introducen a nuestra mente y afectan a nuestra conducta.

6. La publicidad no es perjudicial siempre cuando seamos dueños de nuestras propias decisiones.

Estilo

B. Transforma el estilo de la información que aparece subrayada en las siguientes oraciones.

   Ejemplo: "Las distintas marcas comerciales sacan productos para mejorar la calidad de vida de los consumidores".
   Corrección: "lanzan / promocionan / comercializan" (El cambio contribuye a mejorar la precisión léxica).

1. La publicidad tiene un papel importante en una empresa, por lo que se podría afirmar que constituye una herramienta estratégica.

2. La publicidad engañosa se vale de mensajes que inducen al consumidor a adquirir productos que no reúnen los requisitos que se publicitan.

3. La mayor parte de la publicidad es transmitida cuando la mente del espectador se encuentra totalmente relajada y el subconsciente lo absorbe todo.

4. Este tipo de estrategias se emplean para incrementar el número de ventas de un producto u obtener resultados beneficiosos a corto plazo del producto.

5. Algunos medicamentos que se anuncian en los medios tienen numerosos efectos secundarios por lo que es necesario leer bien el prospecto.

6. Los comerciantes han sacado a la venta productos más baratos de los que suelen comercializar en el mercado como, por ejemplo, accesorios o fragancias.

Capítulo 7
El texto jurídico y administrativo

Objetivos

- Analizar las características de los textos jurídicos.
- Aprender a estructurar algunos textos administrativos.
- Distinguir entre diferentes textos jurídicos y administrativos.
- Familiarizarse con latinismos propios de un texto jurídico.
- Comprobar la utilidad de estos textos en un ámbito profesional y público.

Prácticas escritas

- Redactar una instancia.
- Completar una hoja de reclamación.
- Resumir el contenido de una carta comercial.
- Elaborar un currículum vitae.
- Escribir una carta de presentación.
- Redactar una carta de recomendación.

◆ ¿En qué consiste?

Los textos jurídicos y administrativos ofrecen al ciudadano una serie de **pautas para poder convivir en la sociedad**. Según el ámbito social al que se adscriben se utiliza el término de texto jurídico-administrativo, por lo tanto, se trata de un registro o un **lenguaje especializado**: las relaciones que se dan entre los poderes públicos (la Administración, las instituciones, etc.) y el ciudadano. Según la intención comunicativa que persiguen se conocen también como textos prescriptivos, directivos o instruccionales. No resulta fácil diferenciar entre lenguaje jurídico y administrativo. Podemos decir que el primero procede de las leyes relacionadas con el poder legislativo y judicial, y que el segundo está relacionado con el poder ejecutivo.

Existen diferentes clasificaciones de los textos administrativos según sean su emisor, su destinatario y su función. Cuando el emisor es la administración y el destinatario es el ciudadano, los textos se clasifican en **informativos** (ej. la circular, el saluda, la carta, el correo electrónico); **resolutivos** (ej. la notificación, el requerimiento, la sentencia, el edicto); **normativos/prescriptivos** (ej. la ley, el decreto, el reglamento, la orden) y **fedatarios** (ej. el acta, la memoria, la certificación). Si el emisor y el destinatario es la Administración, el texto puede ser **un informe** o **un oficio**. Por último, cuando el emisor y el destinatario es el ciudadano, el texto puede ser **un contrato**.

Otras clasificaciones dividen estos textos en: **documentos de los ciudadanos** (ej. la solicitud, la denuncia, las alegaciones, los recursos administrativos, las quejas y las sugerencias); **documentos de decisión** o **normativos** (ej. los acuerdos, las resoluciones); **de transmisión** (ej. las comunicaciones, las notificaciones, las publicaciones y los saludas); **de constancia** (ej. las actas y los certificados) y **de juicio** (ej. los informes, los oficios).

1. La estructura del texto jurídico y administrativo

En líneas generales podemos decir que la estructura depende del tipo de texto en cuestión y, también a veces, del país hispanohablante en el que se haya redactado, por lo que no existe un único modelo. Son todos esquemas bastante rígidos que están fijados de antemano. La instancia, el acta, el certificado, el contrato, la circular y los formularios son textos administrativos, mientras que la demanda, la sentencia, el edicto o las leyes pertenecen al ámbito jurídico.

1. **LA CIRCULAR**
   a. **Número de la circular** (situado en la parte superior derecha de cada una de las hojas) seguido del organismo que la dicta.

   b. **Título:** expresa la materia de que trata.

   c. **Cuerpo.**

      – justificación de los motivos de la circular.

      – desarrollo de las normas e instrucciones.

   d. **Cierre; lugar y fecha; firma y sello.**

2. **EL ACTA**
   a. **Encabezamiento o título:** recoge el carácter de la reunión seguido de la fecha y hora, ambas escritas en letra, y el lugar.

   b. **Relación de asistentes y ausentes a la reunión.**

   c. **Orden del día:** se enumeran los temas que se abordarán en la reunión.

   d. **Deliberaciones y acuerdos a los que se llega.**

   e. **Cierre y firma y sello** en todas las hojas por parte del presidente y del secretario.

3. **EL CERTIFICADO**
   a. **Encabezamiento o título:** expresa de forma clara el contenido del certificado y los datos personales del emisor. Se hace en tercera persona y con la palabra "CERTIFICA".

   b. **Cuerpo:** se detallan los hechos que se quieren garantizar.

   c. **Cierre:**

      – fórmula de certificación, efectos, datos del solicitante y lugar y fecha de emisión (en letra).

      – firma y sello.

4. **EL CONTRATO**

   a. **Título:** se especifican las partes que intervienen y se describe brevemente el objeto del contrato.

   b. **Lugar y fecha.**

   c. **Identificación** de las partes del contrato (con nombre, número del documento nacional de identidad, número o código de identificación fiscal y cargo).

   d. **Antecedentes administrativos:** se indica la resolución mediante la cual se aprueba el objeto del contrato.

   e. **Cuerpo:** se describe la finalidad del contrato a partir de una serie de cláusulas.

   f. **Cierre:** consentimiento y firma de ambas partes.

5. **LA INSTANCIA o LA SOLICITUD**

   a. **Encabezamiento:** datos del solicitante.

   b. **Cuerpo:** se redacta en primera o tercera persona. Consta de dos partes:

      – exposición de los hechos y motivos por los que se presenta la instancia. Se introducen por la palabra "EXPONGO/EXPONE" en mayúscula. El último párrafo termina con una coma para relacionarlo con el siguiente con algún conector del tipo "por todo ello", "en consecuencia", "y por esto".

      – petición o solicitud concreta introducida por la palabra "SOLICITO/SOLICITA", de nuevo en mayúscula.

   c. **Cierre.** Consta de tres partes:

      – fórmulas de cortesía con las que se cierra la petición.

      – lugar, fecha y firma del solicitante.

      – la autoridad a la que va dirigida la instancia (en mayúsculas).

6. **LA DEMANDA**

   Es muy similar a la instancia. Sin embargo, después de la exposición de los hechos y motivos, se incluye lo que se denomina **fundamentación de derecho**, en la que se hacen explícitas las leyes en las que se apoya la demanda.

7. **LA SENTENCIA**

   a. **Encabezamiento:** lugar y fecha.

   b. **Antecedentes de hecho:** se analiza la documentación que se aporta.

   c. **Hechos probados:** se relatan los hechos que han sucedido.

   d. **Fundamentos de derecho:** se citan las leyes que se aplican.

   e. **Fallo o resolución tomada.**

8. **EL RECURSO**

   a. **Encabezado:** nombre del que interpone el recurso y el de la autoridad contra la que se interpone.

   b. **Descripción de los hechos:** describir lo más relevante.

   c. **Fundamento jurídico:** señalar algunos artículos de la Constitución que se hayan quebrantado.

   d. **Ofrecimiento de prueba:** documental o algún testigo.

   e. **Petición:** decir qué se pide.

   f. **Indicación para recibir la notificación:** lugar donde se debe notificar al demandado.

   g. **Firma:** de la persona que escribe el recurso.

9. **LA LEY**

   a. **Título:** nombre, número y fecha en la que se publica.

   b. **Fórmula de sanción real.**

   c. **Preámbulo o exposición:** se exponen los motivos de la ley.

   d. **Cuerpo de la ley:** se divide en títulos y capítulos que se componen de artículos.

   e. **Parte final:** incluye anexos, disposiciones adicionales, etc.

   f. **Fórmula fija** de mandato, lugar, fecha y firma del Rey junto a la del Presidente del Gobierno.

Actividad 1

Relaciona los siguientes tipos de textos jurídicos y administrativos con las definiciones que aparecen debajo.

SENTENCIA	EDICTO	LEY	INSTANCIA	CIRCULAR
ACTA	CONTRATO	CERTIFICADO	DEMANDA	RECURSO

1. ....: relación oficial escrita de lo tratado o acordado en una junta o reunión (por ejemplo, se recoge lo dicho en una reunión de vecinos, o se hace una relación de las calificaciones académicas de un alumno).

2. ....: escrito que atestigua la validez de alguna cuestión (por ejemplo, se entrega al terminar un curso de formación).

3. ....: acuerdo formalizado en el que varias partes consienten en prestar algún servicio. Pueden ser de varios tipos: de alquiler, de seguros, de trabajo, de servicios, etc.

4. ....: comunicación o aviso de carácter interno enviado con el mismo contenido a varios destinatarios. Su contenido es muy variado.

5. ....: texto que inicia cualquier proceso o juicio. La parte que la solicita exige que se garanticen sus derechos.

6. ....: aviso de un tribunal en los medios de comunicación, etc., para hacerlo llegar a personas cuyo dominio se ignora.

7. ....: escrito, redactado generalmente con cierto formulismo, en el que se pide oficialmente algo.

8. ....: norma jurídica que procede del poder legislativo.

9. ....: texto que se interpone contra una resolución o sentencia.

10. ....: texto que ofrece una resolución judicial a un proceso.

Actividad 2

Observa las partes destacadas de estos textos. ¿De qué tipo de documentos se trata? Subraya aquella información que te ayude a identificarlos.

Texto 1: ....

_____n° 39

En la ciudad de Zaragoza, a dieciocho de febrero, se celebra en el local sótano de la Comunidad de Propietarios, Junta General Ordinaria Extraordinaria de la calle Mariana Pineda, n° 1 y 3.

Actúa como presidente D. Miguel Pérez Romero, quien declara constituida la Junta siendo las veinte horas con la asistencia de los copropietarios, LUISA VALLEJO ALCAIDE, ÓSCAR ARBÍS BLANCO, JUAN ARAGÜÉS EZQUERRA, FERNANDO RUIZ HEREDERO, MARTA RODRÍGUEZ CASTRO, EVA CALERO LÓPEZ y FELIPE HERMOSO ROBLES, y pasando a continuación con el

ORDEN DEL DÍA

1° ASUNTO. Aprobación si procede de los ingresos y gastos del ejercicio del presente año.
Se pregunta a los asistentes si tienen alguna duda en las cuentas remitidas y se procede a votación la aprobación de cuentas del ejercicio del último año, las cuales son aprobadas por unanimidad de los asistentes.

2° ASUNTO. Aprobación si procede de presupuestos de ingresos y gastos del ejercicio del presente año.

Se expone que se ha efectuado un ingreso desde locales a pisos para pagar las deficiencias surgidas en los ascensores tras la revisión de la DGA (Diputación General de Aragón). El dinero traspasado de cuenta ha sido de 12.000 euros, quedando con ello cubiertas las cuotas extraordinarias de los propietarios que tienen participaciones en los locales.

3° ASUNTO. Impagados, toma de determinaciones.
Se da lectura de las deudas de los vecinos del 4° A y 5° B (del portal 1, cuotas 357 euros y 827,30 respectivamente) y del vecino del 1° C (del portal 3, cuota a pagar de 553,17 euros) y se solicita su reclamación a los efectos del artículo 21 de la nueva Ley de Propiedad Horizontal y su posterior reclamación judicial.

4° ASUNTO. Renovación de cargos.
Se informa a los asistentes que la nueva junta de gobierno para el ejercicio del presente año estará formada por:

Presidente: D. Alfonso Castro   (portal 1, 2° A)

Vicepresidente: Luisa Vallejo Alcaide   (portal 3, 8° B)

Vocales: Eva Calero López   (portal 3, 2° C)

Fernando Ruiz Heredero   (portal 1, 3° C)

5° ASUNTO. Ruegos y preguntas.
El propietario del piso n° 1-2° C dice que no está conforme con el alumbrado del garaje, ya que al no haber suficiente luz ha rayado su coche.
La propietaria del piso n° 1-3° B expone el estado en que se encuentra la parte alta del patio de luces, ya que cuando llueve el agua corre a través de la fachada, se retomará en la próxima reunión.
Y no habiendo más asuntos que tratar se dio por terminada la Junta siendo las veintiuna horas y cuarenta minutos en el lugar y día al comienzo señalados, con el V° B° del Presidente. De todo lo cual como secretario certifico.

EL PRESIDENTE   **EL SECRETARIO**

Texto 2: ....

Dña. Isabel Muñoz Castellet, mayor de edad, con domicilio en C/ Victoria Ocampo, n° 7, de Tarragona, y DNI n° 50166856, teléfono n° 977 43 87 50 y correo electrónico isamucas@gmail.es.

EXPONE:

Que con fecha del 28 de abril envié a Recursos Humanos de la Consejería de Educación de Cataluña, la documentación pertinente para poder participar en la fase de concurso/oposición para optar a una de las 100 plazas en el cuerpo de Secundaria, especialidad de Biología (según la convocatoria publicada en el BOE el pasado 23 de abril).

Que con fecha del 30 de mayo se ha publicado la lista de los aspirantes con baremos provisionales y no me han puntuado en el apartado 3.3 mi certificado de nivel C1 en catalán *(Certificat de nivell de suficiència de català)*.
Por lo que,

SOLICITA:

Que se revise mi baremación para que pueda aparecer en las listas definitivas con los 2 puntos concedidos por la posesión de dicho título que adjunto de nuevo.
A la espera de una respuesta, reciba un cordial saludo,

Tarragona, 2 de junio

Fdo.

DIRECTOR DE RECURSOS HUMANOS

Texto 3: ....

EL PRESIDENTE DE LA GENERALITAT DE CATALUNYA

Sea notorio a todos los ciudadanos que el Parlamento de Cataluña ha aprobado y yo, en nombre del Rey y de acuerdo con lo que establece el artículo 65 del Estatuto de Autonomía de Cataluña, promulgo la siguiente Ley 20, de 7 de julio, del cine.

PREÁMBULO
I

El objeto de la presente ley es establecer el marco normativo que rige la industria cinematográfica y audiovisual en lo relativo, entre otros, a la producción, distribución, comercialización y exhibición de obras cinematográficas y audio-visuales; a los aspectos relacionados con el fomento, la preservación y la difusión del patrimonio cinematográfico, y al fomento de la oferta cinematográfica original, doblada y subtitulada en catalán.

La lengua propia de Cataluña no tiene actualmente una presencia significativa en las pantallas del país, todo lo contrario. *De facto,* el cine exhibido en lengua catalana no garantiza de forma efectiva el derecho de los ciudadanos de Cataluña a elegir verlo en la lengua propia del país.

Por todo ello, la presente ley regula de forma decidida todos los aspectos que, por una parte, favorezcan la expresión del elevado talento artístico del país y, por otra parte, garanticen, de acuerdo con el marco legal vigente, los derechos de propiedad asociados a la creación sin dejar de lado el aspecto caudal de la diversidad cultural y lingüística y su preservación histórica. Esta ley, pues, garantiza el derecho real a decidir qué obras se consumen y en qué lengua. Asegura también la necesaria contribución al fomento de la presencia social de la lengua propia.

II

Para cumplir los mencionados principios y objetivos, la Ley se estructura en seis capítulos, a los que se añaden seis disposiciones adicionales, una transitoria, una derogatoria y dos finales.

Disposición final. Entrada en vigor.

La presente ley entra en vigor a los seis meses de su publicación en el «Diari Oficial de la Generalitat de Catalunya».

Por tanto, ordeno que todos los ciudadanos a los que sea de aplicación esta Ley cooperen en su cumplimiento y que los tribunales y autoridades a los que corresponda la hagan cumplir.

Palacio de la Generalitat, 7 de julio. –El Presidente de la Generalitat de Catalunya, José Montilla i Aguilera. –El Consejero de Cultura y Medios de Comunicación, Joan Manuel Tresserras i Gaju.

Adaptado de: http://www.boe.es/

✓ **El Boletín Oficial del Estado (BOE)** es el diario oficial del Estado Español a través del cual se publican las leyes, las disposiciones generales y no generales de los órganos del Estado y de las comunidades autónomas, los actos y resoluciones. Consta de cinco secciones: I. Disposiciones generales (se publican las leyes y reglamentos); II. Autoridades y personal (se incluyen los nombramientos, las oposiciones y concursos que tienen lugar); III. Otras disposiciones (que no tienen carácter general, como ayudas, becas, subvenciones); IV. Administración de Justicia (incluye edictos, notificaciones); V. Anuncios.

Actividad 3

Ordena esta circular e indica el nombre de cada una de sus partes: título, cuerpo y cierre.

N°: ....

El *XXI Congreso Internacional de ASELE* se celebrará del **29 de septiembre al 2 de octubre** en **la Universidad de Salamanca.** Es un honor para esta Universidad, volcada desde hace más de 80 años en la enseñanza del español como lengua extranjera, acoger la celebración de este Congreso que cada año recibe especialistas de todo el mundo dispuestos a compartir sus últimas investigaciones en este ámbito.

El tema elegido en esta ocasión es **Del texto a la lengua: la aplicación de los textos a la enseñanza-aprendizaje de español L2-LE.**

Tanto los manuales como los distintos materiales que existen en el mercado están plagados de textos que, de un modo u otro, originales o adaptados, se emplean en la enseñanza de L2-LE. El espacio del texto no acaba aquí ya que el profesor aprovecha el texto, ya sea periodístico, literario o de cualquier otro tipo para trabajar la enseñanza-aprendizaje de la lengua y la cultura en el aula. El objetivo de este congreso será, por tanto, estudiar el papel del texto en el aula desde todas las perspectivas posibles: como muestra/estímulo, como producto/objetivo y como objeto de investigación.

N°: ....

Las propuestas serán revisadas por al menos dos miembros del Comité Organizador y/o por expertos en quien ellos deleguen para su valoración. Los evaluadores informarán a los autores sobre la aceptación o no de la propuesta e indicarán, en su caso, posibles modificaciones con el fin de adaptarse a las pautas generales del Congreso.

La fecha límite para el envío de dichas propuestas será el 30 de mayo. En ellas deberán detallarse los siguientes datos:

- Título.

- Especificación de su carácter: comunicación o taller.

- Nombre, dirección postal, teléfono, fax y correo electrónico del autor.

- Centro de trabajo.

- Resumen (máximo de 30 líneas) en el que se indique, de la forma más clara y concreta posible, el tema, los objetivos y las conclusiones del trabajo.

- Medios técnicos necesarios para su exposición.

- Breve currículum del autor (máximo 10 líneas).

N°: ....

CONGRESO INTERNACIONAL DE ASELE

(ASOCIACIÓN PARA LA ENSEÑANZA DEL ESPAÑOL COMO LENGUA EXTRANJERA)

PRIMERA CIRCULAR

N°: ....

NORMAS PARA LA PRESENTACIÓN DE COMUNICACIÓN Y TALLERES

Para presentar una comunicación o taller es necesario ser socio de ASELE.

No obstante, existe también la modalidad de no socios cuyas condiciones se explican más abajo.

Las comunicaciones tendrán un contenido predominantemente teórico y deberán exponer resultados de investigaciones o reflexiones sobre los aspectos propuestos en las líneas temáticas del Congreso. La exposición de comunicaciones será de una por participante, si bien pueden figurar hasta dos personas como firmantes que, en todo caso, deberán haberse inscrito en el Congreso. El tiempo estipulado para cada comunicación es de 20 minutos, a los que seguirán 10 minutos para el coloquio.

Los talleres, con una duración máxima de 45 minutos, tendrán un carácter eminentemente práctico (exposición de experiencias docentes, nuevos proyectos para la enseñanza de ELE, desarrollo de actividades didácticas, etc.). Asimismo, la realización de talleres se limita a uno por persona, aunque pueden estar firmados por tres personas como máximo que deberán haberse inscrito en el Congreso.

N°: ....

DIRECTOR	SECRETARIO
Javier de Santiago Guervós	Jorge J. Sánchez Iglesias
Universidad de Salamanca	Universidad de Salamanca

Adaptado de: http://www.xxicongresoasele.es/index.html

2. Características de los textos jurídicos y administrativos

Los textos jurídicos y administrativos persiguen la precisión y la objetividad a la hora de transmitir su propósito, si bien muchas veces se produce el efecto contrario al utilizar un estilo enrevesado. Algunas publicaciones como el *Manual de Estilo del Lenguaje Administrativo* (Ministerio de las Administraciones Públicas, 1990) o el *Diccionario del español jurídico* (Real Academia Española y Consejo General del Poder Judicial, 2016) son ejemplos del esfuerzo y la voluntad de modernización de este lenguaje para conseguir una mayor claridad en su exposición. A continuación detallamos los rasgos principales de estos textos y una serie de peculiaridades que se deben tener en cuenta y que se tienen que evitar a la hora de redactarlos para no contradecir a la búsqueda de sencillez y precisión.

Rasgos morfosintácticos

1. **Preferencia por la construcción nominal:** abunda el uso de sustantivos y adjetivos tanto explicativos como especificativos.

   Ej. En los hechos probados se hacía constar: la prestación social de servicios; la posibilidad de trabajos en distintos centros; el salario neto y las pagas extras.

2. **Uso frecuente del imperativo.**

   Ej. Notifíquese en un plazo de diez días hábiles; Absténganse aquellos que no reúnan los requisitos.

3. **Deseo de despersonalizar** el sujeto de la acción a partir de oraciones pasivas e impersonales, de la presencia de estructuras perifrásticas (sobre todo de obligación) o del llamado plural oficial.

   Ej. El que suscribe; expone que; se invocó la dictada demanda; se declara improcedente el despido.

4. **Interés especial por formas verbales** con valor de mandato, ruego, exhortación o hipótesis; el **presente de subjuntivo** y algunas formas verbales en desuso como los futuros de subjuntivo.

   Ej. Aquellos que excedan el límite de velocidad pagarán una multa de 300 euros; a los efectos que fueren necesarios en dicho contrato (→ fueran); el que hubiere incumplido la ley (→ hubiera incumplido).

Hay otras características de estos textos que **se deben evitar**:

1. **El abuso de las formas no personales del verbo** (infinitivos, gerundios y participios) que muchas veces son incorrectas.

   Ej. *Estamos conformes en que se otorgue la guarda y custodia del menor a la madre, compartiendo ambos progenitores la autoridad familiar sobre el mismo y fijándose el siguiente régimen de visitas. (→ y que los progenitores compartan la autoridad familiar y que se fije el siguiente régimen de visitas).

2. **El uso de estructuras sintácticas complejas.** Este hecho conlleva una dificultad a la hora de comprender el texto, lo cual da lugar a incoherencias sintácticas o a pérdidas de concordancia entre los elementos de la oración.

   Ej. *Debe advertirse ya que inicialmente y en un momento dado, hubo tres despidos de otros tantos trabajadores; propusieron estos, por separado, demanda judicial, las cuales fueron turnadas al Juzgado Social núm. 17 de Madrid, el cual no las hizo objeto de acumulación.

   Ej. *Se expondrá los motivos de la demanda (→ se expondrán).

3. **El uso incorrecto de algunas preposiciones u omisión de ellas.**

   Ej. *leyes a revisar (→ leyes que deben revisarse); *vacantes a ofertar (→ vacantes ofertadas / que se ofertan); *en solicitud de (→ por); en materia de (→ sobre); *al objeto de (→ para); *en base a (→ según); *a nivel de (→ en / en cuanto a); *Dudamos que el recurso interpuesto (→ Dudamos de que);

*Se comunica de que se subsanarán los errores cometidos en esta resolución en breve (→ Se comunica que); *Deben de presentarse todos aquellos seleccionados en el proceso de concurso (→ Deben presentarse).

4. **Las omisiones frecuentes** (del artículo, el relativo "que").

    Ej. *Es obligatorio remitir fotocopia compulsada del original (→ una fotocopia).

    Ej. *Se ruega se persone de inmediato en el Juzgado n° 1 (→ Se ruega que).

Rasgos léxicos y pragmáticos

1. **Uso específico de léxico administrativo o de tecnicismos.**

    Ej. litigio, arbitraje, fallo, auto, débito, usufructo, diligencia…

2. **Numerosos latinismos y cultismos que proceden sobre todo del Derecho Romano.**

    Ej. *ut supra* (como se ha indicado arriba); *modus operandi* (modo de actuar); *ex aequo et bono* (en justicia y de buena fe); *apud acta* (según consta en el acta).

3. **Siglas y ciertas abreviaturas** (para referirse a organismos, instituciones, conceptos, etc.).

    Ej. BOCM (Boletín Oficial de la Comunidad de Madrid); S.L. (Sociedad Limitada); Ilmo. (Ilustrísimo); admón. (administración); Fdo. (firmado); Ref.a (referencia); V°.B°. (visto bueno).

4. **Uso de fórmulas fijas** (de tratamiento, fraseológicas, clichés, muletillas, locuciones preposicionales, etc.).

    Ej. Su Ilustrísima; Su Señoría; resuelve que; así lo dispongo…

5. **El empleo de la cortesía** constituye una de las estrategias comunicativas que utiliza la Administración para encubrir una serie de actos directivos que de otra manera serían descorteses para los ciudadanos. Esta institución quiere proyectar una imagen de corrección y respeto y para ello se vale de: numerosas fórmulas del tipo "es necesario/aconsejable", "resulta conveniente"; tratamientos (Excelentísimo, Ilustrísima) que cada vez están más en desuso; eufemismos que ocultan palabras que quieren evitarse (reajustes → subida de precios; económicamente desfavorecidos → pobres).

Hay otras características de estos textos **que se deben evitar**:

1. **El abuso de la construcción verbo + sustantivo** en lugar de un solo verbo.

    Ej. dar información (→ informar); hacer mención (→ mencionar); hacer uso (→ usar).

2. **Los arcaísmos** que alejan a estos textos de la claridad y la sencillez.

> **Ej.** en virtud de; a tenor de (= de acuerdo con); por providencia de fecha de 30 de agosto

Rasgos ortográficos

Características que **se deben evitar**:

1. **El uso incorrecto de los signos de puntuación.**

> **Ej.** Vistos los autos pendientes ante la Sala en virtud de recurso de casación para la unificación de doctrina interpuesto en nombre y representación de doña Amalia Casado Pozo de 8 de octubre dictada por la Sala de lo Social del Tribunal Superior de Justicia de Madrid por la que se resuelve el recurso de suplicación interpuesto por la parte demandante. (Frase muy larga sin puntuación)
>
> **Ej.** En realidad, no estamos aquí ante un grupo de empresas formalizado y que se manifiesta al exterior como tal. *Sino ante la existencia de dos Sociedades limitadas. (→ ... como tal, sino ante...)

2. **El uso aleatorio de mayúsculas en nombres comunes o para enfatizar algo.**

> **Ej.** Otorgamos la GUARDIA Y CUSTODIA del menor; tal y como consta en el informe de Vida Laboral

Actividad 4

4.a. Enumera algunos de los rasgos léxicos y pragmáticos que aparecen en el texto 3 de la actividad 2.

> **Ej.** *el verbo "promulgar"*

4.b. Los siguientes latinismos suelen aparecer en los textos jurídicos. Relaciónalos con su significado.

1. *A posteriori* → j	a. en el momento	16. *mea culpa*	a. por cabeza, por persona
2. a *priori*	b. en el momento de cometerse	17. *modus vivendi*	b. error o falta leve
3. *in fraganti*	c. de hecho	18. *motu proprio*	c. estado actual
4. accésit	d. luego, por tanto	19. *per cápita*	d. modo de vivir
5. *ipso facto*	e. segundo premio	20. *per se*	e. exceso
6. bis	f. lo que falta	21. *peccata minuta*	f. una cosa por otra

7. *cum laude*	g. aquí y ahora	22. *quid pro quo*	g. condición indispensable
8. déficit	h. a propósito	23. *sine die*	h. por mi culpa
9. *de facto*	i. duda a favor del reo	24. *sine qua non*	i. por ejemplo
10. *de jure*	j. ~~después~~	25. *statu quo*	j. por sí mismo
11. ergo	k. de/con derecho	26. *verbi gratia*	k. sin fecha
12. *ex profeso*	l. dos veces	27. *sui generis*	l. de dominio público
13. *grosso modo*	m. aproximadamente	28. superávit	m. muy especial
14. *in dubio pro reo*	n. con alabanza	29. ultimátum	n. por propia voluntad
15. *ic et nunc*	ñ. antes	30. *vox populi*	ñ. última oportunidad

4.c. Ahora elige la opción correcta según el significado.

1. Es condición .... favorecer los derechos de los inmigrantes.

    a. *sine qua non*   b. *sine die*

2. Hay que entender su .... para comprenderlo bien.

    a. *vox populi*   b. *modus vivendi*

3. .... , voy a explicarte cómo se redacta ese documento para que al menos puedas empezar a escribir algo.

    a. ultimátum   b. *grosso modo*

4. Capturaron al ladrón .... cuando robaba en la joyería.

    a. *in fraganti*   b. *de jure*

5. ¿Alguien sabe cuál es el .... actual de la economía?

    a. *statu quo*   b. *motu propio*

6. El alumno ha recibido un sobresaliente .... en esa asignatura.

    a. *per se*   b. *cum laude*

7. Luxemburgo es uno de los países con mayor renta ....

    a. per cápita   b. bis

8. El .... público de este año ha sido tremendo. Los políticos tienen que tomar medidas.

    a. *peccata minuta*   b. déficit

9. Vale, vale, ... , no lo volveré a hacer más.

   a. *modus vivendi* b. *mea culpa*

10. Si todos pensamos, ... existimos.

    a. ergo b. *sui generis*

11. Le dijo que preparara la documentación e .... , lo hizo.

    a. *ipso facto* b. *ic et nunc*

12. No pudo resolverlo en el momento, pero sí ....

    a. *sui generis* b. *a posteriori*

✓ Recuerda que según las nuevas normas ortográficas los latinismos deben escribirse en cursiva o bien entre comillas y sin acento para destacar que se utiliza otra lengua. Ej. *a posteriori* (después; más tarde). Si son latinismos que ya se han adaptado ortográficamente al español, entonces deben adecuarse a las normas de acentuación y sin cursiva.

Ej. *quorum* → cuórum.

Actividad 5

El "saluda" es uno de los ejemplos textuales en los que más se manifiesta la cortesía. Lee el siguiente texto y subraya las fórmulas y los medios de los que se sirve para ser cortés.

EL RECTOR DE LA UNIVERSIDAD CARLOS III

Saluda

A todos los profesores de la Universidad con motivo del inicio del nuevo curso académico y tiene el placer de invitarles al concierto de música clásica que tendrá lugar el próximo viernes 10 de septiembre a las 20h en el Auditorio de la Facultad de Medicina. Seguidamente, les agasajaremos con un cóctel en la Sala de Juntas del Edificio del Rectorado.

DANIEL PEÑA SÁNCHEZ

Aprovecha gustoso esta ocasión para enviarle el testimonio de su consideración más distinguida.

Madrid, 2 de septiembre

Actividad 6

6.a. Coloca en este contrato de arrendamiento las siguientes frases suprimidas. Hay dos que no necesitas.

a. dicha prórroga no tendrá lugar
b. se regirá por lo establecido entre las partes
c. se restituirá a la finalización del contrato
d. ~~tiene facultades legales para el arrendamiento~~
e. previo pago del arrendatario
f. al vencimiento de cualquiera de las anualidades
g. el deterioro será abonado por
h. exigir de inmediato su importe al arrendador
i. actividades que sean consideradas nocivas, peligrosas, molestas, insalubres o ilícitas
j. de acuerdo a lo que pacten las partes

CONTRATO DE ARRENDAMIENTO DE VIVIENDA

Finca sita en el municipio de San Sebastián de los Reyes (Madrid), Avenida Europa, número 3, bloque/escalera 1, piso 8, letra C, cuenta con una superficie construida de 100 metros cuadrados y útil de 89 metros cuadrados, que consta de cocina, salón-comedor, tres dormitorios, dos baños y tendedero, además de los anejos de la plaza de garaje n° 11 de 12 metros cuadrados y un trastero de 6 metros cuadrados.

Vivienda amueblada (ver inventario en anexo de contrato).

En Madrid, a 15 de enero

REUNIDOS

De una parte, D. MIGUEL MORÓN ESCOLANO, como arrendador, mayor de edad, con DNI número 51789444, y domicilio a efectos de notificaciones, en la calle Vallehermoso, número 83, piso 4, letra D, de Madrid.

Y de otra, D. LUIS SANCHO GÓMEZ, como arrendatario, mayor de edad, con DNI número 25189400, con domicilio en el inmueble objeto de arrendamiento, y a efectos de notificaciones, respondiendo, solidariamente, en caso de ser varios arrendatarios, del cumplimiento de todas las obligaciones y derechos que dimanan del mismo.

Ambas partes tienen y se reconocen mutuamente plena capacidad para el otorgamiento del presente contrato, y a tal fin:

EXPONEN

1. Que D. MIGUEL MORÓN ESCOLANO, en lo sucesivo el arrendador, [1] *tiene facultades legales para el arrendamiento* de la vivienda al principio indicada.

2. Que interesando a D. LUIS SANCHO GÓMEZ, en lo sucesivo el arrendatario, arrendar la vivienda referenciada junto con los bienes muebles inventariados en el anexo al presente contrato.

Estando interesadas ambas partes, llevan a cabo el presente CONTRATO DE ARRENDAMIENTO DE VIVIENDA, en base a las siguientes:

CLÁUSULAS

Primera. *Regulación*

El presente contrato [2] .... , y lo dispuesto en la legislación vigente.

ORDEN 1, de 15 de enero, por la que se establecen las medidas de fomento al alquiler de viviendas en la Comunidad de Madrid, publicado en el BOCM n° 17, de 21 de enero.

Segunda. *Objeto del arrendamiento y su destino. Entrega de la posesión*

El arrendador, en este acto, hace entrega de la posesión de la vivienda referenciada en el encabezamiento con los bienes muebles en ella existentes al arrendatario, quien los toma a su plena satisfacción y en el estado físico en el que se encuentran y que es perfectamente conocido y aceptado por el arrendatario.

En ningún caso, se podrán desarrollar en la vivienda objeto del contrato.

[3] ....

Tercera. *Plazo de duración*

El plazo pactado de duración del presente contrato de arrendamiento es de un año, a contar desde la fecha de este otorgamiento, es decir, desde el día 15 de enero del presente año, por lo que concluirá llegado el día 15 de enero del siguiente. En todo caso, el arrendatario está facultado para prorrogar el contrato hasta un plazo máximo de cinco años.

[4] .... si el arrendatario así lo notifica por escrito al arrendador con, al menos, treinta días de antelación al plazo pactado o de cualquiera de sus prórrogas legales.

Cuarta. *Prórrogas después de pasados cinco años de contrato*

Si llegado el plazo máximo de cinco años de duración, ninguna de las partes hubiese notificado a la otra su voluntad de no renovarlo, al menos, con un mes de antelación a dicha fecha, el contrato quedará prorrogado por anualidades, hasta tres anualidades más.

Se exceptúa el supuesto en que la parte arrendataria comunique a la arrendadora, como mínimo con un mes de antelación [5] .... , su voluntad de no renovar el contrato.

Quinta. *Renta*

La renta anual fijada es de doce mil euros (12.000 €), a pagar en plazos mensuales de mil euros (1.000 €) por adelantado en los siete primeros días de cada mes. El pago se hará de conformidad con lo que acuerden las partes, que deberá permitir dejar constancia de su efectivo cumplimiento.

Sexta. *Fianza*

A la firma del presente contrato la parte arrendataria hace entrega en metálico de mil euros (1.000 euros), equivalente a una mensualidad en concepto de fianza, con la obligación del arrendador de su depósito legal.

La fianza [6] ...., conforme a lo establecido en la legislación vigente, una vez comprobado por el arrendador el buen estado de la vivienda.

Séptima. *Gastos y servicios*

Salvo pacto en contrario, los gastos generales para el adecuado sostenimiento del inmueble que no sean susceptibles de individualización, serán a cargo de la parte arrendadora.

Los servicios y suministros propios de la vivienda arrendada que se individualicen mediante contadores (luz, teléfono, agua, gas, etcétera) serán por cuenta del arrendatario y se abonarán [7] ....

Octava. *Conservación de la vivienda*

La parte arrendadora está obligada a realizar todas las reparaciones que sean necesarias para conservar la vivienda en las condiciones de habitabilidad para servir al uso convenido, salvo cuando el deterioro de cuya reparación se trate, sea imputable a la parte arrendataria.

En todo momento y sin previa comunicación al arrendador, el arrendatario podrá realizar las que sean urgentes para evitar un daño inminente o incomodidad grave, y [8] ....

Las pequeñas reparaciones que exija el desgaste por el uso ordinario de la vivienda serán a cargo del arrendatario.

Y de plena conformidad lo firman y rubrican en el lugar y fecha al principio indicadas.

EL ARRENDATARIO Y EL ARRENDADOR

Adaptado de: www.madrid.org

6.b. ¿Podrías resumir cada una de las cláusulas del contrato con palabras más sencillas? Imagina que tienes que explicárselo a alguien que nunca ha alquilado una vivienda.

Ej. Cláusula 1: *Esta cláusula comenta la ley por la que se regula el contrato.*

Actividad 7

Eres profesor en un instituto de secundaria de Toledo y has realizado durante el año académico un curso de inglés. Los gastos han ascendido a 1.200 euros y la Consejería de Educación de la Comunidad de Castilla-La Mancha ofrece becas para este propósito. Escribe una instancia para solicitar este dinero.

COMUNIDAD DE CASTILLA-LA MANCHA

CONSEJERÍA DE EDUCACIÓN

Castilla-La Mancha

D/Dña.

D.N.I. o Pasaporte:

Domicilio:

Población y Provincia: C. Postal:

Teléfono: Fax: Correo electrónico:

EXPONE:

SOLICITA:

Toledo, ... de .... de ....

(Firma)

ILMO./A. SR./A._____

---

3. Otros textos administrativos (I): las cartas comerciales

Una carta comercial es el principal **instrumento de comunicación** entre un ciudadano y una empresa o entre varias empresas. Su finalidad es diversa: solicitar algo (un servicio, alguna información, una devolución, un pago, una prórroga, etc.); realizar un pedido; comprar o vender un producto; reclamar o quejarse (de un envío incorrecto, una desatención en un servicio, etc.); dar a conocer una nueva empresa, servicio o producto; anunciar una oferta; hacer una autorización; redactar un informe, una rectificación; indicar el recibo de una carta (se conoce con el nombre de "carta de acuse de recibo").

Ante todo se pretende **convencer al destinatario** de una determinada operación comercial. Para conseguir los fines anteriores, estas cartas deberán ser claras, precisas, sencillas y centradas al máximo en el objetivo perseguido.

1. ESTRUCTURA

Al igual que los textos jurídicos, poseen una estructura prefijada que consta principalmente de tres partes:

a. **Encabezamiento.**
   - membrete: persona que escribe (se coloca en la parte superior izquierda de la carta). Algunas veces incluye el logotipo de la empresa.
   - lugar y fecha.
   - dirección a la que se dirige la carta.
   - número de la carta enviada (si la empresa manda varias; no es obligatorio ponerlo).
   - referencia: puede darse en forma de número que identifica la carta, o presentarse como un resumen de su contenido.

b. **Cuerpo.** Consta de la información que se quiere transmitir:
   - el saludo o vocativo (Señor,-a; Señor,-a mío,-a; Estimado,-a/Distinguido,-a Señor,-a). Puede utilizarse también el apellido (Estimado,-a/Apreciado,-a Sr.,-a. Prado) o el cargo (Sr. Director; Sra. Vicepresidenta).
   - el cuerpo de la carta donde se desarrolla el objetivo de la misma. Su contenido suele iniciarse con fórmulas del tipo (Por medio de esta carta; En respuesta de su carta con fecha; Con relación a su atenta carta).
   - la despedida: se utilizan fórmulas de cortesía (Reciban un cordial saludo; En espera de su respuesta, les saluda atentamente; Atentamente le saluda; Muy atentamente; Agradecemos de antemano su atención; Aprovechamos la ocasión para saludarle atentamente; Se despide de usted con un atento saludo).

c. **Final o cierre.**
  – nombre de la empresa o antefirma, si el que remite la carta es una empresa.
  – firma del remitente.
  – cargo que ocupa en la empresa.

2. CARACTERÍSTICAS

Las características principales son las que hemos citado anteriormente para los otros textos administrativos, pero insistiremos en el uso de la **cortesía** como estrategia que regula la comunicación entre el emisor y el receptor (el ciudadano/ la empresa), que posee especial interés en este tipo de cartas si se quiere conseguir el objetivo perseguido.

Tanto las construcciones sintácticas (oraciones introducidas por verbos de petición, ej. *pedir, rogar, solicitar*), como el léxico (empleo de adjetivos positivos, formas no abreviadas) y las fórmulas de cortesía tendrán que encaminarse a tal fin. Por ello se deberá:

- **manifestar interés por el destinatario**, mostrando la preocupación por el asunto que plantee:

  Ej. Le agradecemos enormemente sus observaciones.

  Aunque también se muestra la diferencia con él en las fórmulas utilizadas en los saludos (ej. Estimado cliente) o en las despedidas (ej. Atentamente le saluda).

- **mostrarse optimista** a la hora de enmendar el posible problema que haya:

  Ej. Buscaremos inmediatamente otras alternativas para que usted pueda disfrutar de nuestros servicios sin más demora.

  No obstante, puede emplearse de nuevo la cortesía negativa mostrando pesimismo con construcciones que denotan probabilidad, por ejemplo, con el uso de adverbios de posibilidad (ej. a lo mejor, quizás, tal vez) o con el empleo del condicional:

  Ej. Podría suceder que no encontráramos el mismo producto, pero en ese caso lo reemplazaremos por otro en iguales condiciones.

- **argumentar explicando las razones** que nos llevan a no estar de acuerdo con lo que se solicita:

  Ej. Estamos de acuerdo con lo que usted nos expone, sin embargo creemos que...

- **emplear el plural 'nosotros'** como forma de hacerse partícipe en el asunto. Sin embargo, muchas veces se busca despersonalizar y se hace uso de la voz pasiva:

  Ej. Se le puede ofrecer otro artículo de similar calidad.

- **agradecer** antes de solicitar algo:

  Ej. Le agradecemos todas sus sugerencias de antemano.

- **disculparse**:

  Ej. Lamentamos no haber podido atender su petición como nos gustaría.

Actividad 8

8.a. Lee la siguiente carta y resume en unas líneas su contenido.

ANDRÉS PAÚL MUÑOZ
C/ PLAZA PAÍS VASCO, N°1, 5°A
22004 HUESCA

016527 PM70 O7507

12 de junio

Estimado Sr. PAÚL MUÑOZ:

Me dirijo a usted para informarle que, con motivo de la adaptación de la nueva Ley 16 de Servicios de Pago, se modifican algunas condiciones del contrato de su tarjeta de Ibercaja. La finalidad de esta normativa es garantizar que los pagos realizados en el ámbito de la Unión Europea puedan realizarse con la misma facilidad, eficiencia y seguridad que los pagos nacionales; así como reforzar y proteger los derechos de los usuarios de los servicios de pago.

Por todo ello, le adjuntamos el nuevo contrato con las condiciones generales y en el reverso de esta carta le detallamos la información relativa a las nuevas condiciones particulares de su Tarjeta Acqua que Ibercaja va a aplicar a partir del 1 de octubre.

Si usted no está conforme con las nuevas condiciones, tiene derecho a rescindir el contrato de forma inmediata y sin coste alguno, mediante comunicación a Ibercaja antes de esa fecha, para lo cual le rogamos acuda a su oficina. Si no nos manifiesta en ese plazo su oposición, se entenderá que ha aceptado el nuevo contrato.

Además, nos complace informarle de una interesante promoción exclusiva para Tarjetas de Ibercaja dentro del Programa Privilegios EURO 6000. Pagando con su tarjeta de Ibercaja del 15 de junio al 31 de julio en supermercados e hipermercados SIMPLY disfrutará de un 10% de devolución, con un importe máximo de 20 euros por cliente. Para participar en esta magnífica promoción tan solo es necesario estar suscrito al Programa Privilegios Euro 6000 como titular de Tarjetas Ibercaja.

También puede acceder a través de www.privilegioseuoros6000.com a otras interesantes promociones y obtener descuentos instantáneos en: viajes, hoteles, alquiler de vehículos, ocio, talleres y muchos más.

¡No espere más! Si todavía no lo ha hecho, suscríbase ya al programa PRIVILEGIOS EURO 6000 a través de www.ibercaja.es.

No olvide consultar el reverso de esta carta, en la que se consignan las Condiciones Particulares, así como las Condiciones de Contratación adjuntas, y conservar ambos documentos. Si tiene alguna duda pregunte en su oficina, donde, como siempre, estaremos encantados de atenderle.

Atentamente,

Enrique Arrufat Guerra
Director de Marketing

*Promoción válida del 15 de junio al 15 de julio.

Adaptado de: www.ibercaja.es

8.b. Vuelve a leer la carta anterior y decide si las siguientes afirmaciones son verdaderas o falsas.

Según la carta...	V	F
1. Con la nueva legislación se podrá realizar compras internacionales de una forma más segura.		
2. En la carta se incluye el nuevo contrato de la tarjeta.		
3. Siempre y cuando no esté de acuerdo con las nuevas condiciones, el titular de la tarjeta puede anular el contrato antes de la fecha límite.		
4. Por cada compra efectuada con una tarjeta de Ibercaja en los hipermercados Simply, se reembolsa al titular 20 euros.		
5. Para disfrutar de las promociones y ofertas, la persona que tiene la tarjeta tiene que ser titular de una cuenta en Ibercaja.		

8.c. Señala las tres partes principales de la carta (encabezamiento, cuerpo y cierre).

Actividad 9

9.a. En muchas ocasiones no estamos contentos con el servicio recibido y decidimos rellenar una hoja de reclamaciones. Lee cuáles son las quejas más comunes en el servicio turístico y completa la siguiente lista con alguna reclamación más que se te ocurra en estas situaciones.

HOTELES

- Falta de plazas una vez hecha la reserva.
- Intoxicaciones en los restaurantes.
- Robos en las habitaciones.
- ....

AGENCIAS DE VIAJES

- Folleto de viajes engañoso.
- Incumplimiento de cualquiera de sus prestaciones de servicios si se trata de un viaje combinado.
- No disponibilidad real de ofertas publicitadas en medios de comunicación.
- ....

AEROLÍNEAS

- Retrasos y cancelación de vuelos: pérdidas de enlaces.
- Pérdidas o retrasos de equipaje.
- *Overbooking.*

  ....

ALQUILER DE COCHES

- Retención del depósito de dinero por daños del coche que no se demostraron que fueron producidos por el consumidor.
- Falta de asistencia durante el viaje.
- ....

RESTAURANTES

- Intoxicaciones.
- ....

Adaptado de: ASDETOUR, OCU, FUCI, Charlotte Miller

 9.b. Trabajas en Madrid de lunes a viernes hasta las nueve de la noche. Todos los fines de semana viajas a Zaragoza, pero el último tren AVE que ofrece RENFE es a las 20.30, por lo que tienes que esperar hasta el sábado por la mañana para coger el tren. Completa esta hoja de reclamaciones y solicita una ampliación de horarios en sus servicios. No olvides utilizar las fórmulas de cortesía.

Hoja de reclamaciones

Libro Núm. A-   Folio Núm. 41

Datos del cliente

Nombre	C/Pl./ Avda.	Núm.	Piso	Letra
1° Apellido	Municipio	C.P		
2° Apellido	Provincia	Teléfono		
N.I.F.	Título de transporte			

Datos del lugar donde se produjo el incidente

Nombre de la estación /Oficina viajes /Tren-coche-plaza

Origen del viaje	Destino del viaje	Fecha viaje	Hora salida

Descripción de la reclamación ....

_____Fecha   (Firma)

Esta reclamación puede ser seleccionada para realizar encuestas globales de calidad del servicio de Atención al cliente. Si no desea que sus datos puedan ser utilizados para realizar dicha encuesta marque con una cruz NO.

Conforme a lo dispuesto en la L.O. 15 de 13 de diciembre, de Protección de Datos de Carácter Personal, le informo que los datos personales facilitados por medio de la presente reclamación serán incorporados a un fichero de titularidad de Renfe-Operadora, con domicilio en Avda. Pío XII, 110, 28036 Madrid, cuya finalidad es la de tramitar las reclamaciones interpuestas por los usuarios de los servicios de transporte ferroviario, de acuerdo con lo establecido en la vigente normativa reguladora del sector ferroviario. El destinatario de la información recogida será el titular del fichero. Usted podrá en cualquier momento ejercitar los derechos de acceso, rectificación, cancelación y oposición que legalmente le corresponden, dirigiéndose por escrito a la dirección antes indicada.

Informe de la dependencia   (Cod. Est.)

....

Sello y firma	Día	Mes	Año	Núm. Tren Cód. Causa Reclam.

Hoja 1	Ejemplar para la empresa

4. Otros textos administrativos (II): el currículum vitae, la carta de presentación y la carta de recomendación

En este apartado incluimos los textos que utiliza el ciudadano en un ámbito profesional. Ante todo destacamos tres: el currículum vitae u hoja de vida, la carta de presentación y la de recomendación.

El currículum vitae u hoja de vida

Este texto resume los principales datos personales, académicos y profesionales de una persona y su objetivo está orientado a la búsqueda de empleo. La traducción literal de este término latino es la de "curso o carrera de la vida". En algunos países como Honduras, Nicaragua, Costa Rica, Ecuador, Bolivia, Chile y Perú, también se le denomina *hoja de vida*. Su **estructura** no es tan rígida como la de otros documentos, pero la información debe figurar de una manera clara, precisa, sencilla y ordenada. Suele constar de las siguientes partes:

1. **Los datos personales:** nombre y apellidos, dirección completa (calle/avenida/ paseo, número, piso, código postal, localidad), teléfono, correo electrónico, lugar y fecha de nacimiento, número del Documento Nacional de Identidad (DNI).

2. **La formación académica:** incluye los títulos académicos que se posee con las fechas de su realización (doctor, catedrático, licenciado, diplomado, bachiller, graduado); los cursos realizados (de máster, posgrados, congresos, etc.); los idiomas que se poseen (señalando el nivel en cada uno y el título que los certifica).

3. **La experiencia profesional:** se detallan los trabajos realizados (se concreta su duración, el número de horas, etc.).

4. **Otros datos de interés:** es un apartado abierto en el que pueden incluirse las aficiones o intereses que se poseen, que tengan relación con el puesto al que se aspira.

Podemos hablar de tres **tipos** de currículum vitae según la manera de distribuir la información:

1. **Cronológico:** de los datos más recientes a los más antiguos o viceversa. Sus principales **ventajas** son:
    - tiene un formato más tradicional y aceptado por la mayoría de los departamentos de selección;
    - es fácil de leer y entender, ya que está bien estructurado;

– dresalta la estabilidad laboral y el aumento de las responsabilidades o las promociones;
– describe las funciones y logros en el puesto de trabajo.

Sus principales **inconvenientes**:
– resalta los cambios de trabajo así como la falta de ascensos, los cambios de responsabilidad y los periodos de inactividad;
– puede centrarse demasiado en la edad que tiene el candidato;
– muestra la falta de reciclaje o actualización en la formación.

2. **Temático** o **funcional**: la información se distribuye por temas. Sus principales **ventajas** son:
– se centra en las capacidades y habilidades, antes que en las circunstancias laborales;
– permite mucha más flexibilidad y libertad en la organización de la información de los logros y habilidades, y además facilita la inclusión de otra información relacionada (como intereses o motivaciones)

Sus **inconvenientes**:
– no resalta el nombre de las empresas para las que se ha trabajado ni el tiempo que se ha estado en cada lugar de trabajo;
– limita la descripción del puesto y sus responsabilidades.

3. **Mixto**: combina los dos anteriores. Sus principales **ventajas** son:
– destaca de forma clara las capacidades y los logros, junto con la experiencia y formación;
– permite mucha flexibilidad y creatividad, por lo que ayuda a no pasar desapercibido si quiere presentarse a un puesto de trabajo concreto.

Sus **inconvenientes**:
– no es un buen formato para presentarlo en los lugares que piden formularios estándar, como por ejemplo en una página web;
– se necesita un currículum diferente para cada puesto de trabajo al que se opta y esto requiere tiempo. En los últimos años se ha comenzado a hablar de la necesidad de instaurar el uso del denominado "currículum ciego", es decir, aquel en el que no se incluye información de carácter personal como el nombre, la fecha de nacimiento, la dirección, el correo electrónico, el sexo, la nacionalidad, la fotografía. El objetivo es tratar de superar la discriminación laboral y que la contratación sea más justa. En ocasiones, factores como el sexo, la edad, el grupo étnico, o incluso el lugar de residencia, pueden conducir a la discriminación laboral. De esta forma, los empleadores pueden prestar atención a las competencias laborales (experiencia y habilidades) de la persona que se quiere contratar.

Actividad 10

10.a. ¿Qué tipo de currículum escribirías en los siguientes casos para buscar trabajo? Justifica tu respuesta.

1. Acabas de terminar la carrera:

2. Tienes mucha experiencia laboral:

3. Has cambiado con mucha frecuencia de trabajo:

4. Hace mucho tiempo que no has trabajado:

5. Has trabajado en empresas muy importantes:

10.b. Lee el siguiente currículum y decide de qué tipo es: cronológico, temático o mixto.

INFORMACIÓN PERSONAL

Nombre completo: Marina Vela Solís
Dirección: Avda. de Mayo 861, Buenos Aires
Teléfono: (011) 4345 2022
Correo electrónico: mvperezv@yahoo.com
Fecha de nacimiento: 7 de septiembre de 1975
D.N.I.: 17555223-T

OBJETIVO PROFESIONAL

Profesora de fonética en Interspanish School

INFORMACIÓN ACADÉMICA

Titulación académica:
    Licenciada en Letras, Universidad de Buenos Aires (junio 1998)
Otras titulaciones académicas:
    Posgrado en Letras, Universidad de Buenos Aires (septiembre 2009)
    Máster en Enseñanza del Español como Lengua Extranjera, Universidad
    Antonio de Nebrija de Madrid (formación a distancia, junio 2000)

INFORMACIÓN PROFESIONAL

Profesora de fonética y fonología (Universidad de Buenos Aires, 2008–2010)
Profesora de español como lengua extranjera (Instituto de Secundaria, Buenos
    Aires, 2007)

Profesora de Lengua y Cultura española (Instituto Cervantes, Río de Janeiro, 2002–2006)

Profesora de Literatura Hispanoamericana (Universidad Iberoamericana, Ciudad de México, 2000–2002)

IDIOMAS

Inglés (nivel C1. Avanzado)
Francés (nivel B2. Intermedio)

OTROS MÉRITOS

Informática: conocimientos en el manejo de entornos virtuales de aprendizaje
Permiso de conducir

10.c. Lee las reglas que debe seguir un buen currículum y lo que hay que evitar. Si has elaborado ya alguna vez uno, ¿cuáles no has seguido? ¿Hay alguna diferente a las de tu país?

✓ Recuerda que nos centramos en el currículum vitae español, por lo que hay que tener en cuenta que cada país hispanohablante se caracteriza por sus particularidades, si hay que incluir una foto o poner la fecha de nacimiento, etc. Antes de elaborar la versión final, recomendamos consultar estos detalles en función de dónde se vaya a enviar el currículum.

REGLAS PARA ESCRIBIR UN BUEN CURRÍCULUM

1. Sé breve, conciso y directo (en una o dos hojas, como máximo), aunque ten en cuenta que el currículum académico, en el que se incluyen publicaciones, etc., suele ser más extenso.
2. Utiliza un papel de color blanco o de colores claros, en formato DIN A4 y de calidad.
3. Escribe con una fuente legible y con una presentación espaciada que facilite la lectura.
4. No lo escribas a mano, a menos que así lo exija la empresa.
5. Evita los adornos. Ayúdate de negritas y destacados para lograr una mayor claridad.
6. Respeta los márgenes, deja espacio entre los párrafos y escribe por una sola cara del folio.
7. Cuida el estilo y evita los errores de ortografía. Exprime al máximo tu riqueza verbal, utiliza sinónimos y evita las repeticiones excesivas.
8. Es conveniente no utilizar abreviaturas.
9. Muestra tus mejores habilidades, resalta lo que te conviene resaltar, tus logros, pero nunca inventes.

10. Vende lo mejor de ti mismo, pero de forma breve, concreta y sencilla.
11. Recuerda que no hace falta incluir los títulos acreditativos, a no ser que los soliciten.
12. Envía siempre originales, nunca fotocopias.
13. La fotografía que adjuntes ha de ser reciente y de tamaño carnet. Es preferible que sea en color.
14. No escribas el título "Currículum Vitae" en la parte superior. Es mucho mejor encabezar el currículum con tu nombre y con tus datos personales.
15. Evita hablar de remuneraciones, objetivos económicos o sueldos en el currículum.
16. No es necesario explicar las razones del fin de un contrato. Si le interesa a la empresa, lo preguntará en la entrevista.
17. Es preferible no dejar entrever ninguna militancia política, sindical o religiosa.
18. Usa un vocabulario estándar, sin palabras técnicas ni rebuscadas, pero sin que sea un lenguaje coloquial.
19. No indiques todos los seminarios o cursos a los que has asistido. Selecciona los más significativos.
20. No incluyas tus aficiones salvo que estas tengan algún tipo de relación con el puesto de trabajo.

Adaptado de: http://www.modelocurriculum.net/lo-que-debes-evitar.html

10.d. Redacta tu currículum vitae. No olvides seguir las reglas para escribir un buen currículum que has aprendido en este capítulo.

La carta de presentación

Es la carta que se adjunta al currículum con la finalidad de presentarse como candidato a un puesto de trabajo, justificar por qué se es el aspirante idóneo (destacando aquellos méritos de mayor relevancia e interés). En algunas ocasiones se pide una "carta de motivación" y en estos casos hay que precisar qué aspectos de la empresa han llamado la atención al candidato. En otras, la carta responde a un anuncio que hemos visto en un periódico, portal de empleo, etc. Toda esta información debe condensarse en una sola página.

Consta de las siguientes partes:

1. **Destinatario:** dirección concreta a la que nos dirigimos.

2. **Saludo** (*"Estimado/a señor/a: Estimados señores:"* / *"Muy señor mío: Muy señores míos:"*, si no sabemos el nombre de la persona a la que escribimos).

3. **Introducción:** el candidato debe presentarse y explicar de manera clara el objetivo de la carta (*Me dirijo a ustedes con el fin de...; En relación con el anuncio publicado el...; Les escribo con motivo de / en relación a...*).

4. **Cuerpo o desarrollo de la carta**: el candidato debe mostrar por qué es adecuado para el puesto que desea conseguir.

5. **Cierre o despedida** (*A la espera de sus noticias, le saluda atentamente; Atentamente*); después de la despedida aparece la firma, seguida de la fecha (puede escribirse también justo debajo de la dirección inicial en el encabezado de la carta y a la derecha).

Actividad 11

11.a. Lee la siguiente carta de presentación. Señala sus principales partes y los formulismos utilizados.

Marina Vela Solís
Avenida de Mayo 867
043 Buenos Aires

                                        Sr. James Moore
                                        Interspanish School
                                        Libertad 1
                                        020 Buenos Aires

                                        Buenos Aires, 20 de junio

Estimado Sr. Moore:

Me dirijo a usted en relación con el anuncio publicado en su página web donde ofrecen un puesto de profesor de fonética para el próximo curso académico. A este efecto, me complace adjuntarle mi currículum dado mi enorme interés en esta oportunidad laboral.

Me gradué en Filología Hispánica por la Universidad de Buenos Aires (UBA). Asimismo he recibido formación en la enseñanza del español como lengua extranjera mediante la realización de un máster en dicha especialidad.

Como podrá comprobar en mi currículum, cuento con más de diez años de experiencia en este campo. Colaboré con distintas instituciones en Buenos Aires, Brasil y México, lugares donde estuve en contacto con una gran variedad de alumnos de diversas nacionalidades, edades y con distintos niveles en el dominio de la lengua española.

Además de poseer experiencia en el ámbito de la fonética del español, específicamente en la enseñanza de la pronunciación y de la entonación, impartí clases de gramática, léxico, conversación y cultura. También me gustaría destacar mi capacidad para conectar rápidamente con los estudiantes y diseñar clases amenas donde prima el dinamismo y un entorno de aprendizaje colaborativo.

Por todo lo expuesto anteriormente, creo que reúno los requisitos del puesto ofertado, dado que puedo aportar una amplia experiencia, un sólido conocimiento del idioma y de la cultura y una formación específica en la materia que se busca impartir en su acreditado centro.

Me gustaría tener la ocasión de ampliar toda aquella información que precise en una entrevista personal. Le agradezco de antemano su tiempo y su consideración. Quedo a su entera disposición.

Sin otro particular, reciba un cordial saludo,

Fdo. Marina Vela Solís

11.b. Escribe una carta de presentación de unas 300 palabras a partir de la siguiente oferta de empleo. Fíjate en el modelo anterior y ten en cuenta toda la información que ha aparecido hasta ahora.

**EMPRESA DE TRADUCCIÓN E INTERPRETACIÓN
BUSCA TRADUCTOR E INTÉRPRETE**

PEDIMOS:

- Licenciatura o grado en Traducción e Interpretación.
- Experiencia mínima de 2 años.
- Conocimientos de inglés, francés e italiano (niveles C1).
- Buen conocimiento en el tratamiento de textos.

Interesados enviar CV a Confederación de la Producción y el Comercio-CPC
Nuncio Monseñor Sotero Sanz 182, Santiago (Chile)

La carta de recomendación

Algunos puestos de trabajo exigen que el currículum vitae vaya acompañado de una carta de recomendación o de una carta de referencias sobre la persona que solicita el empleo. Su **estructura** consta de:

1. **Introducción.** Se explica el porqué de la carta y qué relación existe con el candidato.

2. **Cuerpo de la carta.** En una primera parte se aporta la información sobre el candidato y se destacan sus cualidades. En una segunda parte, se relacionan estas aptitudes con el puesto de trabajo al que aspira dicho candidato.

3. **Despedida.** Este cierre va seguido de la firma de la persona que escribe la carta de recomendación.

   Ej. La persona que firma esta carta hace constar que X es un/a candidato/a idóneo/a para el puesto de trabajo al que opta.

Actividad 12

12.a. Lee la siguiente carta de recomendación y elige la oración que resume cada párrafo. Después haz un listado de las expresiones más relevantes que se utilizan para resaltar las habilidades de la persona recomendada.

Elena Aguirre Lázaro
Directora de Recursos Humanos
Empresa Pascual
Aranda de Duero, Burgos (España)

Burgos, 16 de septiembre

La presente carta es para recomendar a don Luis Cebrián para el curso de formación en técnicas de conservación de alimentos que ofrece su empresa de productos lácteos, Colun, en Chile. He sido durante más de diez años Directora del área de Recursos Humanos y puedo constatar su adecuación para dicho curso.

El señor Cebrián es graduado en Administración y Empresas por la Universidad de Barcelona. Finalizó sus estudios logrando ser el número uno de su promoción. Asimismo, cuenta con un Máster en Dirección de Empresas otorgado por la misma universidad.

Tras terminar sus estudios, realizó prácticas en la empresa Pascual en España, que también se ocupa de la producción y venta de productos lácteos. Durante los dos años que lleva en esta empresa, he podido comprobar su interés en aprender sobre el sector de las industrias alimentarias, su capacidad de análisis y de resolución de problemas, y su buena disposición para trabajar en equipo. Sabe mantener una buena relación con los clientes y los proveedores, como he podido observar en las ocasiones que ha tenido que llegar a un acuerdo con un cliente. Para ello, le ha servido su alta capacidad de negociación, respeto y tolerancia, además de una buena dosis de empatía hacia los demás. Además, ha superado con creces los objetivos profesionales que tenía asignados.

Su empresa promueve los valores de prudencia, compromiso, integridad y trabajo en equipo, los mismos que el señor Cebrián ha demostrado poseer en las tareas que se le han encomendado durante sus prácticas. Siempre busca rendir al máximo y dar lo mejor de sí mismo.

Puedo asegurarles que el señor Cebrián podría integrarse con altas garantías de éxito en su empresa y desempeñar satisfactoriamente las actividades que se le asignen. En diversas conversaciones con él he constatado igualmente su alto nivel de compromiso con los valores medioambientales que ustedes también promueven.

No duden en contactar conmigo si desean cualquier información adicional sobre su candidatura para el curso de formación. Sin otro particular, reciban un cordial saludo.

Elena Aguirre Lázaro
Directora de Recursos Humanos

Párrafo 1 ...	Párrafo 2 ...	Párrafo 3 ...	Párrafo 4 ...	Párrafo 5 ...	Párrafo 6 ...

A. Se ofrece una panorámica sobre la formación de la persona recomendada

B. Se constata la idoneidad del candidato a modo de conclusión

C. Se relaciona la persona recomendada con los valores de la empresa

D. Se presenta a la persona que escribe la carta y su relación con la persona recomendada

E. Párrafo de cierre con formulismos en el que la persona que recomienda se pone a disposición de la empresa

F. Se habla sobre las cualidades y habilidades profesionales de la persona recomendada

 12.b. Imagina que eres profesor de universidad y que un alumno tuyo te pide una carta de recomendación para solicitar unas prácticas en una agencia de prensa en Lima (Perú). Presta atención a la estructura y redacta la carta en unas 300 palabras.

Actividad 13

Escoge uno de los temas que te proponemos a continuación y elabora un texto expositivo-argumentativo de unas 500 palabras. Incorpora vocabulario y expresiones relacionadas con el tema elegido.

1. "Funcionario: un trabajo para toda la vida"
2. "¿Existen sociedades más corruptas que otras?"
3. "El teletrabajo: una manera de entender el entorno laboral"
4. "¿Alquilar o comprar una vivienda?"
5. "Las cosas de palacio van despacio"
6. "Una ley que me gustaría crear o cambiar"

5. Vocabulario temático: derecho, entorno laboral y formación académica

Los siguientes términos y expresiones te ayudarán a expresar ideas relacionadas con el derecho, el entorno laboral y la formación académica. Recuerda que este tipo de lenguaje jurídico-administrativo puede variar entre los diferentes países hispanohablantes.

El derecho

Sustantivos

cláusula, la
cohecho, el
condena, la
cuerpo del delito, el
demanda, la
derecho, el (civil, internacional, laboral, penal)
indulto, el
instancia, la
juicio, el
jurado, el
juzgado de instrucción, el
malversación, la
presunción de inocencia, la
prevaricación, la
querella, la
recurso, el
separación de bienes, la
sanción, la
sentencia, la
testigo, el
veredicto, el

Verbos / colocaciones léxicas

abolir
absolver
acatar una sentencia, un fallo
cometer una infracción
comparecer
decretar
defender un derecho
dictar sentencia, una ley

derogar un decreto

entrar en vigor un decreto, una ley

exculpar

fallar una sentencia

impugnar un convenio, un acuerdo

inculpar

indultar

infringir una ley, una medida

poner en marcha una medida

prescribir un delito

prestar declaración, juramento

promulgar una ley

prorrogar una decisión

reabrir una causa

recurrir

testificar en un juicio

tramitar una solicitud, una petición, una propuesta, una denuncia

transgredir una norma, una ley, una orden, un principio

violar, vulnerar un derecho

El entorno laboral

Sustantivos

absentismo laboral, el

cese, el

emprendedor, el

excedencia, la

explotación laboral, la

jornada laboral, la

pluriempleo, el

teletrabajo, el

Verbos / colocaciones léxicas

abrir un negocio

cobrar el finiquito, el subsidio, el sueldo

conciliar, compaginar vida laboral y familiar

congelar los salarios

desempeñar una profesión

dimitir de un cargo, de un puesto de trabajo

escalar puestos

estar remunerado

gozar de un año sabático

ostentar un cargo

pedir una baja laboral (por maternidad / paternidad, enfermedad)

promocionarse en un empleo
rescindir un contrato
recortar (la) plantilla
ser autónomo, becario, funcionario
sufrir riesgos laborales

La formación académica

Sustantivos

campus universitario, el
catedrático/a, el/la
congreso, el
convocatoria extraordinaria, ordinaria, la
docencia, la
doctor/a, el/la
doctorado, el
enseñanza, la (preescolar, primaria, secundaria, universitaria)
enseñanza, la (presencial / semipresencial / virtual)
fracaso escolar, el
graduación, la
formación profesional, a distancia, la
máster, el o la maestría
oposición, la
ponencia, la
postgrado, el
seminario, el
simposio, el
tesina, la
trabajo de fin de grado / de máster, el
tesis doctoral, la

Verbos / colocaciones léxicas

acreditar unos méritos académicos
actualizar conocimientos
convalidar una asignatura
cumplimentar una solicitud
denegar una beca
dominar un idioma
evaluar una asignatura, destreza, materia
homologar un título
impugnar un examen
otorgar una beca, un título
presentarse a un examen, una oposición
reclamar unas tasas de matrícula
terminar la carrera

6. Actividades de corrección y estilo

Gramática

A. Corrige el único error gramatical que aparece en las siguientes oraciones. Si no lo detectas, subraya la información donde crees que se encuentra.

Ejemplo: "El año fiscal comienza el 1 de <u>Enero</u> y concluye el último día del año".

Corrección: "El año fiscal comienza el 1 de <u>enero</u>..." (Los meses del año se escriben con minúscula).

1. A lo largo de los años, me he ocupado de los proyectos de planificación de los centros comerciales mediante las análisis de su viabilidad económica.

2. El Sr García agradece a todos los presentes la asistencia a la reunión así como la buena disposición que han tenido en todo momento.

3. La avería del ascensor se solucionó, si bien tardaron dos semanas a hacerlo por problemas de recambios.

4. Toma la palabra un propietario para advertir que los cristales de las galerías deberían de estar mejor unidos porque se nota el paso del aire.

5. Se ruega a todos los propietarios absténganse de tirar cualquier tipo de basura por los desagües, ya que pueden obstruirse.

6. Por el presente, se anuncia la exposición de las listas definitivas de los candidatos que, habiendo sido admitidos, no acceden a la fase específica al no haber obtenido una puntuación mínima de, al menos, cuatro puntos.

Estilo

B. Transforma el estilo de la información que aparece subrayada en las siguientes oraciones.

Ejemplo: "Se llama a los asistentes a la próxima reunión que tendrá lugar el 10 de marzo".

Corrección: "Se convoca a los asistentes...". (El cambio contribuye a mejorar la precisión léxica y el registro).

1. En el currículum que <u>envío</u> con mi carta podrán comprobar que poseo formación lingüística y musical. Soy graduado en letras y en la especialidad de piano.

2. Se acuerda el presupuesto con la empresa constructora Ediplus (materiales, color, días de trabajo, etc.) para comenzar las obras que no <u>comienzan</u> hasta finales de mes.

3. 10 de enero: la empresa <u>dice</u> que vendrá el día 15 a las 9:00h. Se colocan los carteles oportunos para avisar a los vecinos.

4. Y no habiendo más asuntos que tratar, se da por terminada la Junta <u>siendo</u> las veintiuna horas y quince minutos, con el Vº. Bº. del Presidente.

5. Y para que así conste, y a los efectos oportunos, <u>se da</u> la presente certificación de la indicada actividad.

6. En virtud de lo establecido en la Ley, serán de aplicación las normas que lo venían siendo a la fecha de su entrada en vigor, siempre que no <u>haya</u> ninguna oposición.

Capítulo 8
El texto científico-técnico

Objetivos

- Presentar diferentes modelos de textos científicos y técnicos.
- Identificar las características del lenguaje científico-técnico.
- Familiarizarse con la terminología propia de un área de conocimiento.
- Aprender términos de origen grecolatino y extranjerismos de uso común.
- Analizar los textos de divulgación científica.

Prácticas escritas

- Describir una imagen utilizando un lenguaje especializado.
- Resumir un texto de divulgación científica.
- Reconstruir una anécdota a partir de una situación de aprendizaje.
- Redactar un texto divulgativo sobre un tema específico.
- Escribir un informe.
- Elaborar un texto sobre una rama de la ciencia.

◆ ¿En qué consiste?

Resulta difícil hablar de un único tipo de texto científico-técnico, ya que los textos que se engloban bajo esta categoría pueden pertenecer a **diferentes ramas de las ciencias**: economía, medicina, biología, ingeniería, arquitectura, etc. Por lo tanto, dependiendo de la disciplina a la que pertenezcan, estos se diferencian en cuanto a su estructura general, el tipo de vocabulario, el destinatario, etc. Sin embargo, todos los textos científico-técnicos comparten el **uso de un lenguaje técnico o especializado** y se dirigen a un público que suele estar familiarizado con este vocabulario, o que posee los conocimientos suficientes para saber interpretarlo. Algunos ejemplos de este tipo de textos son: el prospecto de un medicamento, un diagnóstico clínico, las instrucciones de montaje de un aparato, el resumen de un experimento, una reseña científica, una encuesta científica, un artículo de investigación.

Otros textos que entran en esta categoría son los que tratan asimismo de aspectos relacionados con las ciencias, pero que están dirigidos a un público más amplio y, por lo tanto, el lenguaje es de **divulgación científica** y aparecen publicados en periódicos o revistas. Algunos ejemplos de este tipo de textos son: la sección de ciencia y tecnología de un periódico, un análisis bursátil, una entrevista con un científico, un artículo sobre ecología, una reseña de una revista sobre un aparato electrónico.

1. Características generales del texto científico-técnico

La función principal de los textos científico-técnicos consiste en **informar al lector** sobre un tema concreto. Además de este objetivo, hay que tener en cuenta una serie de pautas que están relacionadas con su carácter informativo. A grandes rasgos, podemos identificar tres **características generales**:

1. **La precisión y la objetividad del lenguaje**
   Se busca la precisión en el uso del lenguaje y se evita cualquier tipo de ambigüedades tanto en el léxico como en las estructuras sintácticas. Prima la objetividad como principal función comunicativa, por lo que la información se respalda mediante ejemplos, comparaciones, datos, gráficos, etc. Por esta razón se evita utilizar planteamientos que pongan de manifiesto opiniones de carácter subjetivo, aunque estos puedan aparecer en ocasiones en los textos de divulgación científica.

2. **La verificabilidad de los datos**
   Los datos que aparecen en este tipo de textos se pueden verificar y se presuponen como verídicos. Estos datos pueden estar asimismo relacionados con la hipótesis que se plantee y también con los resultados obtenidos.

3. **La universalidad de la información**
   La información que se utiliza en los textos científico-técnicos es de carácter universal: los principios científicos, las leyes, los teoremas, las fórmulas, etc., no varían de una cultura a otra. Su carácter universal se logra además a partir de una terminología que se adapta según la lengua, pero cuyo significado léxico sigue siendo el mismo.

   Por ejemplo, el término ADN, "ácido desoxirribonucleico", equivale al mismo término en inglés (*DNA, deoxyribonucleic acid*) y solamente se ha modificado en español de acuerdo con las normas fonéticas o de ortografía. Lo mismo ocurre con OVNI, "objeto volador no identificado", que es un calco del acrónimo inglés (*UFO, unidentified flying object*). Muchos vocablos técnicos están compuestos por prefijos y sufijos grecolatinos, como, por ejemplo, los que se encuentran en la medicina y en la biología. Otros se han tomado del inglés, que es el caso de los que se utilizan en el ámbito de la economía, la informática y la tecnología.

Aun así, cabe destacar que para evitar el uso excesivo de préstamos lingüísticos en español existe la tendencia en la actualidad a no solo incorporar estas palabras, sino también a buscar un equivalente o a adaptarlas, ej. *feedback* → "retroalimentación". Sin embargo, dependiendo del uso, algunos extranjerismos terminan imponiéndose como términos más habituales que utilizan los medios de comunicación y los hablantes. El hecho de que exista una terminología común en el campo de la ciencia también facilita la comunicación entre los especialistas de diferentes culturas.

Además, en los textos científico-técnicos:

1. Se suele introducir el tema con **datos generales** antes de plantear una hipótesis.

2. La información se presenta de manera paulatina mediante un **desarrollo ordenado y lógico**.

3. A menudo **se revisa la bibliografía** o los hechos anteriores sobre la misma idea central, problema o hipótesis.

4. **No existe un carácter persuasivo ni argumentativo**, sino puramente informativo, excepto en los textos de divulgación científica.

5. Al primar la **verificabilidad de la información**, se descartan aquellos datos que no se puedan confirmar.

6. Con frecuencia **se arrojan nuevos datos** o se plantean otros interrogantes a partir de lo expuesto, lo cual puede conducir a **futuras investigaciones** sobre la materia.

Hay que tener en cuenta que el tipo de información, el medio en el que aparece y el destinatario condicionan que aparezcan otros rasgos diferentes.

Actividad 1

1.a. Lee la siguiente noticia y busca en un diccionario las palabras que no entiendas de la información que aparece subrayada.

Los beneficios del té se pierden al embotellarlo

Una de las cosas que el ciudadano medio del siglo XXI trata de incorporar como sea a su dieta son los antioxidantes, sustancias con propiedades anticancerígenas, antidiabéticas y 'anti' un buen número de <u>procesos nocivos</u> para <u>nuestro organismo</u>, que están presentes en el vino, los frutos rojos o el té. Pues bien, un estudio

5 advierte a los consumidores de que <u>el té embotellado</u> no es tan sano como anuncian los fabricantes ya que contiene muchos menos <u>polifenoles</u> que el natural.

El consumo de polifenoles (un tipo de antioxidantes) se ha asociado con la disminución de <u>la inflamación</u> y del colesterol, que mejoran <u>la salud cardiovascular</u>, con un menor crecimiento de algunos <u>tumores</u>, con mejorías en <u>la degeneración</u>

10 <u>macular</u>, <u>el envejecimiento de la piel</u>, <u>las infecciones de orina</u> e, incluso, el deseo sexual femenino. Por eso cada vez están presentes en más productos de forma artificial y se usan como reclamo para <u>incentivar las ventas</u> de estos y aquellos que los poseen por naturaleza (vino, té, aceite de oliva, <u>bayas</u>).

"Los consumidores entienden muy bien que el consumo de té y de productos

15 relacionados tiene beneficios para la salud", explica Shiming Li, investigador de la compañía biotecnológica WellGen y autor del trabajo. "Sin embargo, <u>hay una gran</u> <u>brecha</u> entre la percepción de las ventajas del consumo de té y la cantidad de nutrientes saludables –polifenoles– que hay en las bebidas de té embotelladas. Nuestro análisis ha determinado que el contenido en polifenoles es extremada-

20 mente bajo".

Un informe del Departamento de Agricultura de EE.UU. ya destapaba este fenómeno. El que peor parado salía era <u>el té verde instantáneo</u>, que contenía <u>una</u> <u>cantidad inapreciable</u> de EGC (epigalato de catequina), la principal sustancia activa de esta planta.

25 El té es la segunda bebida que más se consume en el mundo, después del agua. Mientras que una bolsita cuesta unos pocos céntimos, la imposibilidad de preparar esta bebida en ciertas situaciones ha hecho proliferar sus formas embotelladas (más caras) que, además, suelen ser más atractivas para los consumidores, con diferentes sabores y un gusto menos amargo que el de <u>la</u>

30 <u>infusión pura y dura</u>.

El análisis de Li y sus colegas confirma lo que algunos advertían desde hace tiempo: <u>cuando se trata de té enlatado</u>, el contenido de antioxidantes es casi anecdótico. Mientras que una taza de té contiene entre 50 y 150 mg de polifenoles, las versiones 'lista para consumir' tienen, de media, una cantidad inferior (unos

35 37 mg), y en algunos casos no supera los 10 mg. De forma que para obtener algún beneficio habría que "consumir botella tras botella", <u>recalca el investigador</u>.

La explicación es curiosa. Los polifenoles, con todas sus bondades, tienen dos grandes desventajas: <u>son amargos y astringentes</u>. Los fabricantes de estas bebidas

40 optan muchas veces por reducir el contenido de estas sustancias –que son las que les dan buena fama– para obtener un sabor más amable al paladar.

Y "la forma más fácil de hacerlo es añadir menos té", explica Li, que ha presentado su trabajo en la Reunión Nacional de la Sociedad Americana de Química, que se celebra estos días en Boston (Massachusetts, EE.UU.). En su lugar, aparecen otras sustancias, típicas de las bebidas procesadas (azúcar, jarabe de maíz, 45 edulcorantes o cafeína), que pueden convertir el té embotellado en algo dañino.

Las ventas de esta infusión se han cuadruplicado en EE.UU. hasta alcanzar los 7.000 millones de dólares anuales. Este crecimiento se ha dado "en paralelo al reconocimiento de las propiedades beneficiosas de esta bebida", apuntan los autores. Pero, "la FDA [agencia que regula los alimentos en este país] no exige 50 informar en las etiquetas de la presencia de polifenoles", añaden, y la población desconoce en qué medida están presentes.

Adaptado de: Cristina de Martos, *El Mundo*

1.b. Vuelve a leer la noticia, ahora que conoces todo el vocabulario, y responde a las preguntas. No olvides redactar las respuestas con tus propias palabras.

1. ¿A qué se debe la moda alimenticia de los componentes "anti" según el texto?
2. ¿Cuáles son las propiedades del consumo de polifenoles?
3. ¿A qué se apunta en el texto al decir que "hay una gran brecha entre la percepción de las ventajas del consumo del té y la cantidad de nutrientes saludables?"
4. Según el estudio, ¿qué diferencia existe entre el té enlatado y el té tradicional?
5. Según el texto, ¿qué hacen los fabricantes para compensar las desventajas de los polifenoles?
6. ¿Cuál ha sido la consecuencia más directa en EE.UU. de la popularidad de los polifenoles y cómo puede saber el consumidor qué productos contienen una mayor cantidad de esta sustancia?

Actividad 2

2.a. El siguiente vocabulario técnico pertenece a diferentes disciplinas relacionadas con las ciencias. Clasifica las palabras según su categoría. Hay dos términos para cada disciplina. Puedes utilizar un diccionario.

el síntoma • el arco • el campo magnético • la memoria RAM • el cromosoma
la clorofila • la constelación • la raíz cuadrada • el asfalto • la falla • el ácido
el año fiscal • la aceleración • el disco duro • la ecuación • la enana blanca
la bóveda • el ADN • la grúa • la transacción • la erosión • la molécula • el tallo
el diagnóstico

disciplina	término español	término inglés	término español	término inglés
BOTÁNICA	*la clorofila*	*chlorophyll*		
FÍSICA				
QUÍMICA				
ARQUITECTURA				
INGENIERÍA				
ECONOMÍA				
INFORMÁTICA				
ASTRONOMÍA				
BIOLOGÍA				
GEOLOGÍA				
MEDICINA				
MATEMÁTICAS				

2.b. Ahora traduce al inglés las palabras de la actividad anterior. Puedes utilizar un diccionario.

2. Los textos técnicos o especializados

Los textos técnicos o especializados se caracterizan por su **carácter informativo**, objetivo, y por estar dirigidos a un **público especializado** que está familiarizado con el tipo de lenguaje del texto. Su contenido se compone, como norma general, de **datos a partir de la observación** que se ha llevado a cabo durante un proceso de **análisis**.

La mayoría de los textos de este tipo sigue el siguiente **proceso** para recoger la información:

1. **Agrupar los datos** que se han recopilado mediante la observación.

2. **Formular una hipótesis** de partida mediante estos datos.

3. **Describir el proceso** de análisis.

4. **Confirmar la hipótesis** en el caso de que sea posible o **informar de los resultados** de la investigación.

Rasgos morfosintácticos

1. **El uso de oraciones enunciativas o de estructuras sintácticas simples.** Mediante un estilo sencillo se consigue claridad en la exposición de la información y guiar al lector en las diferentes partes del texto.

   Ej. La materia se puede encontrar en tres estados: sólido, líquido y gaseoso.

2. **Los tiempos verbales.** A la hora de abordar las conclusiones se utiliza el presente atemporal, el cual no relaciona una acción cronológicamente, sino que muestra hechos que son válidos de manera universal.

   Ej. A partir del análisis comprobamos que el plátano aporta más potasio en cualquier dieta que otras frutas comunes.

   También se utilizan, por ejemplo, los tiempos del pasado.

   Ej. El tema central de nuestra investigación se ha abordado desde diferentes puntos de vista, sin embargo continúa siendo hoy en día un tanto desconocido para la comunidad científica.

3. **La despersonalización del discurso.** El sujeto de la acción aparece en forma de oraciones pasivas e impersonales; mediante el uso de la tercera persona del singular, la presencia de estructuras perifrásticas o el llamado plural de modestia "nosotros".

   Ej. de ahí se puede apuntar que...; cabe mencionar a este respecto que...; como se puede observar...; en primera instancia nos referimos a...

4. **El uso de adjetivos especificativos y denotativos.** De esta manera se dota al texto de un carácter objetivo. No suelen aparecer adjetivos antepuestos o valora- tivos por lo que la adjetivación en estos textos cumple una mera función denotativa u objetiva.

   Ej. La masa molecular reviste la capa del cuerpo en estado sólido.

5. **El empleo de definiciones y de aposiciones con una función explicativa o informativa.** Se informa o se clarifica un concepto, aunque se presupone que el lector está familiarizado con el vocabulario científico.

   Ej. Cada célula contiene ADN; Los componentes antioxidantes se encuentran en los alimentos vegetales: legumbres, verduras, hortalizas, etc.

6. **El uso de complementos preposicionales que cumplen una función explicativa.**

   Ej. el mercado de divisas; la balanza de pagos; el flujo de caja.

Rasgos léxicos y pragmáticos

1. **La disposición de la información mediante una estructura clara.** Los párrafos van normalmente introducidos por frases hechas o marcadores discursivos. Si se contrastan diferentes resultados, los datos tienen una función informativa u objetiva.

   Ej. de todo lo expuesto se desprende...; veamos el siguiente gráfico...; todos estos datos corroboran la hipótesis de partida...

2. **El uso de léxico especializado, de una terminología concreta o de tecnicismos.** Son términos unívocos o palabras clave que expresan un significado preciso y, por lo tanto, no aparece vocabulario que pueda resultar ambiguo o poseer un sentido metafórico. Algunos de estos términos, sobre todo en el ámbito de la medicina y de las ciencias naturales, son de origen grecolatino.

   Ej. la turbina, el generador; el disco duro, la memoria RAM; la dermatitis, la celulitis, la biosfera, etc.

3. **La aparición de fenómenos léxicos como la sinonimia, la antonimia, la hiponimia y la hiperonimia.**

   Ej. Sinonimia: meseta = altiplano; antonimia: sólido / líquido; hiponimia: la antracita es, a su vez, un tipo de carbón y un mineral; hiperonimia: tipos de carbón (antracita, lignito, turba, hulla, etc.).

4. **El uso de préstamos lingüísticos que proceden del inglés o que se han adaptado.**

   Ej. hardware; software; mouse = ratón; chatear.

5. **El empleo de siglas y ciertas abreviaturas para referirse a organismos, instituciones, conceptos, etc.**

   Ej. OMS (Organización Mundial de la Salud); ADN (el ácido desoxirribonucleico).

6. **El uso de símbolos para ilustrar la información.** Muchas veces se combina el código lingüístico con el no lingüístico de manera objetiva.

   Ej. fórmulas; gráficos; esquemas; dibujos.

Actividad 3

3.a. Completa las siguientes normas de conducta de un hospital. Fíjate en los dibujos y piensa en el carácter informativo del texto.

> ~~horario~~ • cerrada • enfermería • ~~visitas~~ • custodia • salir • pacientes • salud • ramos
> vigilancia • sofá • limpio • molestias • bebidas • sábanas • colaboración • valor
> seguridad • exclusivo • habitación • comidas • volumen • cafetería • puerta
> autorización • adulto • flores • médica • instrucciones • emergencia

1   El máximo de *visitas* por paciente será de cuatro personas simultáneamente. El *horario* de visita al paciente será de 8.00 a 22.00 horas.

2   Se ruega tener la .... lo más ordenada y limpia posible. Ayúdenos a mantener .... el Hospital.

3   Fumar perjudica seriamente su .... y la de los que le rodean. Según la Ley 20/85, de julio, del "Parlament de Catalunya", se prohibe fumar en todo el centro. Contamos con su ....

4   Se evitará en lo posible la visita de menores; en todo caso, estos deberán ir acompañados permanentemente por un .... , para evitar molestias a otros .... y por su propia seguridad.

5   El Hospital le proporcionará una dieta adecuada y equilibrada: no debe consumir .... ni .... procedentes del exterior.

6   Se permite que haya .... en las habitaciones aunque recomendamos no tener más de dos o tres .... simultáneamente.

7   Le recomendamos no tener en la habitación objetos personales de .... El Hospital no se responsabiliza de los objetos que no hayan sido depositados en.....................

8   Procure tener la .... de la habitación siempre ....

 9   El acompañante del paciente podrá utilizar el .... cama para dormir en horario de 22:00 a 08:00 horas. Por motivos higiénicos siempre deberá utilizar las .... que se le proporcionarán.

 10 El paciente podrá .... al jardín frente a Urgencias en horario de visitas. Deberá tener .... médica e ir acompañado por familiares u otras visitas. Cada vez que salga deberá tener el consentimiento del personal de enfermería.

 11 Hable con voz baja y modere el .... del televisor o radio, para evitar .... a otros pacientes.

 12 El servicio de .... del sótano 2 es de uso .... para acompañantes, familiares y otras visitas.

 13 Es necesario que conozca las instrucciones en caso de .... , que hay expuestas en cada habitación, por su propia .... y la del resto de usuarios.

 14 El Hospital dispone de un servicio de .... para su seguridad. Atienda sus ....

 15 El paciente no podrá salir de su unidad de hospitalización sin autorización .... y consentimiento del personal de ....

3.b. ¿A qué sección de un hospital debe acudir una persona en las siguientes situaciones? Puedes usar el diccionario.

PEDIATRÍA • ONCOLOGÍA • CARDIOLOGÍA • PSICOLOGÍA Y PSIQUIATRÍA
NEFROLOGÍA • MEDICINA INTERNA • DERMATOLOGÍA • TRAUMATOLOGÍA
OTORRINOLARINGOLOGÍA • UROLOGÍA • MEDICINA GENERAL • OFTALMOLOGÍA

1. Si a alguien le duele alguna articulación del cuerpo o tiene fuertes dolores musculares.
   Sección del hospital: ....

2. Si a alguien le sale un orzuelo en el ojo que no le deja ver y que le pica constantemente.
   Sección del hospital: ....

3. Si una persona está muy nerviosa, con pocas ganas de salir a la calle o un poco deprimida.
   Sección del hospital: ....

4. Si alguien no se encuentra bien, no sabe exactamente qué es lo que le pasa y los síntomas no son siempre los mismos.
   Sección del hospital: ....

5. Si una persona oye un pitido dentro del oído cuando se levanta cada mañana.
   Sección del hospital: ....

6. Si se quiere realizar una consulta o preguntar algo sobre el tratamiento del cáncer.
   Sección del hospital: ....

7. Si una persona nota que el corazón se le acelera a menudo cuando no está practicando un deporte.
   Sección del hospital: ....

8. Si alguien tiene picores frecuentes por todo el cuerpo y cree que tiene alergia a algún tipo de alimento.
   Sección del hospital: ....

9. Si a alguien le duele el estómago con frecuencia.
   Sección del hospital: ....

10. Si se quiere realizar una consulta sobre la alimentación de un bebé recién nacido.
    Sección del hospital: ....

11. Si alguien se quiere informar sobre la mejor dieta para optimizar el funcionamiento de los ríñones.
    Sección del hospital: ....

12. Si a alguien le resulta muy difícil contener las ganas de ir al baño.
    Sección del hospital: ....

Actividad 4

El siguiente texto procede del prospecto de un medicamento. Léelo con atención y a partir de la información que aparece, identifica los encabezados de cada parte del prospecto.

CONDICIONES PARA SU CONSERVACIÓN • PRECAUCIONES Y ADVERTENCIAS
ESPECIALES • COMPOSICIÓN • INTOXICACIÓN Y SU TRATAMIENTO
DOSIFICACIÓN Y MODO DE EMPLEO • ~~PROPIEDADES~~ • EFECTOS SECUNDARIOS
CONTRAINDICACIONES

Prospecto de un medicamento
COLIRIO ALFA
1. PROPIEDADES
El COLIRIO ALFA actúa en los procesos congestivos restableciendo el fisiologismo ocular debido a sus acciones preferentemente vasoconstrictoras. Está recomendado como alivio sintomático de irritaciones de la conjuntiva, congestiones oculares, conjuntivitis alérgica, ojos lagrimosos y enrojecidos por agentes externos, como luz solar, etc.
2.
Por 1 ml: – Nitrato de nafazolina 0,3 mg   – Excipientes: sulfato de cobre, citrato trisódico, alumbre potásico, ácido bórico, alcanfor, metilparaben, propilparaben, hidróxido sódico, cloruro sódico, agua destilada.
3.
Se instilarán en el ojo de 2 a 3 gotas, pudiendo repetirse hasta 3-4 veces al día, según la intensidad de la afección ocular. Su modo de empleo es el usual de un frasco cuentagotas, debiéndose cerrar el frasco inmediatamente después de su uso.
4.
Hipersensibilidad al medicamento. No debe utilizarse en pacientes con glaucoma, excepto bajo vigilancia médica.
5.
A las dosis terapéuticas citadas el COLIRIO ALFA carece de efectos secundarios. Si se usa en exceso, el propio medicamento puede provocar irritación ocular. Siga estrictamente las dosis indicadas en el apartado de Dosificación y Modo de Empleo.

6.
No se han descrito cuadros de intoxicación con este preparado. Si por error se ingiriera pueden presentarse manifestaciones locales y generales tales como cefaleas, depresiones nerviosas y somnolencia, debiendo recurrirse al tratamiento sintomático. En caso de sobredosis o ingestión accidental, consultar al Servicio de Información Toxicológica. Teléfono 91 562 04 20.
7.
Si no se produce mejoría tras 72 horas de tratamiento, o si se agravan los síntomas al usar el medicamento, consulte a su médico. Para evitar la contaminación del producto, es importante impedir que el extremo del recipiente entre en contacto con cualquier superficie, incluida la de los ojos. No utilizar si la solución cambia de color o se produce enturbiamiento. Por contener ácido bórico como excipiente está contraindicado en niños menores de tres años.
8.
No conservar a temperatura superior a 25°C.
LOS MEDICAMENTOS DEBEN MANTENERSE FUERA DEL ALCANCE DE LOS NIÑOS.
SIN RECETA MÉDICA.

Adaptado de: http://www.prospectos.net/colirio_alfa

Actividad 5

5.a. Es necesario estar familiarizado con la terminología médica para entender lo que indica exactamente. El siguiente cartel pertenece al tablón de anuncios de un ambulatorio. Describe en unas líneas su significado. Si no logras entenderlo, ayúdate de un diccionario.

AVISO IMPORTANTE:

NO SE ADMITEN **CURAS**

NI **INYECTABLES**

SIN **VOLANTE** ACTUALIZADO

Personal de enfermería

5.b. Como has visto en el ejemplo anterior, el lenguaje médico se vale de tecnicismos para expresar un significado concreto. Encuentra el término equivalente de la jerga médica para cada una de las palabras. Puedes utilizar un diccionario.

	Palabra de uso común		Tecnicismo médico
1.	almorrana → *hemorroide*	a.	narcótico
2.	arcadas	b.	fármaco
3.	reacción	c.	eccema
4.	dolor de cabeza	d.	inflamación
5.	somnífero	e.	alopecia
6.	torcedura	f.	alergia
7.	arañazo	g.	astricción
8.	desmemoria	h.	afonía
9.	rotura	i.	amigdalitis
10.	anginas	j.	náuseas
11.	diarrea	k.	quiste
12.	cantidad	l.	rasguño
13.	sarpullido	ll.	esguince
14.	desgana	m.	cefalea
15.	calvicie	n.	amnesia
16.	bulto	ñ.	colitis
17.	medicamento	o.	~~hemorroide~~
18.	estreñimiento	p.	abulia
19.	hinchazón	q.	dosis
20.	ronquera	r.	fractura

5.c. A continuación aparecen algunos sustantivos que están relacionados con el vocabulario médico. Añade el verbo del que se deriva el sustantivo y completa el sinónimo como en el ejemplo.

	sustantivo	verbo derivado	verbo sinónimo
1.	el enfermo	*enfermar*	pad*ecer*
2.	la cura		san_r
3.	la receta		prescr_b_r
4.	la vacuna		inoc_l_r
5.	el alivio		pal_ _r
6.	la operación		interv_n_r
7.	el contagio		transm_t_r
8.	el sudor		transp_r_r
9.	la tos		expect_r_r
10.	la respiración		inh_l_r
11.	el delirio		desv_r_ _r
12.	la exploración		ausc_lt_r
13.	la herida		lesi_n_rs_
14.	el constipado		acat_rr_rs_
15.	el agravamiento		emp_ _r_r

Actividad 6

6.a. Las siguientes imágenes pertenecen a estilos arquitectónicos diferentes. Fíjate en la descripción de la primera y subraya aquellas palabras relacionadas con la arquitectura que se utilizan para describir la imagen.

Museo Solomon R. Guggenheim, Nueva York, Estados Unidos

El Museo Guggenheim de Nueva York muestra una gran diferencia con los edificios de su entorno debido a su forma en espiral marcada por la fusión de triángulos, óvalos, arcos, círculos y cuadrados que se corresponden con la arquitectura orgánica utilizada por Frank Lloyd Wright en sus diseños. Para su construcción, el arquitecto se inspiró en un zigurat, templo babilónico piramidal escalonado, aunque invertido. Su configuración lleva lentamente a los visitantes por un recorrido donde las obras de arte están expuestas a lo largo de una espiral ascendente iluminada por un gran lucernario cenital. Las galerías se encuentran divididas en forma de fruta cítrica. Los recorridos en torno a un gran vacío fomentan la reflexión y el disfrute del arte.

Adaptado de: www.universaNa.usb.ve

6.b. Ahora describe en unas 100 palabras la segunda imagen teniendo en cuenta, por ejemplo, los elementos arquitectónicos que aparecen, los materiales que se han utilizado, las formas geométricas, así como el propósito o la utilidad de la construcción. Utiliza algunas palabras de vocabulario que tengan que ver con la arquitectura. Puedes usar un diccionario y buscar más información sobre la imagen antes de redactar la versión final.

Ciudad de las Artes y las Ciencias, Valencia, España

3. Los textos de divulgación científica

Los textos de divulgación científica poseen un **carácter informativo o instructivo** y están dirigidos a un público que habitualmente no es especialista en la materia. Poseen características en común con los textos especializados o puramente técnicos, sin embargo, se diferencian tanto en el destinatario como en su objetivo, ya que a la función informativa se pueden añadir también la persuasiva y la argumentativa. Todos estos factores están asimismo relacionados con el lenguaje que se utiliza.

Rasgos morfosintácticos

1. **La información se dispone mediante una estructura clara.** Los párrafos suelen ir introducidos por frases hechas o marcadores discursivos y se utilizan oraciones enunciativas o estructuras sintácticas simples.

2. **La variedad de tiempos verbales que pueden aparecer es más amplia que la de los textos puramente técnicos, aunque sin llegar a ser como la de los textos narrativos.**

3. **Este tipo de textos coincide también con los especializados en la despersonalización del discurso:** el uso de oraciones pasivas e impersonales, de la tercera persona del singular, de estructuras perifrásticas o del llamado plural de modestia "nosotros". Sin embargo, dado el carácter subjetivo que pueden poseer a veces, también se encuentran referencias más directas, sobre todo cuando se presenta una comparación o en función del estilo que se adopte según el medio en el que aparezca publicado el texto.

4. **Los adjetivos pueden cumplir una función valorativa además de descriptiva y denotativa y el texto puede poseer un carácter más subjetivo.**

Rasgos léxicos y pragmáticos

1. **Aunque aparecen algunos tecnicismos, con frecuencia se suelen adaptar** mediante sinónimos, paráfrasis, oraciones explicativas, comparaciones o analogías, aposiciones y definiciones, etc., con el objetivo de facilitar la comprensión del texto por parte del lector no especializado. Se utiliza también terminología de origen grecolatino, por ejemplo en el ámbito de la medicina y de las ciencias naturales, así como extranjerismos sobre todo del inglés.

   Ej. Las uvas contienen taninos, es decir, elementos antioxidantes; Cada célula contiene ADN, en otras palabras, ácido desoxirribonucleico.

2. **Puede aparecer la función persuasiva y argumentativa del lenguaje.**

   Ej. Con este breve análisis queda demostrado que no hay que creerse todo lo que predican algunas marcas de productos alimenticios.

3. **Debido a que en este tipo de textos se utilizan matices subjetivos, algunos incorporan el lenguaje metafórico, así como expresiones idiomáticas.**

   Ej. En la economía, apuestas hay para todos los gustos.

4. **A veces, se contrastan opiniones poniendo de relieve matices subjetivos en la línea de los textos periodísticos de opinión.**

   Ej. Esta es la recomendación de la OMS (Organización Mundial de la Salud), pues bien, parece que los bañistas británicos no la toman en serio cuando se exponen a la radiación solar sin ningún tipo de crema protectora, y colapsan la sección de dermatología de algunos hospitales de la Costa del Sol.

5. **Se combina el código lingüístico con el no lingüístico, con abreviaturas, etc., para ilustrar la información, ya sea de manera objetiva o subjetiva.**

   Ej. El gráfico pone de manifiesto lo que acabamos de sugerir, pese a que la opinión pública opine lo contrario.

Actividad 7

7.a. Lee el siguiente artículo de divulgación científica y complétalo con los fragmentos del texto que aparecen a continuación. Hay 1 de más. El texto 0 es un ejemplo.

HYGGE: el concepto de felicidad de los daneses

El lunes 23 de marzo fue el Día Internacional de la Felicidad. Según el Informe Mundial de la Felicidad que elabora anualmente la ONU, los países más felices del mundo son Noruega, Dinamarca, Islandia y Suiza. España ocupa el lugar 34. .... (0)

5 *Hygge* (se pronuncia "huga") es un concepto muy presente en la vida de los daneses que se relaciona con bienestar, tranquilidad y seguridad. Califica a todo aquello que nos proporciona una sensación de comodidad, calidez y unión. Puede hacer referencia a un bar, a un rincón de casa, a una iluminación o a una comida y, por supuesto, a una actitud de vida. .... (1)

10 La sede del Instituto de Investigación sobre la Felicidad, un grupo independiente que se dedica al estudio del bienestar y la calidad de la vida, se encuentra, curiosamente, en Copenhague (Dinamarca). Y de lunes a viernes hay velas encendidas todo el día en la oficina de este *think tank*, después de observar el interés que despertaba en todo el mundo el concepto de la felicidad. De momento,
15 no hay chimenea, pero no lo <u>descartan</u>.

.... (2) Esto es, un estilo de vida basado en la sencillez, en la calma, en la calidez de lo hogareño, <u>el antídoto perfecto</u> contra una forma de vida acelerada, basada en el consumismo y en las relaciones deshumanizadas. Es la nueva tendencia de la que se habla en casi todo el mundo y que ahora llega a
20 España.

Recientemente, la ONU declaró la búsqueda de la felicidad como un objetivo humano fundamental, y un año más tarde publicó un informe mundial sobre este asunto. Y en todas las encuestas sociales que se realizan en Europa, <u>analizando parámetros</u> como la salud, la seguridad familiar y laboral, así como la libertad política
25 o la corrupción del gobierno, Dinamarca, con 5.700.000 habitantes (el 49% varones y el 51% mujeres), encabeza en la mayoría de las ocasiones todos los rankings, pese a ser el país con el porcentaje más elevado de denuncias de violencia de género de la UE, no solo del ámbito familiar sino también laboral. .... (3)

30 A pesar de esto último, el interés por encontrar el secreto de la felicidad de la que <u>hacen gala</u> los daneses ha hecho que alcaldes, investigadores y dirigentes de todas las disciplinas y rincones del mundo acudan cada año a este país del norte de Europa, en busca de algunas de las razones que componen los altos niveles de satisfacción de la población.

35 Para muchos, el fenómeno es inexplicable, cuenta Wiking en el libro *Hygge*. Es incomprensible, entre otras razones, debido a la fría climatología, pero también debido a que los daneses se encuentran entre los ciudadanos que más impuestos pagan del mundo. .... (4)

Este apoyo surge de la conciencia de que el modelo de bienestar transforma la
riqueza colectiva en bienestar. "No estamos pagando impuestos, estamos in-
virtiendo en nuestra sociedad. Estamos comprando calidad de vida", explica el
autor, que anteriormente trabajó para el Ministerio de Asuntos Exteriores de
Dinamarca.

Porque la clave para entender el alto nivel de confort de los daneses es la capacidad
para reducir el riesgo, la incertidumbre y la ansiedad entre los ciudadanos y para
evitar la felicidad extrema. .... (5) Pero también, agrega el
experto, son los que se reúnen con más frecuencia con los amigos y la familia, y los
que se sienten más tranquilos y en paz. Incluso una facultad del Reino Unido, añade
Wiking, estudia el fenómeno *hygge* danés, que se ve reflejado en la estética y en el
concepto que está surgiendo en el mundo entero en el diseño de panaderías,
tiendas y cafeterías.

.... (6) Así lo cree un 78% de los encuestados por el Instituto
de Investigación sobre la Felicidad. Y para ello esta corriente recomienda que en la
oficina haya velas y dulces. Eso son solo dos detalles, porque lo importante es que
el ambiente dentro de las empresas sea cada vez más informal, acogedor e
igualitario. Incluso, recomienda el director del citado instituto, Meik Wiking, se
pueden colocar unos cómodos sofás para que los empleados puedan sentarse a
leer un largo informe o mantener una reunión de trabajo, en lugar de cara a cara en
una mesa y en un entorno laboral aséptico. La iluminación es clave para sentirse
bien. .... (7) Es todo un arte, una ciencia, una industria, un
pequeño detalle que hace la vida más agradable.

Adaptado de: Paz Álvarez, *Cinco Días*

A. El *hygge* no se limita solo a las casas acogedoras o a los cafés de estética bonita,
   los daneses creen que este concepto es necesario trasladarlo al lugar de trabajo.
B. Podría resumirse en la filosofía de aprender a ser felices con lo que ya tenemos y
   que no sabemos apreciar.
C. *¿Qué tienen los países nórdicos que contribuye a la felicidad de sus habitantes? No
   existe receta milagrosa, pero uno de los ingredientes se llama "hygge".*
D. La felicidad es un estado de conciencia acompañado por un sentimiento que
   transita entre la plenitud y la serenidad. Nos sentimos felices cuando nos damos
   cuenta de la conjunción equilibrada y fluida en la que se encuentra ese momento
   de nuestra vida.
E. Si se eligió esta ubicación, cuenta el director de la citada organización, Meik
   Wiking, fue en gran medida por el factor *hygge*, una palabra de origen noruego que
   significa bienestar.
F. Sirva de ejemplo, que un salario de unos 65.000 euros anuales tributa al 56%,
   aunque cada año variará en función de las necesidades que el Estado tenga.
G. Todo esto, combinado con el estilo poco apresurado de vida danés, hace que los
   ciudadanos de este país, según distintas encuestas sociales, sean los que vivan
   más a gusto.

H. Una encuesta publicada por la Agencia de los Derechos Fundamentales de la UE muestra que un 52% de las mujeres danesas considera haber sufrido alguna forma de violencia física o sexual, frente a una media europea del 33%. También es uno de los países con elevadas tasas de suicidio y de alcoholismo.

I. Y eso lo saben bien los nórdicos que tienen pasión por las velas, pero también por las lámparas que crean un ambiente confortable.

TEXTO	*0*	1	2	3	4	5	6	7
FRASE	C							

7.b. Fíjate en las expresiones subrayadas y reescribe la información con tus propias palabras.

7.c. Resume el texto en un máximo de 100-120 palabras.

Actividad 8

8.a. En el siguiente texto se analiza el cambio climático desde una perspectiva de divulgación científica. Escoge la palabra adecuada para cada caso.

Cuando el mar se come la biodiversidad

El parque nacional de Cahuita, en Costa Rica, es un ejemplo de cómo el cambio climático ya afecta a las costas.

El camino que recorre Marcos Sánchez mientras explica los tipos de árboles que habitan el parque nacional de Cahuita (Costa Rica) va a desaparecer. El guía lo cuenta con la misma naturalidad con la que lo *asume* (0). El mar se le viene encima, como ya hizo con caminos y playas por las que los turistas
5   transitaban hace solo unos años y de los que hoy solo queda el recuerdo y vestigios como una toma de alcantarilla que se asoma a la .... (1) del agua o los pilares de un antiguo muelle en medio del mar que sirven de lugar de descanso a unas gaviotas.

Aunque los más viejos del lugar cuentan que el mar siempre avanzó y retrocedió sin
10   motivo .... (2), las mediciones y los modelos climáticos dicen que este caso es distinto. La costa de Cahuita, en el Caribe sur costarricense, ha perdido entre 30 y 50 metros (según el lugar) en las últimas cuatro décadas. La mayoría de ellos, en solo 10 años.

Los eventos climáticos, cada vez más extremos y seguidos, han dejado en el litoral
15   un reguero de árboles .... (3). Incluso los más poderosos, que hacían de contención a las olas, han sucumbido a su potencia y van dejando cada

vez más al descubierto las 1.067 hectáreas de bosque inundable de este parque, que además comprende 22.300 marítimas y 600 de arrecife de coral. No es solo que todo ello esté en peligro, ... (4) ya está cambiando. La pérdida de la playa conlleva a la reducción de hábitat de las tortugas marinas para su desove, cambio de los ecosistemas, sedimentación en los arrecifes, acidificación y el calentamiento del mar.

El fenómeno es global. De acuerdo con el informe *Perspectiva mundial sobre la diversidad biológica*, ya se ha observado en todo el mundo un cambio en la .... (5) de la floración y los patrones de migración, como también en la distribución de las especies. Estas variaciones pueden alterar las cadenas alimentarias y crear desequilibrios dentro de los ecosistemas donde las distintas .... (6) han desarrollado una interdependencia sincronizada, por ejemplo, entre la época de anidación y la disponibilidad de alimento, los polinizadores y la fertilización. Los hábitats de agua dulce, los humedales, manglares, arrecifes de coral, tierras secas y subhúmedas y los bosques nublados, son especialmente .... (7) a los impactos del cambio climático.

La lucha contra el calentamiento no es, sin embargo, una batalla que pueda librar en solitario un país; y menos uno de 4,6 millones de habitantes y el tamaño aproximado de Aragón. El freno a la subida de la temperatura requiere un compromiso mundial .... (8) el que se alcanzó en la COP 21 de París. Lo que sí se puede hacer en los ámbitos locales y nacionales, más allá de poner un granito de arena en esta estrategia global, es hacer planes puntuales que, por un lado, traten de mitigar al máximo las consecuencias del cambio climático y, por otro, se adapten .... (9) lo que les viene irremediablemente encima.

En Cahuita un ejemplo de este equilibrio ha sido la lucha que han mantenido con las autoridades estatales para mantener la pesca artesanal. Se puede aprovechar el recurso marino racionalmente, ... (10) las temporadas y pescando solo a punta de anzuelo. La subida de la temperatura del mar y la acidificación del agua, produce el blanqueamiento del arrecife por la desaparición del protozoo que lo pigmenta. Lo que no se había vivido hasta ahora es el efecto de un calentamiento global que no respeta las tradiciones ni las costumbres.

Adaptado de: Pablo Linde, *El País*

0.	a. *asume*	b. incorpora	c. refleja	d. trata
1.	a. litoral	b. superficie	c. costa	d. área
2.	a. distinto	b. normal	c. aparente	d. igual
3.	a. derribados	b. alineados	c. bloqueados	d. levantados
4.	a. tampoco que	b. hasta que	c. pero que	d. sino que
5.	a. estación	b. periodicidad	c. amplitud	d. elaboración

6. a. variaciones   b. especímenes   c. especies   d. especias
7. a. vulnerables   b. absorbidos   c. lesionados   d. desaparecidos
8. a. porque   b. pese a   c. ya que   d. como
9. a. en   b. a   c. por   d. con
10. a. respetando   b. prohibiendo   c. cerrando   d. asimilando

PREGUNTAS	0	1	2	3	4	5	6	7	8	9	10
RESPUESTAS	A										

8.b. Identifica el vocabulario temático del texto anterior.

Ej. *Reducción del hábitat, …*

8.c. ¿Por qué se trata de un texto de divulgación científica?

8.d. Formas parte de un equipo de investigación sobre la biodiversidad en Costa Rica. Tu director te ha pedido que escribas un informe sobre este tema en unas 200-250 palabras para presentarlo en el próximo congreso de "Perspectiva mundial de la biodiversidad". Resume, comenta y analiza las ideas principales de la información a partir del siguiente gráfico y del artículo anterior.

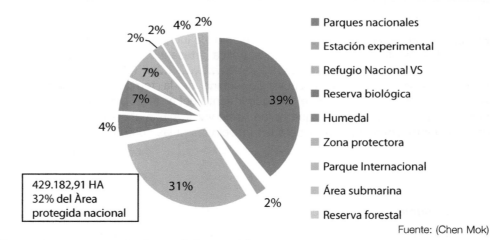

Fuente: (Chen Mok)

Recuerda que para redactar **un informe** debes:

- Seguir la estructura de introducción, desarrollo y conclusión.
- Interpretar los datos de una manera objetiva, sin dar tu opinión.
- Incluir un título que resuma la idea principal.

Actividad 9

El siguiente texto corresponde a un análisis bursátil de un periódico. Además de utilizar cifras y otros indicadores numéricos, se mezcla el uso de tecnicismos con el lenguaje habitual y el metafórico para captar la atención del lector. Completa el texto con la mejor opción. Ayúdate de un diccionario si es preciso.

El Ibex salva los 10.700 puntos pese al desafío alcista del euro

La noticia, el viernes, de que el desempleo ha vuelto a aumentar en EE.UU. contribuyó a (1)................................ el incendio que se (2)................................ en el mercado de (3)............................... Concretamente, los 95.000 nuevos parados de septiembre ayudaron a malograr las perspectivas económicas del país, y a aumentar (4) .... de que la Reserva Federal (Fed) tome medidas adicionales. Dos señales que se tradujeron en (5)............................... de un dólar ya sospechoso de estar siendo devaluado artificialmente. Así, en una semana marcada por las tensas (6)............................... del Banco Central Europeo (BCE), del Fondo Monetario Internacional (FMI) y del Gobierno chino (7)............................... divisas, el euro quedó al filo de los 1,4 dólares, y el yen marcó una nueva (8) .... histórica en 15 años, en los 81,8 yenes por dólar. Las Bolsas, por su parte, se han mantenido sin grandes movimientos, contemplando cómo las grandes apuestas se iban traspasando hacia las divisas. El Ibex, que llegó a caer un 0,92% durante el viernes y a perder los 10.700 puntos, logró salvarlos a última hora reduciendo sus pérdidas al 0,18%.

1. a. sofocar   b. prender   c. alimentar
2. a. ha descubierto   b. ha desatado   c. ha desarmado
3. a. monedas   b. divisas   c. billetes
4. a. las perspectivas b. las expectativas c. las vistas
5. a. la liquidación   b. la disminución   c. la depreciación
6. a. enunciaciones   b. declaraciones   c. especulaciones
7. a. en materia de   b. en concepto de   c. en función de
8. a. punta   b. cota   c. cumbre

Al final, (9)............................... español, que en la semana ha sumado un 2,59%, (10)............................... en los 10.720,8 puntos. Entre los movimientos más destacados de las últimas cinco jornadas está (11) .... del 12,73% de OHL y (12)............................... del 3,89% de Indra. El viernes tampoco fue un gran día para el resto de Europa, con números rojos para la mayoría de (13)............................... Con todo, el balance de la semana fue positivo para Londres que ganó un 1,16%, París que subió un 1,93% y Francfort, con (14)............................... del 1,29%.

9.	a. el seleccionador	b. el selectivo	c. el selecto
10.	a. cerró	b. abrió	c. ultimó
11.	a. la promoción	b. el escalafón	c. el ascenso
12.	a. el parón	b. la caída	c. el golpe
13.	a. series	b. clasificaciones	c. índices
14.	a. un alza	b. una puja	c. un encarecimiento

En Wall Street, donde (15)................................. esperaban de 8.000 a 10.000 parados más, el informe del Departamento de Trabajo no sentó nada bien. Sin embargo, los grandes índices se consolaron con (16)........................ de un dólar que beneficia (17)....................... y con los resultados de Alcoa, que abrió la temporada de datos del tercer trimestre tras el cierre del jueves. Tras debatirse durante el inicio de (18)............................. entre los números rojos o los (19) .... , el Standard & Poor's subió un 0,61% y el Nasdaq el 0,77%. La apuesta al alza fue tal, que el Dow Jones, que subió el 0,53%, rompió (20) .... de los 11.000 puntos por primera vez desde mayo.

15.	a. los analistas	b. los periodistas	c. los accionistas
16.	a. la desnutrición	b. el agotamiento	c. la debilidad
17.	a. las remesas	b. las exportaciones	c. los negocios
18.	a. la sesión	b. el pase	c. la función
19.	a. azules	b. verdes	c. negros
20.	a. la barra	b. el barril	c. la barrera

"El motivo de esta reacción histérica y equívoca es la doble interpretación, en la que (21)................................. tan negativo como el que ha salido del desempleo, puede ser definitivo para que la Fed ponga en marcha la nueva ronda de medidas (22) .... que el mercado ya ha anticipado en parte", argumenta Daniel Pingarrón, de IG Markets. En su opinión, "el escenario más probable es que la Fed realice nuevas (23)....................... monetarias" comprando "bonos, y dando nuevas ayudas en el ámbito de (24)............................. , entre otras cosas".

21.	a. un detalle	b. un dato	c. un documento
22.	a. expansivas	b. extensibles	c. expresivas
23.	a. inyecciones	b. incursiones	c. impresiones
24.	a. las transacciones	b. las cargas	c. las hipotecas

Sin embargo, apuestas hay para todos los gustos, y nadie asegura que la reunión de la Fed de esta semana, o el discurso que dará su presidente, Ben Bernanke, (25) .... a los mercados. Desde IG Markets apuntan que "la mayor parte de las dudas (26)............................... sobre el momento de inicio del nuevo *quantitative easing*". Es decir, cuando optará la Fed por poner en marcha de nuevo las máquinas de (27)............................... dinero para elevar (28) ....

25.	a. saquen a relucir	b. arrojen nueva luz	c. brillen por su ausencia
26.	a. gravitan	b. estriban	c. radican
27.	a. imprimir	b. inventar	c. aumentar
28.	a. la liquidación	b. el líquido	c. la liquidez

Adaptado de: J. Portillo, *Cinco Días*

Actividad 10

10.a. Lee el siguiente texto sobre el aprendizaje y la memoria, subraya las ideas principales que aparecen en cada párrafo y responde, con tus propias palabras, a las preguntas que aparecen a continuación.

Examinarnos nos hace más inteligentes

Casi un cuarto de millón de personas han dicho 'no a los exámenes' en Facebook. Más de 100.000 afirman que los odian, otros 175.000 piden su desaparición, etc. Está claro que los exámenes no son muy populares pero ¿qué dirían alumnos y profesores si supieran que estas pruebas de conocimiento más que evaluar nuestro saber lo mejoran? Esta es la conclusión de un estudio publicado en *Science*.

"Supón que estás intentando aprender una palabra en otro idioma", explica Katherine Rawson, profesora del Departamento de Psicología de la Universidad Estatal de Kent (Ohio, EE.UU.) y firmante del trabajo. "En nuestro estudio, utilizamos parejas de términos en inglés y swahili, como *cloud-wingu* [nube]. Para aprender este término, simplemente lo repetirías una y otra vez cada vez que lo estudiaras, pero esta no es una estrategia especialmente útil para grabar algo en la memoria".

Podemos definir aprendizaje como el proceso mediante el cual adquirimos nuevos conocimientos, y memoria como el almacenamiento de los mismos que se traduce en un cambio de comportamiento. Ambos fenómenos están estrechamente relacionados y de ellos dependen todos o casi todos los procesos cerebrales, desde las emociones hasta jugar al tenis.

Una de las cosas que la ciencia ha demostrado es que el aprendizaje no solo tiene lugar durante el estudio sino que el momento de examinarse también lo fomenta. Pero, a pesar de que esto se sabe desde hace años, "es sorprendente

20 que los mecanismos que subyacen tras el efecto de los tests no se comprendan bien aún", explican las autoras en las páginas de *Science*.

Todos conocemos algunos trucos para aprender mejor y más rápido. Fraccionar, por ejemplo, un número de nueve dígitos en grupos de tres. Ponerle música y/o ritmo, como se suele hacer durante los primeros años de enseñanza. Crear reglas
25 mnemotécnicas o tender puentes. Este último consiste en establecer una relación entre las cosas que se quieren recordar y normalmente se emplea con pares de palabras como países-capitales o el significado de un término en otro idioma.

Sabemos que cuantas más asociaciones se establecen entre la nueva información y lo que ya se sabe, más fácil será aprenderlo y esa es la hipótesis
30 que defiende el estudio de Rawson. Los puentes, llamados mediadores, son más eficaces cuando se crean durante un examen que mientras estudiamos, y así lo han confirmado las autoras.

El experimento consistió en hacer recordar a 118 participantes 48 pares de palabras en inglés y swahili. Después de presentarles la lista de términos, un grupo
35 se sometió a un examen y después volvió a estudiarlos, mientras que el otro solo se dedicó a su estudio. Todos ellos debieron comunicar cuál era el mediador –palabra que suena o se parece al término en swahili y que está semánticamente relacionada con la voz inglesa– escogido en cada caso.

"*Wingu* se parece a *wing* [ala, en inglés], los pájaros tienen alas y vuelan por las
40 nubes. Esto, claro está, funciona tan bien como bien elegido esté el mediador. Para que la palabra clave sea buena, tienes que ser capaz de recordarla cuando te den la extranjera más tarde. Y, también, debes recordar el término inglés al que lo has asociado", explica Rawson.

Ella y su colega Mary Pyc observaron que los individuos que pertenecían al
45 primer grupo obtuvieron mejores puntuaciones en el examen final. De hecho, recordaron hasta tres veces más palabras que sus compañeros porque "sus mediadores eran más efectivos". Una de las posibles explicaciones es que los fallos durante el proceso de recuperación (recordar *wing* [ala] al leer *wingu* [nube]) llevan a la elección de mejores mediadores y esos fallos solo ocurren cuando se
50 pone el conocimiento a prueba y no cuando se estudia.

Adaptado de: Cristina de Martos, *El Mundo*

1. ¿Por qué se dice al comienzo del texto que los exámenes no gozan de mucha popularidad?

2. Según el texto, ¿cuál es el método tradicional para aprender y recordar una palabra en una lengua extranjera?

3. ¿Cómo se relaciona el aprendizaje con la memoria?

4. ¿Cuáles son algunos de los trucos para conseguir aprender algo de manera más rápida?

5. ¿Qué son "los mediadores" y cuál es su función?

6. ¿Qué demuestra el estudio comparativo entre el vocabulario del swahili y del inglés en relación con "los mediadores"?

10.b. Los siguientes textos tienen que ver con aspectos relacionados con la memoria. Elige el título que mejor sintetiza la información que aparece en cada párrafo. Subraya las palabras que te proporcionen la clave.

Recordar lo que es coherente
La memoria personal
~~El cerebro~~
La memoria compartida
Los sentidos y la memoria
La memoria de *flash*
Recordar sin pensar
Las caras y la memoria

Título: *El cerebro*

1 Los recuerdos suceden cuando las células del cerebro se estimulan con unos patrones específicos. Aunque el patrón de las células que forman un recuerdo puede distribuirse en una gran zona del cerebro, distintas clases de recuerdo parecen estar controladas por diferentes partes del cerebro. Un cerebro humano tiene alrededor de 100 mil millones de células; el número de posibles patrones que se puede obtener combinando estas células es inmenso. Ello ayuda a explicar la gama y complejidad del comportamiento, pensamiento y memoria del ser humano.

Título:

2 Nuestras experiencias, y por tanto nuestros recuerdos, acuden a nosotros a través de ellos. Y a menudo, una experiencia sensorial específica (el olor de la vainilla, una estrofa de una canción) evocará un potente recuerdo. Tenemos la capacidad para reconocer cosas con solo una pequeña cantidad de información sensorial y, en ocasiones, evocar un recuerdo a partir de intensas experiencias que puede transportarnos a otro momento y lugar.

Título:

3 Esta parte de la anatomía juega un papel especial en la vida y en la memoria humana, ya que somos capaces de leer detalles sutiles a menudo percibiendo ligeros cambios emocionales. La gente puede distinguir miles de caras diferentes y padres de gemelos idénticos pueden decir con facilidad quién es uno y otro. Pero se sabe de testigos presenciales de un delito que han identificado erróneamente a un sospechoso. Una mirada más detallada del proceso de recordar caras revela lo que vemos y lo que no vemos en ellas y cómo influye ello en la precisión de nuestros recuerdos.

Título:

4 La memoria puede transformar un día normal en un acontecimiento de extraordinaria importancia. Un encuentro casual se convierte en un momento decisivo, un objeto común se transforma en un talismán, una calle, una habitación o un prado son una fuente interna de confort o de refugio. Tales recuerdos nos ayudan a definir nuestra individualidad, nuestra identidad o personalidad.

Título:

5 Vivimos en una tormenta de imágenes, sonidos, hechos, acontecimientos, ideas, imaginaciones e historias. Nuestros sistemas de memoria tienen que cribar este constante torrente de pensamiento y experiencia y decidir qué vale la pena conservar. Aquellas experiencias coherentes, que tienen significado para nosotros, que agitan nuestras emociones o de alguna forma conectan con lo que ya sabemos y nos preocupa, tienen más posibilidades de meterse en nuestra memoria a largo plazo.

Título:

6 La discusión y el acuerdo sobre la forma en que suceden las cosas son los cimientos de la cultura. Las formas en las que registramos los acontecimientos (en canciones, películas y libros) conforman la historia. Lo que decidimos registrar y cómo contamos la historia revelan mucho sobre lo que compartimos.

Título:

7 Cuando una persona compra una marca específica de jabón o tiene una reacción particular ante alguien con quien se encuentra, su comportamiento puede estar muy influido por experiencias pasadas. Actitudes, expectativas, prejuicios y preferencias quedan a menudo influidos por una especie de memoria inconsciente que los científicos denominan memoria implícita. De forma similar, cuando se ponen en práctica las innumerables destrezas de la vida diaria (caminar, conducir, hablar, atarse los zapatos, etc.), habitualmente se hace sin mucho pensamiento consciente.

Título:

8 Para la mayoría, los acontecimientos de la vida diaria corren juntos en la memoria. Sin embargo, este tipo de memoria constituye una excepción, dado que, como

una fotografía, conserva un momento al azar en el tiempo, preservando por otro lado detalles sin importancia. Después del asesinato del presidente J.F. Kennedy los psicólogos se dieron cuenta de que la gente recordaba perfectamente dónde estaba, qué estaba haciendo y cómo oyó la noticia de que habían matado al presidente de Estados Unidos. Los psicólogos se preguntaron si este tipo de memoria es neurológicamente distinta a otras. También se preguntaban si contar repetidamente una historia de la memoria *flash* podría ser un factor de su viveza y de su importancia para nosotros. Desde entonces, los estudios han demostrado que los recuerdos de la memoria *flash* están sujetos a tanta imprecisión como otras clases de recuerdos. Sin embargo, el sentido de claro recuerdo que rodea a noticias impactantes de gran importancia cultural o personal es innegable.

Adaptado del Museo de las Ciencias de Valencia.

10.c. Ahora que has leído información sobre cómo funcionan el cerebro y la memoria, elige una palabra de vocabulario o una expresión en español que nunca olvidarás. Piensa en el contexto en el que la aprendiste, la situación del aprendizaje y por qué crees que siempre la vas a recordar. Redacta una anécdota y fíjate en si está relacionada con alguno de los tipos de memoria que se han mencionado en el apartado anterior.

Actividad 11

11.a. Lee la siguiente entrevista, subraya las ideas principales que aparecen en el texto y decide si lo que se dice debajo es verdadero o falso.

Los médicos españoles tienen pánico a hablar en inglés en los congresos

En la jerga quirúrgica, *Dance with me* no significa 'baila conmigo' sino 'átame', una expresión que forma parte de la jerga médica y la utiliza el cirujano momentos antes de entrar al quirófano para que, una vez esterilizado, alguien le ate la bata por detrás. Con la intención de evitar este tipo de situaciones confusas y hasta un tanto comprometedoras si no se entienden correctamente, se ha presentado el sexto libro de la colección Springer Medical English en la sede de la Organización Médica Colegial.

Entre otras cuestiones, estas obras, escritas en inglés y por especialidades, explican cómo solicitar trabajo a un hospital en el extranjero, impartir una conferencia o preparar un artículo en inglés para presentarlo en revistas de prestigio internacionales.

Uno de los artífices de esta idea, junto con otra eminencia en radiología, Pablo Ros, es Ramón Ribes, un gaditano de 45 años que trabaja en el Hospital Reina Sofía de Córdoba. Sus compañeros de Medicina lo describen como un profesional brillante y de referencia en el campo de la radiología intervencionista. Dicen, además, que es una persona muy inquieta, tanto que, como curiosidad, hizo cuarto, quinto y sexto de Medicina en el mismo año, mientras también cursaba primero de Derecho.

Pregunta. –¿Cómo surgió la idea de esta colección?

Respuesta. –Con 34 años me fui a trabajar a Harvard (Estados Unidos). Yo no
20 hablaba inglés, a pesar de que creía tener un buen nivel. Pero de esto no te das cuenta hasta que no estás en el entorno hospitalario, donde hay una jerga que ni siquiera los nativos del idioma conocen. Busqué todos los libros de inglés médico que había en la biblioteca de Harvard y vi que estaban escritos por profesores nativos. Pensé que era necesario que este material estuviera escrito por médicos
25 que además no fueran nativos, por la riqueza que ofrece su experiencia en el aprendizaje del idioma.

Sin duda, con el asesoramiento de nativos. Con estas premisas pusimos en marcha nuestra serie.

P. –¿A quiénes está dirigida?
30 **R.** –Al médico que se va fuera a trabajar, al que quiere publicar en revistas de prestigio internacional y aquellos a quienes les gusta estar muy al día de su especialidad. La persona que domina el inglés va a poder adquirir la información de primera mano de los artículos en tiempo real.

P. –¿Cuál es el nivel de inglés de los médicos españoles?
35 **R.** –En general, no hablan inglés. El 90% no son capaces de decirle su e-mail a un extranjero y solo el 5% es capaz de llamar por teléfono fuera de España. Nuestros médicos tienen pánico a expresarse en este idioma en los congresos internacionales por miedo a que les pregunten. Para hacernos una idea, en un reciente Congreso Europeo de Radiología, España, con 7.000 radiólogos, solo
40 presentó doce comunicaciones orales, mientras que Grecia, con tan solo 2.000, presentó diecisiete.

P. –¿Por qué es importante el inglés para los médicos?

R. –España solo será un país del primer mundo cuando nuestros profesionales sean tan bilingües como los suecos u holandeses. Entonces, tendríamos los
45 porcentajes que demográficamente nos corresponden en las sociedades científicas y aumentaría nuestro peso académico en la sociedad internacional.

P. –¿Por qué España no tiene el nivel de inglés deseable?

R. –El español deja de estudiar inglés a los 18 años. Después de 12 años estudiando la carrera, retomar este idioma requiere mucho coraje. Creo que, por
50 obligación, los residentes tendrían que irse a estudiar un tiempo a un país de lengua anglosajona. Por otra parte, en España los médicos veteranos, en general, no hablan inglés. Entonces, el hecho de que un chico joven y con ganas domine el idioma, puede ser percibido como una amenaza en vez de como una oportunidad.

P. –¿Cómo salen parados los médicos españoles si se compara su inglés con el
55 de sus colegas en otros países?

R. –Curiosamente, el inglés médico es muy fácil para españoles y franceses, ya que el 50% de la terminología es grecolatina y por lo tanto se entiende bien. Sin embargo, tenemos problemas para pronunciar todo lo que es fácil de leer, como edema, por ejemplo. Con la ventaja que supone tener una lengua romance, la
60 desaprovechamos hasta el punto de que un japonés iguala nuestro nivel en cinco años. En general, el nivel del idioma en el resto de Europa es mejor que el nuestro.

Adaptado de: Laura Tardón, *El Mundo*

Según la entrevista...	**V**	**F**
1. *'Dance with me'* es una expresión típica de la jerga médica que se utiliza antes de llevar a cabo una operación en un quirófano.		
2. Entre otras cuestiones de interés para la carrera médica, el libro *Springer Medical English* explica cómo atender a un paciente en el extranjero o impartir clase de medicina.		
3. Ramón Ribes es un prestigioso radiólogo que trabaja en su ciudad natal.		
4. Ramón Ribes fue capaz de compaginar sus estudios de varios cursos de medicina con los de otra carrera.		
5. Cuando llegó a Estados Unidos a la Universidad de Harvard no hablaba nada de inglés.		
6. Una de las primeras cosas que le llamaron la atención cuando llegó a Estados Unidos es que la mayoría de los libros de medicina estaban hechos por hablantes nativos.		
7. Decidió hacer un libro de medicina sin la ayuda de profesores nativos porque le pareció importante mostrar la experiencia de los médicos que no eran nativos.		
8. El libro que acaba de publicar está dirigido a todo tipo de médicos y, en especial, a los médicos españoles que quieran progresar en la profesión.		
9. En general, el nivel de inglés de los médicos españoles es bastante malo, ya que muchos no serían capaces de expresarse en esta lengua de manera básica.		
10. El nivel de inglés de los médicos griegos es mucho mejor que el de los médicos españoles.		
11. Ramón Ribes opina que los médicos españoles tienen pánico a comunicarse en inglés porque no sabrían responder a una pregunta sobre su especialidad en esta lengua.		
12. Si los médicos españoles fueran bilingües, España tendría un papel más relevante en el campo de las ciencias médicas.		
13. Para Ramón Ribes, estudiar en un país anglosajón debería ser un requisito en los estudios de medicina.		
14. En general, los médicos veteranos no hablan inglés y los médicos jóvenes que hablan inglés siempre tienen más oportunidades de progresar en la carrera de medicina respecto a sus colegas que llevan más tiempo en la profesión.		
15. A un médico español le resulta bastante fácil hacerse entender en el inglés médico, puesto que la mayor parte del vocabulario es de origen grecolatino.		

11.b. Como se indicaba en la entrevista anterior, en el lenguaje médico existe numerosa terminología de origen grecolatino. Estos son los principales prefijos y sufijos de origen griego y su significado. Completa la palabra que sirve de ejemplo para cada uno de ellos.

Prefijos de origen griego

	prefijo	significado del prefijo	ejemplo
1.	acro-	que se encuentra en lo alto	acróp_l_s
2.	antropo-	relacionado con el hombre	antrop_l_g_ _
3.	auto-	relacionado con uno mismo	autob_ _gr_f_ _
4.	biblio-	relacionado con los libros	bibliot_c_
5.	bio-	relacionado con la vida	biol_g_ _
6.	ciclo-	que tiene forma de círculo	ciclom_t_r
7.	cine-, cinemato-	que se mueve	cinem_t_c_
8.	cosmo-	relacionado con el mundo	cosmop_l_t_
9.	cripto-	que se encuentra oculto	criptogr_m_
10.	cromo-	que es de color	cromos_m_
11.	crono-	relacionado con el tiempo	cronol_g_ _
12.	dactil-, dactilo-	relacionado con los dedos	dactil_r
13.	deca-	compuesto por diez unidades	décad_
14.	demo-	relacionado con el pueblo	demogr_f_ _
15.	dermo-, dermato-	relacionado con la piel	dermat_l_g_
16.	dinam-, dinamo-	relacionado con la fuerza	dinam_sm_
17.	gast-, gastro-	relacionado con el estómago	gastr_t_s
18.	geo-	relacionado con la tierra	geot_rm_a
19.	gin-	relacionado con la mujer	gin_c_l_g_
20.	helio-	relacionado con el sol	heliot_r_p_ _
21.	hemo-, hemato-	relacionado con la sangre	hemorr_g_ _
22.	hetero-	distinto de algo	heteros_x_ _l

23.	homo-, homeo-	parecido o similar a algo	homog_n_ _
24.	icono-	relacionado con la imagen	iconogr_f_ _
25.	macro-	grande	macro_c_n_m_c_
26.	micro-	pequeño	micro_nd_s
27.	para-	que va más allá o en contra de algo	paran_rm_l
28.	peri-	que va alrededor	perisc_p_ _
29.	piro-	relacionado con el fuego	pirot_cn_ _
30.	poli-	que tiene varios	polígl_t_

Sufijos de origen griego

	sufijo	**significado del sufijo**	**ejemplo**
1.	-filia	que es proclive o aficionado a algo	_ngl_filia
2.	-fobia	que siente odio, miedo o temor por algo	x_n_f_bia
3.	-fono, -fonía	relacionado con el sonido	_ _d_fono
4.	-gamia	relacionado con el matrimonio	m_n_gamia
5.	-grama	relacionado con las letras o con algo escrito	t_l_grama
6.	-geno	que engendra	l_cr_m_geno
7.	-logo	especialista o persona versada o que sabe de algo	ps_c_logo
8.	-mancia	relacionado con la adivinación	c_rt_mancia
9.	-manía	que tiene pasión por algo	p_r_manía
10.	-metro	medida; que sirve para medir	t_rm_metro
11.	-patía	que padece o que siente algo	t_l_patía
12.	-poli	relacionado con la ciudad	m_tr_poli
13.	-scopio	que sirve para ver	t_l_scopio
14.	-tecnia	relacionado con el arte o la ciencia	mn_m_tecnia

11.c. Forma palabras a partir de las terminaciones que te damos. Hay dos para cada una.

> ~~hidro~~- • cruci- • claustro- • haltero- • esteto- • sin- • clepto- • mega-
> penta- • podo- • melo- • biblio- • dinamo- • crono- • bio- • micro-

1. **-fobia:** *hidrofobia,*
2. **-metro:**
3. **-manía:**
4. **-grama:**
5. **-logo:**
6. **-fonía:**
7. **-filia:**
8. **-scopio:**

11.d. A continuación aparecen los principales prefijos de origen latino. Completa la palabra que sirve de ejemplo para cada uno de ellos.

Prefijos de origen latino

	prefijo	significado del prefijo	ejemplo
1.	ab-, abs-	que está separado o privado	abs_rb_r
2.	ad-	que se añade	adj_nt_r
3.	bi-, bis-	que es doble	bis_x_ _l
4.	des-	que carece de algo	desgr_n_r
5.	ex-	que está o que se pone fuera, o que ha dejado de ser	exp_n_r
6.	extra-	excesivamente; fuera de un lugar	extram_r_s
7.	i-, in-, im-	que carece de algo	il_g_bl_
8.	inter-	que se encuentra entre algo	interc_lt_r_l
9.	intra-	que se encuentra dentro de algo	intrav_n_s_
10.	multi-	que tiene gran cantidad de algo	multim_ll_n_r_ _
11.	omni-	relacionado con el todo	omnív_r_
12.	pos-, post-	que es posterior	posp_n_r
13.	pre-	que precede a algo, o que va delante	pref_j_
14.	re-	que se repite o que se vuelve a hacer algo	red_str_b_ _r

15.	retro-	que va hacia atrás	retrosp_ct_v_
16.	su-, sub-	que se encuentra debajo o por debajo de algo	subm_r_n_
17.	super-, sobre-, supra-	que se encuentra encima o por encima de algo	superp_n_r
18.	trans-, tras-	que va a través de algo o más allá de algo	transpl_nt_
19.	ultra-	excesivamente; que va más allá de algo	ultrac_ns_rv_d_r
20.	vice-, vi-, viz-	que se encuentra en vez de algo	vic_pr_s_d_nt_

11.e. Ahora completa las frases con una de las palabras anteriores. Haz la concordancia donde sea necesario.

1. El paciente tuvo una fuerte …………………………………… interna y lo tuvieron que ingresar en el hospital.
2. El escritor cubano Reinaldo Arenas tituló su …………………………………… *Antes que anochezca*.
3. Las inyecciones …………………………………… , es decir, las que se ponen en una vena, suelen doler más que las intramusculares.
4. Juan es muy …………………………………… , ha viajado por todo el mundo y siempre ha estado en contacto con gente de diferentes culturas.
5. Calienta el café un poco en el …………………………………… , que se ha enfriado.
6. Mi amigo Pawel es un auténtico ……………………………………: habla polaco, español, inglés, francés, ruso, portugués, alemán y tiene conocimientos de árabe.
7. No creo en fenómenos …………………………………… Al igual que la cartomancia, me parece que es todo una invención para sacarle dinero a la gente.
8. Estudió la carrera de …………………………………… en México y ahora está investigando sobre la civilización olmeca.
9. En la …………………………………… de los 80 se produjo un importante movimiento sociocultural en España conocido como "La Movida".
10. Durante la Segunda Guerra Mundial se utilizaron …………………………………… para enviar secretos militares.
11. La policía ha podido indentificar al ladrón porque encontraron rastros de huellas …………………………………… en el mango de una sartén.
12. La cilindrada de los …………………………………… es normalmente inferior a los 80 centímetros cúbicos.
13. La …………………………………… es la técnica de fabricación y utilización de materiales explosivos o fuegos artificiales.
14. Cuando hablamos de la descripción de imágenes, retratos y cuadros, nos referimos a la ……………………………………
15. Algunas personas son capaces de comunicarse mediante la transmisión de contenidos psíquicos. Es lo que se conoce como ……………………………………

11.f. Algunas palabras que proceden del griego tienen en español las terminaciones: *-ma*, *-ama*, *-ema*, *-ima*, *-oma* y *-uma*. Estas palabras a veces inducen al error porque aunque terminan en *-a* suelen ser masculinas, como por ejemplo "el/los problema/s". Escribe el artículo correspondiente para cada palabra, y haz un círculo en el sustantivo cuyo género sea diferente.

1.	*el*	sistema	*el*	teorema	(la) alarma
2.	....	dogma	....	enigma	.... firma
3.	....	fantasma	....	lágrima	.... goma
4.	....	puma	....	diadema	.... reuma
5.	....	síntoma	....	melanoma	.... norma
6.	....	clima	....	cima	.... paloma
7.	....	eccema	....	esquema	.... lima
8.	....	cromosoma	....	víctima	.... idioma
9.	....	rama	....	drama	.... tema
10.	....	poema	....	esgrima	.... crucigrama
11.	....	carisma	....	fotograma	.... broma
12.	....	cama	....	aroma	.... lema

✓ Recuerda que los sustantivos que terminan en *-sis* suelen ser femeninos y se utilizan con la misma forma para el singular y el plural, ej. la/las crisis, la/las meningitis, la/las tortícolis. Sin embargo, aunque la mayoría de las palabras que terminan en *-sis* son femeninas, existen también algunas excepciones: el paréntesis, el énfasis, el éxtasis y el análisis.

Actividad 12

12.a. La siguiente noticia combina el texto de divulgación científica con el texto periodístico. Destaca los principales argumentos que se ofrecen para leer más.

Razones científicas para leer más de lo que leemos

La lectura, además de mejorar la empatía y la comprensión de los demás, es uno de los mejores ejercicios posibles para mantener en forma el cerebro y las capacidades mentales.

El informe *La lectura en España*, encargado por la Federación de Gremios de Editores (FGEE), alerta de que los españoles no conseguimos aumentar nuestro nivel de lectura, pues estamos estancados en cifras que indican, según el último barómetro del CIS, que cerca de un 40% de los ciudadanos no leyó ni un libro en
5   todo el año. Ante esta situación el Gobierno parece tener en ciernes un Plan Nacional de Fomento de la Lectura. Démosle pues al Gobierno y su Ministerio de Cultura argumentos científicos, particularmente desde la neurociencia, para seguir adelante con ese plan y llevarlo a cabo con éxito.

La lectura es uno de los mejores ejercicios posibles para mantener en forma el
0   cerebro y las capacidades mentales. Es así porque la actividad de leer requiere poner en juego un importante número de procesos mentales, entre los que destacan la percepción, la memoria y el razonamiento. Cuando leemos activamos preferente-mente el hemisferio izquierdo del cerebro, que es el del lenguaje y el más dotado de capacidades analíticas en la mayoría de las personas, pero son muchas más las áreas
5   cerebrales de ambos hemisferios que se activan e intervienen en el proceso. Decodificar las letras, las palabras y las frases y convertirlas en sonidos mentales requiere activar amplias áreas de la corteza cerebral. Las cortezas occipital y temporal se activan para ver y reconocer el valor semántico de las palabras, es decir, su significado. La corteza frontal motora se activa cuando evocamos mentalmente los
0   sonidos de las palabras que leemos. Los recuerdos que evoca la interpretación de lo leído activan poderosamente el hipocampo y el lóbulo temporal medial. Las narraciones y los contenidos sentimentales del escrito, sean o no de ficción, activan la amígdala y demás áreas emocionales del cerebro. El razonamiento sobre el contenido y la semántica de lo leído activan la corteza prefrontal y la memoria de trabajo, que es la
5   que utilizamos para resolver problemas, planificar el futuro y tomar decisiones. Está comprobado que la activación regular de esa parte del cerebro fomenta no solo la capacidad de razonar, sino también, en cierta medida, la inteligencia de las personas.

La lectura, en definitiva, inunda de actividad el conjunto del cerebro y refuerza también las habilidades sociales y la empatía, además de reducir el nivel de estrés
0   del lector. En ese sentido debemos resaltar el excelente trabajo de revisión del novelista y psicólogo Keith Oatley, de la Universidad de Toronto, Canadá, recientemente publicado en la revista científica *CellPress* y titulado *Fiction: Simulation of Social Worlds* (*Ficción: Simulación de mundos sociales*), destacando que la literatura de ficción es la simulación de nosotros mismos en interacción. Tras
5   un riguroso y elaborado repaso de datos y consideraciones sobre psicología

cognitiva, Oatley concluye que ese tipo de literatura al ser como una exploración de las mentes ajenas hace que quien lee mejore su empatía y su comprensión de los demás, algo de lo que estamos muy necesitados. Esa conclusión es además avalada por neuroimágenes, es decir, por datos científicos que exploran la actividad cerebral relacionada con ese tipo de emociones. La ficción que incluye personajes y situaciones complejas puede tener efectos especialmente beneficiosos. Así y como ejemplo, un trabajo recientemente publicado muestra que la lectura de *Harry Potter* puede disminuir los prejuicios de los lectores.

Todo ello sin mencionar la satisfacción y el bienestar que proporciona el conocimiento adquirido y cómo ese conocimiento se transforma en memoria cristalizada, que es la que tenemos como resultado de la experiencia. El libro y cualquier lectura comparable son, así, un gimnasio asequible y barato para la mente, el que proporciona la mejor relación costo/beneficio en todas las edades de la vida, por lo que debería incluirse en la educación desde la más temprana infancia y mantenerse durante toda la vida. Cada persona debe elegir el tipo de lectura que más le motiva y conviene. Los niños deben ser estimulados a leer con lecturas adecuadas a su edad y los mayores deben procurarse todo el auxilio que requieran sus facultades visuales para poder seguir leyendo y manteniendo en forma su cerebro cuando envejecen. Un motivo añadido para que los mayores sigan leyendo es la plausible creencia de que no somos verdaderamente viejos hasta que no empezamos a sentir que ya no tenemos nada nuevo que aprender.

Adaptado de: Ignacio Morgado Bernal, *El País*

12.b. Elabora un mapa mental con el vocabulario temático del texto anterior en el que incluyas los principales beneficios de leer.

12.c. A partir de la siguiente frase del texto anterior, "Cada persona debe elegir el tipo de lectura que más le motiva y conviene", redacta un texto de divulgación científica de unas 200 palabras. No olvides revisar las características generales de este tipo de texto.

Actividad 13

13.a. En español existen cada vez más palabras que provienen del inglés. Aunque algunos de estos anglicismos se usan con frecuencia, es preferible utilizar el término equivalente. Encuentra el vocablo equivalente en español.

término inglés	vocablo equivalente
1. feedback → *retroalimentación*	a. aparcamiento
2. hobby	b. vestíbulo
3. barman	c. existencias
4. best-seller	d. director

5. parking   e. monopolio

6. handicap   f. conmoción

7. hall   g. espectáculo

8. trust   h. aerosol

9. manager   i. camarero

10. shock   j. expositor

11. stock   k. superventas

12. show   l. contraseña

13. spray   ll. ~~retroalimentación~~

14. stand   m. desventaja

15. password   n. pasatiempo

13.b. También encontramos otros extranjerismos de diferentes lenguas que se han ido incorporando al idioma. En algunos casos se ha adaptado la ortografía de acuerdo con las normas fonéticas y ortográficas del español, ej. *kimono* = quimono. Clasifica las siguientes palabras según su origen. Hay cuatro palabras para cada categoría.

el kamikaze • el pantalón • el chocolate • el karaoke • el garaje •
el leitmotiv • el piloto • la acequia • la guerra • el piano • el aguacate • el búnker •
la novela • el arroz • el tomate • la croqueta • el alcalde • la tregua • el tatami •
el puma • el hotel • el bonsái • el casino • la zanahoria

árabe	francés	alemán	italiano	japonés	lenguas de América Latina
la berenjena	*el rol*	*kitsch*	*el centinela*	*el futón*	*la cancha*

Actividad 14

Elige uno de los siguientes temas y redacta un texto de divulgación científica de unas 500 palabras. Puedes hacer primero una pequeña investigación para recopilar información. Ten en cuenta:

- la estructura de este tipo de textos;
- la selección de una terminología apropiada;
- la función informativa y divulgativa;
- la claridad en la exposición y en el uso del lenguaje.

1. "Máquinas, robots, ¿aliados o enemigos del ser humano?"
2. "Ya no leemos: simplemente procesamos información".
3. "¿Qué factores hacen que algunas sociedades sean más felices?"
4. "¿Cómo pueden ayudar las Humanidades a entender la ciencia?"
5. "¿Existe el turismo ecológico?"
6. "¿Por qué nos interesa cada vez más la economía y menos la literatura?"

4. Vocabulario temático: salud, medioambiente, economía y ciencia

Los siguientes términos y expresiones te ayudarán a expresar ideas relacionadas con disciplinas técnicas y científicas en ámbitos como la salud, el medioambiente, la economía y la ciencia.

La salud

Vocabulario general

VERBOS	SUSTANTIVOS Y ADJETIVOS
andar con muletas	análisis de sangre, el
atender a un paciente	asistencia sanitaria, la
controlar los niveles de colesterol	asintomático/a
cuidar la higiene personal	aumento de peso, el
confinarse	carencia de vitaminas, la
contagiar(se)	condiciones higiénicas, las
curar(se)	confinamiento, el
dar a luz	consulta, la
desinfectar	contagio, el
diagnosticar	control sanitario, el
donar sangre	coronavirus, el

empeorar	COVID-19, el/la
estar a régimen / dieta	cuarentena, la
estar bien / mal de salud	cura, la
esterilizar	diagnóstico, el
extirpar un quiste	distanciamiento (social), el
operarse de apendicitis	enfermedad, la
padecer del corazón	enfermo/a
padecer (de) taquicardias	era poscoronavirus, la
pedir hora en el médico	era pos-COVID, la
ponerse enfermo	grupo sanguíneo, el
tener cita con el médico	hábitos alimenticios, los
	hospitalización, la
	infección, la
	intervención (quirúrgica), la
	inválido/a, el/la
	mascarilla, la
	pandemia, la
	parte médico, el
	pérdida de peso, la
	pulsación, la
	sanidad, la
	sano/a
	sobredosis, la

Enfermedades y síntomas

VERBOS	SUSTANTIVOS Y ADJETIVOS
acatarrarse	acné, el
caer enfermo	agotamiento, el
contagiar(se)	ahogo, el
cortarse	alergia, la
desmayarse	ampolla, la
devolver / vomitar	anginas, las
estar estreñido	apendicitis, la
estar mareado	asma, el
estornudar	bronquitis, la
hacerse daño	calambre, el
hincharse	cáncer, el
quemarse	cardenal, el / moratón, el / magulladura, la
tener catarro/ estar constipado /	caries, la
estar resfriado	catarata, la
tener náuseas	cicatriz, la
tener agujetas	circulación sanguínea, la
	contusión, la

torcerse el tobillo toser	desmayo, el/ desvanecimiento, el dolencia, la dolor (crónico), el / doloroso efectos secundarios, los enfermedad de transmisión sexual, la (ETS) enfermedad degenerativa, la escalofrío, el esguince, el estreñimiento, el febril grano, el gripe, la herida (leve), la / herido/a herido/a de gravedad, el/la infarto, el inflamación, la insolación, la intoxicación, la migraña, la lesión, la otitis, la pulmonía, la quemadura, la reúma, el/la ronco/a tos, la varicela, la

Servicios sanitarios y personal

Servicios sanitarios	Personal
ambulatorio, el banco de sangre, el centro de rehabilitación, el centro de salud, el / centro sanitario, el centro de salud mental, el centro geriátrico, el centro hospitalario, el hospital, el maternidad, la UCI, la (unidad de cuidados intensivos)	anestesista, el/la auxiliar sanitario, el/la cardiólogo/a, el/la cirujano/a, el/la comadrona, la/ partera, la dermatólogo/a, el/la doctor/a, el/la enfermero/a, el/la especialista, el/la experto/a en nutrición, el/la farmacéutico/a, el/la fisioterapeuta, el/la geriatra, el/la

ginecólogo/a, el/la
masajista, el/la
médico/a de cabecera, el/la
oculista, el/la
odontólogo/a, el/la
oftalmólogo/a, el/la
oncólogo/a, el/la
osteópata, el/la
otorrino/a el/la; otorrinolaringólogo/a, el/la
pediatra, el/la
podólogo/a, el/la
psicólogo/a, el/la
psiquiatra, el/la
traumatólogo/a, el/la
urólogo/a, el/la

El medioambiente

VERBOS / COLOCACIONES LÉXICAS	SUSTANTIVOS
agotarse un recurso natural	biodiversidad, la
combatir el cambio climático	biomasa, la
depurar el agua	bombillas de bajo consumo, las
derrochar agua, luz	calentamiento global, el
encontrarse, estar en peligro de extinción	cambio climático, el
luchar contra el cambio climático	central nuclear, la
proteger el medioambiente	clima, el
reciclar papel, plástico, vidrio, pilas	contaminación, la
reducir la emisión de los gases contaminantes	contenedor de basura, el
repoblar los bosques	desarrollo sostenible, el
reutilizar los envases	desastre natural, el
salvar el planeta	desertificación, la
talar árboles	ecología, la / ecologista, el/la
	ecosistema, el
	efecto invernadero, el
	energía, la (eléctrica, eólica, geotérmica, marina, nuclear, solar)
	energías renovables, las
	escasez, la (de agua, de recursos)
	gases contaminantes, los
	hábitat, el
	herbicidas, los

	huerto ecológico, el
	jardines verticales, los
	lluvia ácida, la
	incendio forestal, el
	marea negra, la
	placas, las (fotovoltaicas, solares)
	pobreza energética, la
	polución, la
	pozo petrolífero, el
	productos biodegradables, los
	puntos limpios, los
	radiación, la
	reciclaje, el
	reforestación, la
	residuos, los
	sequía, la
	zonas verdes, las

La economía

VERBOS, COLOCACIONES LÉXICAS	SUSTANTIVOS
abonar un pago	accionista, el/la
abrir una cuenta, un negocio	Agencia Tributaria, la
amortizar	ahorro, el
cotizar en bolsa	amortización, la
emprender un negocio	aval, el
endeudarse	balanza de pagos, la
exportar	banca ética, la
importar	beneficios, los
liquidar	bienes, los
privatizar	burbuja inmobiliaria, la
retribuir	burocracia, la
revalorizarse	capital, el
satisfacer una deuda	crédito, el
vencer un plazo	comercio justo, el
	déficit, el
	depósito, el
	desahucio, el
	deuda, la (externa, pública)
	devaluación, la
	divisas, las
	economía sumergida, la
	embargo, el

	emprendedor/la, el/la
	empresa, la (de nueva creación, emergente o *start-up*, la)
	entidad financiera, la
	especulación, la
	fondo de inversión, el
	gasto público, el
	hipoteca, la
	impuestos, los
	inflación, la
	ingresos, los
	inversión, la
	IVA, el (Impuesto sobre el Valor Añadido)
	macroeconomía, la
	mercado bursátil, el (la bolsa)
	mercado negro, el
	microeconomía, la
	negocio, el (familiar, personal)
	paraíso fiscal, el
	PIB, el (Producto Interior Bruto)
	plan de pensiones, el
	poder adquisitivo, el
	recesión, la
	recursos financieros, los
	renta per cápita, la
	sociedad, la (anónima, S.A.; limitada, S.L.)
	sucursal, la
	superávit, el
	transferencia bancaria, la
	vencimiento, el

La ciencia

VERBOS	SUSTANTIVOS
analizar	análisis, el
clasificar	dato, el
comprobar	desarrollo, el
constatar	demostración, la
contrastar	descubrimiento, el
contribuir	disciplina, la
corroborar	ensayo, el

demostrar	error, el
descubrir	especialista, el/la
desarrollar	estimación, la
detectar	estrategia, la
estimar	experimento, el
formular	fase, la
generar	fenómeno, el
idear	gráfico, el
implementar	hallazgo, el
incentivar	hipótesis, la
investigar	impacto, el
patentar	índice, el
plantear	innovación, la
probar	instrumento, el
procesar	investigación, la / investigador/a, el/la
promover	laboratorio, el
refutar	materia, la
seleccionar	método deductivo, inductivo, el
sistematizar	memoria, la
solucionar	observación, la
validar	patente, la
verificar	planteamiento, el
	proceso, el
	proyecto, el
	prueba, la
	resultado, el
	tesis, la
	verificación, la

5. Actividades de corrección y estilo

Gramática

A. Corrige el único error gramatical que aparece en las siguientes oraciones. Si no lo detectas, subraya la información donde crees que se encuentra.

Ej: "Resulta imprescindible desarrollar tratamientos que puedan contribuir a la cura de enfermedades, como la leucemia y las linfomas".

Corrección: "...como la leucemia y los linfomas" (Se trata de un sustantivo masculino).

1. La comunidad internacional debe sustentar una infraestructura sanitaria global para cumplir los acordados en la erradicación del VIH.

2. No cabe duda de que los estudiantes regresan del año al extranjero con una mayor habilidad lingüística, pero además, vuelven con un aprendizaje cultural que les acompañará durante el resto de su vida.

3. ¿Deberíamos apoyar los grandes avances científicos del futuro incluso si estos causarían daño a los animales?

4. El desarrollo científico e industrial ha generado una gran cantidad de productos en los que dependemos enormemente.

5. La mayoría de los ciudadanos no está consciente de los problemas que podrían surgir si la ética dejara de intervenir en la ciencia.

6. Es indispensable crear una sociedad que defienda los derechos de los animales y el respecto por el medioambiente.

Estilo

B. Transforma el estilo de la información que aparece subrayada en las siguientes oraciones.

Ejemplo: "Hasta que no esté comprobado que un medicamento no entraña ningún riesgo para la salud pública, hay que hacer pruebas en otros organismos vivos".

Corrección: "es necesario realizar / llevar a cabo pruebas" (Con el cambio se consigue mayor precisión léxica).

1. Según indica la empresa en una nota de prensa, la experiencia es una cosa necesaria para acceder al mercado laboral español.

2. La alcaldesa ha tratado de cerrar la polémica que ella misma abrió en Twitter sobre los símbolos que identifican las diferentes corrientes en su partido.

3. La ética siempre debe desempeñar un papel muy grande en el desarrollo científico.

4. Si se tuvieran en cuenta estas cuestiones, las empresas darían dinero a un mayor número de proyectos científicos.

5. A lo largo de la historia, se ha experimentado incluso con seres humanos, lo cual demuestra que los seres humanos muchas veces no sabemos ver dónde está el límite.

6. Con las organizaciones en defensa de los animales existentes en la actualidad, el número de experimentos poco éticos ha disminuido.

Capítulo 9
Consejos adicionales para escribir correctamente

Objetivos

- Desarrollar diferentes técnicas de escritura.
- Prestar atención a la corrección gramatical.
- Mejorar la expresión estilística.
- Aplicar las normas ortográficas y de puntuación de la lengua.
- Buscar la precisión en el uso del lenguaje.
- Familiarizarse con diferentes recursos para la escritura.
- Hacer un uso eficaz del diccionario.
- Practicar la coherencia y la cohesión de un texto.
- Tomar conciencia de un conjunto de reglas para escribir bien.

Técnicas de escritura

- Revisar la escritura mediante una serie de pautas.
- Elaborar un diario de aprendizaje y un borrador.
- Identificar errores gramaticales en oraciones.
- Localizar errores ortográficos en palabras.
- Buscar alternativas estilísticas.
- Puntuar oraciones, párrafos y textos.
- Seleccionar y practicar marcadores discursivos.
- Buscar y seleccionar léxico.

1. El diario de aprendizaje, el borrador y la revisión

El borrador y la revisión de un texto constituyen dos pasos fundamentales para que el resultado final sea óptimo. Para ello:

1. Todo buen escritor tiene **un diario de aprendizaje** en el que apunta no solamente aquellos aspectos de la lengua que le funcionan y que le han dado buen resultado anteriormente, sino también los errores típicos. Por lo tanto, no olvides apuntar lo que vayas descubriendo en los diferentes borradores, ya que de esta manera irás consolidando también aquellos aspectos de la escritura que has ido mejorando. Los errores pueden ser de diferente tipo: de género, de número, de concordancia, de preposición, de conjugación, de modo indicativo o subjuntivo, la posición incorrecta de un elemento en la oración, una palabra incorrecta, etc. Aprender de los errores es una buena manera de afianzar diferentes aspectos gramaticales, léxicos, discursivos y ortotipográficos de una lengua que incluso a veces puede ser un proceso entretenido.

2. Recuerda **guardar siempre todos los borradores**. Numéralos y ponles fecha, y así podrás observar las mejoras en tu texto de manera progresiva. Del mismo modo, los diferentes borradores te pueden proporcionar pistas sobre aquellos aspectos del texto que se pueden mejorar.

3. Asimismo, no olvides que una de las claves del proceso de la escritura es **saber repasar cada elemento de una oración** para ver que todo concuerda y, a la vez, comprobar que las ideas están bien expresadas.

Actividad 1

A continuación verás algunas erratas que han aparecido en diferentes periódicos en las que se indica dónde está el error. Tu tarea consiste en identificar la corrección más apropiada según el contexto para cada caso.

El hospital se verá afectado por el paro laboral a partir de mañana.

Mañana empieza la huelga de médicos y enfermos

Un total de 1.240 profesionales están llamados al paro

jueves 26

Cielos con nubes y claros, con riesgo de alguna preocupación aislada. Las temperaturas iniciarán una ligera subida.

Máxima 17°
Mínima 7°

Ciudad de México

ES CABALLERO REAL

La reina Isabel de Gran Bretaña otorgó el título de Caballero a Roger Moore, quien ha hecho de James Bond en siete películas

Ayer la corona británica embistió al actor Roger Moore con el título de Caballero por su trabajo como embajador de buena voluntad del Fondo de las Naciones Unidas para la Infancia. "(La reina) me felicitó por mi trabajo… según dijo debe ser muy satisfactorio y también mencionó al agente 007", comentó Moore a Sky News. El ahora "Sir" británico

DOMINGO 15 DE JUNIO

Hillary y Bill Clinton airean sus miserias, como el famoseo español. La princesa Magdalena de Suecia vive con su novio de cuatro meses.

VALLADOLID

Absuelto el médico juzgado por desgarrar el bazo de una paciente

VALLADOLID. El Juzgado de lo Penal número 2 de Valladolid ha absuelto al cirujano Juan Antonio B.S., quien había sido juzgado por desgarrar el bazo a una paciente durante una operación de hernia de hiato realizada el 18 de mayo de 1999, tras la cual, debido a la hemorragia sufrida por la mujer, fue necesario extirparle el órgano dañado, según Ep.

El Ministerio Fiscal había atribuido al cirujano ahora absuelto una «mala práxis quirúrgica» y le había acusado de una falta de imprudencia por la que solicitó el pago de una multa de 601 euros y una indemnización de 4.207, mientras que la acusación particular pedía un año de cáncer y una indemnización de 12.020 euros.

EL DATO

70

Holanda ha solicitado **70 enfermeros/as** españoles/as para la recogida de espárragos a través de la red europea de búsqueda de empleo EURES, dependiente del Instituto Nacional de Empleo (INEM). El **salario bruto mensual** oscilará entre los **1.787 y 2.410 €** para personas sin experiencia, y entre **2.039 y 2.738 €** para trabajadores especializados.

Admiten la revisión de la sentencia sobre el suelo de los funcionarios

MADRID. – La Sala III del Supremo, máxima instancia de lo Contencioso-Administrativo, confirmó ayer la admisión a trámite del recurso del

que define la competencia d Audiencia Nacional – sino trasciende a una mera cuest de personal, puesto que ad a los Persupuestos General

CEHEGÍN

Sufre varias facturas al caer en parapente

Una mujer sufrió ayer varias fracturas al precipitarse contra el suelo el parapente que manejaba en el paraje de Peña Rubia (Cehegín), siendo rescatada por un helicóptero de la Comunidad, debido a la dificultad que presentaba el paraje. Tras aterrizar, un médico y un ATS atendieron a la accidentada, que fue trasladada al Hospital Virgen de la Arrixaca con varias fracturas.

Actividad 2

2.a. La persona que ha escrito las siguientes frases ha cuidado el estilo, pero ha olvidado repasar la gramática y en cada una de ellas se esconde un error gramatical. Presta atención a la función que cumple cada elemento en la oración, subraya la parte donde creas que está el error y corrígelo. Si dudas en alguna frase, indica la parte de la oración donde creas que se encuentra el error y compruébalo en las respuestas.

1. En el transcurso de la vida, una persona debe aprender a conformarse con lo que tiene y, por lo tanto, no ~~deba~~ *debe* ansiar tener más de lo que le corresponde.

2. Por ejemplo, cuando habían elecciones presidenciales se podía percibir un gran interés por parte de la opinión pública británica que, desafortunadamente, se esfumó en cuanto se dieron a conocer los resultados.

3. Lo que los seres humanos elegimos a hacer ante una determinada situación, tiene que ver, entre otras razones, con nuestros deseos y también con nuestros instintos, pero indudablemente no se pueden utilizar estos dos argumentos para justificar la conducta de una persona.

4. Es claro que para comprender el origen del universo primero debemos preguntarnos de dónde venimos y a dónde vamos, aunque también deberíamos analizar cuál es el rol que cumple la humanidad en la Tierra y si, realmente, cabe la posibilidad de que existan civilizaciones semejantes a la nuestra con las que en un futuro cercano podamos establecer algún tipo de contacto.

5. Aquí radica la clave, posiblemente, de porqué Ortega y Gasset afirmó que la metáfora es una entidad de vital importancia para el hombre que no solamente encontramos en la lengua sino que, quizás de manera abstracta para el intelecto, puede establecer igualmente una relación de significado entre dos seres.

6. Similarmente, aquellos políticos que todavía creen que el cambio climático no es una realidad tangible deberían seguir de cerca los desastres naturales que se han producido en los últimos años.

7. Posiblemente resultaría mucho más fácil de abordar este tema teniendo en cuenta lo que opina la mayoría de la gente, no obstante en nuestro análisis preferimos ofrecer diferentes puntos de vista que nos ayuden a sustentar la tesis del ensayo.

8. Aunque es comprensible que a algunas personas les cueste más hacerse a la idea, ya que los morales de un individuo se van adquiriendo paulatinamente a lo largo de toda una vida, siempre se debe hacer un esfuerzo por intentar entender la postura o la manera de pensar de otra persona.

9. Cabe preguntarse aquí si tales afirmaciones contribuyen a mejorar la situación de los inmigrantes que intentan llegar a Estados Unidos, ya de por sí complicada, o si por el contrario persigue otro tipo de cometido.

10. El lenguaje y la capacidad de comunicación constituyen una facultad innata en el individuo que se desarrolla en consonancia con sociales situaciones de carácter complejo y que, asimismo, es el resultado de multitud de experiencias vividas.

11. Otro argumento en favor de prohibir fumar en los espacios públicos es que, mediante esta medida, se conseguiría reducir de manera drástica el consumo del tabaco por parte de la población más joven.

12. En un futuro no muy lejano, es inevitable que el cine y la televisión llegasen a ejercer más influencia que la que han tenido los libros en la historia de la humanidad.

13. Tal fue el suceso del intento de crear una gramática del idioma por parte de Alfonso X El Sabio, que a partir de esa época se empezó a constituir una lengua castellana más homogénea.

14. Valga a modo de ejemplo que el cerdo es un animal de vital importancia en el tribu "Dani" de Papúa Nueva Guinea, ya que dicho animal convive en la misma cabaña que los habitantes del poblado.

15. Cualquiera que tiene un ápice de perspicacia se dará cuenta de que, en numerosas ocasiones, la clase política se afana por perseguir sus propios intereses más que intentar salvaguardar los intereses de los ciudadanos que los han elegido democráticamente en las urnas.

2.b. Ahora que ya has corregido todos los errores gramaticales de las oraciones, comenta de cuáles has aprendido y qué aspectos del estilo te han gustado. Apúntalos en tu diario de aprendizaje.

Actividad 3

3.a. Fíjate en la siguiente tabla sobre los aspectos gramaticales y ortográficos de la escritura y analiza si los has seguido a la hora de escribir un texto. Si no lo has hecho, aprovecha para incorporar las modificaciones pertinentes.

LOS ASPECTOS GRAMATICALES Y LOS ORTOGRÁFICOS	Marca la casilla correspondiente ✓
1. Los verbos están correctamente conjugados. Por ejemplo, ten especial cuidado con los verbos en el pretérito indefinido que terminan en "-cir", ej. produjo, no *~~produció~~.	
2. Las formas de los verbos *ser* y *estar* se han utilizado de manera correcta junto con los adjetivos que aparecen, ej. <u>*Es innegable*</u> *el hecho de que*…; <u>*Está claro*</u> *que para comprender este tema*…	
3. No hay un uso desmesurado de la voz pasiva; recuerda que en español se utiliza muy poco. Si todavía aparecen varios ejemplos en voz pasiva, es conveniente cambiar alguno a la voz activa.	
4. El uso del modo subjuntivo es correcto y has identificado todas las estructuras o los casos en los que se debe utilizar.	
5. La concordancia sujeto / verbo es la apropiada para todos los sujetos que aparecen.	
6. La concordancia de género: adjetivo/sustantivo, masculino/ femenino, y la de número: singular/plural, es correcta para todos los sustantivos del texto.	
7. Los artículos determinados e indeterminados se han utilizado correctamente tanto ante un sustantivo como en frases hechas, ej. *por primera vez* (*for the first time*), no *por ~~la~~ primera vez*.	
8. Los posesivos que aparecen se han utilizado de manera correcta y en concordancia con el uso habitual del español.	
9. El uso de las preposiciones es correcto, especialmente aquellas que acompañan a los verbos y que requieren una preposición diferente en español, ej. *consistir en* (*to consist of*).	

10. Los adverbios se encuentran situados en el lugar correcto de la frase y no demasiado lejos del verbo al que acompañan.	
11. Todas las palabras están correctamente acentuadas; por ejemplo, los monosílabos que son de tilde diacrítica, ej. *si/sí, de/dé, aun/aún*, o formas verbales que requieren acento ortográfico, ej. el pretérito indefinido, futuro, condicional.	
12. Las pausas se han insertado en un lugar adecuado y los signos de puntuación son variados; por ejemplo, el uso del punto y coma.	

3.b. ¿Qué cambios has realizado después de comparar la tabla con tu texto? Para que te sirvan de referencia, anótalos en tu diario de aprendizaje.

Actividad 4

4.a. Fíjate en la siguiente tabla sobre la estructura, el contenido, la expresión y el estilo, y analiza si has seguido todos los pasos a la hora de escribir un texto. Si no lo has hecho, aprovecha para incorporar las modificaciones pertinentes.

LA ESTRUCTURA, EL CONTENIDO, LA EXPRESIÓN Y EL ESTILO	Marca la casilla correspondiente ✓
1. El título se adecúa al tema, es interesante y original.	
2. La introducción, y el tipo de introducción, presenta de manera clara el tema principal del texto.	
3. Los párrafos, las ideas o los argumentos son coherentes en su planteamiento y están situados en el orden correcto.	
4. La conclusión del texto es clara y apropiada para el tema.	
5. Se ha tenido en cuenta la posición del adjetivo (antepuesto o pospuesto), en relación con el estilo, para expresar el punto de vista según el tipo de texto.	
6. Hay un uso variado de diferentes tiempos verbales del indicativo y del subjuntivo; de las estructuras sintácticas; así como del contraste de los principales tiempos del pasado (pretérito indefinido y pretérito imperfecto).	

7. El significado de los verbos es variado; por ejemplo, no aparecen demasiados verbos comodín, ej. *tener, hacer, poner, decir, echar, haber.*	
8. El léxico es variado y apropiado para el campo semántico del texto y has utilizado un buen diccionario. (No olvides leer el apartado en este capítulo sobre los diferentes tipos de diccionarios).	
9. Las expresiones cultas con sentido metafórico, frases hechas, etc., están bien utilizadas.	
10. La longitud de las frases es la apropiada; no son muy cortas, como ocurre a veces en inglés, pero tampoco son demasiado largas y sin pausas.	
11. La letra es legible, si el texto está escrito a mano, y los párrafos se hallan bien estructurados.	
12. Has hecho una lectura del texto en voz alta y has realizado algún cambio final para mejorar la puntuación.	

4.b. ¿Qué cambios has realizado después de comparar la tabla con tu texto? Para que te sirvan de referencia, anótalos en tu diario de aprendizaje.

2. La precisión en el uso del lenguaje

He aquí algunos consejos a la hora de planificar el lenguaje y el estilo de un texto.

1. **Asegúrate de que utilizas los sinónimos de manera correcta.** A veces asumimos que dos palabras cuyo significado se parece son sinónimas en cualquier contexto. Sin embargo, conviene verificar el sentido con el que las queremos utilizar.

   Ej. El adjetivo "servicial" no siempre es sinónimo de "amable". Según el diccionario de la RAE:

   servicial: "Que sirve con cuidado, diligencia y obsequio; pronto a complacer y servir a otros".

   amable: "Afable, complaciente, afectuoso".

2. **Verifica que utilizas el término correcto.** Cuando se escribe un texto, hay que estar seguro de que se utiliza un término correctamente ya que, de lo contrario, se puede incurrir en el error de que la palabra elegida tenga más de una

connotación, que el término resulte ambiguo, o que no se trate del significado que realmente queremos expresar.

> **Ej.** No es lo mismo "libertad" que "libertinaje".
>
> Según el diccionario de la RAE:
>
> Libertad: "Facultad natural que tiene el hombre de obrar de una manera o de otra, y de no obrar, por lo que es responsable de sus actos". Adjetivo: "libre".
>
> Libertinaje: "Desenfreno en las obras o en las palabras; falta de respeto a la religión". Adjetivo: "libertino".

3. **No utilices información innecesaria o redundante.** Hay que tener cuidado con el uso de determinados adjetivos o adverbios ya que, en lugar de contribuir a enriquecer la descripción, pueden proporcionar una información redundante, innecesaria y que ya aparece expresada en el sustantivo.

> **Ej.** No subas.
>
> Incorrecto: *No subas ~~arriba~~. ("Subir" ya implica el hecho de ir hacia arriba).
>
> **Ej.** Fue increíble.
>
> Incorrecto: *Fue ~~muy~~ increíble. ("Increíble" ya expresa un grado máximo de algo que resulta "insólito").
>
> **Ej.** Reparten obsequios.
>
> Incorrecto: Reparten obsequios ~~gratuitos~~. (Todos los obsequios son gratuitos).
>
> **Ej.** Se ha producido un robo.
>
> Incorrecto: Se ha producido un robo ~~ilegal~~. (Todos los robos son ilegales).

4. **Respeta las normas de ortografía.** Ten cuidado con aquellas palabras que, por ejemplo, en inglés duplican las consonantes: *possible* (posible), *different* (diferente), etc. También con el uso de la "b" y la "v", la "g" y la "j", la "r" y la "rr", etc. Ante cualquier duda lo mejor es que consultes la palabra en un buen diccionario. Ten cuidado también con los términos que se parecen y que no solemos consultar tan a menudo.

> **Ej.** apropiado *(appropriate)*
>
> Incorrecto: *~~apropriado~~

5. **Respeta las normas de acentuación y de puntuación.** Es conveniente tener presente que, al utilizar una ortografía diferente a la de tu lengua, hay que comprobar que se está utilizando correctamente. No solo el uso de las mayúsculas, sino también los signos de puntuación así como de acentuación. Recuerda que el lector del texto confía en que todas las palabras están

correctamente acentuadas. El acento también indica diferencias sintácticas, y en algunos casos el significado puede incluso hasta resultar ambiguo:

> **Ej.** continúo / continuo / continuó

> **Ej.** ¿Qué podemos hacer? / Que se haga lo que se pueda.

> **Ej.** Se solucionará de una manera u otra. / Es importante que dé otro ejemplo para ilustrar la tesis.

6. **Procura no mezclar la variante de español en la que escribas.** En el discurso oral suele haber más diferencias entre las diversas variantes de los países hispanohablantes. Sin embargo, en los textos escritos, el uso de la lengua tiende a ser más uniforme. Aun así, es conveniente no mezclar las diferentes variantes. De esta manera, conseguimos que el texto sea homogéneo en su configuración. Es recomendable tener en cuenta, por ejemplo, el uso del pronombre "vos" que se utiliza sobre todo en la variante rioplatense y que afecta también a la conjugación de los verbos; el uso de aumentativos y diminutivos, ej. "ahorita"; el empleo en la sintaxis del pretérito indefinido en vez del pretérito perfecto o del pretérito perfecto compuesto, ej. "Fue un verdadero éxito… / Ha sido un verdadero éxito"; el uso de extranjerismos por influencia del inglés, ej. "rentar" en vez de "alquilar". Recuerda que también suele haber algunas diferencias de léxico en las palabras de uso diario, ej. "la ducha" en España, "la regadera" en Argentina, así como en el vocabulario gastronómico. Lo importante es intentar que el texto sea coherente en la medida de lo posible.

7. **Ten cuidado con el uso de extranjerismos.** Es preferible usar una palabra que exista en español en lugar de un extranjerismo. Por ejemplo, en español existen equivalentes para el término *pen drive o pendrive*: memoria externa, memoria USB, lápiz USB, lápiz de memoria o lápiz digital. A veces, no obstante, cuando un término extranjero se ha constituido en la lengua como un tecnicismo se utiliza directamente el de la lengua extranjera, pero aun así conviene asegurarse de la ortografía correcta en castellano, ej. "mánager", "récord", "búnker", "eslogan", "interviú".

8. **Ten cuidado con las interferencias de la lengua inglesa.** Cuando repases lo que has escrito tienes que hacerte la pregunta de si hay algún aspecto del texto cuyo uso destaca porque es demasiado similar a la estructura del inglés. Puede ser, por ejemplo, el uso de una palabra que no se utiliza de la misma manera en español, la estructura de la oración, su longitud, los signos de puntuación, la posición de un adjetivo o de un adverbio.

– Algunas palabras que provienen del griego o del latín se parecen, pero se utilizan de manera diferente:

Ej. Tus <u>expectativas</u> son siempre optimistas. (*Your <u>expectations</u> are always positive.*) Incorrecto: *Tus ~~expectaciones~~
La palabra "expectación" significa *"anticipation"*:

Ej. Había mucha <u>expectación</u> por ver al cantante. (*The fans were awaiting the singer's appearance with great <u>anticipation</u>.*)

– Los adverbios en español suelen ir justo después del verbo, mientras que en inglés, como ocurre con los adverbios de tiempo, muchas veces se sitúan al final de la oración:

Ej. El Presidente ha recibido <u>hoy</u> a la selección de fútbol. (*The President received the national football team <u>today</u>.*)

Ej. Le gusta <u>mucho</u> el chocolate. (*She likes chocolate <u>a lot</u>.*)

– Ten cuidado también con el uso de expresiones que son equivalentes en su significado, pero que no tienen el mismo número de elementos en su estructura:

Ej. Por primera vez / Por última vez (*For the first time / For the last time*) Incorrecto: *Por ~~la~~ primera vez

Ej. En los (años) ochenta... y en los (años) noventa (*In the eighties... and in the nineties*) Incorrecto: *En los ~~ochentas~~

– También presta atención a aquellas palabras que requieren el uso obligatorio del artículo en español y que no lo necesitan en inglés, como por ejemplo un título de persona:

Ej. <u>el</u> Dr. Smith (*Dr. Smith*); <u>el</u> profesor Pérez (*Professor Pérez*)

Actividad 5

La Fundación Fundéu BBVA, cuyo principal objetivo es el buen uso del español en los medios de comunicación, hace una serie de recomendaciones sobre el uso de la lengua. Lee con atención la información e identifica a qué categoría de las que acabamos de mencionar corresponde cada consejo.

Categoría: *7, uso de extranjerismos*

> **A.** Según el *Diccionario de la lengua española,* el extranjerismo *stock* significa 'cantidad de mercancías que se tienen en depósito'; pero en la edición electrónica de ese mismo libro se indica que es probable que en la próxima edición ya no figure. La Fundéu BBVA considera innecesario su uso, pues en español, para referirnos a esas mercancías y a lo relacionado con ellas, tenemos las palabras *existencias, reservas, provisión, surtido, mercancías almacenadas, sobrantes, excedentes, almacenamiento, almacenaje o inventario,* según el contexto. Asimismo, las construcciones inglesas *to be in stock* y *to be out of stock* corresponden a las españolas 'estar en existencia' (o 'en almacén') y 'estar agotado'.

Adaptado de: *Donde dice...* 15, p. 22

Categoría: ....

> **B.** La Fundéu BBVA vuelve a advertir de la tendencia, cada vez más frecuente en los medios de comunicación de habla hispana, a no utilizar el artículo delante de los nombres de países que tradicionalmente lo llevan en español, como es el caso del Tíbet. Los medios recogen estos días informaciones sobre las revueltas callejeras de los tibetanos contra las autoridades chinas que allí gobiernan y son muchos los que optan por escribir o decir *en Tíbet, desde Tíbet, de Tíbet o hacia Tíbet* cuando lo correcto y tradicional en español es *en el Tíbet, desde el Tíbet, del Tíbet o hacia el Tíbet.* También, según indica el *Diccionario Panhispánico de Dudas,* en español hay que anteponer el artículo a los topónimos que empiezan por una palabra que indica un tipo de división política (país, estado, etc.) o su forma de organización política (reino, república, etc.). Excepto en el caso de los Estados Unidos, en el que el uso ha hecho que puedan emplearse las dos formas, estos topónimos deben escribirse siempre con artículo: *los Países Bajos, la Confederación Helvética, los Emiratos Árabes Unidos, el Reino Unido, la República Dominicana, la República Checa...* Así pues, no sería correcto decir «La Cumbre se celebrará en República Dominicana el próximo mes» o «Reino Unido ha pasado lo peor de la crisis y volverá a un modesto crecimiento en la segunda mitad del año». La Fundéu BBVA recomienda, por otra parte, que aunque su uso sea opcional, se anteponga el artículo al nombre de aquellos países que, como en los casos de *la India, el Yemen, el Líbano, el Perú,* etc., lo llevan tradicionalmente en nuestro idioma.

Adaptado de: *Donde dice...* 12; 16, pp. 21; 22

Categoría: ....

> **C.** Cuando los ladrones entran en una casa esos allanamientos son siempre ilegales, por lo que hablar de *allanamiento ilegal* es hacer un uso redundante. En las noticias sobre robos en domicilios, comercios u oficinas es habitual ver escrito u oír *allanamiento ilegal*, y si el acto en sí del robo es ilegal, también lo es el de entrar en un sitio sin autorización. En la jerga jurídica, un «allanamiento de morada» es el delito que comete quien, sin habitar en ella, entra o se mantiene en morada ajena contra la voluntad de su ocupante. Queda claro, pues, que se trata de un acto ilegal. Sin embargo, en algunos países de América, el allanamiento es el 'registro policial de un edificio', y en ese caso se trata de un acto legal, por lo que en estos países, y solo en ellos, se podría, según el caso, calificar el allanamiento de legal o ilegal. Para el resto de países hispanohablantes, la Fundéu BBVA recomienda que siempre que se informe sobre tales acciones delictivas se use solo la palabra *allanamiento,* ya que el contexto nos indica que no se trata de un hecho legal.

Adaptado de: *Donde dice...* 17, p. 19

Categoría: ....

> **D.** La Fundación del Español Urgente explica que en español, para nombrar los terremotos, existen dos palabras: *sismo y seísmo;* la primera es la que se utiliza en Hispanoamérica, mientras que la segunda es la más usada en España. En las noticias sobre terremotos aparecen muchas veces (para evitar la repetición del término *terremoto*) las palabras *seísmo,* en los medios de comunicación españoles, y *sismo,* en los de Hispanoamérica y los Estados Unidos. Ambas formas son correctas y están registradas en el *Diccionario* académico. De *sismo* derivan *sismógrafo* y *sismología.*

Adaptado de: *Donde dice...* 16, p. 18

Categoría: ....

> **E.** Todos los pretextos son excusas pero no todas las excusas son pretextos. Un pretexto es 'una excusa falsa', 'una causa simulada que aparentemente se alega para hacer, o no hacer, algo'. Una excusa puede ser falsa o verdadera; 'es un motivo que se presenta como justificación para eludir una responsabilidad; pudiendo ser, o no, la justificación real de la disculpa'. A pesar de esto, en los medios de comunicación encontramos frecuentemente frases como: «Una nueva ola de ataques se utiliza como falso pretexto para endurecer la represión», «Las mujeres eran traídas a España con el *falso pretexto* de un contrato laboral...» o «La oposición acusa al Gobierno de haber encontrado en la crisis la excusa perfecta para retrasar los planes de...». Debe advertirse que, a tenor de las definiciones anteriores, en los dos primeros ejemplos la expresión *falso pretexto* es redundante (pues todos los pretextos son excusas falsas) y que en el tercer ejemplo hubiera sido preferible emplear el término *pretexto* y no *excusa* (puesto que la palabra *excusa* deja abierta la posibilidad de que la crisis sea, en efecto, la causa real del retraso).

Adaptado de: *Donde dice...* 17, p. 22

Categoría: ....

> **F.** Con motivo del secuestro en aguas del océano Índico del pesquero español Alakrana muchos medios utilizaron como sinónimos los términos *pirata* y *corsario*. La Fundación del Español Urgente recomienda distinguirlos pues entre ambos existe una diferencia de sentido. Un pirata es la 'persona que, junto con otras de igual condición, se dedica al abordaje de barcos en el mar para robar'. Sin embargo, el corsario, aunque practique la misma actividad, lo hace protegido por una patente de corso (de ahí su nombre), una licencia concedida por un determinado Gobierno para saquear embarcaciones que se consideran enemigas. Por lo tanto, en las informaciones sobre el citado secuestro debió tenerse en cuenta que cuando se hablaba de corsarios se estaba dando a entender que actuaban con el aval –directo o tácito– del Gobierno de Somalia.

Adaptado de: *Donde dice...* 17, p. 14

Categoría: ....

> **G.** La Fundación del Español Urgente recuerda que el término *Navidad,* como la mayoría de los relacionados con estas fechas, se escribe con inicial mayúscula. *Navidad* funciona como nombre propio, por lo que debe escribirse con mayúscula inicial, y también cuando se utiliza para referirse a los días que van desde el 24 de diciembre al 1 de enero, aunque en España estas fiestas se prolongan hasta la festividad de los Reyes Magos, el 6 de enero. *Nochebuena* o *Noche Buena* es la noche anterior a la Navidad y también es un nombre propio por ser el nombre de una fiesta, por lo que debe ponerse con inicial mayúscula, igual que *Nochevieja* o *Noche Vieja,* que es la última noche del año. Sus plurales son *Nochebuenas* y *Nocheviejas*. También debe escribirse con mayúscula *Año Nuevo,* cuyo plural es *Años Nuevos*. La última fiesta de las *Navidades* es el día de los *Reyes Magos,* palabras que deben escribirse con mayúscula, del mismo modo que *Reyes* en «el día de Reyes».

Adaptado de: *Donde dice...* 14, p. 19

Categoría: ....

> **H.** El empleo del posesivo en inglés es distinto al uso en español. Por lo tanto, no debe decirse: «Le robaron su coche», «Me dolía mi pierna», «Sufría quemaduras en el sesenta por ciento de su cuerpo», sino «Le robaron el coche», «Me dolía la pierna», «Sufría quemaduras en el sesenta por ciento del cuerpo». Este anglicismo se observa, sobre todo, en las noticias deportivas: «El centrocampista resultó lesionado en su pierna derecha». En este caso debió decirse «El centrocampista resultó lesionado en la pierna derecha». La Fundéu BBVA advierte que al traducir el inglés literalmente al español se emplea el posesivo en lugar del artículo determinado y recomienda evitar este uso por ser ajeno a la gramática española.

Adaptado de: *Donde dice...* 16, p. 19

Actividad 6

6.a. Las siguientes oraciones son correctas desde el punto de vista gramatical, pero la expresión y el estilo de la información que aparece subrayada se puede mejorar. Sustituye las partes de la oración que te indicamos para que el significado sea más preciso y el estilo más apropiado.

> **Ej.** <u>Como todo el mundo sabe</u>, de toda experiencia, ya sea buena o mala, se puede <u>sacar</u> un aprendizaje que nos <u>dé</u> el conocimiento suficiente para saber enfrentarnos a otros tipos de vivencias similares.
>
> *<u>Como se acostumbra a decir</u>, de toda experiencia, ya sea buena o mala, se puede <u>extraer</u> un aprendizaje que nos <u>proporcione</u> el conocimiento suficiente para saber enfrentarnos a otros tipos de vivencias similares.*

1. Para llegar a comprender verdaderamente el significado de una corrida de toros, primero <u>debo preguntarme</u> qué es lo que <u>pasa</u> en <u>la arena</u>.

2. Se podía <u>ver</u> en el ambiente que todo el mundo estaba contento con el triunfo de la selección de fútbol; un evento que unió incluso a <u>esos</u> que <u>se llaman</u> a sí mismos "nacionalistas catalanes y vascos".

3. No es que el cine no esté pagando las consecuencias de <u>la piratería ilegal</u>, sino que no resulta fácil <u>poner</u> un límite a la libertad que <u>nos da</u> el ciberespacio.

4. Debido a la existencia de opiniones de <u>muchos tipos</u> <u>sobre</u> la democracia, nunca llegaremos a tener una misma <u>idea</u> sobre el tema.

5. Si no erradicamos el estereotipo que <u>dice</u> que la mujer debe <u>quedarse</u> en casa al cuidado de la familia, no podremos cambiar el rol <u>de la mujer</u> en la sociedad.

6. <u>Numerosos animales son utilizados</u> en experimentos clínicos sin que muchas veces lleguemos a saber si <u>estos</u> experimentos <u>tienen</u> un propósito en concreto.

7. Si los políticos quieren convencer a los votantes, lo que tienen que hacer en primer lugar es <u>tener</u> una estrategia en la que <u>digan</u> claramente de qué manera van a <u>ayudar</u> para solucionar algunos de los problemas sociales.

8. <u>Es</u> irónico pensar que hace unos años invertir en una vivienda <u>parecía ser</u> la mejor inversión y, sin embargo, después de que estallara la burbuja <u>causada por la compraventa de pisos</u> el ahorro parece ser la única opción rentable.

9. <u>En fin</u>, para llegar a saber cómo afrontar los retos que nos <u>guarda</u> el siglo XXI, <u>primeramente</u> tenemos que aprender de la historia reciente.

10. En los últimos años más de 30.000 mujeres han tenido que abandonar <u>su trabajo</u> <u>por</u> la discriminación en <u>el lugar de trabajo</u>.

11. A menudo <u>pasa</u> que <u>una persona</u> de una formación política discrepa de las ideas de su propio partido y, <u>claro</u>, no está de acuerdo con todos los planteamientos ideológicos.

12. <u>Muchas</u> religiones que existen <u>ahora</u> <u>están basadas</u> en un principio de armonía entre <u>el hombre</u> y la naturaleza.

13. No resulta sorprendente que compañías del sector tecnológico, como por ejemplo Google, <u>quieran</u> pagar importantes <u>cantidades</u> de dinero para que se pueda <u>enseñar</u> un anuncio publicitario de tan solo unos segundos de duración.

14. De este razonamiento <u>se saca</u> que no <u>hay</u> un único tipo de poesía y que este arte, muchas veces, no <u>está</u> sujeto a unas normas escritas que <u>fijan</u> lo que <u>es</u> poético.

6.b. Ahora que ya has mejorado el estilo de todas las oraciones, comenta qué aspectos de los que has aprendido te parecen más útiles. Apúntalos en tu diario de aprendizaje.

3. La acentuación y la ortografía

Es un requisito de cualquier texto escrito que todas las palabras estén bien acentuadas. A la hora de repasar un texto, se debe asimismo prestar especial atención a la ortografía, no solamente del uso de las mayúsculas, sino también de algunas combinaciones de consonantes que no existen en español, como *"ph"*. También no hay que cometer errores de ortografía por influencia de las consonantes dobles que solamente existen en inglés: *"dd", "ff", "mm", "pp", "ss", "tt"*, etc. Recuerda que las únicas consonantes dobles que existen en español son las que se encuentran en el nombre propio CAROLINA, es decir, CC (acción), RR (correr), LL (llave), NN (innegable). Prestar atención a la acentuación y a la ortografía no solamente demuestra que el escritor de un texto ha cuidado todos los detalles, sino que además pone de manifiesto que domina las diferentes reglas y las respeta.

Actividad 7

7.a. Acentúa las siguientes palabras si lo necesitan. Ten en cuenta los diptongos y los hiatos (ej. hacia / hacía) a la hora de colocar el acento. Recuerda que debes pensar siempre cómo se pronuncia una palabra para saber si lleva o no tilde.

1. alheli → *alhelí*	12. vi
2. dio	13. Nuremberg
3. metodico	14. memorandum
4. clamor	15. oido
5. ireis	16. indole
6. pais	17. averiguais
7. alguien	18. logomaquia
8. acerrimo	19. paises
9. umbral	20. brezo
10. acrostico	21. alfeizares
11. asi	22. asimismo

7.b. Ahora clasifícalas según su acentuación.

Palabras esdrújulas (6)	Palabras llanas (7)	Palabras agudas (9)

✓ Recuerda que las palabras **esdrújulas** llevan el acento prosódico o de intensidad en la tercera (antepenúltima) sílaba y **siempre** se acentúan (ej. rá-pi-do, nú-me-ro, sí-la-ba).

Las palabras **llanas o graves** llevan el acento en la segunda (penúltima) sílaba y se acentúan solamente **cuando no terminan** en -n, -s o vocal (ej. lá-piz, fá-cil, re-vól-ver / ha-cen, ha-ces, ha-ce).

Las palabras **agudas** llevan el acento en la primera (última) sílaba y se acentúan solamente **cuando terminan** en -n, -s o vocal (ej. co-ra-zón, in-glés, can-té / ca-ra-col, ma-mut, a-mor).

Además, algunas palabras de origen latino que se usan con frecuencia en español y que, por lo tanto, se han adaptado a la ortografía de la lengua, siguen estas mismas reglas de acentuación.

Ej. El Presidente resultó elegido por cuórum.

Lo mismo sucede con algunos extranjerismos que se han adaptado.

Ej. La policía vigilaba con un *dron* la casa del sospechoso (del inglés *drone*).

Ej. Para comer más sano, siempre se lleva comida casera a la oficina en un *táper* (del inglés *tupperware*).

Actividad 8

Encuentra el error ortográfico de cada oración e identifica la única frase que es completamente correcta.

1. El principal partido de la oposición ha puesto sobre la mesa una serie de medidas para mejorar el sistema sanitario que el Gobierno ha desestimado por considerarlas inviables e inapropriadas.

2. Si vas a Nueva York no olvides visitar la colección de pintura *The Frick Collection*, uno de los secretos mejor guardados de la ciudad, y cuando entres en las diferentes salas no olvides fijarte en las numerosas antiguedades.

3. Cabe la posibilidad de que para llegar hasta la cima tengamos que retroceder immediatamente y volver por la otra cara de la montaña porque se aproximan unos nubarrones que no tienen buena pinta.

4. De entre las diferentes culturas de Asia, los Japoneses destacan porque no suelen mostrar sus sentimientos en público aunque también es conocida su hospitalidad, educación y respeto por el prójimo.

5. *Rabos de Lagartija* es una de las mejores novelas que he leído nunca y pese a no ser una novela breve se me hizo bastante más amena que *El jinete polaco*.

6. Para algunas personas escojer un vestido para una boda constituye todo un quebradero de cabeza mientras que para otras no resulta tan difícil.

7. En Europa solamente se conduce por la izquierda en el Reino Unido, Irlanda, Malta y Chipre. Sin embargo, en Asia, África y Oceanía se conduce por la izquierda en multitud de países.

8. Nunca he entendido por qué, pero los búlgaros cuando affirman algo, o dicen que "sí", mueven la cabeza de lado a lado y cuando niegan algo, o dicen que "no", mueven la cabeza de arriba a abajo, justo al revés que en casi todas las culturas.

9. Trabaja en el ministerio de justicia y por esta razón tiene un horario ideal ya que puede ir a casa a comer y, por la tarde, ya no tiene que volver al trabajo.

10. Una comunidad de agricultores introdujo la marmota en Hawái para controlar la población de ratas y, increíblemente, no se dieron cuenta de que así como la marmota es un animal diurno, las ratas suelen ser animales nocturnos.

11. Los espaguettis aportan hidratos de carbono, vitaminas, sales minerales, proteínas y fibra, y suelen ser un elemento habitual en la dieta de los deportistas de élite.

12. El slogan "Tu país te necesita" ha sido uno de los más eficaces en la historia reciente, puesto que se han hecho numerosas adaptaciones tanto con fines políticos como publicitarios.

4. La puntuación

Los signos de puntuación se deben respetar en todo momento ya que, además de estructurar un texto, sirven para que el lector sepa cuándo tiene que realizar las diferentes pausas durante la lectura. Presta atención a cada uno de los signos de puntuación que se explican a continuación, y fíjate también en las referencias que hemos incorporado sobre las diferencias entre el español y el inglés.

El punto

El punto es el signo de puntuación que marca una pausa prolongada e indica la transición hacia una información complementaria o nueva. La información puede aparecer en unidades, en oraciones más bien breves o también en párrafos más extensos. El punto se utiliza para:

- indicar el final de una oración completa, de oraciones breves, frases hechas y de interrogaciones indirectas. Tras los signos de interrogación y exclamación no se pone punto, únicamente si luego hay paréntesis o comillas.

> **Ej.** Antes de analizar los pros y los contras de las medidas que se van a adoptar, valdría la pena hacer balance de la situación actual.
>
> **Ej.** No es oro todo lo que reluce.
>
> **Ej.** Pregúntale a Pedro.
>
> **Ej.** ¿Por qué no has venido?
>
> **Ej.** Me miró a los ojos y me dijo: "¿Estás segura?"

- después de una abreviatura para mostrar que el término se halla abreviado:

  Ej. Sra. (Señora); Srta. (Señorita); Sr. (Señor); D. (Don); D.ª (Doña); Excmo. (Excelentísimo); Apdo. (Apartado de correos)

- separar las horas de los minutos cuando se expresan con valores numéricos:

  Ej. 10.15h; 18.30h; 21.45h

- separar los millares de una cifra numérica:

  Ej. 1.500; 32.950; 18.030.408

  Este uso contrasta con el inglés, ya que en esta lengua se utiliza una coma para separar los millares: *1,500; 32,950; 18,030,408.*

  A pesar de tratarse de números, no se utiliza el punto para separar años o fechas:

  Ej. El acto se celebró en 1998.

  Ej. Visitaremos Bolivia en el 2020.

- A diferencia del inglés, en español se suele situar el punto después de las comillas y no antes. Después de un paréntesis, el punto, la coma, el punto y coma, y los dos puntos se escriben después del paréntesis de cierre:

  Ej. Se levantó y dijo: "Me parece que anoche llegaste más tarde de lo habitual".

  Ej. Donde comen dos (…comen tres).

La coma

La coma se utiliza para marcar pausas breves. Así como el punto tiene un uso más estructurado y fijo, el uso de la coma depende de diferentes factores, por ejemplo, de cómo queremos que se lea la información. Siempre es conveniente leer un texto en voz alta para saber dónde se han de colocar las comas. Se utiliza para:

- una enumeración o serie de palabras para separar los diferentes elementos que aparecen:

  Ej. Queremos plátanos, fresas, frambuesas, arándanos y un tarro de miel.

- separar oraciones que son muy breves:

  Ej. "Pienso, luego existo", dijo Descartes.

- cuando queremos llamar la atención sobre un elemento en la oración, o dirigirnos a alguien de manera directa mediante un vocativo:

  Ej. Usted, venga aquí un momento, por favor.

  Ej. Juanito, haz el favor de abrir la puerta.

- introducir una aposición, o una información secundaria a modo de clarificación, dentro de una misma oración:

  Ej. Tus primos, los que viven en el mismo barrio que yo, han venido esta mañana.

- separar una oración principal de una oración subordinada:

  Ej. En cuanto suene el teléfono, te aviso.

- separar dos oraciones que están coordinadas, aunque en este caso el uso no sea obligatorio:

  Ej. Algunos piensan que los precios de los pisos subirán, pero otros opinan que el mercado todavía sigue estancado por la burbuja inmobiliaria.

- separar los números decimales, como por ejemplo en las cantidades que se indican en una moneda:

  Ej. $8,95; £32,24; 80,15€; el 10,5% de la comunidad estudiantil

- indicar que se ha omitido un verbo:

  Ej. Unos llegaron en coche, otros (llegaron) a pie.

- antes de algunas conjunciones como "y", "e", "o", "u" y "ni" cuando anteceden a una oración que no es parte de la anterior:

  Ej. El programa lo vimos todos juntos, los abuelos, los vecinos, y a todos nos gustó.

- después del uso de algunas expresiones, palabras introductorias, marcadores discursivos, adverbios, etc., especialmente cuando introducen una idea nueva (ej. generalmente, posiblemente, efectivamente, en realidad, en primer lugar, pero, sino, así que, de manera que, de modo que, pues, así pues, o sea, es decir, esto es, sin embargo, no obstante, finalmente, de hecho, por ejemplo).

  Ej. Por lo tanto, no es necesario que profundicemos más en el tema.

  Ej. Sin embargo, hay algunos ejemplos bastante claros sobre la situación.

  Ej. Finalmente, llegamos a la conclusión del ensayo tras haber hecho un recorrido histórico.

- una oración interrogativa con coletilla:

  Ej. Te gusta bailar, ¿no?

- una oración preposicional para indicar que se ha invertido el orden habitual de los elementos de la oración:

Ej. Sin cebolla, nunca te saldrá la tortilla como a mí. (Nunca te saldrá la tortilla como a mí sin cebolla).

- cuando una oración subordinada antecede a la oración principal:

   Ej. Una vez que vuelvas, llámame en seguida.

Recuerda que como norma general nunca se puede separar el sujeto y el verbo mediante una coma. Solamente se puede utilizar una coma entre el sujeto y el verbo cuando la oración es muy larga y, por lo tanto, se necesita hacer una pausa, o cuando se trata de un inciso:

   Ej. Aquellas personas que todavía no hayan tenido la gentileza de pasar a recoger sus maletas, deberán hacerlo en las próximas horas.

   Ej. Mis amigos, a pesar de la incesante lluvia, han decidido ir de excursión.

- También se utiliza para separar las dos partes de un refrán o de un proverbio:

   Ej. "A rey muerto, rey puesto".

- Para separar el lugar desde el que se escribe una carta y la fecha, o el nombre de la calle y el número de la casa:

   Ej. La Habana, 15 de junio de 2024; Calle María Moliner, 25

El punto y coma

El punto y coma es de gran utilidad, pero cada vez se tiende a utilizar menos porque a veces la coma o el punto pueden cumplir la misma función. No obstante, se recomienda utilizarlo siempre y cuando contribuya a que las pausas que aparecen en un texto sean más variadas. Como norma general, el punto y coma marca una pausa más intensa que la coma. Al utilizar el punto y coma, el escritor también deja constancia de que sabe cómo puntuar y que lo hace de manera consciente. Se utiliza para:

- separar dos oraciones completas:

   Ej. Llevaremos dos botellas de vino blanco; mal que le pese.

- separar dos oraciones que están relacionadas entre sí:

   Ej. No paraba de llover; llegué hecho una sopa.

- antes de una oración que resume las implicaciones que se derivan de lo que se acaba de decir:

   Ej. El portero automático no funciona, no llevamos las llaves, y no tengo batería en el móvil; todo apunta a que tendremos que pasar la noche en un hotel.

- separar oraciones en las que aparecen comas:

> **Ej.** Los viajeros, una vez que atracó el barco, descendieron por la pasarela hasta el puerto; a pesar de la lluvia, tenían ganas de visitar los diferentes mercados.

Los dos puntos

Los dos puntos introducen una información nueva y además se utilizan:

- antes de una enumeración:

> **Ej.** Los puntos cardinales son cuatro: norte, sur, este y oeste.

- en una carta, después de la frase introductoria:

> **Ej.** Estimado cliente:
> Le comunicamos que ha sido usted agraciado con el primer premio del sorteo de Navidad.

Recuerda que en inglés se suele usar una coma en las cartas, aunque también se utilizan los dos puntos en las cartas formales para:

- dirigirse a alguien por escrito de manera directa:

> **Ej.** Mis ilustres invitados:
> En primer lugar, gracias por asistir al evento…

- introducir o reproducir una información en estilo directo:

> **Ej.** Y un tipo raro que tenía al lado me dijo: ¿me sujeta usted este maletín?

- el lenguaje jurídico o administrativo después de algunas expresiones:

> **Ej.** El director del XXV curso de cine "El cine en el aula de español" CERTIFICA:
> Que D. Héctor Gutiérrez Bombín ha asistido a todos los módulos del curso y que, asimismo, ha completado satisfactoriamente todos los requisitos.

- antes de una cita:

> **Ej.** Como dijo Gandhi: "Ojo por ojo, y el mundo terminará ciego".

- cerrar una enumeración que indica las consecuencias de lo que se ha dicho anteriormente:

> **Ej.** En la rifa me tocó un viaje, un coche y un televisor: creo que era mi día de suerte.

Los puntos suspensivos

Los puntos suspensivos introducen una información que, como su propio nombre indica, expresa cierto suspense de cara al lector. Se utilizan para:

* dejar una oración inconclusa:

    Ej. Hombre precavido... (vale por dos).

* mostrar que el hablante habla de manera intermitente:

    Ej. Claro... pero... lo que yo quería decir... si usted me lo permite...

* indicar duda, inseguridad, miedo o sorpresa a modo de efecto dramático:

    Ej. En realidad... es probable... bueno...

* mostrar cómo podría seguir una enumeración:

    Ej. En el barco conocimos a muchos latinoamericanos: peruanos, argentinos, uruguayos, chilenos, guatemaltecos...

* cuando se omite algún fragmento en una cita literal de un texto, se indica con unos puntos suspensivos entre corchetes:

    Ej. "Es menester advertir que el relato que va a leerse ha sido establecido bajo una documentación extremadamente rigurosa que no solamente respeta la verdad histórica de los acontecimientos, los nombres de los personajes –incluso secundarios–, de lugares y hasta de calles, sino que oculta, bajo su aparente intemporalidad, un minucioso cotejo de fechas y de cronologías. Y sin embargo [...] todo resulta maravilloso". (Alejo Carpentier, *El reino de este mundo*)

Los signos de interrogación y de exclamación

Recuerda que siempre hay que utilizar el signo de apertura y el de cierre, ya sea para una interrogación (¿ ?) o una exclamación (¡ !).

    Ej. ¿De dónde vienes?

    Ej. ¡Qué ganas tenía de verte!

Muchas veces los signos interrogativos y exclamativos se suelen situar al comienzo y al final de una pregunta o de una exclamación y, por lo tanto, no tienen por qué estar situados al comienzo o al final de toda la oración:

    Ej. Desde tu punto de vista, ¿qué harías en mi lugar?

    Ej. Si me hicieras caso, siempre te iría bien, ¡qué paciencia!

Ej. Estaba usted antes en la cola, ¿no?

Ej. Creo que han llamado al timbre, ¡ahora mismo abro!

Recuerda que después de los signos de interrogación o exclamación no se suele utilizar el punto.

Los signos de interrogación se utilizan:

- después de preguntas directas:

    Ej. ¿Dónde vives?

- cuando se trata de una oración interrogativa indirecta no se utilizan los signos de interrogación:

    Ej. Me pregunto por qué no hay nadie en casa.

    Ej. Todavía no sé cuándo va a llegar el cartero.

Los signos de exclamación se utilizan:

- en una oración introducida por un pronombre exclamativo:

    Ej. ¡Qué suerte!

- con una interjección:

    Ej. ¡Oh! Me has dejado impresionado.

- en una oración con valor imperativo:

    Ej. ¡Ven pronto!

Las comillas

Las comillas se utilizan para enmarcar algún tipo de información. Existen tres tipos, las que se denominan españolas o latinas (« »), las inglesas (" ") y las simples (' ').

Las comillas españolas e inglesas se utilizan, por ejemplo:

- para enmarcar textualmente una cita en estilo directo:

    Ej. El Ministro de Economía dijo: «Todas las comunidades autónomas tendrán que hacer un esfuerzo económico».

- para indicar que se trata de una palabra de otra lengua, aunque también se utiliza la cursiva para este propósito:

    Ej. No podemos hacer nada, "c'est la vie". / No podemos hacer nada, *c'est la vie*.

- para indicar el título de un artículo o de un poema, de una canción, y los nombres de barcos, aviones, teatros, instituciones, etc. (A veces también se utiliza la cursiva, sobre todo en los títulos de obras literarias).

    Ej. Acaban de publicar una colección de poemas monegrinos titulada "Bandolero".

    Ej. Llegó a Cuba a bordo del barco «Sobieski».

- para introducir un diálogo:

    Ej. "Perdone, ¿no es usted el vecino del quinto?"

Las comillas simples se utilizan cuando se hace referencia a un término:

> **Ej.** El término 'mozalbete', que se utilizaba antiguamente para referirse a un chico joven, ha caído en desuso.

El guion y la raya

El **guion** se representa visualmente con una mayor longitud que la raya, por lo que no tienen que confundirse. Se utiliza:

- en palabras compuestas, como por ejemplo adjetivos:

    Ej. Trabaja para una compañía hispano-italiana.

- para unir fechas, números:

    Ej. Fernando Lázaro Carreter (1923–2004).

    Ej. Páginas 73–87.

    Ej. Siglos XX–XXI.

- separar una palabra en un texto al final de una línea:

    pá– / jaro, pája– / ro.

- para relacionar elementos que normalmente se utilizan con una preposición:

    Ej. El diálogo empresa–patronal está dando sus frutos. (El diálogo entre la empresa y la patronal).

La raya, o guion doble, se utiliza:

- para enmarcar un comentario o una explicación en una frase:

    Ej. Una de las frutas con más potasio —según dicen los expertos en nutrición— es el plátano.

- en un diálogo para separar las palabras de la persona que habla de las del narrador:

    Ej.
    — ¿Cómo te llamas?
    — Juan Valiente —contestó el jovencito.
    — Y, ¿a qué has venido desde tan lejos? —le preguntó el mago.
    — A aprender el secreto de la magia.

    Solamente se utiliza una raya si la oración después concluye con un punto final:

    Ej. Hay que buscar la manera de incrementar el número de socios —ha afirmado el presidente de la asociación.

    Con otros signos de puntuación, como por ejemplo una coma, un punto o dos puntos, se utilizan las dos rayas o guion doble:

    Ej. Lo mejor es estar a gusto consigo mismo —respondió Luis—. Con más o menos amigos, pero a gusto.

- para introducir en líneas independientes diferentes elementos que están relacionados. Se acostumbra a dejar un espacio en blanco entre la raya y el texto. Se puede cerrar cada uno de los enunciados con un punto y coma, excepto el último, que se cierra con un punto. Si los elementos son simples, se puede prescindir de la puntuación:

    Ej. Para poder hacer uso de la piscina, el bañista deberá llevar:
    — bañador de competición;
    — gorro de baño;
    — gafas de bucear;
    — chancletas;
    — toalla.

El paréntesis

El paréntesis muestra una información que se omite parcialmente con el objetivo de que aparezca en un segundo plano, o para realizar una observación. Se utiliza para:

- enumerar o clasificar. Puede prescindirse del paréntesis de apertura.

    Ej. Para cumplimentar el formulario debe:

    (a) Recoger el impreso en el registro. / a) Recoger el impreso en el registro.
    (b) Rellenar todos los campos obligatorios. / b) Rellenar todos los campos obligatorios.

- aislar comentarios o clarificaciones en un texto; también se puede utilizar la raya con esta función:

Ej. Los dos tipos de energía a la que nos hemos referido (la eólica y la solar) se consideran energías renovables. / Los dos tipos de energía a la que nos hemos referido —la eólica y la solar— se consideran energías renovables.

- intercalar algún dato importante o precisar el significado:

   Ej. Se fueron a vivir a Pernambuco (Brasil).

- indicar que se trata de una traducción:

   Ej. *A picture is worth a thousand words*. (Una imagen vale más que mil palabras).

- expresar una opinión:

   Ej. Con su música (en mi opinión) llegará muy lejos.

- hacer referencia a una página de un artículo, un libro, etc.

   Ej. (Consúltese el capítulo 4 sobre el texto argumentativo).

Los corchetes

Los corchetes se usan en el lenguaje matemático, y en la lengua se utilizan cuando se transcribe un texto y se omite información de una cita literal:

Ej.
PLEBERIO. [...] Levántate de ay; vamos a ver los frescos ayres de la ribera. Alegrarte as con tu madre; descansará tu pena.
MELIBEA. Lucrecia, amiga, muy alto es esto; ya me pesa por dexar la compañía de mi padre; baxa a él y dile que se pare al pie desta torre, que le quiero decir una palabra que se me olvidó que hablasse a mi madre. [...]
MELIBEA. [...] Era tanta su pena de amor y tan poco el lugar para hablarme, que descubrió su passión a una astuta y sagaz mujer que llamavan Celestina. La qual, de su parte venida a mí, sacó mi secreto amor de mi pecho; descobría a ella lo que a mi querida madre encobría.

Fernando de Rojas, *La Celestina*

Con un corchete de apertura se indica en poesía que las últimas palabras de un verso no caben en la línea anterior:

Ej.
Dos atletas saltan de un lado a otro de mi alma
lanzando gritos y bromeando acerca de la vida:
y no sé sus nombres. Y en mi alma vacía escucho
[siempre

> cómo se balancean los trapecios. Dos
> atletas saltan de un lado a otro de mi alma
> contentos de que esté tan vacía.
> Y oigo
> oigo en el espacio sonidos
> una y otra vez el chirriar de los trapecios
> una y otra vez.
> del uno al otro confín.

"El circo", Leopoldo María Panero

Actividad 9

Inserta los signos de puntuación en las siguientes oraciones. Te puede ayudar leerlas en voz alta antes de poner los signos correspondientes. En algunos casos puede haber más de una opción.

1. La persona elegida tímida y sonriente no sabía dónde colocarse en el escenario cuando pronunciaron su nombre

2. La República Dominicana con el apoyo de Estados Unidos Puerto Rico y Canadá expresó su desacuerdo con la resolución de las Naciones Unidas

3. Tú manolarga deja que el pastel se enfríe y recuerda que estás a régimen

4. Me han llamado del concurso de la tele No me lo puedo creer Vendrás conmigo

5. Los restaurantes en Oaxaca son una delicia las fachadas de las casas multicolores y decoradas con originales detalles arquitectónicos los mercados abarrotados de gente y pintorescos

6. Será mejor que el Gobierno y los sindicatos se pongan de acuerdo si no nos espera un mes de incertidumbre y posiblemente con numerosas huelgas en los servicios públicos

7. Internet y las redes sociales la televisión los videojuegos el teléfono móvil cada vez nos aislamos más en un mundo en el que como no hagamos algo terminaremos por vivir incomunicados pese a estar más comunicados que nunca

8. Creo que eso que te pasa a ti en alemán se llama Schadenfreude es decir el sentimiento que uno tiene cuando se alegra de la infelicidad de otra persona y aunque en nuestra lengua no exista un término para expresar el mismo concepto creo que desafortunadamente es un defecto que tienen muchas personas

9. Los medios de comunicación nunca le han hecho muy buena prensa porque había trabajado anteriormente como periodista la opinión pública no obstante parece no verse influenciada por las acusaciones infundadas que se han vertido sobre él

10. Apreciado cliente

    Le adjuntamos los folletos de nuestro balneario en Maribor Eslovenia y confiamos en poderle ofrecer nuestros servicios que como ya sabe por su estancia del verano pasado son de la más alta calidad

    Indíquenos si es tan amable

    Su número de pasaporte

    Su número de la tarjeta de crédito incluya por favor la fecha de caducidad

    El número exacto de personas incluya el número de niños y en su caso mascotas

    Le saluda muy atentamente

    Consuelo Galván

    Dept de Ventas

    P D Si no recibimos contestación suya en el plazo de un mes entenderemos que no desea formalizar la reserva

Actividad 10

Lee el siguiente texto y, empezando por el título, inserta todos los signos de puntuación necesarios. Al colocar los puntos tendrás que poner también las mayúsculas. Una vez que lo hayas hecho, no olvides leerlo en voz alta. En algunos casos puede haber más de una opción.

La Universidad de Pensilvania un excelente modelo de educación superior

La Universidad de Pensilvania es el alma máter de numerosos empresarios que triunfan hoy en día en el mundo de los negocios se encuentra situada casi en el corazón de la ciudad de Filadelfia una de las ciudades de la costa este americana más prósperas de los últimos años la universidad ha tenido un impacto muy positivo
5 en la ciudad ya que en la década de los años setenta Filadelfia era una de las ciudades con mayor índice de criminalidad de todo el país poco a poco el área metropolitana se ha ido transformando y ahora se ha convertido en una ciudad moderna preparada para los desafíos del siglo XXI

El sistema americano de universidades basado en un modelo privado aunque
0 también con parte de financiación pública es muy distinto del europeo que tradicionalmente se ha visto sustentado únicamente por el modelo público cuando una persona visita un campus de una universidad americana uno de los primeros detalles que le llaman la atención es que la mayoría de sus edificios tienen nombre propio esto se debe a que en toda universidad americana existe un sistema de
5 donaciones de exalumnos que han estudiado allí con el que se recaudan grandes cantidades de dinero y a cambio la universidad designa mediante el nombre de uno de sus filántropos uno de los edificios en los que transcurre la vida universitaria este sistema es altamente rentable ya que de esta manera se asegura que la universidad

20

dispondrá de fondos para innovar e investigar así como para seguir creciendo y ocupar uno de los puestos de prestigio en el ámbito internacional de la educación superior un ejemplo del éxito que ha supuesto este sistema es la *Wharton School of Economics* que es en la actualidad una de las escuelas de negocios más importantes del mundo y así lo confirmó el último *ranking* de los mejores programas de MBA puesto que la Universidad de Pensilvania ocupó el primer lugar de la

25

clasificación

Estos datos son solo un ejemplo que demuestra que los pasos que se han seguido en esta universidad así como en otras universidades norteamericanas durante todos estos años han dado su fruto y que pese a que la educación terciaria o universitaria deba estar también fundamentada en un modelo público el capital

30

privado es a su vez de una gran ayuda para consolidar el liderazgo de instituciones de prestigio que aspiran a ofrecer una educación de calidad

5. Tipos de diccionarios y otros recursos para la escritura

El diccionario es uno de los recursos que se pueden utilizar para planificar la escritura de un texto, puesto que nos proporciona información sobre cuándo debemos utilizar un término en concreto. Además del diccionario convencional, existen otros tipos de diccionarios y recursos de gran ayuda. Te indicamos los principales para que te familiarices con los que te resulten más útiles.

- **Diccionario de la lengua española**
  https://dle.rae.es/
  Es el diccionario normativo, es decir, el que estipula el uso correcto de las palabras. También ofrece la posibilidad de ver la conjugación completa de cualquier verbo.

- **Diccionario panhispánico de dudas**
  https://www.rae.es/dpd/
  También es un diccionario normativo, pero es el resultado del trabajo conjunto de las 22 academias de la lengua española que existen en el mundo. Es un diccionario de gran utilidad para consultar dudas sobre el uso de la lengua en la actualidad. Es recomendable echarle un vistazo a los diferentes apéndices:

  –Apéndice 1: modelos de conjugación verbal

  –Apéndice 2: lista de abreviaturas

  –Apéndice 3: lista de símbolos alfabetizables

  –Apéndice 4: lista de símbolos o signos no alfabetizables

  –Apéndice 5: lista de países y capitales, con sus gentilicios

- **Diccionario combinatorio del español contemporáneo REDES**
  Con este diccionario convencional, se pueden consultar las diferentes maneras de combinar un mismo término así como comprobar de qué palabras suele ir acompañado en las diferentes categorías gramaticales. Proporciona ejemplos que son muy claros sobre el uso del vocabulario, puesto que explica la relación que existe entre el significado de una palabra y cómo se utiliza en contexto. Por el momento, no existe versión electrónica.

- **Diccionario etimológico María Moliner**
  Es un diccionario que explica el uso del español, proporciona la etimología u origen de una palabra y en el que también aparecen numerosas frases hechas.

- **Corpus del español con 100 millones de entradas**
  http://www.corpusdelespanol.org
  Permite buscar una palabra en contexto, por lo que resulta muy útil para observar cómo se combina un término en diferentes contextos, así como las diferentes implicaciones de su significado. También permite comprobar la frecuencia de uso de una determinada palabra.

- **Banco de datos del español – CREA y CORDE**
  CREA: http://corpus.rae.es/creanet.html
  CORDE: http://corpus.rae.es/cordenet.html
  El banco de datos del español está dividido en dos grandes conjuntos documentales: CREA y CORDE. El CREA (Corpus de Referencia del Español Actual) contiene ejemplos de los últimos 25 años del idioma. El CORDE (Corpus Diacrónico del Español) abarca ejemplos desde los orígenes del español hasta el límite cronológico con el CREA.

El diseño del Corpus de Referencia del Español Actual (CREA) responde a la intención de ofrecer a los investigadores de esta lengua y a los interesados en ella una muestra representativa y equilibrada del español estándar que se utiliza actualmente en el mundo. Con el fin de permitir la mayor flexibilidad posible en la obtención de datos, el CREA está estructurado en diferentes módulos, lo cual hará posible que las consultas vayan referidas a la totalidad de los textos o bien únicamente a aquellos que poseen unas determinadas características geográficas, temáticas, temporales, etc. Esa estructura compleja se consigue a base de cruzar una serie de criterios diversos, cuya reunión traza la configuración general del CREA:

- Cronológicos: los últimos veinticinco años (1975–1999).

- Geográficos: textos españoles y americanos distribuidos al 50%.

- Medios: textos publicados en libros, revistas, periódicos, transcripción oral.

- Temáticos: ciencia, política, vida cotidiana, economía, ficción, etc.

- Buscando el equilibrio entre la obtención de la mayor cantidad posible de datos.

- **Corpes XXI**
  https://www.rae.es/recursos/banco-de-datos/corpes-xxi
  El Corpus del Español del Siglo XXI (CORPES XXI) es un corpus de referencia con textos orales y escritos desde el año 2001 hasta el 2012 de diversa índole (novelas, obras de teatro, guiones de cine, noticias de prensa, ensayos, transcripciones de radio, televisión, conversaciones, discursos, etc.), procedentes de España, América, Filipinas y Guinea Ecuatorial.

- **Diccionario de americanismos**
  https://www.asale.org/recursos/diccionarios/damer
  Diccionario académico que recoge la terminología propia de los países americanos de habla hispana.

- **Diccionarios bilingües – inglés-español español-inglés**
  http://www.spanishdict.com/
  http://wordreference.com/

- **Otros recursos**

  – Página web del Instituto Cervantes: http://www.cervantes.es/
  Con multitud de recursos sobre la lengua, destacamos las secciones "Morderse la lengua", con recortes de periódicos en los que aparecen divertidas erratas, y "El museo de los horrores", donde encontrarás diferentes historias sobre el uso correcto de la gramática e información sobre errores típicos.

  – Página web www.elcastellano.org
  Con diversos recursos sobre la lengua, artículos y enlaces con diccionarios de vocabulario técnico.

  – Fundéu BBVA (Fundación del Español Urgente): http://www.fundeu.es/
  La Fundación Fundéu BBVA se dedica a preservar el buen uso del español en los medios de comunicación para lo que hace una serie de recomendaciones sobre el uso de la lengua.

  – Portal Todoele: http://www.todoele.net/
  Todoele (ELE: "español lengua extranjera") es un portal creado por profesores de español con numerosas actividades, ejercicios y recursos para mejorar cualquier aspecto de la lengua. En él puedes encontrar desde información sobre libros de gramática y bibliografía, hasta vídeos y canciones que te pueden ayudar a mejorar tu nivel de español.

Actividad 11

11.a. Consulta las siguientes palabras en un diccionario combinatorio. Fíjate en los elementos con los que se asocian, contesta a los enunciados y escribe una frase con la expresión que te indicamos debajo. Te puede ayudar pensar en sinónimos y antónimos. Si no dispones de este tipo de diccionario, puedes consultar el CREA.

1. **Verbo: "abordar"**
   a. Escribe 5 sustantivos con los que se combina.
      abordar <u>un tema</u> / <u>una tarea</u> / <u>un problema</u> / ...
   b. Escribe 5 adverbios con los que se combina.
      abordar un tema <u>directamente</u> / <u>abiertamente</u> / <u>con franqueza</u> /...
   c. Escribe una frase con la expresión: "abordar algo sin tapujos".

2. **Sustantivo: "afirmación"**
   a. Escribe 5 adjetivos con los que se combina.
      una afirmación <u>clara</u> / <u>rotunda</u> / <u>contundente</u> /...
   b. Escribe 5 verbos con los que se combina.
      <u>hacer</u> / <u>formular</u> / <u>proferir</u> /... *una afirmación*
   c. Escribe una frase con la expresión: "una afirmación tajante".

3. **Adjetivo: "tácito"**
   a. Escribe 5 sustantivos con los que se combina.
      <u>un acuerdo</u> / <u>un contrato</u> / <u>un pacto</u> /... *tácito*
   b. Escribe una frase con la expresión: "una condición tácita".

4. **Adverbio: "indefinidamente"**
   Escribe 5 verbos con los que se combina.
   <u>continuar</u> / <u>durar</u> / <u>alargar</u> /... *indefinidamente*

11.b. Busca las siguientes locuciones en uno de los corpus del español: CORDE, CREA y CORPES XXI. Fíjate en cómo se usan en contexto y explica su significado.

1. A fondo

2. A grandes rasgos

3. Con fluidez

4. De antemano

5. De raíz

6. En equipo

7. Entre líneas

8. Frente a frente

9. Lisa y llanamente

10. Por activa y por pasiva

11. Punto por punto

12. Sin fundamento

11.c. Los siguientes verbos se parecen en su forma, pero poseen significados muy distintos. Busca un ejemplo en uno de los corpus anteriormente mencionados y escribe una frase con cada una de las formas verbales.

conferir • diferir • inferir • interferir • preferir • proferir • referir(se) • transferir

Actividad 12

El diccionario combinatorio es un útil recurso de vocabulario para aprender colocaciones léxicas. Combina cada verbo con sus correspondientes sustantivos.

1. Acarrear	a. un mensaje
2. Aducir	b. una pregunta
3. Decodificar	c. una normativa
4. Emprender	d. un sueldo
5. Formular	e. la realidad
6. Gozar de	f. desperfectos
7. Hacer acopio de	g. razones
8. Hacerse eco de	h. un tema
9. Implantar	i. información
10. Mitigar	j. una consecuencia
11. Negociar	k. la tensión
12. Ocasionar	l. una noticia
13. Tergiversar	m. salud
14. Vislumbrar	n. el futuro
15. Vulnerar	ñ. el camino
16. Zanjar	o. un derecho

Actividad 13

13.a. Lee el siguiente borrador de este texto y valora, por un lado, los aspectos gramaticales y ortográficos y, por otro, la estructura, el contenido y el estilo. Para ello, aplica las tablas de las actividades 3.a. y 4.a. de este capítulo.

La inmigración: ¿problema o solución?

La construcción demográfica de Europa sigue realizándose en una tela de retazos, en otras palabras, un mosaico de culturas y etnias que, hoy en día, adquiere nuevas dimensiones por el auge de la inmigración. Esta crisis prolongada de la acogida de los refugiados está desenredando nuestro entramado europeo. Nos obliga a hacer frente

5 con nuestros límites territoriales, poniendo en duda lo que anteriormente se consideraba un problema o una solución nacional o internacional de un país o, de hecho, de un continente. Sería ingenuo suponer que la inmigración no tuviera repercusiones a lo largo de toda la demográfica europea y, por esta razón, en este ensayo explicaré que el flujo de poblaciones subraya nuestra crisis de identidad: si el

0 problema nos divide o si la solución nos puede unir.

La grabación de una periodista que asaltaba a un refugiado mientras cruzaba la frontera para dramatizar su noticia, pero el hecho de que esto se pudiera retratar tal y como sucedió, avivó la polémica sobre cuáles personas y países están sacando provecho de este problema. Indudablemente, hay que destacar lo obvio: que las

5 fronteras más cercanas a los países de donde proceden los flujos de los inmigrantes, como Grecia e Italia, se ven inundados por oleadas de humanidad. A la presión económica y social, entre otros, se añade la falta de medios para dar respuesta a los problemas sanitarios.

Todos estamos desbordados por este cambio inédito en nuestra sociedad. Tanto a

20 nivel político como en nuestro entorno cotidiano, hay un intento a reunir a las comunidades para contrarrestar los prejuicios xenófobos que reflejan los medios de comunicación. Con todo, el asunto de la cooperación y convivencia es "un nudo gordiano" que Europa se está atreviendo a cortar, para que se encuentre una solución unánime en frente al flujo de exiliados que sigue pasando las fronteras europeas.

25 En definitiva, necesitamos denunciar la actitud de escurrir el bulto, el desequilibrio del sur de Europa debe ser, al mismo tiempo, lo del norte y, por lo tanto, para el equilibrio de todo el continente. Si no abriremos nuestras fronteras y mentes a aceptar y reaccionar ante el cambio, nunca alcanzaremos una visión de futuro. Europa corre el riesgo de fracturarse y la solución reside en no dar marchas atrás,

30 pero en seguir enriqueciendo nuestro crisol de culturas.

13.b. Teniendo en cuenta tu análisis, ¿qué sugerencias y comentarios le darías al/a la autor/a que ha escrito el texto? Redacta tu valoración anterior en unas 150 palabras.

13.c. A continuación tienes el texto anterior corregido por el profesor. Apostilla, anota o explica cada cambio como si fueran comentarios al margen. Presta atención además a otros cambios adicionales que aparecen en el texto.

La construcción demográfica de Europa ~~sigue realizándose en una tela~~ **(1)** conforma en su conjunto una multitud de retazos, en otras palabras, una especie de mosaico de culturas y etnias que, hoy en día, adquiere nuevas dimensiones por el auge de la inmigración. Esta crisis prolongada de la acogida de los refugiados está desenredando ~~nuestro~~ el "entramado ~~Europeo~~ **(2)** europeo". Nos obliga a hacer frente ~~con~~ **(3)** a nuestros límites territoriales, poniendo ~~en duda~~ en tela de juicio lo que anteriormente se consideraba un problema o una solución nacional o internacional de un país o, de hecho, de un continente. Sería ingenuo suponer que la inmigración no ~~tuviera~~ **(4)** tiene repercusiones a lo largo de toda la ~~demográfica~~ demografía ~~Europea~~ europea y, por esta razón, en este ensayo explicaré que el flujo de poblaciones subraya nuestra crisis de identidad: si el problema nos divide o si la solución nos puede unir.

(5) Recientemente, los medios de comunicación se hicieron eco de ~~La~~ una grabación **(6)** en la que se veía a una ~~de~~ ~~una~~ periodista que ~~asaltaba~~ le ponía la zancadilla a un refugiado mientras apresuradamente cruzaba la frontera. La periodista intentaba conseguir un mayor dramatismo para su noticia ~~para dramatizar su noticia, pero~~ el hecho de que esto se pudiera retratar tal y como sucedió, es decir, con la veracidad de los hechos, avivó la polémica sobre ~~cuales~~ **(7)** qué personas y países están sacando provecho de este problema. Indudablemente, en primer lugar, hay que destacar lo obvio: que las fronteras más cercanas a los países de donde proceden los flujos ~~de los inmigrantes~~ **(8)** migratorios, como Grecia e Italia, se ven ~~inundados~~ inundadas por oleadas de seres humanos ~~humanidad~~. A la presión económica y social, entre otros factores, se añade la falta de medios para dar respuesta a los problemas sanitarios.

~~Todos estamos~~ Los ciudadanos también nos vemos desbordados por este ~~cambio~~ inédito **(9)** cambio en nuestra sociedad. Tanto a nivel político como en nuestro entorno cotidiano, ~~hay~~ se está produciendo un intento ~~a~~ por reunir a las comunidades para contrarrestar los prejuicios xenófobos que reflejan los medios de comunicación. Con todo, el asunto de la cooperación y la convivencia ~~es~~ **(10)** constituye "un nudo gordiano" que Europa se está atreviendo a cortar, para que se encuentre una solución unánime ~~en~~ frente al flujo de ~~exiliados~~ refugiados que ~~sigue~~ continúa ~~pasando~~ traspasando las fronteras europeas.

En definitiva, necesitamos denunciar la actitud de **(11)** como dice la expresión, "escurrir el bulto" **(12)** a la que nos tienen acostumbrados muchos políticos, el desequilibrio del sur de Europa debe ser, al mismo tiempo, una preocupación para ~~lo del~~ el norte y, por lo tanto, para el equilibrio de todo el continente. Si no ~~abriremos~~ **(13)** abrimos nuestras fronteras y mentes a aceptar y reaccionar ante el cambio, nunca alcanzaremos una visión de futuro. Europa corre el riesgo de fracturarse y la solución reside en no dar marchas atrás, **(14)** ~~pero~~ sino en seguir enriqueciendo nuestro crisol de culturas.

6. Marcadores discursivos y expresiones útiles

La siguiente tabla recoge las principales **expresiones** y **marcadores discursivos** clasificados según su **función comunicativa**. Recuerda que son una guía y que no se trata de llenar un texto, de manera innecesaria, con un gran número de estas expresiones, sino de utilizarlas correctamente en el lugar donde deben ir para enriquecer la expresión y el estilo. Ten en cuenta que aunque algunos marcadores aparezcan bajo la misma categoría, ya que pueden cumplir la misma función comunicativa, no siempre se pueden utilizar en un mismo contexto por lo que hay que decidir cuál es el más apropiado en cada momento. Con el signo (*) se indican aquellos marcadores o expresiones que suelen ir seguidos del modo subjuntivo.

Tabla de marcadores discursivos y expresiones útiles

Función comunicativa	Marcadores discursivos y expresiones		
1 Aclarar el contenido	Como he (hemos) mencionado Con esto quiero (queremos) decir Dicho de otra manera (de otro modo) Dicho en otros términos En otras palabras	Es decir Es necesario recalcar que Esto es Lo anterior no quiere decir que (*) Lo dicho hasta aquí supone que	Nada de lo expuesto hasta aquí significa que (*) No me referiré (nos referiremos) a Todo esto parece confirmar
2 Añadir información o introducir un aspecto nuevo del tema	A continuación Además Ahora puedo (podemos) decir Ahora veamos Antes de examinar Así pues Asimismo Como se afirmó arriba Con respecto al primer punto Consideremos ahora	Dicho lo anterior Empezaré (Empezaremos) por considerar Examinaremos brevemente ahora Hay que mencionar además Habría que decir también Hecha esta salvedad Llegados a este punto Lo que es más Luego No solo… sino también	Otro rasgo de Por lo que se refiere a Por otra parte Por otro lado Prosigamos nuestro análisis Se debe agregar que También Todavía cabe señalar Volviendo al tema que nos ocupa

Función comunicativa	Marcadores discursivos y expresiones		
3 Cambiar de perspectiva o mostrar que un aspecto está relacionado con otro	A su vez Acerca de Al mismo tiempo Algo semejante ocurre (sucede) con Con respecto a De igual modo (manera)	El siguiente aspecto trata de En cuanto a En relación con Igualmente Mientras tanto Por lo que se refiere a	Por otra parte Por otro lado Todas estas observaciones se relacionan también con
4 Expresar causa	A causa de Como Con motivo de Considerando que Dado que	Debido a En vista de que (Visto que) Gracias a que Porque Pues	Puesto que Teniendo en cuenta que Ya que
5 Comenzar o introducir el tema principal del texto	A modo de introducción cabe señalar que El objetivo principal de El propósito de este ensayo es En lo que sigue voy a	Este texto trata de La finalidad de este escrito es Me propongo (Nos proponemos) exponer Mi (Nuestro) propósito al escribir este ensayo es	Voy a plantear
6 Concluir o expresar la consecuencia de algo	Así que Como resultado De ahí que (*) De donde se infiere que De manera que De modo que En conclusión	En consecuencia En definitiva Es así que Es por esto que Finalmente Para concluir Para finalizar	Por consiguiente Por esto Por lo cual Por (lo) tanto Por todo esto Pues Razón(es) por la(s) cual(es)

Función comunicativa	Marcadores discursivos y expresiones		
7 Expresar condición	A condición de que (*) A menos que (*) A no ser que (*) Con que (*)	Con tal de que (*) En caso de que (*) Si aceptamos que Si... entonces	Si esto es así Siempre que (*) Siempre y cuando (*)
8 Contrastar un aspecto del texto u objetar algo	A pesar de que (*) Ahora bien Al contrario Antes de continuar voy a responder a unas probables objeciones Aun (+ gerundio) Aunque (*) Con todo	Desde otro punto de vista En cambio En contraste con lo anterior No se trata tan solo de No obstante Para quienes piensan que Pero Por el contrario	Por más que (*) Quienes refutan esta idea (posición) sostienen que Se podría objetar que... sin embargo Si bien Sin embargo
9 Expresar conformidad o semejanza	Acorde con Asimismo Conforme a De acuerdo con De igual manera (modo)	De la misma forma De manera análoga De manera semejante Del mismo modo En consonancia con	Igualmente Lo que es lo mismo
10 Detallar información o ejemplificar	Así, por ejemplo, Baste, como muestra, Comenzaré (Comenzaremos) dando un ejemplo de De manera puntual me refiero (nos referimos) a El siguiente ejemplo sirve para En concreto	En el caso de En particular Este ejemplo basta para que ilustremos lo dicho con Exploremos un poco la idea de que Para comprender mejor Para ilustrar mejor Para ser más específicos	Pongamos por caso Por ejemplo Será preciso mostrar que Sirva de ejemplo (de modelo)

373

Función comunicativa	Marcadores discursivos y expresiones		
11 Enfatizar o destacar ciertos aspectos del texto	Definitivamente Deseo (Deseamos) subrayar que En efecto En particular	En realidad Hay que destacar (tener en cuenta) Indiscutiblemente Lo más importante	Lo peor del caso Por supuesto que Precisamente Sobre todo
12 Expresar finalidad	A fin de que (*) Con el fin de que (*) Con el objetivo de que (*)	Con el propósito de que (*) Con la finalidad de que (*) Con la intención de que (*)	Con miras a que (*) En vistas a que (*) Para que (*)
13 Expresar hipótesis o probabilidad	A lo mejor Admitamos por el momento Consideremos la siguiente hipótesis: Es posible que (*)	Es probable que (*) Parto (Partimos) de la siguiente hipótesis: Planteo (Planteamos) como hipótesis Posiblemente (*)	Quizás (*) Supongamos Tal vez (*)
14 Ordenar cronológicamente las ideas en el texto	A continuación Antes de examinar Después En primer lugar	En segunda instancia En segundo lugar En último lugar (término) Finalmente	Luego Para concluir Para empezar Para terminar
15 Recapitular, resumir o sintetizar información	A modo de resumen (Dicho) brevemente En conclusión En definitiva En pocas palabras	En resumen En resumidas cuentas En síntesis En suma Finalmente	Podemos condensar lo dicho hasta aquí Recapitulando Sintetizando, pues, diré (diremos) para terminar que

(*) Los marcadores discursivos y expresiones que aparecen con este signo suelen ir seguidos del modo subjuntivo, por lo que se recomienda consultar su uso.

7. Las 10 reglas de oro del buen escritor

Por último, te proponemos las 10 reglas de oro que siempre debe tener presente un buen escritor. Si has completado todas las actividades del libro, y sigues las diferentes recomendaciones al pie de la letra, estás listo para escribir cualquier tipo de texto.

Regla 1. Piensa en el tipo de texto al que te enfrentas.

Piensa en el propósito del texto y a quién va dirigido. Si se trata de una carta, recuerda que hay unas normas preestablecidas que debes respetar: cómo comenzarla y terminarla, los signos de puntuación, etc.; si se trata de un texto jurídico o técnico, utiliza la terminología propia de este ámbito; si se trata de un texto periodístico, aunque prime la función informativa, no olvides abordar el tema desde una perspectiva concreta; si se trata de un texto académico hay que cuidar el estilo en todo momento, pero también es importante seleccionar bien los argumentos que se van a utilizar.

Regla 2. Elige un buen título, aunque sea provisional.

Uno o varios títulos te ayudarán a encuadrar el tema. Si se trata de un texto expositivo, argumentativo, de un artículo de opinión, etc., piensa que el título es el conjunto de palabras que sirven de carta de presentación. Intenta que capte la atención del lector. En el caso de que tu texto no necesite uno, siempre se lo puedes poner para que te ayude a sintetizar la tesis principal.

Regla 3. Planifica siempre lo que vas a escribir por breve que sea el texto.

¿Tienes toda la información que necesitas? Haz una lluvia de ideas para planificar la organización textual; un mapa mental o un esquema que te ayude a desarrollar las ideas principales. Asegúrate de que los argumentos se hallan dispuestos en el orden correcto. ¿Crees que lo que has expuesto cumple el propósito del texto?; en el caso de un ensayo, ¿defiendes los argumentos de manera convincente?; en el caso de una carta, ¿queda claramente expuesto lo que solicitas o lo que expones?

Regla 4. Consulta tu diario de aprendizaje y revisa la gramática.

Todo buen escritor tiene un diario de aprendizaje donde apunta aquellos aspectos de la lengua con los que debe tener cuidado, como los errores típicos, o que le han funcionado bien en otros textos. Repasa la concordancia y las estructuras gramaticales. Sobre todo, verifica la concordancia (sujeto + verbo; *ser* y *estar* + adjetivo; concordancia de género, de número, etc.). Piensa en otras diferencias gramaticales que no existen en tu lengua, o que no se utilizan de la misma manera, para ver si las has utilizado correctamente; reflexiona sobre los aspectos de la lengua que te resultan más difíciles y repásalos. Consulta tu diario de aprendizaje en todo momento y no olvides apuntar lo que descubras.

Regla 5. Selecciona bien aquellas palabras y expresiones que consideres imprescindibles.

Recuerda lo útiles que resultan los marcadores discursivos y las frases hechas para la introducción, el desarrollo de un texto y la conclusión, y para guiar al lector durante la lectura.

Regla 6. Si es posible, deja reposar lo que has escrito durante unos días.

Es preferible volver a repasarlo todo al día siguiente, o en unos días, en lugar de esforzarse por terminarlo todo de una sola vez. Recuerda que siempre hay algún aspecto del texto que se puede mejorar. Por pequeño que sea el cambio, el lector percibirá por qué has seleccionado esa opción dentro del conjunto textual. Antes de dejarlo reposar, subraya aquellos aspectos del texto que no te terminen de convencer.

Regla 7. Vuelve a repasar fijándote ahora en el estilo.

Una vez que tengas la primera versión del texto, piensa en cómo puedes enriquecer el lenguaje, por ejemplo, mediante el empleo de verbos que concretan más el significado en lugar de utilizar verbos comodín. Presta atención a los adjetivos, a su posición, antepuesta o pospuesta, y comprueba si realmente expresan lo que quieres decir y si las implicaciones que tienen en el significado son las que buscas.

Regla 8. Añade los últimos retoques con la ayuda de un buen diccionario.

Verifica aquellas palabras en el diccionario sobre las que no estés completamente seguro de su uso. Si el diccionario no te saca de dudas, no olvides consultar un corpus de textos de español donde podrás ver ejemplos de las palabras en contexto. Tampoco te olvides de la ortografía, de los acentos y de la puntuación. Recuerda que "el punto y coma" también existe y que, a veces, es de una gran utilidad en lugar de la coma o del punto.

Regla 9. Cualquier texto que escribas, léelo en voz alta.

Solo así verás realmente si las pausas que has insertado en el texto son las necesarias y si realmente hay algo que no te suena bien. Decide cuál va a ser el título final si es que el texto lo necesita.

Regla 10. Si es posible, busca una segunda opinión.

Siempre y cuando no se trate de un texto que va a ser evaluado por tu profesor, asegúrate de que otra persona lee lo que has escrito y te da su opinión. No olvides preguntarle qué le parece el título. No todos escribimos igual, ni todos poseemos el mismo repertorio léxico o gramatical. Piensa que, al fin y al cabo, aprender a escribir es un proceso continuo a partir de un cúmulo de experiencias lingüísticas. Pero, por esta misma razón, recuerda que tú debes decidir qué cambios deseas incorporar en tu texto.

Soluciones

Capítulo 1

Actividad 1

1.a. Hay una secuenciación narrativa que gira en torno al tema de la escritura a través de los tiempos. Se constata la evolución de las prácticas escritas en el soporte utilizado, desde la piedra, el pergamino de los egipcios, la pluma, hasta la máquina de escribir y el ordenador. La última viñeta cierra la secuencia con un interrogante al desconocer qué nuevos medios para la escritura podremos encontrarnos en el futuro.

Sin duda, los medios digitales y las nuevas tecnologías están influyendo en la forma de escribir en la actualidad, tanto en el ámbito privado como en el público y profesional. No solo se utiliza el ordenador para escribir, sino también el propio teléfono móvil o las tabletas electrónicas. La enorme exposición pública en muchas redes sociales ha hecho que se amplíe el número de usuarios que escriben en ellas, si bien el discurso, en general, es más breve o esquemático. El registro varía y puede ser también formal o más coloquial. Quizás sea en este último donde se observa mayor evolución, ya que se han incorporado de manera masiva elementos de comunicación no verbal y el auge del lenguaje visual como los emoticonos, los *emojis*, los símbolos, los iconos, los memes, las fotografías animadas (*gifs*) o vídeos.

Su influencia hace que se cree también un nuevo léxico para designar nuevas realidades, que exista un espacio más limitado para escribir o haya más rapidez a la hora de la interacción comunicativa (escribir respuestas inmediatas en los chats). Este cambio en la escritura va conectado con la lectura ya que, por ejemplo, se utilizan los llamados enlaces o hipervínculos que nos llevan a la creación de hipertextos.

Tal vez en un futuro se potencie la escritura colaborativa o conjunta, dado que cada vez más medios permiten que distintos usuarios interaccionen y escriban al mismo tiempo. O bien podría suceder que la escritura se convirtiera en mucho más visual y regresáramos en realidad a los orígenes, cuando se utilizaban imágenes para explicar significados. O bien que todo sea más oral, ya que la inteligencia artificial está desarrollando cada vez más programas de reconocimiento de voz. Asimismo, existen programas especializados que generan de forma automática textos escritos.

1.b. "El escritor escribe su libro para explicarse a sí mismo lo que no se puede explicar" →. La escritura como una forma de catarsis, de ayuda psicológica y de comprensión del ser humano.

"Uno escribe pensando en el lector que lleva dentro. Escribes o intentas escribir el libro que te gustaría leer" → Escribir pensando en los gustos de uno mismo para transmitirlos al posible lector.

"Un buen escritor expresa grandes cosas con pequeñas palabras; a la inversa del mal escritor, que dice cosas insignificantes con palabras grandiosas" → El buen escritor utiliza las palabras precisas para transmitir lo esencial.

"La tarea del escritor es una aventura solitaria y conlleva todos los titubeos, incertidumbres y sorpresas propios de cualquier aventura emprendida con entusiasmo" → Habla del proceso de escritura y de cómo se siente el escritor al decidir escribir un libro. No es un camino fácil, pero si se cree en ello se disfruta del viaje.

"Escribo para evitar que al miedo de la muerte se agregue el miedo de la vida" → De nuevo la escritura con ciertos fines terapéuticos para paliar el posible dolor que ocasiona el saber que nos vamos a morir y que la vida tiene sus luces y sombras.

"Escribir para mí no es una profesión, ni siquiera una vocación. Es una manera de estar en el mundo" → La escritura como una forma de estar conectado a lo que sucede alrededor, en definitiva, de vivir en el mundo.

Actividad 2

2.a. 1. microrrelato; 2. chiste; 3. receta de cocina; 4. anuncio; 5. carta; 6. canción; 7. noticia; 8. prospecto médico; 9. guion de cine; 10. un serial radiofónico; 11. novela.

2.b. Todos los textos son narrativos excepto el anuncio, la receta de cocina y el prospecto médico. La información está organizada según una cronología. Utilizan recursos lingüísticos propios de la narración: oraciones temporales, adverbios y conjunciones de tiempo, formas verbales (presente histórico, pasados).

Actividad 3

3.a. En el texto interviene solo una persona, el monologuista, que simula distintas voces de personajes que participan en el monólogo y que se relacionan con la situación descrita. Se dirige al público que está viendo el programa de televisión o el espectáculo ya que normalmente el monólogo es un discurso escrito para ser representado oralmente.

Se utiliza una temática cotidiana sobre una prenda de vestir, unos calcetines que, en general, todo el mundo llevamos. Por lo tanto, se busca una conexión con el público que fácilmente va a verse identificado.

El texto está pensado para provocar la risa o la sonrisa en el lector/espectador, pero esto dependerá del sentido del humor de cada uno.

Por todo lo anteriormente dicho, se trata de un monólogo de humor.

3.b. La temática elegida se utiliza porque se busca la risa para entretener a un público que por unos momentos se evade de la realidad. Está narrado prácticamente en presente, en la primera y segunda personas del singular.

Uso de preguntas retóricas: "¿Y por qué vienen en paquetes de tres?"; ¿Y por qué esa perchita ridícula?"

Discurso directo/indirecto: Vas a comprar los calcetines: –Oiga, señora. ¿Estos calcetines encogen? –¡No, por Dios! ¿Cómo que no? Ha encogido la percha, no van a encoger los calcetines.

Personificación: "ese calcetín que está solo… no tiene ni alegría… ni resquemor"; "los que se ponen a trabajar en un guiñol"; "En esos duros momentos el calcetín recuerda sus momentos felices, como su nacimiento"; "Desde que nace el calcetín es la víctima inocente de una guerra en la que ni pincha ni corta"; "El zapato lucha por comerse la parte del calcetín que todavía asoma".

Comparaciones: "A los calcetines les pasa como a Aquiles. Su punto débil es el talón".

Exageraciones: "Los calcetines están sobreexplotados"; "Nadie se pondría una camisa con un orificio en el pecho"; "Se iba a pasar la Eternidad transformando el agua en Betadine"; "Es como si alguien se plantease llevar los calcetines grapados en la pantorrilla".

El registro coloquial: ni pincha ni corta; no es de recibo; por Dios; oiga; vale; tío.

Onomatopeyas: huy.

3.c. 1. Se utilizan demasiado los calcetines. 2. Con un agujero muy grande. 3. Buscar la manera para que no se vea el agujero. 4. Coses doblemente el agujero para que no se vuelva a abrir. 5. Alude a la expresión idiomática "ser el talón de Aquiles" cuando nos referimos al punto más débil o vulnerable de alguien o algo. En este caso quiere decir que normalmente un calcetín se rompe por la parte del talón. 6. Se refiere a un calcetín suelto, que ha perdido su pareja y que, por lo tanto, no está ni soltero ni casado y no puede "sentirse" ni exactamente alegre ni con amargura o rencor. 7. Hace alusión a un espectáculo de títeres o marionetas. En esta ocasión tendríamos que imaginar el calcetín dentro de la mano, por ejemplo, articulándolo como si fuera uno de estos guiñoles. 8. Cuando algo no te gusta o te convence. 9. Una guerra en la que no se participa o interviene. 10. Alude a la marca que deja en la pierna la goma del calcetín.

3.d. Véase el modelo de la actividad 3.a.

Actividad 4

4.a. 1. F; 2. F; 3. F; 4. V; 5. V; 6. F; 7. V; 8. F; 9. F; 10. V.

4.b. Cuidar el estilo y revisar la gramática.

4.c. 1. Porque es un idioma en el que mucha gente lee. Entre España y América hay 450 millones de lectores; 2. El mundo al que pertenece el futuro escritor en el que coexisten diversas culturas que se enriquecen entre sí; 3. El lenguaje es la herramienta limpia y eficaz para escribir. El estilo es tan solo un 'burladero de vacíos charlatanes', es decir, de lo que se habla mucho pero no se dice nada; 4. Porque aunque se escribió a principios del siglo XVII aún hoy en día consigue ser moderno; 5. Respuesta libre.

4.d. 1. Alimentar la literatura; 2. Pertenecen a un conjunto de ideas que se entremezclan; 3. Tener al corriente de los asuntos relacionados con la materia que se trata; 4. La mezcla de culturas, de lenguas; 5. Desenvolverse con facilidad, sin problemas; 6. Trabajadas con esfuerzo a través del tiempo y de su utilización; 7. Nadie escribe nada sin tener referentes literarios y culturales como base; 8. Hay que tener cuidado con el estilo de aquellos que hablan mucho pero no dicen nada; 9. Intentar escribir lo mejor posible exprimiendo todas las técnicas que se conozcan, experimentando; 10. Es necesario haber leído a los escritores clásicos y fijarse en cómo escriben; 11. Aumentarán tu léxico; 12. Sentir los ánimos, empujones para tirar adelante y seguir escribiendo; 13. El lugar donde se consiguió que el arte se construyera y tuviera una buena base; 14. Haz uso, sin ningún tipo de vergüenza, de los escritores españoles; dales el reconocimiento que se merecen; 15. Busca librerías donde encontrar autores diferentes.

Actividad 5

5.a. 1. estructura cronológica o lineal; 2. circular; 3. *in medias res*; 4. de contrapunto.

5.b. El microrrelato comienza *in medias res*, por lo tanto, con el nudo de la historia.

La línea argumental son los acontecimientos: *encendió el televisor; los ojos se le inundaron de inesperadas lágrimas; pasó toda la noche despierto; se lavó la cara; se dirigió al cuarto; tiró del asa del primer cajón; sacó un mechero; prendió fuego al carné de policía secreta.*

El fondo argumental es la información relacionada con los sentimientos de los personajes, como la descripción de las lágrimas; la descripción de su posición (*tumbado boca arriba en la cama*); la evocación o el recuerdo (*había dejado de compartir*).

El escenario informa sobre el espacio y el tiempo: *hacía años; amplio y soleado cuarto; diploma adornado con la hoz y el martillo enmarcado en la pared; imponente escritorio de roble macizo.*

Actividad 6

6.a. Desde los ventanales de la sala VIP / Entra en el baño. / Atraviesa chocolaterías, cafeterías, pastelerías y licorerías / llega a la frontera con la terminal A / las puertas de embarque para vuelos intercontinentales / se acerca al cristal / Contempla el paisaje. Del otro lado de la pista de aterrizaje están construyendo otra terminal. / frente a unas casetas de migración / pasa la caseta, y luego las bandas de equipaje / sale al exterior por la puerta giratoria / toma un taxi para cubrir los 300 metros que lo separan de la terminal C / cruza una puerta automática / Objetos perdidos.

6.b. Actividad de libre interpretación. Probablemente el ejecutivo se siente tan perdido en su vida que finaliza simbólicamente su recorrido en Objetos perdidos.

6.c. Véase el modelo de la actividad 6.a.

Actividad 7

1. *flashback*; 2. *flashforward*; 3. *flashback*; 4. *flashback*.

Actividad 8

8.a. 1. había quedado; 2. pensábamos; 3. dirigí; 4. acercó; 5. he podido; 6. había detenido; 7. encontré; 8. sentaba; 9. he dicho; 10. era; 11. temía; 12. ponía; 13. recibí; 14. he cumplido; 15. informó.

8.b. 1. pretérito perfecto simple o indefinido; 2. pretérito perfecto compuesto; 3. pretérito pluscuamperfecto; 4. pretérito imperfecto.

8.c. contesté, pregunté, contó, añadió, exclamé, ordenó, grité, respondí, me justifiqué, replicó, interrumpí, inquirió, expliqué, comunicó, informó.

8.d. aquella tarde, después, cuando, días después, de nuevo, en ese momento, las semanas siguientes, una mañana, al poco rato.

8.e. miró, trataba, eran, bastó, se aproximaba, se despejaba, devolvió, suspiró, hacía, recogió, salió, esperaba, pensó, regresó, abrió, pulsó, apartó, había, cogió, pensó, salió, parecía, apretó, servía, rechazó, esperaba, pidió, se dispuso, trataba, iban, tenían, parecía.

Actividad 9

9.a. A media tarde el hombre se sentó ante su escritorio, cogió una hoja de papel en blanco, la puso en la máquina y empezó a escribir. La frase inicial le salió enseguida. La segunda también. Entre la segunda y la tercera hubo unos segundos de duda.

Llenó una página, sacó la hoja del carro de la máquina y la dejó a un lado, con la cara en blanco hacia arriba. A esta primera hoja agregó otra, y luego otra. De vez en cuando releía lo que había escrito, tachaba palabras, cambiaba el orden de otras dentro de las frases, eliminaba párrafos, tiraba hojas enteras a la papelera. De golpe retiró la máquina, cogió la pila de hojas escritas, la volvió del derecho y con un bolígrafo tachó, cambió, añadió, suprimió. Colocó la pila de hojas corregidas a la derecha, volvió a acercarse la máquina y reescribió la historia de principio a fin. Una vez que había acabado, volvió a corregirla a mano y a reescribirla a máquina. Ya entrada la noche la releyó por enésima vez. Era un cuento. Le gustaba mucho. Tanto, que lloró de alegría. Era feliz. Tal vez fuera el mejor cuento que había escrito nunca. Le parecía casi perfecto. Casi, porque le faltaba el título. Cuando encontrara el título adecuado sería un cuento inmejorable. Meditó qué título ponerle. Se le ocurrió uno. Lo escribió en una hoja, a ver qué le parecía. No acababa de funcionar. Bien mirado, no funcionaba en absoluto. Lo tachó. Pensó otro. Cuando lo releyó también lo tachó.

Al amanecer se dio por vencido: no había ningún título suficientemente perfecto para ese cuento tan perfecto que ningún título era lo bastante bueno para él, lo cual impedía que fuera perfecto del todo. Resignado (y sabiendo que no podía hacer otra cosa), cogió las hojas donde había escrito el cuento, las rompió por la mitad y rompió cada una de esas mitades por la mitad; y así sucesivamente hasta hacerlo pedazos.

9.b. 2. El cuento narra el proceso de creación de un cuento.

9.c. Un escritor se dispone a escribir un relato y va narrando el proceso al enfrentarse a la máquina de escribir. Primero, empieza inspirado, escribe y después sobre la hoja va modificando alguna palabra, frase, párrafo o incluso se deshace de hojas enteras. Cuando se siente satisfecho, piensa en el título del cuento pero no encuentra ninguno perfecto para lo que ha escrito. Finalmente, decide destruirlo.

Actividad 10

10.a. 1. segunda persona; 2. tercera persona; 3. primera persona.

10.b. 1. exterior; 2. exterior; 3. interior; 4. interior.

Actividad 11

11.a. 1. monólogo; 2. estilo indirecto libre; 3. diálogo y estilo directo; 4. estilo indirecto.

11.b. Actividad libre, posible solución:

Reinaldo: Mamá. No crea que lo que le he contado es mentira.

Madre de Reinaldo: Sí, lo es. Mírate, estás enfermo, delirando.

Reinaldo: No, no piense que porque tengo un poco de fiebre y a cada rato me quejo del dolor en las piernas, estoy diciendo mentiras, porque no es así.

Madre: No puedo creerte.

Reinaldo: Si usted quiere comprobar si fue verdad, vaya al Puente, que seguramente debe de estar todavía, en medio de la calle, sobre el asfalto, la torta grande y casi colorada, hecha de chocolate y almendras, que me regalaron las dos viejitas de la dulcería.

Madre: Sigo sin poder creerte, Reinaldo. Me cuesta.

11.c. Actividad libre, posible solución: Tengo miedo de hablar con mi mamá. En esta casa es imposible la comunicación y se va a enojar muchísimo, seguro. ¿Pero qué puedo hacer? Pedro está decidido a venir a pedir mi mano y yo también lo deseo. ¿Por qué por ser la hija pequeña tengo que cuidar de mi mamá? ¿Quién ha escrito estas estúpidas leyes? ¿Es que hasta la muerte de mi madre no podré ser feliz?

Actividad 12

12.a. 1. Don Quijote: descripción física, de gustos (la caza), se le asocia con su caballo/ rocín, se da el sobrenombre, la edad; 2. Los deseos de Tristana nos llevan a una mujer del siglo XIX con ideas modernas: quiere ser libre, no quedarse a coser en casa, quiere estudiar, aprender...; 3. Se habla de su físico, del carácter, de su ocupación; 4. Intuimos que es un niño el que habla, la edad de alguien que va al colegio y que destaca por un objeto: unas enormes gafas por la cuales se ha ganado el mote de gafotas.

12.b. Actividad libre.

Actividad 13

13.a. 1. Job; 2. Matusalén; 3. Don Juan; 4. Celestina; 5. Magdalena; 6. Calleja; 7. Hércules; 8. Caín; 9. Judas; 10. Aquiles; 11. Adán; 12. Edipo; 13. Damocles; 14. Barba Azul; 15. Pandora.

13.b. Posible diálogo:

Don Juan: ¡Hola, Pandora! ¿Qué haces por este prado tan sola?

Pandora: Madre mía, don Juan. Es verte y sentir que me encuentro bajo la espada de Damocles, ¡eres peligroso y no quiero hablar contigo!

Don Juan: No me digas eso. Es solo un estereotipo, he cambiado. [No sé cómo ha encontrado esta mujer mi talón de Aquiles tan pronto].

Pandora: No, no, no. No me lo creo. Ya se te ve que eres más falso que un Judas y a la primera si me descuido, me engañas. ¡Adiós!

Don Juan: Pero no te vayas tan rápido y déjame explicarte que no soy ningún Barba Azul.

Pandora: Que no, que no; que tienes más cuento que Calleja, no me vas a convencer.

Don Juan: ¡Lo que tengo es más paciencia que Job!

Pandora: No te lo crees ni tú. ¡Eres un Caín! ¡Adiós!

Don Juan: Tendré que buscar a alguien que me haga de Celestina a ver si tengo más suerte… Estoy perdiendo facultades.

Actividad 14

14.a. Texto 1. Espacio: estación de tren, viaje a París; Tiempo: se utiliza el pasado; Punto de vista: narrador en tercera persona; Personaje: una niña de doce años.

Texto 2. Espacio: el país de Belisa Crepusculario; Tiempo: sucesos en pasado; Punto de vista: tercera persona; Personaje: Belisa Crepusculario.

Texto 3. Espacio: gabinete de un dentista; Tiempo: un lunes al amanecer y sin lluvia; Punto de vista: narrador en tercera persona; Personaje: Don Aureliano Escovar.

14.b. A. texto 3; B. texto 1; C. texto 2.

Actividad 15

15.a. Microrrelato 1. –Son para... ¡comerte mejor! –dijo la niña, se lanzó sobre el lobo y lo devoró entero, igual que había hecho con la abuelita.

Microrrelato 2. Sin embargo, gracias a esta casualidad, o apaño histórico, pudimos escapar a tiempo y hoy te puedo escribir estas palabras.

Microrrelato 3. El cursor parpadea desesperadamente sobre una hoja en blanco. ¿Volveré mañana?

15.b. Véanse los modelos de la actividad 15.a.

Actividad 16

16.a. Aparece una intertextualidad cinematográfica.

16.b. 1. Sabú. Fue un actor cinematográfico de origen hindú que en la década de los 40 intervino en películas como *El ladrón de Bagdad* o *El libro de la selva*. 2. Tarzán. Es un personaje de ficción creado por el escritor Edgar Rice Burroughs. Esta novela cuenta las aventuras de un niño que queda huérfano en África y es adoptado por los monos de la selva. 3. Charlot. Se trata de uno de los personajes que más fama dio al actor Charles Chaplin, que interpreta a un vagabundo caracterizado por una estrecha chaqueta, unos pantalones anchos y unos zapatos muy grandes. Además, llevaba un sombrero bombín, un bastón y un bigote. Simbolizaba la alienación humana. 4. Quasimodo. Es uno de los personajes del escritor Víctor Hugo y de su novela *Nuestra señora de París*. Es un joven deforme y jorobado que se encarga de las campanadas de la catedral de Nôtre-Dame. 5. Sherezade. Es la narradora de los cuentos árabes de *Las mil y una noches.* Con su narración, consigue que el sultán no la mate y ser su esposa.

Actividad 17

1. El ritmo precipitado de la vida, corriendo sin parar un momento y olvidando lo que es el cariño de la familia y de los amigos.
2. El tiempo externo del relato se refiere a los sucesos tal y como los observa el ejecutivo y tal y como están contados en el texto. El tiempo interno alude a referencias que ya han sucedido antes (*La gente que llega aquí nunca estuvo demasiado lejos; El ejecutivo se imagina un lugar donde guardan todo lo que desaparece en los aviones*) o después (*Podría estar en cualquier parte*). Hay un predominio del presente de indicativo.

3. Narrador interior en tercera persona. Se aproxima al narrador testigo.
4. El principal protagonista, el ejecutivo, no tiene una descripción física concreta, solo sabemos que no es muy alto por el comentario: *Se ve obligado a atravesar un muro de alemanes. Se siente enano entre ellos.* Por lo demás, tenemos una descripción externa del personaje convencional de un ejecutivo: alguien que pasa mucho tiempo en los aeropuertos y que termina sin saber dónde está; con un portátil, diarios en tres idiomas; que muestra indiferencia.
   Otro personaje es el empleado del aeropuerto que quiere hacer bien su trabajo e indica al ejecutivo adónde tiene que dirigirse. Y por último, los pasajeros de las distintas terminales. En una, *los abrazos de reencuentro no son especialmente efusivos, una mujer duerme extendida sobre las butacas, Una chica apoya la cabeza en el regazo de su novio*; en la otra, *Hay menos pieles blancas y más acentos, Aquí sí, los recién llegados reciben muchos abrazos.*
5. Todo en estilo indirecto excepto el diálogo con el empleado.
6. Respuesta libre.
7. Respuesta libre.

Actividad 18

Véanse todos los modelos y ejemplos a lo largo del Capítulo 1.

Actividades de corrección y estilo (Capítulo 1)

Gramática: 1. por <u>un</u> problema técnico; 2. <u>ya</u> se había solucionado; 3. acercarse <u>a</u> una granja; 4. un <u>gran</u> cubo; 5. se divisaba <u>en</u> el fondo; 6. estaba tan <u>lleno</u>.

Estilo: 1. facturarla; 2. construyeron / edificaron; 3. se extingue / tras extinguirse la línea dinástica; 4. al mismo tiempo; 5. indicaba / señalaba el mapa; 6. vida agitada / convulsa.

Capítulo 2

Actividad 1

edificio: académico, civil, industrial, militar, multiusos, prefabricado, privado, señorial, universitario, polivalente, etc.; **amigo**: verdadero, excelente, buen amigo / amigo bueno, apreciado, admirado, fiel, incondicional, íntimo, inseparable, querido, etc.; **gesto**: afirmativo, espontáneo, natural, delicado, amable, cálido, efusivo, cordial, brusco, amenazador, etc.

Actividad 2

2.a. honrado: adecuado, provechoso, virtuoso, honesto, oportuno, benévolo, agradable, amable, conveniente, favorable, ventajoso; **afable**: servicial, sensible, compasivo, bondadoso, humanitario, sabroso, saludable, inocente, comprensivo, tierno, bonachón.

2.b. 1. comprensivo, amable, tierno, servicial, agradable, etc.; 2. conveniente, adecuado, saludable, provechoso, agradable, etc.

Actividad 3

3.a. importante: notable, destacado, primordial, vital, trascendental, eminente; **caliente**: candente, canicular, sofocante, abrasador, caluroso, cálido; **fácil**: asequible, comprensible, obvio, elemental, evidente, sencillo.

3.b. 1. b; 2. c; 3. c; 4. a; 5. c; 6. c; 7. b; 8. c; 9. b; 10. a.

Actividad 4

4.a. 1.c. metálico; 2.c. torcida; 3.b. carnívora; 4.b. salada; 5.d. atroz.

4.b. 1. un estudiante responsable, constante, universitario; 2. una noticia fresca, candente, imparcial; 3. un perro callejero, rabioso, lazarillo; 4. una novela rosa, detectivesca, fascinante; 5. un secreto hermético, inconfesable, íntimo.

4.c. Véanse los modelos propuestos en el capítulo 1, actividad 15.

Actividad 5

5.a. 1. enero-febrero: a. húmedos; b. esférica; c. rojo; d. similar; e. tersa; f. agrio; 2. marzo-abril: a. tradicional; b. rojizo; c. característico; d. nutricionales; e. frescas; f. exquisitos; 3. mayo-junio: a. rojizo; b. negruzco; c. dulce; d. pesadas; e. suave; f. frescas; 4. julio-agosto: a. tropicales; b. verdoso; c. amarillenta; d. gelatinosa; e. intenso; f. madura; 5. septiembre-octubre: a. gruesa; b. escarlata; c. translúcidas; d. rubí; e. nutricional; f. digestivos; 6. noviembre-diciembre: a. mediterránea; b. nutricional; c. similar; d. inferior; e. frágil; f. depurativa.

5.b. 1.c; 2.f; 3.b; 4.d; 5.a; 6.e.

5.c. (-áceo) violáceo, grisáceo, rosáceo; (-uzco) blancuzco, negruzco; (-izo) rojizo; (-ecino) blanquecino; (-ento) amarillento; (-ado) azulado, rosado, anaranjado; (-oso) verdoso.

5.d. Véanse los modelos propuestos en la actividad 5.a.

Actividad 6

6.a. y 6.b. *small*: Ella llevaba un bolso pequeño (*small in size*) / *little*: Ella llevaba un pequeño bolso (*cute and also small in size*)

Actividad 7

7.a. 1. a. monótono; b. penal; c. policíaca; d. joven; e. brillante; f. aficionado; g. bella; h. inevitable; i. astuto; j. trágico; 2. a. salmón; b. grandes; c. triste; d. joven; e. cuarentón; f.

privada; g. herida; h. enferma; i. bella; j. intensa; k. rusa; l. insospechado; 3. a. pequeño; b. nuevo; c. cruel; d. franquista; e. últimos; f. republicana; g. recónditos; h. viejo; i. valiente; j. extraña; k. increíble; l. mágico; ll. arriesgadas; m. llena.

7.b. La mayoría de los adjetivos de las reseñas son pospuestos por lo que la descripción se percibe de manera más objetiva, sin embargo aparecen también algunos adjetivos antepuestos que añaden matices de subjetividad a la descripción. Ej. antepuestos: lujoso, aburrida, monótono, bella; ej. pospuestos: ruso, penal, policíaca, secreto.

7.c. Actividad libre.

Actividad 8

1. Ha llegado la profesora que sustituye a la anterior / Hay una persona más en la lista; 2. Nos has metido en un gran lío / Pon unos trozos pequeños; 3. No encuentro nada, ni siquiera un bolígrafo / La película no tiene un final feliz; 4. Tuvo varios motivos para hacerlo / Es otro dialecto; 5. El avión lo pilotó el presidente mismo / Es una costumbre típica; 6. Fue todo un éxito / No es un cuadro falso; 7. Mi tío vive en su edificio / Tan real como lo es la vida; 8. Un postre que está muy bueno / Países con recursos económicos; 9. Costura de alto nivel / Un jarrón que no es bajo; 10. Solamente hay un inconveniente / Es un artista inimitable; 11. Una especie poco común / Es un tipo extraño; 12. Solamente me queda la mitad / El ciudadano común; 13. La siguiente vez / La plaza cercana; 14. La dura realidad; La carne sin cocinar.

Actividad 9

9.a. auricular inalámbrico; mansión dieciochesca; ciudad inglesa; ambiciosos adolescentes; enseñanza superior; consultora londinense; último examen; jóvenes clientes; numerosas trampas; jóvenes europeos; excelente instrucción; distinguidos ex alumnos; Grandes bancos; famosas firmas; clases medias; escuelas estatales; camino labrado; codiciados pupitres; mentores españoles; varias carreras; estudiantes latinos; inglés suficiente / suficiente inglés; apego familiar; conocido consultor; enseñanza superior; empresas familiares.

9.b. 1. Un traje a/de: topos (lunares), cuadros, rombos; 2. dirigir; 3. papeleta (*ballot paper*) (papel en el que figura cierta candidatura o dictamen, y con el que se emite el voto en unas elecciones), papeleo (*paperwork, red tape*) (exceso de trámites en la resolución de un asunto), papelón (*spectacle*), hacer un papelón (*to make a fool of oneself, to be left looking ridiculous*) (actuación deslucida o ridícula de alguien); 4. darse cuenta, percatarse, advertir (el significado más habitual es: "arreglar"); 5. serenidad; 6. ej. los zapatos; 7. licenciatura (4–5 años de estudio); posgrado (1–2 años después de terminar la licenciatura); 8. estima (ej. Le tiene mucho apego a esta ciudad.).

Actividad 10

10.a. frío / gélido; obvio / evidente

10.b. 1. cerrado; 2. maloliente; 3. mustio; 4. ilustre; 5. astuto; 6. inesperado; 7. alegre; 8. insignificante; 9. verdadero; 10. callado; 11. amable; 12. limpio; 13. prestigioso; 14. inofensivo.

Actividad 11

11.a. macizo; resplandeciente; claro; oscura; exhaustos; certero; añorada; desgastadas; diversas; saladas; sosegado; perturbado; tímido; imperceptible; uniforme; espumosas.

11.b. 1. cemento macizo (compacto); 2. su resplandeciente (deslumbrante) blancura; 3. el claro (nítido) día; 4. la oscura (sombría) noche; 5. los marineros exhaustos (extenuados); 6. el camino certero (seguro); 7. la añorada (ansiada) orilla; 8. unas desgastadas (erosionadas) rocas; 9. sus diversas (diferentes) formas; 10. las aguas saladas (salinas); 11. El sosegado (plácido) mar; 12. se ve momentáneamente perturbado (agitado); 13. un tímido (modesto) barco; 14. de manera casi imperceptible (inapreciable); 15. el color uniforme (liso); 16. las espumosas (burbujeantes) olas.

11.c. Véase el modelo de la actividad 11.a.

Actividad 12

Posible solución:

1. El **misterioso** reloj que le habían regalado albergaba más secretos **inconfesables** de los que uno pueda imaginar. Las **diminutas** piezas que se veían eran de oro **macizo** y la **perfecta** maquinaria, la había diseñado en Suiza un relojero **alemán**.

2. Me miró con sus **tristes** ojos a través de la **hermética** ventanilla y no abrió su **delicada** boca para decir ni una **sola** palabra. El **interminable** tren empezó a moverse lentamente por las **oxidadas** vías; el **molesto** ruido aumentaba al mismo tiempo que yo intentaba despegar mi **sudorosa** mano del **pulcro** cristal, sin saber si volvería a ver esa **tímida** sonrisa.

Actividad 13

a. descripción cinematográfica; b. etopeya; c. topografía; d. retrato; e. écfrasis; f. hipotiposis; g. prosopografía; h. caricatura.

Actividad 14

14.a. y b. Actividades libres.

Actividad 15

Ej.: "Caricatura de Woody Allen: director de cine, actor, guionista, músico, escritor, humorista".

Nadie diría que esta diminuta persona posee tantas cualidades y una capacidad tan versátil de ocuparse de tantas cosas al mismo tiempo, como si llevara siempre en la mano una batuta o los palillos de una orquesta. Este señor esmirriado y delgaducho tiene una cara que parece un ratoncillo asustado, con su pelo escaso y unos ojos aparentemente asustadizos, pero que ocultan tras sus gafas de miope un gran poder de observación, una nariz aguileña y unas grandes orejas. Su cuerpo menudo es como el de un cuervo al acecho de nuevas ideas para sus películas o que se adapta al saxo, instrumento que tanto le gusta tocar. Sus manos y sus piernas tan delgaduchas asemejan a las de un pájaro que casi no pueda mantenerse en pie y se fuera a doblar. Se autodefine como neurótico, hipocondríaco, depresivo y esquizofrénico, y no hace más que psicoanalizarse. Tiene tal verborrea que te convence. Habla tan deprisa que muchas veces ni un tren de alta velocidad podría superarlo. Toda una personalidad.

Actividad 16

Ej.: Descripción del cuadro de Diego Velázquez, *La Venus del espejo.*

Diego Velázquez (Sevilla, 1599–1660) es uno de los pintores barrocos más conocidos. Entre sus cuadros destaca "La Venus del Espejo", que es el que describimos a continuación. No se sabe a ciencia cierta la fecha exacta en el que fue pintado, pero se cree que fue entre 1647 y 1651. El cuadro trata de una temática mitológica, donde aparece de espaldas una mujer desnuda que representa a Venus, la diosa del amor. La mujer se ve observándose en un espejo que solamente refleja su rostro. El espejo lo sostiene un ángel alado (parece que se trata de Cupido, hijo de Venus) para que la diosa se admire. Se encuentra tumbada en una cama cubierta de unas finas sábanas de color gris cubiertas con una colcha. Al fondo, se visualiza una cortina carmesí. La pincelada utilizada es nítida y suelta.

En cuanto a su composición, el cuerpo femenino, en primer plano, atraviesa horizontalmente el cuadro. La figura de Cupido cierra la composición verticalmente y la equilibra por lo que se aprecia un equilibrio asombroso. El espacio es reducido y aún lo parece más al cerrarse el fondo con el cortinaje, como si los protagonistas no pudieran escapar de él lo que hace que se cree intimidad y privacidad. La luz es cálida y luminosa. Los colores que predominan son el negro, el blanco y el rojo.

En lo que respecta a su significado o interpretación, a primera vista parece una escena cotidiana, donde Venus se está acicalando de manera coqueta, consiguiendo la humanización de la diosa lo que hace pensar que quizás Velázquez estuviera pensando en realidad en un desnudo femenino que entonces hubiera roto los cánones de la época, al retratar la desnudez, y que conjuga la unión entre la belleza y el amor simbolizados en Venus y Cupido.

Adaptado de: http://www.selectividad.tv/

Actividades de corrección y estilo (Capítulo 2)

Gramática: 1. Con las primeras palabras; 2. centradas en; 3. esto es lo más importante que; 4. y lleve a; 5. puede pesar; 6. está prohibido.

Estilo: 1. consigue / logra; 2. la obra cinematográfica / este texto fílmico / dicha película; 3. capta / atrapa; 4. trata de; 5. no ha valorado / no ha tenido en cuenta / no ha considerado / no se ha percatado de; 6. cosechó un gran éxito comercial / obtuvo / ganó numerosos premios.

Capítulo 3

Actividad 1

1.a. Primero, el estudiante debe informarse sobre el tema y toda la información sobre la que pueda leer le será de gran ayuda a la hora de elaborar sus propias ideas. En la actividad se proponen algunas citas del sociólogo Manuel Castells. La primera trata del hecho de que las redes sociales, a diferencia de lo que opinan algunas personas, no aumentan la soledad del individuo ni lo hacen menos sociable. La segunda cita habla de los medios digitales como una extensión de lo que piensa la sociedad. La tercera aborda el tema de la llamada "brecha digital", es decir, la distancia educativa que puede darse entre las personas que han crecido en un entorno donde han tenido la oportunidad de familiarizarse con el manejo de recursos tecnológicos y aquellas personas de otra generación que han tenido que aprenderlo rápidamente. Por último, se plantea si estas tecnologías contribuyen a alejar a la clase política de los ciudadanos, dado que el ciudadano puede tener voz a través de las redes sociales y opinar de manera instantánea sobre las actuaciones de los políticos. Podrían ampliarse las ideas y decir que las redes sociales se ven en muchos casos como las promotoras de movimientos reivindicativos que ayudan a visualizar de manera instantánea problemas sociales. También para dar a conocer nuevas tendencias de moda, por ejemplo, con las fotos o vídeos que se suben a las redes y que se vuelven virales.

1.b. En el mapa conceptual que se propone sobre las redes sociales se ofrece una muestra del vocabulario que puede utilizarse a la hora de abordar este tema. Por ejemplo, sinónimos para no repetir la palabra ciberespacio (la era digital; las tecnologías de la información; la comunicación globalizada; la interconexión); el nombre de las personas que se encuentran en este ámbito (el/la cibernauta; el/la internauta; el/la nativo/a digital; el/la inmigrante digital; el/la pirata informático/a; el/la cibercriminal) y se trazan algunos de los microtemas desde los que se puede enfocar este asunto (el anonimato; la privacidad; la visibilidad; la ética; el ciberataque; la libertad de expresión). Otros aspectos que se pueden tener en cuenta son las ventajas y los inconvenientes que puede conllevar su uso o bien los problemas que se pueden plantear con sus posibles soluciones. Y otras cuestiones que podrían debatirse podrían ser la cantidad de gente anónima o muy conocida que utiliza su intervención en las redes sociales como dedicación profesional o medio de vida (los llamados *influencers*, influidores o influenciadores); o cómo el conocimiento y la información se vuelven más cercanos, pero analizando qué tipo de informaciones son las más atractivas para sus usuarios.

1.c. Introducción: definición de redes sociales; orígenes; Ventajas: hacer más amigos; más económico; mantenerse en contacto con amigos que están lejos; nueva forma de relacionarse (compartir, comentar fotos, situaciones, etc.); Desventajas: peligro por la suplantación de la identidad; no hay contacto físico; adicción; manipulación de la información.

Actividad 2

2.a. Texto 1 presenta el tema e indica la estructura; Texto 2 solo presenta el tema; Texto 3 presenta el tema, expone los objetivos e indica la estructura.

2.b. Véanse los modelos de la actividad 2.a. para elaborar la introducción.

Actividad 3

3.a. 1. Cerrada. Se refiere a las ideas anteriores; 2. Cerrada. Se refiere a las ideas anteriores; 3. Abierta. Se plantean cuestiones que se dejan sin responder.

3.b. "Para concluir"; "Para finalizar" (consultar el capítulo 9).

3.c. Véanse los modelos de la actividad 3.a. para elaborar la conclusión.

Actividad 4

4.a. 1.C (introducción); 2.F (desarrollo); 3.D (desarrollo); 4.B (desarrollo); 5.A (desarrollo); 6.E (conclusión).

4.b. A. Además (Asimismo); Sin embargo (No obstante); Para ello (Con este fin); De este modo (Así); A pesar de que (Aunque); Pero claro (Por supuesto). B. Sin embargo (No obstante); También (Del igual modo / manera); Asimismo (Del mismo modo); C. En la actualidad (Hoy en día); Además (Por otra parte); D. En segundo lugar (Segundo / En segunda instancia); Por ejemplo (Como es el caso de); E. En definitiva (En suma / A fin de cuentas / En conclusión); No obstante (Sin embargo); Por último (Finalmente). F. Personalmente (Desde mi punto de vista / En mi opinión); En primer lugar (En primera instancia); Así pues (Por lo tanto / En consecuencia).

4.c. Qué: averiguar si las redes sociales mejoran las formas de relacionarnos. En el artículo se define qué es una red social; Quién: las redes sociales; Cuándo: a la hora de conectarnos con personas que no conocemos; Dónde: en el entorno virtual que repercute posteriormente en nuestra realidad; Por qué: porque no sabemos si la identidad del que está al otro lado de la pantalla es verdadera o falsa; Para qué: para conocer a gente, sociabilizar, reencontrarse con personas con las que se ha perdido el contacto; Cómo: las empresas crean estas plataformas y los datos que generan los usuarios son una fuente de ingresos.

Actividad 5

5.a. 1. deductivo; 2. conceptual; 3. de transición; 4. de introducción; 5. de conclusión; 6. cronológico; 7. inductivo; 8. de enumeración; 9. de comparación; 10. causa-efecto.

5.b. 1. H; 2. F; 3. D; 4. C; 5. A; 6. G; 7. E; 8. B.

Actividad 6

6.a. [En la actualidad, las redes sociales están presentes en nuestra sociedad, de un modo que no se podía imaginar nadie… A continuación describiremos algunas de ellas.]

[En primer lugar, Tuenti es una de las redes de más reciente creación… se puede compartir mensajes a tiempo real con los amigos.]

[En segundo lugar, Facebook fue elaborado por Mark Zuckerberg… Tuenti, es decir, compartir fotos y comentarios con amigos, contactar con gente que hace tiempo que no se ha visto, hacer tests, etc.]

[Y por último y a modo de ejemplo, podemos citar la red social Twitter que aparece en marzo de 2006… es la más utilizada entre personas de veinte a treinta años.]

[El inconveniente mayor que acarrea este tipo de redes sociales son los peligros… puede hacer que perdamos el rumbo de la vida real.]

[Sin embargo, en mi opinión, las ventajas son mucho mayores y más satisfactorias que los inconvenientes. … y sus asignaturas y desde sus páginas se puede acceder a apuntes o soluciones y solicitar ayuda.]

[En definitiva, las redes sociales mejoran la forma de comunicarnos,… ¿qué habría pasado si no hubiéramos acogido otros inventos como el teléfono, la radio o la televisión?]

6.b. 1.c. las plataformas digitales/1.b. nueva; 2.c. se fundó; 3.c. en el momento; 4.b. posibilita/4.b. fundamentalmente; 5.a. un plan; 6.c. conjuntos de datos/6.a. extensión; 7.a. ocasiona/7.b. carencia; 8.c. colgar; 9.a. el sentido; 10.b. entablar; 11.a. aventurado; 12.c. un instrumento.

Actividad 7

7.a. Incoherencia sintáctica: Por un lado (no está relacionado con "por otro lado"), tengan (error de concordancia, el sujeto es "una persona"), no solo en mi labor académica y en lo personal (falta la segunda parte de la correlación, "no solo… sino también"); Uso inadecuado del gerundio: siendo, buscando; Empleo incorrecto de las preposiciones: pertenezco y colaboro en estas redes sociales (pertenecer a / colaborar con); Abuso de adverbios: conjuntamente y rápidamente (de manera rápida).

7.b. Texto reescrito: El Facebook, elaborado por Mark Zuckerberg, surge como un sitio para estudiantes de la Universidad de Harvard, pero en la actualidad está abierto a cualquier persona que tenga una cuenta de correo electrónico. Esta red social provoca más interés entre los jóvenes de unos veinte años, pero se ha convertido en una de las redes sociales más utilizadas internacionalmente, y su enorme éxito es reconocido entre gente de todas las edades. Básicamente, permite hacer las mismas cosas que Tuenti, es decir, compartir fotos y comentarios con amigos, contactar de manera rápida con gente y amistades que hace tiempo que no se ven o con los que no se ha hablado por teléfono, hacer tests, etc. Una de las curiosidades de esta red es que deja enviar unos detallitos llamados regalos (*gifts*), que son unos pequeños iconos con un mensajito; algunos cuestan dinero y otros son totalmente gratis. Pertenezco a estas redes sociales, colaboro con ellas y busco siempre la manera de que sean útiles no solo en mi labor académica sino también en lo personal.

Actividad 8

8.a. 1. produce; 2. ha gozado de; 3. ha alcanzado; 4. fijarme; 5. dispone de; 6. consta de; 7. padece; 8. desempeñe; 9. contraer; 10. adopte; 11. profesara; 12. he sentido; 13. ha surtido; 14. estableció; 15. conciba.

8.b. 1. preste; 2. Proyectan; 3. han fijado; 4. instaló; 5. sirven; 6. monte; 7. Estampó; 8. sintoniza; 9. han asignado; 10. levantarle; 11. extender; 12. has vestido; 13. colocaras; 14. hemos escrito; 15. Supongamos.

8.c. 1. ha contado; 2. pronuncia; 3. Expón; 4. precisar; 5. profirió; 6. indicarme; 7. has expresado; 8. mencionar; 9. revelaras; 10. Recitó; 11. declaró; 12. ruego; 13. advirtió; 14. insinuó; 15. anunciaron.

Actividad 9

9.a. El tema que he escogido trata de si la publicidad es nociva o ayuda. Lo he elegido porque me parece una cuestión importante que me afecta directamente como consumidor y que es además un asunto candente.

9.b.
1. Por un lado la publicidad ayuda al consumidor a decantarse por un producto u otro y a conocer mejor las características y cualidades que tiene lo que va a comprar. Por ejemplo, si se quiere comprar un producto farmacéutico, la publicidad que acompaña al producto indica qué efectos tiene, si se tiene que consultar con un médico antes, si se tiene que tomar o no, si tiene efectos alérgicos, etc.

Por ejemplo, si se quiere adquirir un medicamento, la información que acompaña a este indica qué efectos puede producir, si se debe consultar con un médico antes, si es recomendable tomarlo o no, o si puede causar algún tipo de alergia, etc.

2. En cambio, la publicidad puede ser nociva para los consumidores porque les pueden confundir a la hora de elegir un producto o servicio, ya que a veces ponen cosas que luego no son ciertas del todo. Por ejemplo, el anuncio de un coche pone el precio más bajo del coche y luego ponen el modelo más superior de gama, para que quede más bonito y llame más la atención. Otro ejemplo puede ser también un viaje que pone el precio muy económico pero no ponen las tasas de avión o alguna otra cosa. Estos métodos pueden llegar a confundir al consumidor.

ponen cosas... → ofrecen artículos que luego no son ciertos; pone el precio más bajo del coche → garantiza el precio más bajo de este; ponen el modelo → encontramos el modelo; Otro ejemplo → Otro caso; un viaje que pone el precio... pero no ponen las tasas... → la propuesta de un viaje muy económico pero sin incluir las tasas del avión

Actividad 10

10.a. 1. V; 2. V; 3. V; 4. F; 5. V; 6. F; 7. F; 8. F; 9. V; 10. F.

10.b. 1. *subject* (tema); 2. *sensible* (sensata); 3. *to quit* (dejar); 4. *to move* (mudarse); 5. *topic* (tema); 6. *demonstration* (manifestación); 7. *carpet* (alfombra); 8. *embarrassed* (avergonzada); 9. *conductor* (director); 10. *to realize* (darse cuenta de); 11. *success* (éxito); 12. *question* (pregunta); 13. *dessert* (postre); 14. *actually* (realmente, en realidad); 15. *comprehensive* (completo); 16. *to introduce* (presentar); 17. *lecture* (conferencia); 18. *gangs* (bandas); 19. *to play a role* (actuar, interpretar); 20. *eventually* (finalmente, al final).

Actividad 11

11.a. En el texto 2, porque se presenta la información de forma clara con el apoyo de los marcadores discursivos.

11.b.
1. Otro tema muy peligroso en Internet es el de la privacidad. ¿Es seguro hablar por Internet? ¿Es seguro confiar las contraseñas de banco, de chat, etc.? En teoría, sí, lo es. No obstante, como comentaré a continuación, existe gente capaz de acceder a la intimidad, que es uno de los derechos del hombre, y daría miedo pensar que dicha intimidad pueda desaparecer por confiar en un programa informático.

2. No hay que fiarse jamás de aquello que nos descarguemos o nos envíen puesto que podría contener virus informáticos. Estos virus son como los que nos producen enfermedades, solo que estos afectan a nuestros ordenadores, los infectan y los hacen funcionar erróneamente. Los *hackers* saben cómo crearlos y emplearlos, así que debemos andar con mucho cuidado. Lo mejor es contar con un buen antivirus, un antiespía, un *firewall,* etc., que detectan su presencia, los bloquean y los eliminan para proteger al ordenador.

Actividad 12

12.a. 1. asequible; 2. accesible; 3. adoptar; 4. adaptar; 5. alude; 6. eludas; 7. adicción; 8. adición; 9. actitud; 10. aptitud; 11. compite; 12. compete; 13. espirad; 14. expiró; 15. especie; 16. especias; 17. estática; 18. estética; 19. exhaustivo; 20. exhausto; 21. infracciones; 22. inflación; 23. perjuicios; 24. prejuicios; 25. ha prescrito / prescribió; 26. han proscrito / proscribieron; 27. surtirá; 28. surgieron; 29. visionar; 30. visualizando.

12.b. 1. Francamente, no puedo entender bien por qué se ha enfadado si le he dicho de lo que me molestaba una forma tranquila; 2. No ha comido mucho por lo que se sentía un tanto débil; 3. En realidad, la capacidad de cada uno depende del grado de paciencia y bondad; 4. Si bebes el té con mucha teína tendrás que ingerir un calmante; 5. Guardó sus cosas, se acordó del momento que pasó en el restaurante y se rio (mofó) de sí mismo.

Actividad 13

13.a. 1. En concreto; 2. por ejemplo; 3. Es decir; 4. por cierto; 5. Además; 6. En pocas palabras.

13.b. Párrafo 1. El texto se inicia con un ejemplo concreto de un joven de Estocolmo que cuenta con muchos seguidores a causa de que abrió en Facebook un grupo llamado "Cómo borrar tu cuenta de Facebook"; Párrafo 2. Trata de la cantidad de usuarios que confía en una red social pero que no sabe con seguridad qué se hace con sus datos personales; Párrafo 3. Las fotos y los vídeos colgados en una red social quedan ahí instalados aunque el usuario se dé de baja; Párrafo 4. El creador de Facebook añade nuevas condiciones de uso acerca de quién pude ver las actualizaciones; Párrafo 5. Presenta la opinión de una docente que no cree en el uso abusivo de las redes; Párrafo 6. Trata de cómo es la legislación con los datos de los usuarios y se compara la estadounidense con la española. En el artículo se da a entender que el asunto de la privacidad mejorará con el tiempo.

13.c. 1. El título del texto, "¡Socorro! ¡Quiero escapar de mi red social!", anuncia ya al lector una llamada de atención al ir entre signos de exclamación que da pie a un grito desesperado del autor sobre lo que nos va a contar: cómo se puede salir de una red social sin dejar rastro. 2.a. "Atesorar un amigo" significa guardar o cuidar a alguien como si fuera un tesoro, como algo muy valioso; b. La expresión "saber algo a ciencia cierta" es saber algo con seguridad; c. "Quedar a merced" significa estar a disposición de la compañía; d. el intento pasó sin que nadie se diera cuenta; e. La página web alertó, avisó de un problema; f. conocer lo que hay que hacer para estar en esta red social; g. leer bien lo que no todo el mundo lee, realizar una lectura detenida y atenta del texto. 3.a. licencia perpetua; b. otorgar confianza; c. conferir derecho; d. uso abusivo; e. política de privacidad; f. problema de fondo; g. autoridades concienciadas.

Actividad 14

Actividad libre.

Actividades de corrección y estilo (Capítulo 3)

Gramática: 1. Aun así; 2. Una encuesta que explora; 3. como chivo expiatorio; 4. no puedan reincorporarse; 5. sociales y políticas; 6. que todo inmigrante intente aprender; 7. No quiero decir que la gente tenga; 8. conflicto bélico de una manera más humana.

Estilo: 1. describe / expone; 2. propician / provocan / desencadenan / conllevan / tienen como resultado / conducen a; 3. el público general / los ciudadanos (de a pie) / la gente de la calle; 4. Los más desfavorecidos / Las personas con menos recursos / Los más pobres; 5. en el ámbito político / en el mundo de la política / en la esfera política; 6. notablemente / bastante / sumamente; 7. se han incrementado / han proliferado; 8. ofrecen / brindan / proporcionan.

Capítulo 4

Actividad 1

1.a. 1. introducción aseverativa; 2. retórica; 3. comparativa; 4. con cita; 5. anecdótica; 6. de síntesis.

1.b. 2. Ej. "Cada uno que crea lo que quiera: la religión, una cuestión personal"; 3. Ej. "Legalizar algunas drogas no tiene por qué tener un efecto nefasto para nuestra sociedad"; 4. Ej. "La sociedad española: modelo de integración y de adaptación a los nuevos tiempos"; 5. Ej. "El tren de alta velocidad en Inglaterra: ¿realidad tangible o reto inalcanzable?"; 6. Ej. "Las cámaras de seguridad: ¿nos protegen o nos vigilan?"

1.c. Véanse los modelos de introducción de la actividad 1.a.

Actividad 2

2.a. 1. *ad personam*; 2. de autoridad; 3. de causa; 4. racional; 5. de ejemplificación; 6. por analogía; 7. deductivo; 8. por definición.

2.b. 1. **Contraargumento** → Aunque a veces se busque ganar, por ejemplo, en una competición, participar en una actividad puede conllevar un aprendizaje tan importante como quedar el primero; 2. **Argumento** → Con más conciencia por parte del ciudadano y de las autoridades y con una educación y sensibilización sobre este tema ya desde los colegios; 3. **Argumento** → Hay muchos estudiantes brillantes que se han graduado en universidades no tan conocidas y que han llegado muy lejos. El talento termina aflorando; 4. **Contraargumento** → Los dos formatos convivirán porque a los lectores también les gusta poder guardar una copia física de cada libro, pasar las hojas de papel con los dedos y saber, en todo momento, en qué parte del libro se encuentra uno.

Actividad 3

3.a. 1. aseverativa o mediante afirmaciones; 2. con cita; 3. de carácter retórico; 4. de carácter comparativo; 5. de síntesis; 6. de carácter anecdótico.

3.b. 1. La cuestión de la que nos hemos ocupado en este ensayo; 2. Para llevar a término el presente análisis; 3. Vemos, pues, que es difícil adivinar a ciencia cierta; 4. Todos los argumentos mencionados aquí apuntan a la misma conclusión; 5. En conclusión, a partir de los diferentes ejemplos que hemos expuesto a lo largo de este ensayo; 6. De esta manera ponemos fin al presente ensayo preguntándonos.

3.c. 1. Mantener un punto de vista específico; 2. Se ha explicado de manera clara; 3. Queda lejos de ser algo que se pueda materializar; 4. Aprovechar la ocasión; 5. Saber con seguridad; 6. Dejar atrás un problema; 7. Ver el final de algo de manera positiva (Salir de una situación complicada); 8. Acceder a algo; 9. Hacer daño; 10. Llegar a un acuerdo.

Actividad 4

4.a. 1. El autor defiende que no se ponga en práctica la ley que prohíbe fumar en todos los espacios públicos. Argumenta a favor de esta idea para que el lector reflexione y lleve a cabo un "ejercicio de comprensión", y entienda cómo puede afectar dicha medida al fumador. 2. La tesis principal es que también se debería tener en cuenta a los fumadores. 3. Se trata de una introducción retórica, dado que el texto comienza con oraciones interrogativas en las que se plantean diferentes aspectos que se dejan sin responder. 4. a. Argumento por analogía; b. Argumento de causa; c. Argumento de ejemplificación; d. Argumento deductivo; e. Argumento *ad personam*; f. Argumento por analogía. 5. Se trata de una conclusión de síntesis, ya que se termina recapitulando sobre el conjunto de ideas, o aseverativa, por las diferentes afirmaciones con las que se concluye el texto.

4.b. En cuanto al argumento esgrimido por el escritor Javier Marías en contra de la prohibición de fumar en los espacios públicos, no comparto su razonamiento, ya que el hecho de fumar es una preferencia de índole personal como lo es beber alcohol, ser aficionado al juego o consumir drogas. Del mismo modo, está ampliamente demostrado que, aunque se habilite un espacio concreto para hacerlo, perjudica seriamente la salud de la persona no fumadora e incomoda a aquellas personas que no fuman. Esta práctica debería, por lo tanto, reducirse al espacio privado.

Yo también estoy en desacuerdo con el hecho de que pongan en las cajetillas de tabaco imágenes desagradables de personas enfermas. Tiene razón Javier Marías en que esta misma campaña de concienciación podría trasladarse a otros aspectos de la vida como el consumo del alcohol.

Actividad 5

5.a. 1. En otras palabras; 2. Todavía cabe señalar; 3. En relación con; 4. Dado que; 5. El propósito de este ensayo es; 6. De ahí que; 7. Con tal de que; 8. No obstante; 9. Asimismo; 10. Para ser más específicos; 11. Hay que destacar (tener en cuenta); 12. Con el propósito de; 13. Posiblemente; 14. En segunda instancia; 15. En conclusión.

5.b. 1. Indiscutiblemente; 2. en otras palabras; 3. Asimismo; 4. En cuanto a / Con respecto a; 5. dado que; 6. El propósito; 7. de manera que; 8. a no ser que; 9. no obstante; 10. de manera análoga; 11. en concreto; 12. a fin de que; 13. Posiblemente; 14. a continuación; 15. En resumidas cuentas.

Actividad 6

6.a. y 6.b.

Tema: El tren de alta velocidad

Título: El tren de alta velocidad en Inglaterra: ¿realidad tangible o reto inalcanzable?

Introducción: Una actitud muy extendida hoy en día es la de hacer promesas electorales antes de las elecciones, aunque se sepa a ciencia cierta que puede que sea muy difícil cumplirlas. La semana pasada asistimos expectantes al proyecto de alta velocidad desde la capital del imperio británico, aunque sin que nos llegaran a desvelar una fecha concreta para el comienzo de las obras. El evento, que congregó a numerosas autoridades así como a políticos interesados en hacerse la foto de rigor, tuvo lugar curiosamente a muy pocas millas de donde se empezó a construir la primera locomotora de vapor. No deja de ser una paradoja que Inglaterra, país inventor de este medio de transporte, no tenga todavía ningún tren de alta velocidad en circulación. Y aunque todo apunta a que esta vez va en serio, son muchos los interrogantes que se han dejado en el aire, ya sea por la falta de información o de presupuesto.

Tesis principal: El tren de alta velocidad ha demostrado ser el único medio de transporte capaz de competir con el avión y es ya una realidad en la mayoría de las grandes potencias. Sin embargo en Inglaterra, pese a tener una red de ferrocarril muy desarrollada, continúa siendo una asignatura pendiente.

Argumento 1: Cabe destacar, en primer lugar, que este medio de transporte se ha impuesto como el único sistema viable que respeta el medioambiente y que es rentable a medio y largo plazo.

Contraargumento: No obstante, construir toda la infraestructura necesaria para que un tren de alta velocidad pueda entrar en circulación, requiere un elevado coste y un esfuerzo económico muy importante por parte de la administración pública, aunque también son muchas las ventajas de este medio de transporte.

Argumento 2: Baste, como muestra, que ciudades del norte del país como Birmingham, Liverpool o Mánchester, o del sur como Oxford, Cambridge y Londres, podrían estar conectadas entre sí en menos de treinta minutos, lo que constituiría un eje de comunicaciones de pasajeros y mercancías fundamental para todo el territorio.

Argumento 3: Indiscutiblemente, otra de las ventajas del tren de alta velocidad es la puntualidad, puesto que en su circulación no influirían el exceso de tráfico aéreo ni la meteorología, y también el pasajero tardaría menos tiempo en desplazarse ya que a diferencia de los aeropuertos, que se hallan ubicados a las afueras de una ciudad, las estaciones de ferrocarril se encuentran normalmente en el centro de las ciudades o dentro del perímetro metropolitano.

Contraargumento: Sin embargo, no resultaría barato desplazarse en alta velocidad dado que el precio del billete reflejaría también la amortización de la inversión llevada a cabo y, por lo tanto, convendría buscar mecanismos para que el ya de por sí caro sistema de transportes británico, el más caro de Europa, no estuviera tan solo al alcance de las clases más pudientes.

Argumento 4: De la misma manera, la posibilidad de viajar en alta velocidad en Inglaterra tendría un impacto muy positivo sobre el medioambiente ya que mucha gente optaría por este medio de transporte en vez de utilizar el coche a diario, lo cual reduciría notablemente la emisión de gases de efecto invernadero.

Contraargumento: <u>En cambio</u>, hay que ser realista <u>puesto que</u> establecer la red de alta velocidad por todo el país sería un proceso lento que tendría numerosas fases y que se podría prolongar décadas, <u>por lo que</u> los efectos positivos sobre el impacto medio-ambiental de otros medios de transporte convencionales no se haría notar tan rápidamente.

Conclusión: <u>Por último</u>, solo falta añadir que el tren de alta velocidad dista de ser una realidad tangible en Inglaterra a corto plazo. <u>Tal y como</u> reza el dicho: "las cosas de palacio van despacio", todos los grandes proyectos requieren una atención especial, mucha burocracia y un esfuerzo adicional, <u>y efectivamente</u> parece que este tema no está entre las prioridades del nuevo gobierno, cuyos miembros se han atrevido a ca-lificar del proyecto de "capricho del consumidor". Solo el tiempo confirmará si <u>en realidad</u> se trata de un mero antojo de aquellos que desean poder disfrutar de un medio de transporte de primera categoría o de una necesidad que llega con mucho retraso, y de si Inglaterra será uno de los últimos países de Europa en subirse al tren de la alta velocidad.

6.c. 1. h; 2. l; 3. f; 4. a; 5. i; 6. d; 7. c; 8. k; 9. e; 10. g; 11. b; 12. j.

6.d. 1. *The wheels of bureaucracy grind slowly* (Las cosas de palacio van despacio); 2. *A picture is worth a thousand words* (Una imagen vale más que mil palabras); 3. *What the boss says goes* (Donde hay patrón, no manda marinero); 4. *It's a small world!* (El mundo es un pañuelo); 5. *All talk and no action* (Las palabras se las lleva el viento); 6. *Brain is better than brawn* (Más vale maña que fuerza); 7. *When it rains, it pours* (Siempre llueve sobre mojado); 8. *There's no accounting for taste* (Sobre gustos y colores no hay nada escrito); 9. *You can lead a horse to water, but you can't make it drink* (Puedes darle un consejo a alguien, pero no puedes obligarlo a que lo siga); 10. *Much ado about nothing* (Mucho ruido y pocas nueces); 11. *You can't have your cake and eat it too* (No se puede tener todo en esta vida); 12. *No pain, no gain* (El que algo quiere, algo le cuesta).

Actividad 7

7.a. La imagen da idea de lo conectados que estamos los unos con los otros a través de Internet en cualquier parte del mundo. Tan solo tocando una tecla del ordenador somos capaces de llegar a todos los países y continentes del planeta.

7.b. Ámbito económico: libre movimiento de las empresas, industrias, de productos y de dinero o capitales; **Ámbito político**: la democracia se ha extendido aunque aún quedan sistemas dictatoriales; **Ámbito social**: se ha difundido la idea de que deben preservarse unos derechos básicos que sean universales; **Ámbito cultural**: gracias a la posibilidad de que se puede llegar a cualquier parte del mundo, la cultura local y an-cestral puede preservarse y darse a conocer; **Ámbito tecnológico**: se ha establecido una comunicación global y es cada vez más fácil y barato acceder a la comunicación.

7.c. Ventajas. Argumento → Se produce un libre movimiento de productos. Así, de-bido a la competencia, los consumidores acceden a un mayor número de estos pro-ductos a un precio más bajo. **Contraargumento** → Las empresas que producen en países donde los salarios son más bajos venden sus productos a un precio menor, esto hace que las empresas que pagan salarios justos no puedan competir y terminen cerrando. Al hacerlo, sus empleados pierden el puesto de trabajo con un consiguiente empeoramiento de la situación. **Argumento** → El país receptor de inversiones sale beneficiado durante el tiempo que ese dinero siga en ese país. **Contraargumento** → Ese país receptor no cuenta con garantías de continuidad, ya que esas inversiones pueden desaparecer en cualquier momento.

Desventajas. Argumento → Los avances científicos se han extendido por todo el mundo aunque de una manera muy desigual. **Contraargumento** → Cada vez es más barato y más fácil comunicarse. Esto ha hecho posible el intercambio de ideas, opiniones y conocimientos.

7.d y 7.e. Actividades libres.

Actividad 8

8.a. 1. entablar; 2. elabores; 3. interpretará; 4. confeccionó; 5. formularle; 6. cometerás; 7. celebren; 8. cumplimentar; 9. rodar; 10. ha construido; 11. cursaras; 12. tramitar; 13. fabrican; 14. han grabado; 15. han aprobado.

8.b. 1. asistirá; 2. concurren; 3. aconteció; 4. se esconde; 5. se celebra; 6. se exponen; 7. convivieron; 8. reinaba; 9. se oyó; 10. figura; 11. se convocarán; 12. queda; 13. acecha; 14. cuelguen; 15. persisten.

8.c. 1. regalar; 2. rendirle; 3. propinaron; 4. impartiendo; 5. otorgaron; 6. esgrimir/aducir; 7. pasarme; 8. facilite; 9. acarreará/causará; 10. han arrojado; 11. causó/transmitió; 12. transmitirle; 13. repartir; 14. Han aducido/Han esgrimido; 15. inspira/transmite.

Actividad 9

9. a. 2. A continuación se analizarán las principales ventajas de la globalización; 3. En primer lugar, debemos **argumentar** los pros y los contras de este fenómeno; 4. La globalización **se caracteriza** por llegar a todos los continentes del mundo; 5. Podemos **clasificar** dicho fenómeno en varias categorías; 6. **Comparando** ambas ideas se puede concluir que las dos propuestas son igual de interesantes y aceptables; 7. En la siguiente tabla **se contrastan** los datos con mayor claridad; 8. Para empezar, **definiremos** el término de globalización para después analizarla desde distintos ángulos; 9. En este texto **se describe** el fenómeno de la globalización con una cuestión positiva; 10. En primer lugar, **se destacarán** sus principales características; 11. Para la elaboración de esta tesis nos **hemos documentado** a partir de fuentes fidedignas; 12. Si **ejemplificamos** este asunto la idea de fondo quedará mucho más clara; 13. Asimismo, a lo largo de esta comunicación **se expondrán** los principales argumentos a favor o en contra; 14. Para finalizar, **se evaluaron** las distintas propuestas según el criterio de mayor adecuación; 15. Debemos **hacer hincapié** en un asunto indiscutible; 16. Estos datos pueden **interpretarse** de dos formas; 17. Hay que **poner de relieve** las mejorías logradas a la hora de emprender esta investigación; 18. El autor **se refiere** en este párrafo a los resultados logrados con la publicación de este estudio; 19. Para concluir, podemos **resaltar** las conclusiones a las que se ha llegado con este artículo; 20. Siempre deben **sopesarse** todas las variables para tener en cuenta las posibles consecuencias que puedan tener nuestras decisiones.

9. b. ~~Yo creo que~~ Para restringir el tráfico en el centro de Buenos Aires, en primer lugar, tendría que existir un buen sistema de transporte público que garantizara que los habitantes se pudieran desplazar sin ningún problema hasta el epicentro de la capital. ~~Veo que~~ Muchas veces cuando ~~voy~~ una persona va por las plazas del centro no ~~puede~~ puede pasear y, al instante, ~~me viene a la cabeza~~ no resulta difícil acordarse de una de esas estampas de principios de siglo, que desafortunadamente ya han caído en el olvido, en la que unas elegantes damiselas con sombrilla paseaban alegremente disfrutando del espacio público sin tener que soportar la constante algarabía de vehículos. ~~Conozco~~ Pongamos, por ejemplo, la medida que se ha puesto en práctica en Londres y que se denomina en inglés *"congestion charge"*, en la que cada coche que circula por el centro de la ciudad, y cuyo propietario que no sea residente en la zona, tiene que pagar una tasa a modo de impuesto por cada día de circulación. ~~Se~~ Está claro que esto aporta dinero a las arcas públicas y que también le obliga indirectamente al ciudadano de a pie a utilizar el transporte público, pero quizás habría que ir más allá y convertir más calles en espacios peatonales.

Aunque a una parte de la opinión pública quizás le resultara un tanto extraño que se restringiera la circulación y que se recuperara este espacio para los habitantes de la ciudad –~~conozco~~ dado el carácter bonaerense y al principio les parecería que echan de menos el ruido diario de motores–, ~~estoy convencido~~ no cabe duda de que esta medida revitalizaría el centro de la ciudad. Lo convertiría en un espacio abierto al público en el que se podría disfrutar más de la ciudad y de su tranquilidad. ~~Estoy seguro de que~~ Seguramente se crearían puestos de trabajo y se abrirían más comercios, restaurantes, espacios para el ocio, y también habría actividades culturales que atraerían a una gran cantidad de habitantes. ~~Tengo la confianza de que~~ Con toda certeza, si algún candidato electoral a la alcaldía de la ciudad porteña propone una medida similar, se verá seguramente respaldado en las urnas por los ciudadanos, puesto que dicha medida serviría para recuperar un espacio público del que con el paso del tiempo se han ido adueñando los automóviles.

Actividad 10

10.a. 1. pero; 2. No obstante; 3. lo que es lo mismo; 4. es decir; 5. siempre y cuando; 6. por consiguiente / por lo tanto; 7. con tal de que; 8. por lo tanto / por consiguiente; 9. Sin embargo; 10. De ahí que; 11. puesto que; 12. Asimismo; 13. a su vez; 14. Ahora bien; 15. ya que; 16. por consiguiente; 17. Con todo; 18. de manera análoga; 19. a causa del; 20. En pocas palabras.

10.b. 1. Se trata de un estilo culto, pero que a la vez se sirve de ejemplos del ámbito popular y de información anecdótica. Además de ser un texto argumentativo podría ser también un texto periodístico de opinión. 2. El título es un juego de palabras que se apoya en la semejanza fónica entre "medios", que se refiere a "los medios de comunicación", y el "miedo" que experimenta el autor al comprobar cómo la televisión domina la manera de pensar de gran parte de la sociedad, y cuyo miedo compara con el que se siente al ver algunas películas de terror. 3. La tesis es que hay que combatir la pasividad e intentar que la televisión no domine nuestra vida diaria; 4. a. asemejarse a; b. proporcionar; c. suceder; d. emular; e. combatir; f. opinar; g. deambular; h. zafar; 5. Actividad libre; 6. a. Es un latinismo que significa llamar la atención; b. Que uno pueda hacer lo que quiera, como los corsarios o los piratas; c. Significa conceder, otorgar el permiso o tener la licencia para hacer algo; d. Evadirse o huir mentalmente de la realidad; e. Es una comparación con el personaje histórico. Juana de Arco fue condenada por herejía, por defender sus ideales, y murió en la hoguera. Mediante la comparación, el autor explica que no es necesario llegar hasta esos límites.

Actividad 11

11.a. Texto A. La literatura gótica es una "literatura de sensaciones" que, al adentrar al lector en el espacio psicológico de los protagonistas, pone en la narración un plano descriptivo más cercano al lector que normalmente. El género gótico cuenta historias y leyendas que han estado en la cultura popular como inexplicables. También, la historia se ambienta en un ambiente de acción lleno de elementos típicos que ayudan a enmarcar lo sobrenatural. Lo gótico es oscuridad, pero una oscuridad hecha intencionadamente con imágenes, cosas, animales e historias, haciendo con todos estos ingredientes una sopa literaria que confunde al lector. Lo que se busca es llevar al lector del texto hasta el más absoluto desconcierto de las cosas, pero siempre augurando un mal desenlace de la acción. Para que la mezcla narrativa tenga efecto, se tiene que dejar el espacio interno de la novela oscuro, descalificar cualquier acción sensorial y, así, confundir al lector-personaje.

11.b. Texto B. La literatura gótica se caracteriza por ser una "literatura de sensaciones" que, al adentrar al lector en la dimensión psicológica de los protagonistas, incorpora en el entramado narrativo un plano descriptivo más cercano al lector de lo habitual. El género gótico revive historias y leyendas que han permanecido en la cultura popular como inexplicables. Por esta razón, la trama se ambienta en un *locus* de acción cargado de elementos arquetípicos que contribuyen a enmarcar lo sobrenatural. Lo gótico es oscuridad, pero una oscuridad construida intencionadamente a partir de imágenes, objetos, animales e historias, creando con todos estos ingredientes un caldo literario que desorienta al lector. El efecto buscado es llevar al receptor del texto hasta el más absoluto desconcierto de los hechos, aunque siempre augurando un nefasto desenlace de la acción. Para que la mezcla narrativa surta efecto, se tiene que dejar el escenario interno de la novela en penumbra, descalificar cualquier acción sensorial y, así, desconcertar al lector-personaje.

1. Precisión en el uso de los verbos: han estado → han permanecido; cuenta → revive; ayudan a → contribuyen a; confundir → desconcertar.
2. Evitar el uso de verbos comodín: hecha → construida; haciendo → creando; tenga efecto → surta efecto.

3. Precisión en el uso de los sustantivos: la narración → el entramado narrativo; la historia → la trama; una sopa literaria → un caldo literario; cosas → objetos.
4. Precisión en el uso de los adjetivos: mal → nefasto.
5. Precisión en el uso de los marcadores discursivos: pero → aunque.
6. Evitar las repeticiones: lector del texto → receptor del texto; de las cosas → de los hechos; el espacio interno → el escenario interno; confunde → desorienta.
7. Cambio de estructuras: con → a partir de; Lo que se busca → El efecto buscado; oscuro → en penumbra.

Actividad 12

12.a. y 12.b. Actividades libres.

Actividades de corrección y estilo (Capítulo 4)

Gramática: 1. la principal ocupación; 2. si no hubieran tenido; 3. Es una lástima que... no podamos decir; 4. la cuestión de cómo; 5. integrar plenamente a las mujeres; 6. Hay que tener en cuenta; 7. tiene como consecuencia (resultado) / conlleva graves problemas; 8. sino que depende.

Estilo: 1. combatir / luchar; 2. representa / constituye; 3. recursos; 4. ha aumentado notablemente / ha experimentado un notable aumento; 5. los sectores / ámbitos; 6. se encuentran / se hallan; 7. es necesario / es imprescindible / resulta vital; 8. un título universitario / una titulación universitaria / unos estudios.

Capítulo 5

Actividad 1

1.a. A. 3; B. 7; C. 2; D. 4; E. 6; F. 1; G. 5.

1.b. Se ha publicado un estudio en Alemania en el que se revela que el nombre propio de una persona puede suscitar asociaciones concretas, por ejemplo, en relación con el estatus socioeconómico. El nombre de un estudiante puede influir en la percepción por parte de los docentes sobre su habilidad académica de manera que estos sean más o menos severos a la hora de calificar un ejercicio. El experimento consistía en pedirles a los profesores que corrigieran el mismo examen con diferentes nombres: unos con carga positiva (Alexander) y otros con carga negativa (Kevin). Pese a tratarse del mismo ejercicio, los nombres con carga negativa recibieron, por lo general, peores notas. Del mismo modo, el estudio concluyó que la disparidad en la nota asignada era mayor en los nombres masculinos que en los femeninos, siendo el nombre de Kevin uno de los peor valorados.

Actividad 2

1. Han detenido y han esposado a una niña de 12 años por escribir en su pupitre; Alexa González, una niña latina de 12 años residente en Nueva York; Alexa

González escribió una serie de mensajes en una mesa de su escuela; El 1 de febrero de 2010, se supone que durante el transcurso de una clase; En la escuela Forest Hills del condado de Queens, en la ciudad de Nueva York; Se da a entender que según las normas de la escuela escribir en un pupitre constituye una actividad ilegal. Sin embargo, en la noticia se cuestiona si, al tratarse de una niña de 12 años, se trata realmente de un delito y si se ha hecho un uso desmesurado de la fuerza, ya que fue detenida y esposada.

2. Se utiliza la estructura de la pirámide invertida. Así, en las tres primeras líneas se resumen los datos de mayor interés no siendo necesario leer toda la noticia si no se desea ampliar la información. En general, en la noticia se utilizan frases cortas y léxico sencillo, rasgos que ayudan a que el estilo sea directo y que la información resulte más concreta. Además, se observa la viveza y la plasticidad de lo que se narra al explicar, por ejemplo, lo que ha dibujado la niña en el pupitre o la descripción de cómo le pusieron las esposas. La objetividad se logra evitando los adjetivos antepuestos con matices subjetivos (solamente aparece en el caso de "pequeños garabatos" donde el adjetivo contribuye a transmitir la idea de "insignificantes o poco importantes").

Actividad 3

3.a. 1. c; 2. g; 3. a; 4. j; 5. b; 6. f; 7. e; 8. i; 9. h; 10. d.

3.b. 1. Internacional; 2. Política; 3. Sociedad; 4. Salud; 5. Curiosidades; 6. Deportes; 7. Cultura; 8. Turismo y viajes; 9. Gente; 10. Economía y empresas.

3.c. 2. "El Presidente de Estados Unidos se la juega por la libertad de culto" → "Un presidente que arriesga"; 3. "Elvis sale a subasta" → "¿Quién da más por el Rey del Rock?"; 4. "Agilizar la memoria" → "Correr para tener una memoria de elefante"; 5. "La lección de Tolstói" → "Tolstói nos enseña el arte de amar en sus novelas: una de las mejores opciones de lectura para este verano"; 6. "Sicilia construye otra cara" → "Construyen complejos turísticos con los bienes de la mafia italiana"; 7. "Oposición de chiringuito" → "Es verano y el PP se dedica a insultar al PSOE" y 8. "El desayuno se pone por las nubes" → "Sube exponencialmente el precio de los cereales".

Actividad 4

1. En el titular se explica que la empresa juguetera española 'Famosa' ha pasado a manos de un fondo de inversión estadounidense. Por esta razón, se menciona metafóricamente que las muñecas de esta empresa ahora tendrán que hablar inglés.

2. Se alude a la expresión "apretar el gatillo" y se hace un juego de palabras con la palabra "cuerpo", que hace referencia al "cuerpo de policía", y el adjetivo "fácil", que pone de manifiesto la alarmante corrupción que se le achaca en la actualidad al cuerpo policial en la sociedad argentina.

3. La noticia explica que la empresa petrolera española Repsol ha realizado inversiones de gas en Bolivia (país rico en este combustible) y en Brasil (país de donde procede la samba y donde la petrolera ha empezado a cotizar en el mercado

de valores), y ha comprado una empresa de biotecnología en algas. El titular, en clave de humor, se asemeja a lo que podría ser una frase típica de un bar o de un restaurante en la que se pide "Más pan, más agua y una ración de una comida (por la noticia, posiblemente algún tipo de marisco)".

Actividad 5

5.a. 1. anecdótica; 2. de cita; 3. retórica; 4. descriptiva; 5. sensacionalista; 6. de sínteis o de datos.

5.b. Véanse los modelos anteriores.

Actividad 6

6.a. Ejemplos: 1. Una universidad rechaza a un alumno por el olor de pies; 2. Un ludópata demanda al casino; 3. Besa a 111 mujeres en un minuto; 4. McDonald's promociona carne suiza con vaca austríaca; 5. Sobrevive a una caída libre de 3.000 metros; 6. Miles de embarazadas para no ser despedidas; 7. 9.771 intentos en el examen teórico del carné de conducir; 8. Un mendigo no paga un hotel de lujo de París.

6.b. Ejemplo: "Besa a 111 mujeres en 60 segundos". Las mujeres que hicieron cola delante de esta discoteca, una de las más conocidas de Berlín, se mostraron voluntarias en el experimento que les propuso Basting, entre divertidas y escépticas, porque jamás llegaron a pensar que el atrevido alemán consiguiera llegar a 50. La buena organización y un Michael rápido y ligero como el viento, a la hora de besar fugazmente en las mejillas a estas mujeres, hicieron que este intrépido concursante se alzara como digno merecedor de entre los récords que registra el *Libro Guinness*. El día elegido no fue casual, nada menos que el día de San Valentín, porque se quería dar un aire romántico a la hazaña. Aunque era una noche fría y con copos de nieve al compás de los besos en la gélida Alemania, las más de 100 mujeres voluntarias resistieron al frío divertidas con la experiencia en la que se habían embarcado. La novia de Basting observaba con atención todos los detalles, ya que se ocupaba de grabar en vídeo el acontecimiento para poder constatar su duración. Un minuto increíble en el que el corazón de Michael iba a mil por hora, al igual que su respiración y la de todos los asistentes.

Actividad 7

7.a. 1. Ej. Voz activa: La obra de arte se vendió al mejor postor. **2.** Ej. Voz activa: (Ellos/Ellas) Vendieron la obra de arte al mejor postor; **3.** Ej. Voz activa: La obra de arte la vendieron al mejor postor; **4.** Ej. Voz activa: El mejor postor compró la obra de arte. / La obra de arte fue para el mejor postor.

7.b. 1. El jarrón de porcelana china lo rompieron los niños / Los niños rompieron; 2. se las comieron los pájaros / Los pájaros se comieron; 3. se vio a dos personas / vieron a dos personas; 4. se han subastado; 5. lo/le empujó; 6. se homenajeará / homenajearán; 7. Al presidente lo agredieron / Un manifestante… ha agredido; 8. se ha creado / han creado; 9. se han vendido; 10. se le ha preguntado / le han preguntado; 11. la llevará un famoso deportista / un famoso deportista… llevará la antorcha; 12. que se ha armado / que han armado.

7.c. 2. Hospitalizan en Cleveland a un ex presidente de EE.UU.; 3. Colocarán esculturas color magenta a lo largo de varias calles de Chicago; 4. Acusan a un oficial de aceptar sobornos para dejar cruzar la frontera a inmigrantes ilegales; 5. Encuentran vivo a un senderista desaparecido después de 6 días en el Parque Nacional Joshua Tree; 6. Utilizan un virus informático para robar cuentas bancarias; 7. El desfile de los Elfos de Miami se salva de los recortes de presupuesto; 8. Un periodista californiano gana el Premio Pulitzer.

Actividad 8

1. carta al director / a la directora; 2. columna de opinión; 3. editorial y 4. crónica (deportiva).

Actividad 9

9.a. Las tres noticias describen y relatan un hecho común: la equivocación del candidato laborista Gordon Brown cuando estaba haciendo campaña y una votante de su partido, Gillian Duffy, le reprochó la excesiva llegada de inmigrantes al país. Brown, reaccionó sorprendido y furioso a la vez, y no se dio cuenta de que su micrófono estaba abierto y se le oyó llamar "intolerante" a esta mujer.

La primera noticia, del periódico liberal *El País*, relata estos hechos bochornosos, comparando al candidato con David Cameron, del partido conservador, al que le pasó una situación parecida. Da a entender que pueden darse estas situaciones desde cualquier ideología política. También comenta que Brown se disculpó por teléfono con Duffy. Se relata la noticia sin acusar a su protagonista directamente.

La segunda noticia, del periódico conservador *ABC*, es más catastrofista y condena directamente a Gordon Brown por su actuación. Además, recoge de manera literal las palabras de Gillian Duffy que denotan su disgusto para subrayar el insulto que profirió el político y no menciona que se haya disculpado en persona con la votante.

En la última noticia, del periódico conservador *La Razón*, se reproducen palabras más fuertes dirigidas a la votante que se acercó a hablar con Brown, además de "intolerante" se recoge que la llamó "racista". Se ofrece una cara negativa del candidato laboralista. La noticia también es más dura con él porque se hace referencia además a las críticas de la oposición. Se señala que Brown se ha acercado personalmente a la casa de esta mujer para pedirle disculpas, aunque en cierto modo esto subraye más la idea del bochorno que ha pasado.

9.b. 1. titular más neutral y objetivo; 2. titular más irónico; 3. titular sarcástico.

9.c. 1. "Gordon Brown es un hombre justo"; 2. "Gordon Brown puede haberse despedido ya del todo en su deseo de reelección"; 3. "Se puede decir que Gordon Brown hoy ha firmado su sentencia de muerte política".

9.d. 1. Se presenta a Gordon Brown como a una persona que sabe reconocer sus errores; 2. Como alguien consciente de lo que ha pasado y que intenta remediarlo desesperadamente; 3. Lo retrata como que este hecho ha sido lo peor que le podría ocurrir ya que está "hundido en las encuestas".

Actividad 10

10.a. 1. chinos: "Los chinos son famosos por comunicarse diciendo las cosas sin decirlas"; 2. españoles: "Los españoles gritan y gesticulan al hablar, pero eso no es señal de arrogancia"; 3. franceses: "A los franceses no les cuesta nada criticar pero hay que ser pacientes con ellos"; 4. brasileños: "es mejor no hablar de cosas personales como la edad"; 5. japoneses: "Tienden a sonreír cuando están furiosos, avergonzados, tristes o decepcionados"; 6. mexicanos: "No es adecuado hablarles de pobreza"; 7. árabes: "Les molesta que les digan lo que tienen que hacer y les encanta que les demuestren un cierto conocimiento de su cultura"; 8. canadienses: "No le llames americano a un canadiense"; 9. portugueses: "Son nostálgicos, tolerantes, acostumbrados a enfrentarse a otras culturas y es difícil ofenderles"; 10. alemanes: "No pierdas los nervios delante de un alemán porque es señal de debilidad".

10.b. Según su organización, se trata de un reportaje de acontecimiento, ya que reproduce los hechos con la intención de informar. Según su contenido se trata de un reportaje informativo y de investigación.

Actividad 11

11.a. 1. F (Los vascos son los más trabajadores); 2. F (Comparten el mismo deseo de independencia); 3. V; 4. F (No sale en el texto); 5. F (No suelen llegar tarde a una cita de negocios); 6. V; 7. V; 8. F (Como norma general es recomendable llevar vino o flores y unos regalos para los niños); 9. F (Hay que tener cuidado incluso con la gente que va vestida de policía ya que algunos ladrones utilizan este truco); 10. V; 11. V; 12. V.

11.b. Véase el modelo de la actividad 11.a.

Actividad 12

12.a. 1. G; 2. I; 3. E; 4. B; 5. F; 6. A; 7. D; 8. H; 9. C.

12.b. 1. Cuando empezó no había libertades en España; 2. Le hiere que se le asimile con el fenómeno de la telebasura; 3. Que está haciendo mucho daño, pero cree que se impondrá el sentido común; 4. Porque hay que ser a veces demasiado atrevido o intrépido, pero el periodista también cumple una función social muy importante; 5. Dice que la objetividad absoluta no existe. Respuesta libre; 6. Que muchos periodistas jóvenes no se dan cuenta de la función social que cumple el periodista y que le gusta que tomen la iniciativa en vez de preguntar qué es lo que deben hacer; 7. Dice que uno se vuelve menos airado y más templado, que ha cambiado la ira por la ironía, y que este cambio ha incrementado la calidad de lo que escribe; 8. Que nunca le han reprochado nada de lo que ha escrito porque literalmente nunca le han hecho cambiar ni una sola coma de sus escritos; 9. No, porque dice que ha trabajado en diferentes medios con diferentes ideologías, *La Razón,* RNE, Antena 3, pero siempre ha podido expresar su opinión; 10. Es un libro de poesías que considera un capricho. Dice que es muy ingenuo porque algunos de los poemas los escribió cuando tenía solamente 15 años.

Actividad 13

13.a. 1. casado; 2. suegros; 3. pasar; 4. gran; 5. segunda; 6. perspicaz; 7. espectador; 8. desencadenan; 9. metraje; 10. reinventar; 11. toque; 12. feroz; 13. abuelita; 14. enganchados; 15. mágico; 16. regenta; 17. sentimental; 18. miel; 19. inseparable; 20. Príncipe Azul; 21. beso; 22. tándem; 23. reconquistar; 24. moviendo; 25. suceder.

13.b. Directores y actores: el vestuario y el maquillaje, el reparto, el extra o el figurante, el tipo de plano (general, primer plano, a cámara lenta, etc.), la cámara, la trayectoria cinematográfica; Película: la sinopsis, el suspense, la escenografía o la puesta en escena, el metraje, los efectos especiales, el desenlace; Distribución: el tráiler, la recaudación, el estreno, el cartel, la publicidad, el éxito de taquilla; Espectador: el cinéfilo, la taquilla, la cartelera, la entrada, la butaca, el aplauso.

13.c. 1. *El hotel de los líos*; 2. *Lo que el viento se llevó*; 3. *Con faldas y a lo loco*; 4. *Desayuno con diamantes*; 5. *Sonrisas y Lágrimas*; 6. *Los caballeros de la mesa cuadrada (y sus locos seguidores)*; 7. *Tiburón*; 8. *La guerra de las galaxias*; 9. *Aterriza como puedas*; 10. *La loca historia de las galaxias*; 11. *Tu madre se ha comido a mi perro*; 12. *Soñando, soñando... triunfé patinando.*

13.d. Por ejemplo, el título que tiene en español la película de Alfred Hitchcock, *Con la muerte en los talones*, respecto al original en inglés, *North by Northwest* (1959), es más explicativo. En él, se recoge la idea del malentendido en el que se ve envuelto el protagonista, interpretado por Cary Grant, un ejecutivo al que unos espías confunden con un agente secreto. El personaje pasa por situaciones límite (como la secuencia de la avioneta que casi se lo lleva por delante y termina con su vida) en las que realmente parece estar al borde de la muerte.

Actividad 14

Otros ejemplos: referencias que tienen que ver con la actualidad del momento en el que se escribe el artículo: el texto comienza con una anécdota sobre un programa de televisión; porcentajes a modo de argumento para plantear una cuestión: "Un 28% de los jóvenes viven en pareja sin casarse, y un 30% de los hijos lo son de madre soltera"; una sucesión de preguntas; referencias cronológicas y comparaciones: "el otro día", "en la España de hace cincuenta años"; expresiones impersonales: "es increíble"; extranjerismos y coloquialismos: "friki, puta, etc."; la posición de algunos adjetivos: "aplastante naturalidad", "la rígida Inglaterra victoriana", "la gloriosa diversidad del ser humano"; verbos que concretan el significado: "Es increíble comprobar cómo la homofobia continúa instalada en el inconsciente social" (se utiliza el verbo "instalar" con un sentido metafórico).

Actividad 15

15.a. 1. a) Se refiere a lo que se sugiere en un texto, pero que no se dice de manera explícita; b) Se hace referencia al medio en el que se difunde la información. Por ejemplo, un periódico puede estar sujeto a una ideología (más o menos conservadora o liberal); c) El escritor puede utilizar la ironía para captar la atención del lector como entretenimiento; d) De manera subliminal o indirecta se puede buscar la complicidad del lector para hacerlo partícipe de lo que se dice; e) Cuando se tergiversa la realidad. El uso del lenguaje puede conseguir presentar algo que es falso como verídico; f) La selección del léxico por parte de un escritor le puede llevar a usar determinadas palabras para captar la atención del lector y con el propósito de que disfrute de la lectura e incluso de que aprenda diferentes maneras de expresarse; g) Cuando el lector puede percibir que se respeta o no la norma lingüística como, por ejemplo, la ortografía, el uso de mayúsculas, de signos de puntuación, acentos; h) Cuando se intenta persuadir o incluso manipular a la opinión pública mediante lo que se dice; i) Cuando se presenta la información de manera coherente para guiar al lector o se rompe la coherencia textual como parte de una técnica de escritura que contribuya al mensaje del texto; j) Se utilizan estos tres verbos para describir el proceso de la escritura y, por lo tanto, cuando se empiezan a escribir, se componen párrafos que se van uniendo (tejiendo) o engarzando y se van relacionando unos con otros (enmadejar) de manera estrecha, como si fueran parte de un mismo tejido. De ahí que se usen estos verbos relacionados con la actividad de "tejer". La palabra texto procede de *textus*, del latín, que significa "trama o tejido". Este uso del lenguaje metafórico lo relaciona con esta actividad, al igual que se teje una prenda de ropa, se compone un texto que se va elaborando de manera paulatina.

2. Por ejemplo, "el medicamento surte efecto o tiene efecto sobre algo" o "me surge o me viene una duda"; "la adición o suma de números" o "la adicción o dependencia de una droga"; "una persona que se va a erguir o levantar" o "erigir o construir un monumento".

3. Todos los términos denotan "una confusión, un desorden o un lío" pero poseen matices distintos. Definiciones adaptadas del *DLE*: *galimatías* (coloquialismo) "Lenguaje oscuro por la impropiedad de la frase o por la confusión de las ideas"; *laberinto* "Lugar formado artificiosamente por calles y encrucijadas, para confundir a quien se adentre en él"; *guirigay* (coloquialismo) "Término onomatopéyico que representa una gritería y confusión que resulta cuando varios hablan a la vez"; *embrollo* "Situación embarazosa, conflicto del cual no se sabe cómo salir".

4. Los refranes completos y su significado son: "No por mucho madrugar, amanece más temprano" (*The sun is not hurried by early risers*), es decir, todo requiere un esfuerzo y un tiempo y no conviene precipitarse, sino seguir el curso natural de las cosas. "Cuando las barbas de tu vecino veas pelar, pon las tuyas a remojar" (*When thy neighbour's house is on fire, beware of thine own*) y, por lo tanto, conviene ser precavido y estar preparado porque si a alguien cercano le sucede algo, uno puede ser la siguiente persona a la que le suceda lo mismo.

15.b. 1. Enumeraciones de elementos: "son incapaces de comprender un texto en toda su amplitud: con sus matices, con sus posos ideológicos, con su posible ironía, con sus guiños al lector, con sus mentiras presentadas como verdades, con sus juegos de palabras, con sus respetos a la norma, con sus voluntarias violaciones de esa misma norma, con sus intenciones ocultas, con su propia (in)coherencia como tal texto"; se presenta una idea y se ofrecen numerosos ejemplos. **2. Definiciones o explicaciones desde diferentes puntos de vista:** "Saber leer un texto no es simplemente comprender el significado de las palabras que lo configuran... [...] Saber leer lleva su tiempo... pero no es un galimatías, ni un laberinto, ni un guirigay, ni un embrollo"; Se explica qué es y no es saber leer como si se proporcionara una definición de dicha actividad. **3. Uso de la ironía:** "¿Conoceréis la verdad, y la verdad os hará libres? ¡Ya no hay verdades! Solo hay opiniones, sesgos, ángulos y perspectivas"; se ironiza sobre la actividad de leer con una referencia bíblica. **4. Referencias culturales:** "pan y Fortnite" es una referencia cultural del momento; se trata de un videojuego de éxito entre los jóvenes; **5. Paralelismos:** Se establecen paralelismos para transmitir una idea en: "El 'pan y fútbol' jamás fue buen compañero para aprender a leer. Cambian los tiempos y los enemigos se transforman: 'pan y Fortnite'"; "pan y fútbol" quiere decir que es una manera de tener entretenida a la población para que no salga a protestar. La frase es una adaptación de *panem et circenses* ("pan y circo") acuñada por el poeta romano Juvenal entre los siglos I y II. **6. Reescritura de expresiones hechas propias de la lengua:** El autor utiliza esta técnica para conseguir un final interesante como colofón a la columna periodística. Se vale de la idea de que un "loco" haría lo mismo que él, es decir, mezclaría dos expresiones que no tienen nada que ver dando como resultado un enunciado incoherente. Los refranes completos y su significado son: "No por mucho madrugar, amanece más temprano", es decir, todo requiere un esfuerzo y un tiempo y no conviene precipitarse, sino seguir el curso natural de las cosas, y "Cuando las barbas de tu vecino veas pelar, pon las tuyas a remojar" y, por lo tanto, conviene ser precavido y estar preparado porque si a alguien cercano le sucede algo, uno puede ser la siguiente persona a la que le suceda lo mismo.

15.c. Resumen de dos líneas. El autor, un profesor universitario, se queja de que sus alumnos no "saben leer", no son capaces de interpretar correctamente lo que leen, ni de expresar un espíritu crítico hacia la lectura.

Explicación adicional. El autor conecta la escritura con la lectura. Muchas veces se presenta la destreza escrita como la habilidad más descuidada en la actualidad, por ejemplo, por el impacto que tienen los dispositivos electrónicos en las prácticas escritas y por el consumo de información a gran escala sin que los hablantes se detengan a cuidar el lenguaje escrito. Sin embargo, el autor plantea que el verdadero problema radica en la lectura: si no se lee, no se puede llegar a escribir bien. Es necesario aprender de modelos de escritura, a través de la lectura, para poder desarrollar esta destreza con éxito.

15.d. Actividad libre. Véase el modelo de la actividad 15.a.

Actividad 16

Actividad libre.

Actividades de corrección y estilo (Capítulo 5)

Gramática: 1. e impulsar; 2. que escuchen al nuevo gobierno; 3. los medios (de comunicación); 4. La primera ministra; 5. han ratificado; 6. los pros y los contras; 7. nadadora mexicana; 8. ha desheredado.

Estilo: 1. a fin de / con el objetivo de / con el propósito de; 2. por las que atraviesa; 3. bastante / especialmente / sumamente; 4. afirmó / declaró / manifestó; 5. Se produjeron / Se registraron / Estallaron; 6. no se ha creado / no han creado; 7. ser humano; 8. es decir / dicho de otro modo / en otras palabras.

Capítulo 6

Actividad 1

1.b. Anuncio 1. Emisor: una mujer que compra la crema Eucerin; **Receptor**: para toda la familia, sin distinción de género; **Objetivo**: que una familia entera compre esta crema, ya que sirve para diferentes momentos del día; **Canal**: una revista; **Mensaje**: es una crema práctica porque la puede utilizar toda la familia y sirve para distintas partes del cuerpo (manos, cara o zonas que estén deshidratadas). Además, viene recomendada por el consejo del médico.

Anuncio 2. Emisor: el banco ING; **Receptor**: los clientes o futuros clientes que tengan una nómina; **Objetivo**: captar a clientes para que abran una cuenta o domicilien su nómina en este banco; **Canal**: un periódico; **Mensaje**: si abres una cuenta con este banco no te cobrarán ninguna comisión. La pregunta: "¿A que no son iguales?", propone una especie de acertijo que obliga al receptor del texto a comparar dos conceptos similares. Se juega con las imágenes de una hamaca y una tumbona que, aunque parezcan iguales a primera vista, no lo son. Las dos sirven para tumbarse. La hamaca normalmente se ata entre dos árboles y puede servir de cama o de columpio. La tumbona tiene un respaldo que permite estar sentado o tumbado. Esta comparación transmite la idea de que no todos los bancos son iguales y que el banco que se anuncia, ING, pese a ser un banco más marca la diferencia al velar por el dinero de sus clientes y al no cobrar por los gastos de mantener una cuenta bancaria.

Actividad 2

2.b. Estereotipos: El anuncio se dirige a un público muy específico que está acostumbrado a tomar este tipo de productos antioxidantes. Además, es un público especializado y culto, por los tecnicismos empleados y por el uso del inglés. Puede ir dirigido también hacia aquellos que se preocupan por su salud. **Tópicos**: Apela a la tradición "usadas tradicionalmente por las tribus amazónicas desde hace cientos de años".

Actividad 3

3.a. Se trata de un brandy llamado Espléndido, de la marca Garvey.

3.b. Los tópicos son los que se asocian habitualmente a cada una de las regiones de España. Miguel Hernández y la adaptación del anuncio radiofónico escogen tópicos asociados al carácter de la gente de las distintas comunidades o a algo relacionado con el paisaje (la lluvia de Galicia, la huerta de Murcia y su fruta). Por ejemplo, de los vascos se dice que son gente ruda, fuerte; de los andaluces que están todo el día alegres y cantando; de los gallegos que son pausados; de los catalanes que son firmes en sus decisiones; y de los aragoneses que son gente honrada. En cuanto a **los estereotipos**, el anuncio se dirige a un grupo de gente que vive en España (no importa de la zona que sea) y al que le gusta la tradición.

3.c. La parte final, desde "Lo dijo Miguel Hernández" hasta "de Garvey", no pertenece al poema, ya que aquí se introducen las palabras que no dijo textualmente el poeta. En el anuncio se invita a beber y comprar este brandy porque es espléndido, tanto la marca como la gente que lo toma lo son.

Actividad 4

4.b.
1. Mensaje explícito: bebe Coca-Cola. Mensaje implícito: Si quieres que todos tus deseos se cumplan, bebe Coca-Cola, conseguirás lo que te propongas.
2. Mensaje explícito: las mejores chaquetas para no pasar frío, son las Roc Neige, cómpralas. Mensaje implícito: No vas a notar que hace frío cuando vayas a la nieve, porque con las chaquetas Rocneige, parece que estás siempre en verano.
3. Mensaje explícito: bebe este *whisky* de tradición irlandesa. Mensaje implícito: La mejor forma de sociabilizar es tomar este *whisky* con tus amigos, reunidos en un pub.
4. Mensaje explícito: publicidad de Iberia para animar a los clientes a que elijan esta compañía a la hora de viajar. Mensaje implícito: si se viaja con Iberia siempre se encontrará el mejor precio. Juega con la expresión idiomática "ajustarse o apretarse el cinturón" que significa "intentar gastar lo menos posible" y el sentido literal en el contexto de la publicidad de "abrocharse el cinturón en un avión antes de despegar o de aterrizar". La expresión idiomática "abrocharse el cinturón" hace referencia en origen a la idea de "pasar hambre o escasez" y, por lo tanto, del gesto que habría que hacer al abrocharse el cinturón tras haber perdido peso.

5. Mensaje explícito: hace alusión a una marca de hornos, Teka, que incluye un sistema de autolimpieza. Mensaje implícito: no es necesario limpiar este horno constantemente. La expresión idiomática "colgar los guantes" alude a la idea de "quitarse los guantes tras haber terminado una tarea".

Actividad 5

5.b.
1. Argumentos instintivos: se dirige a aquellas personas acostumbradas a moverse por instintos, a hacer lo que uno quiere y a ser la envidia de los demás.
2. Argumentos racionales inductivos: se parte de un caso concreto que es la cita de Lao Tzu sobre la belleza y la armonía para compararlo (argumento racional análogo) con lo que sentirá la persona que compre este coche.
3. Argumentos racionales analógicos (se compara al escultor que da forma a la belleza) e instintivos ("Ahora la inspiración también se puede conducir"): algo que no es tangible se logra con la posesión de este coche.

Actividad 6

6.a. 1. institucional 2. comercial 3. institucional.

6.b.
Texto 1. Destinatario: sobre todo a la persona que se ocupa de hacer la compra en una familia y la que va a cocinar. Mensaje explícito: comprar y comer pescados azules porque son los más sanos. Mensaje implícito: es salud para toda la familia. Argumentos: racionales analógicos (comprar pescado azul es comprar salud para toda la familia), emocionales (son económicos y fáciles de cocinar).

Texto 3. Destinatario: de nuevo es un anuncio que se dirige a toda la población. Mensaje explícito: los champiñones no pueden faltar en la dieta habitual. Mensaje implícito: con todas las aportaciones que tiene, sabrás que te sientes mejor al comerlos. Argumentos: racionales inductivos (se parte de un caso particular, todas las características favorables para el organismo que tienen los champiñones).

Actividad 7

7.a. La chispa de la vida / Un refresco de cola; Vamos al futuro, ¿subes? / viajar en tren; Un gran tentempié / una bebida de chocolate; Usa tus alas / viajar en avión; Frescor sin azúcar / un chicle de menta; Símbolo del descanso / un colchón; El secreto está en la masa / una pizza; Alimenta tu piel de vida / Una crema corporal; Siempre te tenemos en cuenta / Un banco; Quítate un peso de encima / Un gimnasio.

7.b. Actividad libre.

Actividad 8

8.a. La cara del niño muestra que está gritando pero para dar un mensaje: NO HAGAS RUIDO!!! (se transmite por la forma silenciosa del cartel). Se destaca, para que su grito y su mensaje se hagan oír con más fuerza, por el altavoz que lleva en una de las manos. En la parte izquierda del cartel se da la normativa que se establece contra el ruido y las sanciones que puede tener una persona si las infringe. Los logotipos indican que es una campaña avalada por distintas instituciones, lo que confiere seriedad al cartel. Por último, las mayúsculas utilizadas, el distinto tamaño de la letra y el color dan al mensaje la idea de querer destacar la erradicación del ruido como sea. Se ve que se triplican los signos de exclamación para llamar aún más la atención.

8.b. En este anuncio se hace publicidad de la marca Coca-Cola a partir del eslogan: "Hay razones para creer en un mundo mejor". Para ello se utiliza a una pareja joven que aparece abrazada en medio de un campo con las montañas al fondo. Este contexto es importante, ya que de manera implícita se presenta la marca Coca-Cola como una bebida sana y natural. Este hecho se muestra a modo de paralelismo con la reacción espontánea de los jóvenes. No vemos las caras de la pareja pero, por el abrazo que se dan, entendemos que se sienten felices, que quizás están celebrando algo, y que les une el sentimiento de quererse al hecho de compartir una Coca-Cola o de abrirla, como se sugiere en uno de los logotipos de la parte inferior con una botella abierta. El otro logotipo de la marca aparece en el extremo superior a la derecha como si fuera una especie de "sol" que ilumina a la pareja en ese día feliz. El hecho de que la chica vaya descalza contribuye a la idea de naturalidad, libertad. La forma de vestir del chico muestra la actualidad, la modernidad. La felicidad, la razón para creer en un mundo mejor es, entre otros pequeños momentos de la vida cotidiana, el poder disfrutar también de esta bebida. El anuncio publicitario conmemora además los 125 años de existencia de Coca-Cola como marca.

Actividad 9

9.a.

1. El anuncio pone de manifiesto que pese a que el gas y el petróleo son productos químicos se extraen y se producen de manera responsable con el medioambiente.

2. Los destinatarios son los consumidores de gasolina y gas y, sobre todo, quiere llegar a los consumidores a los que les preocupa el medioambiente.

3. Se quiere destacar la importancia que tienen algunos inventos en nuestras vidas, a modo de hitos en la historia, y compararlos con la tarea importante de cuidar del medioambiente para mostrar que es una empresa química comprometida con esta tarea.

4. La empresa ha escogido un formato que en su primera parte se asemeja a un texto poético como denota su disposición en forma de poema. De ese texto más lírico se pasa a una segunda parte más prosaica en la que con claridad se alude al esfuerzo de la compañía por producir energía limpia de una manera responsable. Se insiste además en el esfuerzo que esto conlleva mediante la imagen de dos manos que sostienen el globo terráqueo.

9.b. Repsol es una multinacional energética y petroquímica española que pretende con este anuncio transmitir a los clientes de sus productos y a los ciudadanos, en general, un mensaje de concienciación con el medioambiente. Para ello, compara la gasolina con inventos tan importantes como la rueda, el fuego o la imprenta y de esta manera aporta una idea de progreso y modernidad para tratar de convencer al consumidor de la compra de este producto. Todo ello a partir de la idea de que la empresa es consciente de la protección del medioambiente.

Actividad 10

10.a 1. Los destinatarios son mexicanos residentes en el extranjero que pueden descubrir un nuevo producto y adquirirlo a través de Internet. Principalmente se trata de consumidores a los que les gustan los dulces y que sienten nostalgia por este tipo de productos. El principal mercado se encuentra en Estados Unidos, sobre todo, en los estados fronterizos donde hay una gran cantidad de residentes de origen mexicano. No obstante, en el último año también han vendido productos a consumidores de Canadá, Perú, Brasil, Australia, Japón, Corea del Sur y China.

2. El mensaje es que ahora es posible recuperar los sabores de la infancia gracias a esta empresa de nueva creación o emergente (*startup*) que comercializa dulces mexicanos de todo el país.

3. 1. "Coloridos, afrutados, con chile, leche o miel. Son los dulces mexicanos, reflejo de una rica cultura y tradición" → Se vincula el producto a la tradición y se describe su colorido, textura y sabor; 2. "Me di cuenta de que mucha gente extraña el dulce mexicano, que a veces es difícil de encontrar, y de que podía darles una alegría al traer a la puerta de su casa una caja sorpresa" → Comer dulces se relaciona con la felicidad y con los momentos que uno ha vivido; 3. "No es solo un aperitivo, un bocado de pulparindo nos lleva de vuelta a aquellos días en los que nos sentíamos libres para perseguir a los paleteros (vendedores de paletas y helados)" → Mediante esta imagen se apela a la libertad y a la nostalgia que estos productos despiertan en relación con la infancia; 4."De hecho, varias empresas estadounidenses han adquirido compañías mexicanas, como es el caso de Hersheys, la compañía fabricante de chocolate más grande del país, que compró la marca Pelón Pelo Rico" → Se presenta como un negocio fiable y en el que se puede confiar al vincularlo a otros similares que han sido adquiridos por otras empresas.

10.b. Posible solución: ¡Hola, Luis! ¿Cómo estás? Ya veo que estarías interesado en trabajar también en Mexitreat y me alegraría muchísimo que pudieras entrar en esta empresa. No sé si sabes que es estadounidense, con sede en San Diego, pero la llevan dos mexicanos con el fin de que toda la gente de México que está fuera del país pueda recibir cajas de dulces típicos a domicilio mediante una suscripción. ¿No te parece una buena idea? ¡Así no se siente tanto la nostalgia! Bueno, a ver, primero te hablo de la empresa y luego de los dulces. Mexitreat exporta sobre todo estas delicias a EE.UU. ya que, no sé si sabes, pero hay casi 35 millones de mexicanos viviendo allá. Como se trata de una empresa de ventas por Internet se ha extendido también a otros países, Canadá, Japón, Corea o incluso Australia. Ya ves, estamos teniendo mucho potencial y la exportación de dulces está siendo todo un éxito, por lo tanto, casi todo son aspectos positivos. Como aspectos negativos, tal vez pudiera ser que tuvieras que viajar a algunos de estos países donde se vende el producto, aunque puede ser una excelente oportunidad de desarrollo profesional.

En cuanto a los dulces, son todos aquellos de nuestra infancia, los tamarindos, los borrachitos o los mazapanes que te llevan al origen de nuestras raíces. Ándale, anímate a postularte que yo sé que ahora están buscando gente y tienes posibilidades.

Un abrazo para ti y tu familia,

Andrés

Actividad 11

11.a. Utiliza expresiones que inician los cuentos ("Érase una vez una mujer normal…") y los finalizan ("colorín, colorado"). Sería un formato narrativo.

11.b. Actividad de creación libre.

Actividad 12

12.b. 1. Invitar y llamar la atención ("¡Celebra tu éxito!"). En el resto del anuncio se dan consejos o hacen sugerencias. 2. Animar a la acción ("Apadrina a un niño"). Invitar/ofrecer ("Contribuye…"). 3. Invitar, hacer una sugerencia.

Actividad 13

13.a.

paralelismos	expresiones idiomáticas	juegos fónicos y rimas	frases nominales	estructuras condicionales
2, 3	8, 10	1, 4	6, 9	5, 7

13.b.

Morfosintácticos	• Usos del infinitivo • Paralelismos (Sabe a descubrir… sabe a estar atados…)
Léxico-semánticos	• Metonimias (¿A qué sabe Asturias en Gijón?) • Contraposiciones (a ganar sin perder) • Juegos de palabras (sabe a saber saborear)
Ortográficos	• Uso de signos de interrogación
Fónicos	• Paronomasias (sabe a saber saborear)

13.c. Actividad libre.

Actividad 14

14.a. 1. h; 2. b; 3. l; 4. c; 5. k; 6. j; 7. g; 8. a; 9. e; 10. f; 11. d; 12. i.

Actividad 15

15.a. Con un diamante.

15.b. 1. el sol de la playa = alegría; 2. tiempo = oro (importante); 3. Cucal = guerra ganada con las cucarachas; 4. vida = no juego (Se utiliza la expresión "la vida no es un juego" para decir que cuando se conduce, hay que estar muy atento); 5. ron = oro negro (caro, preciado).

Actividad 16

16.a. 1. La boca del metro; 2. Los dientes de una sierra; 3. Las patas de una mesa.

16.b. 1. patas; 2. el ojo; 3. cuello; 4. el ojo; 5. la piel; 6. las lenguas; 7. una lengua; 8. mano; 9. lengua; 10. El diente; 11. El ala; 12. los ojos; 13. la piel; 14. una boca.

16.c. 1. d; 2. f; 3. j; 4. g; 5. i; 6. h; 7. c; 8. e; 9. b; 10. a.

Actividad 17

17.b. "Una lámpara terrorífica para vivir cada día Halloween en tu casa"

¿Todavía no has entrado en la web de subastas por Internet, Ebay? ¿A qué estás esperando? Uno de los objetos que arrasan en número de ventas en esta temporada es la lámpara terrorífica. ¿Qué es esto?, te preguntarás. Pues el mejor objeto que puedes colocar en tu salón, en el dormitorio, en el despacho o nada más abrir la puerta para recibir con terror a tus mejores amigos o familiares o a cualquier vecino que quieras espantar, por qué no. La lámpara está compuesta de un pie muy original hecho en bronce y de una tulipa con la imagen de una calavera que nos traslada desde las mejores novelas de miedo, hasta las series de televisión de misterio o el cine de terror. La calavera se muestra en relieve, por lo que parece que en cualquier momento se va a salir de la tulipa para saludarte o aterrorizarte. Su brillo pone los pelos de punta a cualquiera. Sobre todo se marcan sus enormes dientes con la boca abierta que reproduce las mejores estampas de un buen susto cuando enciendes la luz y la pantalla de la lámpara se ilumina.

No cabe duda de que, con esta lámpara terrorífica, conseguirás dar un toque diferente a las distintas estancias de tu casa. Además, si la echas de menos en tus viajes también la puedes encontrar en tamaño pequeño y colocarla en la maleta, equipaje de mano o bolso. ¡No dejes pasar la ocasión de adquirirla para aterrorizar a los tuyos!

Actividad 18

Actividad libre

Actividades de corrección y estilo (Capítulo 6)

Gramática: 1. La última guía de viajes... ofrece; 2. conseguir que su mensaje llegue; 3. instituciones públicas; 4. transmite mensajes, cuyos objetivos; 5. que se introducen en nuestra mente; 6. siempre y cuando.

Estilo: 1. representa / desempeña; 2. anunciados; 3. se transmite; 4. de dicho producto / de él / de nuestro objeto de compra; 5. conllevan / poseen; 6. más concretamente / en particular / para ser más específicos / a saber.

Capítulo 7

Actividad 1

1. Acta; 2. Certificado; 3. Contrato; 4. Circular; 5. Demanda; 6. Edicto; 7. Instancia; 8. Ley; 9. Recurso; 10. Sentencia.

Actividad 2

Texto 1. Acta de vecinos. Elementos subrayados: orden del día, asuntos, propietario, firma de un presidente y de un secretario.

Texto 2. Instancia. Elementos subrayados: en el cuerpo de la carta, los verbos "expone" y "solicita".

Texto 3. Ley. Elementos subrayados: preámbulo, disposición final, entrada en vigor.

Actividad 3

1.C (título); 2.A, 3.D y 4.B (cuerpo de la carta); 5.E (cierre).

Actividad 4

4.a. Rasgos léxicos y pragmáticos: uso específico del léxico administrativo (promulgar, regir, regular, marco legal / marco normativo vigente, disposición adicional, transitoria, derogatoria, entrar en vigor, tribunales, autoridades); latinismos (*de facto*).

4.b. 1. j; 2. ñ; 3. b; 4. e; 5. a; 6. l; 7. n; 8. f; 9. c; 10. k; 11. d; 12. h; 13. m; 14. i; 15. g; 16. h; 17. d; 18. n; 19. a; 20. j; 21. b; 22. f; 23. k; 24. g; 25. c; 26. i; 27. m; 28. e; 29. ñ; 30. l.

4.c. 1. *sine qua non*; 2. *modus vivendi*; 3. *grosso modo*; 4. *in fraganti*; 5. *statu quo*; 6. *cum laude*; 7. per cápita; 8. déficit; 9. *mea culpa*; 10. ergo; 11. *ipso facto*; 12. *a posteriori*.

Actividad 5

El "saluda" es uno de los géneros textuales administrativos para saludar o invitar a un determinado colectivo a algo, en este caso, a un concierto de música y a un cóctel por motivo de la inauguración de un curso académico en la Universidad. El "saluda" va dirigido a los profesores y la expresión de la cortesía ya se manifiesta en el propio acto de invitar. Se utilizan sobre todo verbos: "tiene el placer de invitarles", "les agasajaremos".

Actividad 6

6.a. 1. d; 2. b; 3. i; 4. a; 5. f; 6. c; 7. j; 8. h.

6.b. Cláusula 2: El propietario muestra su acuerdo en el alquiler de la vivienda al inquilino. Este último está obligado a cumplir todo lo escrito en el contrato.

Cláusula 3: El plazo del contrato de arrendamiento es de un año.

Cláusula 4: El contrato se puede ampliar hasta cinco años y después de este plazo podría prolongarse hasta tres años más si ambas partes están de acuerdo.

Cláusula 5: Se pagarán 1.000 euros al mes por el alquiler durante los siete primeros días del mes correspondiente.

Cláusula 6: Se deberá pagar en concepto de fianza la cantidad de 1.000 euros, que se devolverá si una vez que el arrendatario deje el piso no hay desperfectos.

Cláusula 7: El arrendador pagará los gastos generales y el arrendatario los individuales.

Cláusula 8: Las reparaciones necesarias para mantener la vivienda en buen estado, las debe pagar el arrendador, no aquellos desperfectos causados por el arrendatario.

Actividad 7

Expone:
Que con motivo de la realización de un curso de inglés en la localidad de Brighton (Reino Unido) durante el mes de julio, gasté un total de 1.200 euros en el pago de dicho curso, en el que me inscribí para seguir formándome como profesor de inglés en el instituto de secundaria en el que trabajo en Toledo.
Por lo que,
Solicita:
Que los gastos del curso sean abonados por la Consejería de Educación de la Comunidad de Castilla-la Mancha dentro del programa de financiación para formar a profesores en el extranjero.
A la espera de una respuesta, les saluda atentamente,
      Fecha XXXX
Fdo.: XXXX

Actividad 8

8.a. En la carta se le informa al cliente del cambio de algunas de las condiciones de su tarjeta bancaria. La finalidad de estos cambios tiene que ver con una reciente normativa europea. Se adjunta el nuevo contrato de la tarjeta con las condiciones antiguas y se detallan las nuevas. Si el cliente no está conforme, tiene derecho a rechazar el nuevo contrato sin coste alguno, pero si no lo comunica antes de la fecha indicada se entenderá que acepta el nuevo contrato. El banco aprovecha para anunciar diferentes promociones así como otras ventajas de la nueva tarjeta, aunque para disfrutar de las mismas el cliente se tiene que suscribir.

8.b. 1. V; 2. V; 3. V; 4. F (disfrutará de un 10% de devolución, con un importe máximo de 20 euros por cliente); 5. F (porque hay que estar suscrito al programa privilegios).

8.c. El encabezamiento: el membrete (Ibercaja), la dirección a la que se dirige la carta (Andrés Paúl Muñoz, etc.), la fecha (junio); no aparece el número de la carta enviada y sí hay una referencia en este caso después de la fecha (016527 PM70 O7507). El cuerpo de la carta: el saludo ("Estimado Sr. Paúl Muñoz:"), el cuerpo (desde "Me dirijo a usted…" hasta "estaremos encantados de atenderle"), la despedida ("Atentamente"). El final o cierre: la firma del remitente de la empresa (Enrique Arrufat Guerra) y el cargo que ocupa (Director de Marketing).

Actividad 9

9.a. Actividad libre. Posibilidades en la sección "Hoteles": Categoría del hotel inferior a la contratada, Falta de condiciones mínimas de higiene; en la sección "Agencias de viajes": Omisión de notificación del cobro de gastos de gestión, Falta de asistencia durante el viaje ante algún problema de los viajeros; en la sección "Aerolíneas": Trato descortés prestado por el personal, Intoxicación por la comida; en la sección "Alquiler de coches": Mal estado del vehículo al inicio del viaje; y en la sección "Restaurantes": Falta de condiciones de higiene mínimas.

9.b. A la atención de RENFE:

Soy una usuaria habitual del tren de alta velocidad entre Madrid y Zaragoza y cada semana viajo en este medio de transporte. Salgo a las 21h de trabajar por lo que me es imposible coger el último tren de los viernes desde Madrid con dirección a Zaragoza, ya que su actual oferta horaria incluye un último tren a las 20.30h. Dado que el trayecto solamente dura 1 hora 15 minutos, desde mi punto de vista, el horario se podría ampliar para que hubiera algún servicio más durante el fin de semana. Por esta razón, me dirijo a ustedes para solicitar una ampliación del horario de los trenes por la noche. Les agradecería que valoraran incorporar en su oferta trenes que salieran a las 21.30h o 22h de la noche. Muchos usuarios se encuentran en la misma situación laboral que yo. Del mismo modo, la ampliación del horario podría ser de utilidad para los turistas que quieran disfrutar unas horas más de todo lo que ofrece la ciudad.

A la espera de su respuesta, reciba un cordial saludo. Atentamente, (Nombre del / de la firmante).

Actividad 10

10.a. 1. Funcional; 2. Cronológico; 3. Funcional; 4. Funcional; 5. Cronológico.

10.b. Mixto.

10.c. La respuesta dependerá de las características específicas sobre la elaboración de los currículos en cada país. En algunos países, puede que no se suela acompañar de una fotografía. Lo mismo sucede con la inclusión del nombre y apellidos de la persona. Últimamente se tiende a anonimizar al mayor número de datos personales para garantizar que la selección de personal se haga de una manera justa.

10.d. Actividad libre

Actividad 11

11.a. Direcciones: del remitente, Marina Vela, a la izquierda; del destinatario, a la derecha (Sr. James Moore y la dirección completa que aparece). La fecha, a la derecha. Saludo: Estimado Sr. Moore. Introducción: primer párrafo. Desarrollo: párrafos 2 al 5. Cierre o despedida: último párrafo. Formulismos: Estimado; Me dirijo a usted en relación con...; A este efecto, me complace adjuntarle...; me gradué en...; he recibido formación en...; Como podrá comprobar en mi currículum...; Además de poseer experiencia en el ámbito de...; También me gustaría destacar mi capacidad para...; Por todo lo expuesto anteriormente...; creo que reúno los requisitos del puesto ofertado...; Me gustaría tener la ocasión de ampliar toda aquella información que precise en una entrevista personal; Le agradezco de antemano su tiempo y su consideración; Quedo a su entera disposición; Sin otro particular, reciba un cordial saludo.

11.b. Véase el modelo de la actividad 11.a.

Actividad 12

12.a.
(Párrafo 1) → D. Se presenta la persona que escribe la carta y su relación con la persona recomendada; (Párrafo 2) → A. Se ofrece una panorámica sobre la formación de la persona recomendada; (Párrafo 3) → F. Se habla sobre las cualidades y habilidades profesionales de la persona recomendada; (Párrafo 4) → C. Se relaciona la persona recomendada con los valores de la empresa; (Párrafo 5) → B. Se constata la idoneidad del candidato a modo de conclusión; (Párrafo 6) → E. Párrafo de cierre con formulismos en el que la persona que recomienda se pone a disposición de la empresa.

Expresiones utilizadas: puedo constatar su adecuación para...; Finalizó sus estudios logrando ser...; he podido comprobar su interés en aprender [...] su capacidad de análisis y de resolución de problemas, y su buena disposición para trabajar en equipo; Sabe mantener una buena relación con...; le ha servido su alta capacidad de negociación, respeto y tolerancia, además de una buena dosis de empatía hacia los demás; siempre ha superado con creces los objetivos profesionales que tenía asignados; Siempre busca rendir al máximo y dar lo mejor de sí mismo; podría integrarse con altas garantías de éxito en su empresa y desempeñar satisfactoriamente las actividades que se le asignen; he constatado igualmente su alto nivel de compromiso con...

12.b. Actividad libre (véase el modelo de carta 12.a.)

Actividad 13

Actividad libre.

Actividades de corrección y estilo (Capítulo 7)

Gramática: 1. los análisis; 2. Sr. García; 3. en hacerlo; 4. deberían estar; 5. Se ruega a todos los propietarios que se abstengan; 6. Por la presente.

Estilo: 1. adjunto / incluyo; 2. empiezan / tienen lugar; 3. manifiesta / comunica; 4. a las veintiuna horas; 5. se expide; 6. exista.

Capítulo 8

Actividad 1

1.a. "procesos nocivos para nuestro organismo"→ Procesos perjudiciales, dañinos para el cuerpo; "té embotellado" → Té en botella; "polifenoles" → Sustancias químicas antioxidantes; "inflamación" → Hinchazón; "salud cardiovascular" → Salud del corazón; "tumores" → Bulto que aparece en el cuerpo cuando las células se multiplican; "degeneración macular" → Pérdida de la visión (provocada por un problema en la retina del ojo); "envejecimiento de la piel" → Pérdida de elasticidad en la piel y aparición de arrugas por el paso del tiempo; "las infecciones de orina" → Alteraciones que producen molestias a la hora de orinar, por ejemplo, una cistitis; "incentivar las ventas" → Motivar, estimular su compra de cara al comprador; bayas → Fruto con semillas que tienen pulpa; "hay una gran brecha" → Existe una enorme distancia; "té verde instantáneo" → Tipo de té que se toma o prepara en el momento; "una cantidad inapreciable" → Una cantidad pequeña, que apenas se nota; "infusión pura y dura" → Una tisana o bebida auténtica; "cuando se trata de té enlatado" → De té que se presenta en una lata; "recalca el investigador" → Insiste, subraya, destaca la persona que investiga; "son amargos y astringentes" → Que son agrios y estriñen; "que le dan buena fama" → Le proporcionan un buen nombre; "un sabor más amable al paladar" → Que saben mejor al tomarlos; "en algo dañino" → En algo perjudicial, que provoca daño; "se han cuadruplicado" → Se han multiplicado por cuatro; "las etiquetas" → Trozos de papel donde se ofrece la información del producto; "la población desconoce en qué medida están presentes" → Los consumidores desconocen cuál es la presencia en estas bebidas.

1.b. 1. A consumir productos naturales que contienen un buen número de elementos saludables para el organismo y que son anticancerígenos, etc., o tienen otras propiedades que ayudan a combatir enfermedades; 2. El consumo de polifenoles (un tipo de antioxidantes) se ha asociado con la disminución de la inflamación y del colesterol, que mejoran la salud cardiovascular, con un menor crecimiento de algunos tumores, con mejorías en la degeneración macular, el envejecimiento de la piel, las infecciones de orina e, incluso, el deseo sexual femenino; 3. En el texto se apunta a que aunque algunos productos se dice que contienen polifenoles, el contenido es mínimo y no es tan beneficioso como los polifenoles que se encuentran en los productos en su estado natural; 4. Cuando se trata de té enlatado, el contenido de antioxidantes es casi anecdótico. Mientras que una taza de té contiene entre 50 y 150 mg de polifenoles, las versiones "lista para consumir" tienen, de media, una cantidad inferior (unos 37 mg), y en algunos casos no supera los 10 mg. De forma que para obtener algún beneficio habría que "consumir botella tras botella"; 5. Los polifenoles son amargos y astringentes, es decir, estriñen, y por esta razón los fabricantes de estas bebidas optan por reducir el contenido de estas sustancias para obtener un sabor más agradable; 6. Las ventas de esta infusión se han cuadruplicado en EE.UU. Este crecimiento se ha dado en paralelo al reconocimiento de las propiedades beneficiosas de esta bebida. El consumidor no puede saber qué productos contienen más polifenoles porque no se exige informar en las etiquetas sobre su presencia.

Actividad 2

2.a. 1. Botánica: clorofila, tallo; 2. Física: aceleración, campo magnético; 3. Química: ácido, molécula; 4. Arquitectura: arco, bóveda; 5. Ingeniería: asfalto, grúa; 6. Economía: transacción, año fiscal; 7. Informática: disco duro, memoria RAM; 8. Astronomía: enana blanca, constelación; 9. Biología: cromosoma, ADN; 10. Geología: falla, erosión; 11. Medicina: diagnóstico, síntoma; 12. Matemáticas: ecuación, raíz cuadrada.

2.b. clorofila (*chlorophyll*); tallo (*stem*); aceleración (*acceleration*); campo magnético (*magnetic field*); ácido (*acid*); molécula (*molecule*); arco (*arch*); bóveda (*vault*); asfalto (*asphalt*); grúa (*crane*); transacción (*transaction*); año fiscal (*fiscal/tax year*); disco duro (*hard drive*); memoria RAM (*RAM memory*); enana blanca (*white dwarf*); constelación (*constellation*); cromosoma (*chromosome*); ADN (*DNA*); falla (*flaw/fault*); erosión (*erosion*); diagnóstico (*diagnosis*); síntoma (*symptom*); ecuación (*equation*); raíz cuadrada (*square root*).

Actividad 3

3.a. 1. visitas, horario; 2. habitación, limpio; 3. salud, colaboración; 4. adulto, pacientes; 5. comidas, bebidas; 6. flores, ramos; 7. valor, custodia; 8. puerta, cerrada; 9. sofá, sábanas; 10. salir, autorización; 11. volumen, molestias; 12. cafetería, exclusivo; 13. emergencia, seguridad; 14. vigilancia, instrucciones; 15. médica, enfermería.

3.b. 1. Traumatología; 2. Oftalmología; 3. Psicología y Psiquiatría; 4. Medicina general; 5. Otorrinolaringología; 6. Oncología; 7. Cardiología; 8. Dermatología; 9. Medicina interna; 10. Pediatría; 11. Nefrología; 12. Urología.

Actividad 4

1. Propiedades; 2. Composición; 3. Dosificación y modo de empleo; 4. Contraindicaciones; 5. Efectos secundarios; 6. Intoxicación y su tratamiento; 7. Precauciones y advertencias especiales; 8. Condiciones para su conservación.

Actividad 5

5.a. El cartel indica que los pacientes deben tener expedido "el volante" o "la autorización" actualizada del médico o de la enfermería si necesitan que se les haga una "cura" o "un tratamiento" o se les administren "inyecciones". Si no se conoce el significado médico de estas palabras el enunciado puede ser ambiguo, ya que "cura" también significa "sacerdote" y "volante" es el aparato circular que utiliza el conductor de un coche para girar las ruedas.

5.b. 1.o; 2.j; 3.f; 4.m; 5.a; 6.ll; 7.l; 8.n; 9.r; 10.i; 11.ñ; 12.q; 13.c; 14.p; 15.e; 16.k; 17.b; 18.g; 19.d; 20.h.

5.c. 1. enfermar, padecer; 2. curar, sanar; 3. recetar, prescribir; 4. vacunar, inocular; 5. aliviar, paliar; 6. operar, intervenir; 7. contagiarse, transmitir; 8. sudar, transpirar; 9. toser, expectorar; 10. respirar, inhalar; 11. delirar, desvariar; 12. explorar, auscultar; 13. herirse, lesionarse; 14. constiparse, acatarrarse; 15. agravarse, empeorar.

Actividad 6

6.a. espiral, triángulos, óvalos, arcos, círculos, cuadrados, arquitectura orgánica, zigurat, piramidal, escalonado, invertido, ascendente, lucernario cenital, galerías, etc.

6.b. En esta imagen se observa uno de los edificios que forman parte de la Ciudad de las Artes y las Ciencias (Valencia), el Hemisfèric. Se trata de un diseño novedoso que simboliza un gran ojo humano que observa la ciencia y las nuevas tecnologías audiovisuales. Su imagen se refleja en un estanque que tiene forma rectangular. El material principalmente utilizado ha sido el hormigón de color blanco, tratado y diseñado con gran cuidado y esmero que se une a las vigas curvadas con perfiles laminados. La pupila es la cúpula esférica de la sala de proyecciones, los párpados son las bóvedas y, las pestañas, una especie de rejas acristaladas.

Actividad 7

7.a. 1.b; 2.e; 3.h; 4.f; 5.g; 6.a y 7.i.

7.b. Descartan → eliminan, quitan, no tienen en cuenta; el antídoto perfecto → la solución, el remedio, la fórmula ideal; hacen gala → presumen, se vanaglorian, se precian; analizando parámetros → observando datos, factores, variables; entorno laboral aséptico → lugar de trabajo limpio, neutro, frío, sin estar muy recargado.

7.c. Según un informe de la ONU sobre la felicidad, uno de los países más felices del mundo es Dinamarca. Este país ha desarrollado el concepto de *hygge*, conectado con las ideas de bienestar, tranquilidad y seguridad a partir de un estilo de vida que cree un ambiente de armonía tanto en el hogar como en el trabajo y cuyo fin sea contrastar con el ritmo apresurado del día a día. Sorprende que un país donde el clima es frío y se pagan impuestos muy altos sea tan feliz. En realidad, para ellos pagar impuestos es sinónimo de inversión en calidad de vida. La estética, el diseño y la iluminación ayudan a crear este ambiente cómodo.

Actividad 8

8.a.

1b; 2c; 3a; 4d; 5a; 6c; 7a; 8d; 9b y 10a

8.b.

costa (la), litoral (el), bosque (el), olas (las), parque (el), arrecife (el), coral (el), playa (la), hábitat (el), ecosistema (el), calentamiento del mar (el), acidificación (la), sedimentación (la), floración (la), humedales (los), manglares (los), anidación (la), fertilización (la), pesca artesanal (la), recurso marino (el), protozoo (el).

8.c.

El texto se dirige a un público que no es especialista en la materia. A excepción de algunos tecnicismos, el texto es comprensible para cualquier lector. Hay un uso generalizado de la tercera persona del singular y del plural. Se introduce un punto de vista subjetivo e interpretativo en el extracto, "La lucha contra el calentamiento no es, sin embargo, una batalla que pueda librar en solitario un país; y menos uno de 4,6 millones de habitantes y el tamaño aproximado de Aragón". Aparecen algunas expresiones de carácter metafórico ("reguero de árboles", "poner un granito de arena").

8.d.

¿El adiós a la biodiversidad? / Adiós, biodiversidad

La biodiversidad está desapareciendo a un ritmo trepidante. El parque de Cahuita en Costa Rica es uno de los ejemplos que confirman esta tendencia. Por un lado, en el informe se nos presentan los problemas que derivan de este cambio en la flora y la fauna del medioambiente. Y, por otro, las posibles soluciones para atajar este problema.

Según los datos recabados, las principales causas de la pérdida de la biodiversidad son los eventos climáticos extremos, el enorme impacto que provoca el cambio climático y el calentamiento global. Todo ello provoca una serie de consecuencias como la desaparición de costas y playas; la proliferación de árboles caídos; la reducción del hábitat de las tortugas; el cambio de los ecosistemas; la sedimentación de los arrecifes; la acidificación; el calentamiento o la subida de temperatura del mar o cambios en la periodicidad de la floración y en el comportamiento de algunas especies.

Como se puede observar en el gráfico, las hectáreas que componen el área protegida nacional se han ido reduciendo. Aún queda una importante zona de parques y refugios nacionales, pero los sectores de reservas biológicas y forestales y los humedales se han ido reduciendo en tamaño.

La solución pasa por buscar soluciones con la comunidad y con las autoridades, mantener la pesca artesanal o aprovechar los recursos marinos.

(219 palabras)

Actividad 9

1. c; 2. b; 3. b; 4. b; 5. c; 6. b; 7. a; 8. b; 9. b; 10. a; 11. c; 12. b; 13. c; 14. a; 15. a; 16. c; 17. b; 18. a; 19. b; 20. c; 21. b; 22. a; 23. a; 24. c; 25. b; 26. b; 27. a; 28. c.

Actividad 10

10.a. 1. Porque es algo que se acostumbra a decir y además, según el artículo, casi un cuarto de millón de personas han dicho 'no a los exámenes' en Facebook: más de 100.000 personas afirman que los odian y otros 175.000 piden su desaparición; 2. El método más común consiste en repetir una palabra para aprenderla, pero no suele ser el mejor método ya que la información se suele olvidar; 3. El aprendizaje es el proceso mediante el cual adquirimos nuevos conocimientos y la memoria almacena esos conocimientos que se traducen en un cambio de comportamiento. Ambos fenómenos están estrechamente relacionados porque de ellos dependen todos o casi todos los procesos cerebrales, como por ejemplo las emociones; 4. Por ejemplo, fraccionar un número de nueve dígitos en grupos de tres. Aprender algo acompañado de música y/o ritmo, como se suele hacer durante los primeros años de enseñanza. Crear reglas mnemotécnicas o tender puentes de significado entre palabras; 5. Son asociaciones que se establecen entre la nueva información y lo que ya se sabe, y su función consiste en facilitar el aprendizaje; 6.Que los mediadores que se activan para facilitar el proceso de aprendizaje son más efectivos durante un examen que durante el estudio.

10.b. 1. El cerebro; 2. Los sentidos y la memoria; 3. Las caras y la memoria; 4. La memoria personal; 5. Recordar lo que es coherente; 6. La memoria compartida; 7. Recordar sin pensar; 8. La memoria *flash*.

10.c. Cuando estudiaba francés nunca recordaba si la palabra "professeur" (profesor) se escribía con doble "f" o bien con doble "s". Mi profesora en clase una vez dijo: "Los profesores no somos feos, sino sabios, por eso la doble 's' tiene que estar en esa consonante, no en la otra". Desde entonces, y con esta asociación a esta frase, nunca más he olvidado cómo escribir esta palabra correctamente. Esta asociación en el aprendizaje contribuyó a la correcta memorización de su ortografía.

Actividad 11

11.a. 1. V; 2. F (explica cómo solicitar trabajo en el extranjero, impartir una conferencia o preparar un artículo en inglés para publicarlo); 3. F (un gaditano, de Cádiz, que trabaja en el Hospital Reina Sofía de Córdoba); 4. V; 5. F (Creía tener un buen nivel de inglés, pero se dio cuenta en seguida de que lo que sabía no era suficiente); 6. V; 7. F (Tuvo el asesoramiento de nativos); 8. F (Hace falta dominar el inglés para poder entender el libro); 9. V; 10. F (No se dice claramente, solo se compara el número de ponencias en un congreso); 11. V; 12. V; 13. V; 14. F (La diferencia en el nivel de inglés entre médicos jóvenes y veteranos puede ser percibido como una amenaza en vez de como una oportunidad); 15. F (No es la mayor parte de la terminología, sino que aproximadamente el 50% de la terminología en inglés es grecolatina, pero aun con todo los médicos españoles tienen problemas para pronunciar lo que es fácil de leer).

11.b. Prefijos de origen griego: 1. acrópolis; 2. antropología; 3. autobiografía; 4. biblioteca; 5. biología; 6. ciclomotor; 7. cinemática; 8. cosmopolita; 9. criptograma; 10. cromosoma; 11. cronología; 12. dactilar; 13. década; 14. demografía; 15. dermatólogo; 16. dinamismo; 17. gastritis; 18. geotermia; 19. ginecólogo; 20. helioterapia; 21. hemorragia; 22. heterosexual; 23. homogéneo; 24. iconografía; 25. macroeconómico; 26. microondas; 27. paranormal; 28. periscopio; 29. pirotecnia; 30. políglota.
Sufijos de origen griego: 1. anglofilia; 2. xenofobia; 3. audífono; 4. monogamia; 5. telegrama; 6. lacrimógeno; 7. psicólogo; 8. cartomancia; 9. piromanía; 10. termómetro; 11. telepatía; 12. metrópoli; 13. telescopio; 14. mnemotecnia.

11.c. 1. hidrofobia, claustrofobia; 2. cronómetro, dinamómetro; 3. cleptomanía, melomanía; 4. crucigrama, pentagrama; 5. podólogo, biólogo; 6. sinfonía, megafonía; 7. halterofilia, bibliofilia; 8. estetoscopio, microscopio.

11.d. Prefijos de origen latino: 1. absorber; 2. adjuntar; 3. bisexual; 4. desgranar; 5. exponer; 6. extramuros; 7. ilegible; 8. intercultural; 9. intravenoso; 10. multimillonario; 11. omnívoro; 12. posponer; 13. prefijo; 14. redistribuir; 15. retrospectiva; 16. submarino; 17. superponer; 18. transplante; 19. ultraconservador; 20. vicepresidente.

11.e. 1. hemorragia; 2. autobiografía; 3. intravenosas; 4. cosmopolita; 5. microondas; 6. políglota; 7. paranormales; 8. antropología; 9. década; 10. criptogramas; 11. dactilares; 12. ciclomotores; 13. pirotecnia; 14. iconografía; 15. telepatía.

11.f. 1. la alarma; 2. la firma; 3. el fantasma; 4. la diadema; 5. la norma; 6. el clima; 7. la lima; 8. la víctima; 9. la rama; 10. la esgrima; 11. la broma; 12. la cama.

Actividad 12

12.a. Los textos de divulgación científica también utilizan la función persuasiva en el discurso. En este caso encontramos los siguientes argumentos: la lectura sirve para mantener el cerebro en forma y las capacidades mentales. Además, se trabaja la memoria, la capacidad de razonamiento y aumenta la inteligencia. Ayuda a mejorar las habilidades sociales, a tener más empatía, a comprender mejor a los demás y a reducir el estrés. Asimismo, el conocimiento adquirido proporciona satisfacción y bienestar. Leer aporta la creencia de que aprendemos cosas nuevas y nos hace sentir que seguimos siendo jóvenes.

12.b. Neurociencia: neuroimágenes, capacidades mentales, capacidades analíticas, percepción, memoria, razonamiento, sonidos mentales, memoria cristalizada, áreas emocionales.

Cerebro: hemisferio izquierdo, corteza (cerebral, occipital, temporal, frontal, prefrontal, motora), hipocampo, lóbulo (temporal, medial), amígdala.

Beneficios: habilidades sociales, empatía, comprensión de los demás, dominio de prejuicios, satisfacción, bienestar, nuevo aprendizaje, sentirnos más jóvenes.

12.c. Véase el modelo del artículo de la actividad 12.a.

Actividad 13

13.a. 1. ll; 2. n; 3. i; 4. k; 5. a; 6. m; 7. b; 8. e; 9. d; 10. f; 11. c; 12. g; 13. h; 14. j; 15. l.

13.b. árabe: alcalde, zanahoria, arroz, acequia; **francés:** pantalón, croqueta, garaje, hotel; **alemán:** leitmotiv, guerra, tregua, búnker; **italiano:** novela, piano, piloto, casino; **japonés:** karaoke, kamikaze, tatami, bonsái; **lenguas indígenas:** tomate, chocolate, puma, aguacate.

Actividad 14

Actividad libre.

Actividades de corrección y estilo (Capítulo 8)

Gramática: 1. los acuerdos; 2. en el extranjero; 3. causaran / causasen; 4. de los que dependemos; 5. es consciente; 6. el respeto.

Estilo: 1. un requisito necesario / una cualidad necesaria; 2. zanjar / solucionar / dar por terminada; 3. primordial / fundamental; 4. financiarían / brindarían su apoyo a; 5. discernir / comprender; 6. Gracias a la labor de.

Capítulo 9

Actividad 1

1. errata: médicos y enfermeros; 2. errata: un año de cárcel; 3. errata: alguna precipitación aislada; 4. errata: 70 jornaleros españoles; 5. errata: invistió (del verbo "investir"); 6. errata: el sueldo de los funcionarios; 7. errata: desde hace 4 meses; 8. errata: sufre varias fracturas.

Actividad 2

2.a. 1. debe; 2. había; 3. elegimos hacer; 4. Está claro; 5. por qué; 6. Igualmente / De la misma manera / Del mismo modo; 7. resultaría mucho más fácil abordar; 8. los valores morales; 9. persiguen; 10. situaciones sociales; 11. argumento a favor / en contra; 12. lleguen; 13. éxito; 14. la tribu; 15. Cualquiera que tenga.

2.b. Actividad libre.

Actividad 3

3.a. y b. Actividades libres.

Actividad 4

4.a. y b. Actividades libres.

Actividad 5

A. 7; B. 4; C. 3; D. 6; E. 1; F. 2; G. 5; H. 8.

Actividad 6

6.a. 1. debemos preguntarnos, sucede, el ruedo; 2. percibir / notar, aquellos, se denominan; 3. la piratería, establecer, nos otorga; 4. opiniones de diversa índole / opiniones diversas, con respecto a, perspectiva; 5. estipula, permanecer, femenino; 6. Se utilizan numerosos animales para experimentos clínicos, dichos, cumplen; 7. adoptar, manifiesten, contribuir; 8. Resulta, se consideraba, inmobiliaria; 9. En conclusión / A modo de resumen / Recapitulando, depara, en primer lugar; 10. su empleo / su puesto de trabajo, debido a, el ámbito laboral; 11. sucede / ocurre, un miembro, por lo tanto; 12. Un gran número de las / La mayoría de las, hoy en día / en la actualidad, se basan, el ser humano; 13. estén dispuestas a pagar, sumas, emitir; 14. se deduce, existe, se ve, determinan, se considera.

6.b. Actividad libre.

Actividad 7

7.a. 1. alhelí; 2. dio; 3. metódico; 4. clamor; 5. iréis; 6. país; 7. alguien; 8. acérrimo; 9. umbral; 10. acróstico; 11. así; 12. vi; 13. Núremberg; 14. memorándum; 15. oído; 16. índole; 17. averiguáis; 18. logomaquia; 19. países; 20. brezo; 21. alféizares; 22. asimismo.

7.b. Esdrújulas: metódico, acérrimo, acróstico, Núremberg, índole, alféizares; **llanas:** alguien, memorándum, oído, logomaquia, países, brezo, asimismo; **agudas:** alhelí, dio, clamor, iréis, país, umbral, así, vi, averiguáis.

Actividad 8

1. inapropiadas; 2. antigüedades; 3. inmediatamente; 4. japoneses; 5. Rabos de lagartija; 6. escoger; 7. (correcta); 8. afirman; 9. Ministerio de Justicia; 10. e increíblemente; 11. espaguetis; 12. eslogan.

Actividad 9

1. La persona elegida, tímida y sonriente, no sabía dónde colocarse en el escenario cuando pronunciaron su nombre. 2. La República Dominicana, con el apoyo de Estados Unidos, Puesto Rico y Canadá, expresó su desacuerdo con la resolución de

las Naciones Unidas. 3. ¡Tú, manolarga! deja que el pastel se enfríe y recuerda que estás a régimen. 4. ¡Me han llamado del concurso de la tele! ¡No me lo puedo creer! ¿Vendrás conmigo? 5. Los restaurantes en Oaxaca son una delicia; las fachadas de las casas, multicolores y decoradas con originales detalles arquitectónicos; los mercados, abarrotados de gente y pintorescos. 6. Será mejor que el Gobierno y los sindicatos se pongan de acuerdo; si no, nos espera un mes de incertidumbre y posiblemente con numerosas huelgas en los servicios públicos. 7. Internet y las redes sociales, la televisión, los videojuegos, el teléfono móvil: cada vez nos aislamos más en un mundo en el que, como no hagamos algo, terminaremos por vivir incomunicados pese a estar más comunicados que nunca. 8. Creo que eso que te pasa a ti en alemán se llama "Schadenfreude", es decir, el sentimiento que uno tiene cuando se alegra de la infelicidad de otra persona y, aunque en nuestra lengua no exista un término para expresar el mismo concepto, creo que desafortunadamente es un defecto que tienen muchas personas. 9. Los medios de comunicación nunca le han hecho muy buena prensa porque había trabajado anteriormente como periodista; la opinión pública, no obstante, parece no verse influenciada por las acusaciones infundadas que se han hecho sobre él. 10. Apreciado cliente: / Le adjuntamos los folletos de nuestro balneario en Maribor (Eslovenia) y confiamos en poderle ofrecer nuestros servicios que, como ya sabe por su estancia del verano pasado, son de la más alta calidad. / Indíquenos si es tan amable: / –Su número de pasaporte; / –Su número de la tarjeta de crédito (incluya por favor la fecha de caducidad); / –El número exacto de personas (incluya el número de niños y, en su caso, mascotas). / Le saluda muy atentamente, / Consuelo Galván / Dept. de Ventas. / P.D. Si no recibimos contestación suya en el plazo de un mes, entenderemos que no desea formalizar la reserva.

Actividad 10

La Universidad de Pensilvania: un excelente modelo de educación superior

La Universidad de Pensilvania es el "alma máter" de numerosos empresarios que triunfan hoy en día en el mundo de los negocios. Se encuentra situada casi en el corazón de la ciudad de Filadelfia, una de las ciudades de la costa este americana más prósperas de los últimos años. La universidad ha tenido un impacto muy positivo en la ciudad ya que, en la década de los años setenta, Filadelfia era una de las ciudades con mayor índice de criminalidad de todo el país. Poco a poco, el área metropolitana se ha ido transformando y ahora se ha convertido en una ciudad moderna, preparada para los desafíos del siglo XXI.

El sistema americano de universidades, basado en un modelo privado aunque también con parte de financiación pública, es muy distinto del europeo que, tradicionalmente, se ha visto sustentado únicamente por el modelo público. Cuando una persona visita un campus de una universidad americana, uno de los primeros detalles que le llaman la atención es que la mayoría de sus edificios tienen nombre propio. Esto se debe a que, en toda universidad americana, existe un sistema de donaciones de exalumnos que han estudiado allí con el que se recaudan grandes cantidades de dinero y, a cambio, la universidad designa mediante el nombre de uno de sus filántropos uno de los edificios en los que transcurre la vida universitaria. Este sistema es altamente rentable, ya que de esta manera se asegura que la universidad dispondrá de fondos para innovar e investigar, así como para seguir creciendo y ocupar uno de los puestos de prestigio en el ámbito internacional de la educación superior. Un ejemplo del éxito que ha supuesto este sistema es la *Wharton School of Economics* que es, en la actualidad, una de las escuelas de negocios más importantes del mundo, y así lo confirmó el último *ranking* de los mejores programas de MBA, puesto que la Universidad de Pensilvania ocupó el primer lugar de la clasificación.

Estos datos son solo un ejemplo que demuestra que los pasos que se han seguido en esta universidad, así como en otras universidades norteamericanas durante todos estos años, han dado su fruto y que, pese a que la educación terciaria o universitaria deba estar también fundamentada en un modelo público, el capital privado es, a su vez, de una gran ayuda para consolidar el liderazgo de instituciones de prestigio que aspiran a ofrecer una educación de calidad.

Actividad 11

11.a. 1. a. abordar un reto, una causa, una reforma, un cambio, una obra, un proyecto, un estudio, un asunto, una cuestión, una situación, un debate, un acuerdo, una negociación, etc.; b. abordar frontalmente, de frente, a cara descubierta, sin tapujos, satisfactoriamente, coherentemente, políticamente, etc.; c. abordar algo sin tapujos = sin esconder nada o sin tener ningún tipo de reservas; ej. La corrupción en la esfera política es un tema que los periodistas deberían abordar sin ningún tipo de tapujos, independientemente del periódico para el que escriban; 2. a. una afirmación tajante, categórica, taxativa, contundente, lapidaria, irrebatible, sólida, sin reservas, discutible, rebatible, desencaminada, equivocada, etc.; b. lanzar, soltar, verter, expresar, manifestar, introducir, insertar, publicar, compartir, reiterar, recalcar, recordar, etc. una afirmación; c. ej. Empezaré con una afirmación tajante: si quieres encontrar un buen trabajo necesitas tener un buen dominio del inglés; 3. a. una alusión, una alianza, una tregua, un consenso, un compromiso, una aceptación, un reconocimiento, una aceptación, etc. tácito,-a; b. una condición tácita = la que, aunque expresamente no se ponga, virtualmente se entiende puesta; ej. En el colegio a los niños se les impone el respeto por los demás como una condición tácita, aunque luego en la realidad no siempre se dé el caso; 4. esperar, permanecer, mantener, recordar, aplazar, dilatar, prolongar, detener, suspender, eximir, perdonar, etc. indefinidamente.

11.b. 1. Estudiar o analizar algo con gran detalle; 2. De manera general; 3. De una manera espontánea; 4. Con anterioridad; 5. Desde el origen; 6. En grupo; 7. Dicho de una manera que debe interpretarse; 8. Cara a cara, 9. Con claridad; 10. Decirle a alguien algo de distintas maneras; 11. Un tema tras otro con detalle y 12. Sin sentido.

11.c. "Conferir" → Lo interesante no es encontrar ese sentido inexistente, sino saber crearlo. Ser capaces de **conferir** sentido a la vida: bonito reto para acomodados jóvenes asqueados.

"Diferir" → "Para ello, la sentencia se basa en la defensa de la libertad de expresión y comunicación, y señala que "lo que no puede hacer el legislador es **diferir** más allá de todo tiempo razonable y sin que existan razones que justifiquen la demora, la regulación de una actividad como esta de la televisión por cable".

"Inferir" → "Una vez superada esta primera sensación de estupor, el lector reflexivo puede tratar de **inferir** que tal vez la potencia misteriosa de este libro titánico se lee sin esfuerzo".

"Interferir" → "El boicot puede tener graves consecuencias institucionales, al **interferir** en un proceso inaplazable de preparación y toma de posiciones desde las instituciones legislativas regionales de Europa en el proceso de descentralización de poder hacia los Estados".

"Preferir" → "Pero años después, la clase política consideró la transición terminada y su obra consolidada y optó por **preferir** lo propio a lo común".

"Proferir" → "Djalminha vio la tarjeta roja directa en el transcurso del encuentro entre el Deportivo y el Rayo Vallecano que se celebró el pasado domingo en el estadio de Riazor después de **proferir** unas palabras contra el árbitro".

"Referirse" → "En las encuestas que nosotros hicimos, nunca baja a negativo, dijo al **referirse** a la gestión del presidente".

"Transferir" → "Mes y medio después de conocida la sentencia del Tribunal Constitucional que obliga al Estado a **transferir** a las comunidades autónomas los parques nacionales, la ministra informó de que el traspaso no se efectuará antes del verano que viene".

Actividad 12

1. j. acarrear una consecuencia; 2. g. aducir razones; 3. a. decodificar un mensaje; 4. ñ. emprender el camino; 5. b. formular una pregunta; 6. m. gozar de salud; 7. i. hacer acopio de información; 8. l. hacerse eco de una noticia; 9. c. implantar una normativa; 10. k. mitigar la tensión; 11. d. negociar un sueldo; 12. f. ocasionar desperfectos; 13. e. tergiversar la realidad (aunque también un tema o una noticia); 14. n. vislumbrar el futuro; 15. o. vulnerar un derecho; 16. h. zanjar un tema.

Actividad 13

13.a. Actividad libre.

13.b. Desde el punto de vista del contenido y la estructura, la tesis de tu ensayo, con la idea de que todos formamos un mismo entramado social, resulta relevante. Esta idea la has mantenido y la has recuperado al final del ensayo. Ten en cuenta simplemente que es necesario en todo momento introducir los párrafos de manera paulatina, de ahí que se hayan escrito alternativas. Se percibe que has hecho una búsqueda muy consciente de vocabulario y un uso variado del lenguaje. El planteamiento es coherente y el desarrollo progresivo. Una recomendación en este sentido es que presentes mejor los ejemplos que mencionas.

En cuanto a la gramática, la ortografía y el estilo, ha sido necesario hacer alguna corrección de ortografía en los adjetivos de origen, por ejemplo, "europeo". Ten cuidado también con la estructura de las oraciones condicionales. Algo que haces muy bien es que te gusta cuidar el estilo del lenguaje para expresar diferentes matices por lo que se nota que has reflexionado sobre este aspecto. Utilizas el lenguaje metafórico de manera apropiada y te sirve para reflejar ideas interesantes. Simplemente asegúrate de verificar que dichas metáforas se comprenden e introducen siempre de manera clara de cara al lector.

13.c. He aquí ejemplos de los comentarios que realiza el profesor al alumno.

1. Se ha reescrito esta idea de manera más clara y explicativa; 2. Recuerda que los nombres propios, países, ciudades, llevan mayúscula, pero no los adjetivos de origen, "europeo" o de lenguas, "inglés"; 3. Hacer frente "a" algo; 4. Al aparecer el verbo "suponer", un verbo declarativo, es necesario usar el indicativo; 5. Importante. Aquí introduces un ejemplo muy bueno para mostrar un aspecto interesante sobre el tema pero necesitas "presentar el ejemplo" y, por lo tanto, contextualizarlo para que el lector lo pueda recordar o visualizar en el caso de que lo desconozca; 6. Con este cambio se consigue presentar el ejemplo de manera más visual de cara al lector; 7. Por lo general, se utiliza el pronombre interrogativo "qué" delante de un sustantivo; 8. Con este cambio se consigue variedad desde el punto de vista estilístico, dado que el sustantivo "inmigrante" se repite varias veces; 9. El cambio de orden del adjetivo lo hace más poético en este caso y consigue mayor dramatismo; 10. Este es un cambio de variación estilística; 11. Mediante esta aposición explicativa se introduce la expresión idiomática de manera más clara de cara al lector; 12. Con esta explicación se atribuye dicha actitud a un colectivo específico y resulta más concreto lo que se dice; 13. Cuidado. Aquí tienes una oración condicional y tienes que respetar la estructura, en ese caso, es una oración del tipo 1: Si + presente indicativo + futuro simple; 14. Al aparecer una negación anterior es necesario utilizar "sino" en lugar de "pero".

Bibliografía

Agencia DPA. 2009. "Las noticias más absurdas del año 2009". *El Mundo* 25/11.

Agencia EFE. 2004. "Vuelve a subastarse en eBay un sándwich 'divino' tras haber sido vetado en el sitio". *El Mundo* 18/11.

Agencia EFE. 2010. "Detenida y esposada una niña de 12 años en Nueva York por escribir en su pupitre". *El Mundo* 5/02.

Alchazidu, A., Y. Pérez Sinusía y P. Gómez González. 2004. *Esbozo de la historia de la literatura española*. Brno: AP Publishers.

Allende, I. 1989. *Diez cuentos de Eva Luna*. Barcelona: Plaza & Janés.

Alvar Ezquerra, M. 2003. *La enseñanza del léxico y el uso del diccionario*. Madrid: Arco/Libros.

Álvarez, M. 1994. *Tipos de escrito II: exposición y argumentación*. Madrid: Arco/Libros.

Álvarez, M. 1995. *Tipos de escrito III: epistolar, administrativo y jurídico*. Madrid: Arco/Libros.

Amenós, J., M. L. Pascual Vallejo y Y. Pérez Sinusía. 2010. *Agencia ELE 2. Cuaderno de Ejercicios*. Madrid: SGEL.

Arenas, R. 1972. *Con los ojos cerrados*. Montevideo: Arca.

Asturias, M. Á. 2005. *El señor presidente*. Madrid: Alianza Editorial.

Batchelor, R. E. y M. Á. San José. 2010. *A Reference Grammar of Spanish*. Cambridge: Cambridge University Press.

Berazaluce, I. 2006. "Aspirina, Donuts, Celo… son marcas que han dado nombre a una gama de productos". *20 Minutos* 25/09.

Baroja, P. 2004. *El árbol de la ciencia*. Madrid: Cátedra.

Borges, J. L. 1970. *El informe de Brodie*. Buenos Aires: Emecé Editores.

Bosque, I., M. V. Escandell y M. Leonetti, C. Sánchez, F. Rico, G. Pontóny D. Ródenas. 2006. *Lengua castellana y literatura, Bachillerato 2*. Madrid: Santillana.

Bosque, I. 2004. *Diccionario combinatorio del español contemporáneo*. Madrid: SM.

Blasco, E. J. 2010. "El 'patinazo' de Brown". *ABC* 28/04.

Brea, I. 2001. *Por favor, sea breve. Antología de relatos hiperbreves*. Madrid: Páginas de Espuma.

Brookes, A. y P. Grundy. 1990. *Writing for Study Purposes: A Teacher's Guide to Developing Individual Writing Skills*. Cambridge: Cambridge University Press.

Bustamante, L. y M. Ibáñez de la Cuesta. 2004. *Cuaderno de escritura I y II para la ESO*. Madrid: Santillana.

Butt, J., C. Benjamin y A. Moreira Rodríguez. 2018. *A New Reference Grammar of Modern Spanish*. Londres y Nueva York: Routledge.

Buyse, K. 2014. "Una hoja de ruta para integrar las TIC en el desarrollo de la expresión escrita:

recursos y resultados". *Journal of Spanish Language Teaching 1* (1): 101–115. Doi: https://doi.org/10.1080/23247797.2014.898516.

Carreres, A. y M. Noriega-Sánchez. 2013. "Review of *Developing Writing Skills in Spanish*". *Bulletin of Spanish Studies 90* (7): 1188–1189.

Cascón Martín, E. 2004. *Manual del buen uso del español*. Madrid: Castalia.

Cassany, D. 2019. *Laboratorio lector. Para entender la lectura*. Madrid: Anagrama.

Cassany, D. 2018. "Expresión escrita / Writing". En *The Routledge Handbook of Spanish Language Teaching: metodologías, contextos y recursos para la enseñanza del español L2*, eds. J. Muñoz-Basols, J., E. Gironzetti y M. Lacorte, 168–182. Londres y Nueva York: Routledge. Doi: https://doi.org/10.4324/9781315646169-13.

Cassany, D. 2014. "Apropiación y uso del alfabeto español". *Journal of Spanish Language Teaching 1* (1): 31–45. Doi: https://doi.org/10.1080/23247797.2014.898499.

Cassany, D. 2011. "Sobre las fronteras retóricas del español escrito". *Cuadernos Comillas 1*: 37–51.

Cassany, D. 2008. *Prácticas letradas contemporáneas*. México: Ríos de Tinta.

Cassany, D. 2006. *Taller de textos. Leer, escribir y comentar en al aula*. Barcelona: Paidós.

Cassany, D. 2005. *Expresión escrita L2/ELE*. Madrid: Arco/Libros.

Cassany, D. 2004. "La expresión escrita". En *Vademécum para la formación de profesores. Enseñar español como segunda lengua (L2) / lengua extranjera (LE)*, eds. J. Sánchez Lobato e I. Santos Gargallo, 917–942. Madrid: SGEL.

Cassany, D. 1999. *La cocina de la escritura*. Barcelona: Ariel.

Cassany, D. 1999. "Los procesos de escritura en el aula de E/LE". Monográfico: "La expresión escrita en el aula de E/LE". *Carabela 46*: 5–22.

Cassany, D. 1998/2006. *Describir el escribir. Cómo se aprende a escribir*. Barcelona: Paidós.

Cassany, D. 1993/2006. *Reparar la escritura. Didáctica de la corrección de lo escrito*. Barcelona: Graó.

Cassany, D. 1990. "Enfoques didácticos para la enseñanza de la expresión escrita". *Comunicación, lenguaje y educación 6*: 63–80.

Castellón Alcalá, H. 2010. "Elementos comunicativos del lenguaje administrativo". http://angarmegia.com/cortesia.htm.

Castellón Alcalá, H. 2001. "Un aspecto pragmático del lenguaje administrativo: la cortesía". *Revista de Investigación en Lengua Española 4* (2): 5–19.

Castellón Alcalá, H. 2001. *El lenguaje administrativo*. Granada: Comares.

Cela, C. J. 1989. *La colmena*. Madrid: Cátedra.

Cervantes, M. de. 2005. *El ingenioso hidalgo don Quijote de la Mancha*. Madrid: Cátedra.

Chamorro Guerrero, M. D. 2008. "La enseñanza de la expresión escrita: de la teoría a la práctica de clase". http://www.difusion.com/files/file/articulos/5-Lola-Chamorro.pdf.

Constenla, T. 2008. "España, ese tópico". *El País* 17/08.

"Contrato de arrendamiento de vivienda". www.madrid.org.

Cortázar, J. 1995. *Final de juego*. Madrid: Aguilar.

Council of Europe. 2018. *Common European Framework of Reference for Languages: Learning, Teaching, Assessment. Companion Volume with New Descriptors*. Estrasburgo: Council of Europe Publishing. www.coe.int/en/web/common-european-framework-reference-languages.

Delibes, M. 1966. *Cinco horas con Mario*. Barcelona: Destino.

Donde dice... Revista de la Fundación del Español Urgente. 2008–2010. pp. 12, 14, 16, 17. http://www.fundeu.es.

Donoso, J. 1971. *Cuentos*. Barcelona: Seix Barral.

Esquivel, L. 2003. *Como agua para chocolate*. Barcelona: Debolsillo.

Ferraz Martínez, A. 1993. *El lenguaje de la publicidad*. Madrid: Arco/Libros.

Fuentes, C. 1962. *Aura*, México: Ediciones Era.

Fuentes Rodríguez, C. 2009. *Diccionario de conectores y operadores del español*. Madrid: Arco/Libros.

Gallegos, R. 1958. *Obras completas*. Madrid: Aguilar.

García del Toro, C., I. García Izquierdo y E. Monzó. 2003. "El género y la traducción de textos administrativos español-catalán". *Traducción y comunicación* 4. http://www.gentt.uji.es/Publicacions/GarciadeToro.pdf.

García Jambrina, L. 2009. "Quid pro quo". *El País* 21/07.

García Márquez, G. 1982. *Narrativa hispanoamericana 1816–1981: historia y antología. La generación de 1940–1969*. Vol. 4. Madrid: Siglo XXI.

García Márquez, G. 1987. *Cien años de soledad*. Madrid: Cátedra.

García Márquez, G. 1999. *Crónica de una muerte anunciada*. Barcelona: Mondadori.

Gironzetti, E. 2011. "Reseña de *Developing Writing Skills in Spanish*". *redELE* 23.

Gómez Torrego, L. 1989. *Manual de español correcto*. Madrid: Arco/Libros.

Gómez Torrego, L. 2002. *Gramática didáctica del español*. Madrid: Ediciones SM.

Gómez Torrego, L. 2006. *Hablar y escribir correctamente*. Madrid: Arco/Libros.

González, J. L. 1976. *Literatura y sociedad en Puerto Rico: de los cronistas de Indias a la generación del 98*. México: Fondo de Cultura Económica.

González Martínez, D. 2000. *Gramática lola*. Madrid: Elebooks.

Green, B. y A. Lee. 1994. "Writing Geography Lessons: Literacy, Identity and Schooling". In *Learning and Teaching Genres*, eds. A. Freedman y P. Medway, 207–224. Portsmouth, NH: Heinemann.

Gutiérrez Araus, M. L., M. Esgueva, M. García-Page, P. Cuesta Martínez, A. J. Deza, Á. Estevez Rodríguez, M. A. Andión Herrero y P. Ruíz-Va Palacios. 2005. "Los lenguajes específicos: literario, científico, jurídico-administrativo, periodístico y publicitario". *Introducción a la lengua española*. Madrid: Editorial Universitaria Ramón Areces.

Laforet, C. 2001. *Nada*. Barcelona: Editorial Destino.

Lakoff, G. y M. Johnson. 1968. *Metáforas de la vida cotidiana*. Madrid: Cátedra.

Lázaro Carreter, F. 1979. *Curso de lengua española*. Madrid: Anaya.

Lindo, E. 2002. *Manolito Gafotas*. Madrid: Alfaguara.

López, N. 2012. "Review of *Developing Writing Skills in Spanish*". *Vida Hispánica* 46 (2).

López Elire, A. 1998. *La retórica en la publicidad*. Madrid: Arco/Libros.

Luesma Gazol, H. 2003. "El periodista está perdiendo mucha independencia". *El Día de Cuenca* 05/11.

Luesma Gazol, H. 2004. "Shrek conoce a sus suegros". *El Día de Cuenca* 10/07.

Manual de normalización de documentos administrativos, Canarias, http://www.ulpgc.es/hege/almacen/download/6/6265/Manual_normalizacion.doc.

Manual de estilo del lenguaje administrativo. 1990. Madrid: Ministerio de las Administraciones Públicas.

Mansilla, L. V. 1993. *Una excursión a los indios ranqueles*. Madrid: Instituto de Cooperación Iberoamericana/Ediciones de Cultura Hispánica.

Marías, J. 2009. "Que no me entero". *El País* 8/11.

Marías, J. 2010. "Un ejercicio de comprensión". *El País Semanal* 7/02.

Marsé, J. 2003. *Rabos de lagartija*. Barcelona: Debolsillo.

Marsé, J. 2005. *Últimas tardes con Teresa*. Barcelona: Seix Barral.

Marsé, J. 2009. *El embrujo de Shanghái*. Barcelona: Lumen.

Martos, C. de. 2010. "Los beneficios del té se pierden al embotellarlo". *El Mundo* 23/08.

Martos, C. de. 2010. "Examinarnos nos hace más inteligentes". *El Mundo* 4/10.

Matute, M. 2008. "Un asesor para entrar en Oxford y en Cambridge". *Cinco Días* 14/10.

Maza de Pablo, C. "Brown, un 'pecador arrepentido' tras llamar 'fanática' a una votante". *La Razón*, 28/04.

Medem, J. 1997. *Tierra. Mari en la tierra*. Barcelona: Planeta.

Méndez, D. 2009. "¡Socorro! ¡Quiero escapar de mi red social!" *XLSemanal* 26/12.

Mendoza, E. 2002. *Sin noticias de Gurb*. Barcelona: Seix Barral.

Mendoza, E. 2005. *La verdad sobre el caso Savolta*. Barcelona: Crítica.

Merino, J. M. 2007. *La glorieta de los fugitivos*. Madrid: Páginas de Espuma.

Ministerio de Educación. CNICE Página web: http://recursos.cnice.mec.es/media/publicidad/bloque2/index.html.

Montero, R. 2010. "La normalidad no existe". *El País Semanal* 25/07.

Montolío, E. coord. 2000. *Manual práctico de escritura académica*, Vols.1, 2 y 3. Barcelona: Ariel Practicum.

Monzó, Q. 1994. *El porqué de las cosas*. Barcelona: Anagrama.

Muñoz, R. 2010. "Google quiere reinar en la tele". *El País* 13/06.

Muñoz-Basols, J. 2019. "Going beyond the Comfort Zone: Multilingualism, Translation and Mediation to Foster Plurilingual Competence". *Language, Culture and Curriculum* 32 (3): 299–321. Doi: https://doi.org/10.1080/07908318.2019.1661687.

Muñoz-Basols, J. 2016. "Enseñanza del lenguaje idiomático". En *Enciclopedia de lingüística hispánica*, ed. J. Gutiérrez-Rexach, 442–453. Londres y Nueva York: Routledge.

Muñoz-Basols, J. 2003. "Sangre, tambores y vudú: convergencia del prólogo y la narración como alegoría de lo real maravilloso en *El reino de este mundo*". *Céfiro* 3 (2): 44–53.

Muñoz-Basols, J. 2003. "La recreación del género gótico a través de la percepción sensorial: la construcción de la hipotiposis en *Aura* de Carlos Fuentes". *Atenea* 23 (2): 73–86.

Muñoz-Basols, J. 2006. "La crítica literaria: ¿realidad crítica o escepticismo literario?". *Hybrido* 8: 36–38.

Muñoz-Basols, J. 2008. "La mirada del dandi desde el discurso hegemónico: reflexiones sobre la representación del género en la obra de Lucio Victorio Mansilla". *Atenea* 28 (1): 9–22.

Muñoz-Basols, J. 2010. "Más allá de la dicotomía del *sic et non: inventio, dispositio* y *elocutio* en el *Libro de buen amor*". *Bulletin of Hispanic Studies* 87 (4): 397–413.

Muñoz-Basols, J. 2010. "Los grafiti *in tabula* como método de comunicación: autoría, espacio y destinatario". *Revista de Dialectología y Tradiciones Populares* 65 (2): 389–426.

Muñoz-Basols, J. y S. Bailini. 2018. "Análisis y corrección de errores / Error Analysis and Error Correction". En *The Routledge Handbook of Spanish Language Teaching: metodologías, contextos y recursos para la enseñanza del español L2*, eds. J. Muñoz-Basols, E. Gironzetti y M. Lacorte, 94–108. Londres y Nueva York: Routledge. Doi: https://doi.org/10.4324/9781315646169-8.

Muñoz-Basols, J. y E. Gironzetti. 2019. "Selección y elaboración de materiales didácticos significativos". En *Manual de formación para profesores de ELE*, eds. F. Jiménez Calderón y A. Rufat, 64–84. Madrid: SGEL.

Muñoz-Basols, J. y E. Gironzetti. 2018. "Expresión oral / Speaking". En *The Routledge Handbook of Spanish Language Teaching: metodologías, contextos y recursos para la enseñanza del español L2*, eds. J. Muñoz-Basols, E. Gironzetti y M. Lacorte, 198–212. Londres y Nueva York: Routledge. Doi: https://doi.org/10.4324/9781315646169-15.

Muñoz-Basols, J. and N. Hernández Muñoz. 2019. "El español en la era global: agentes y voces de la polifonía panhispánica". *Journal of Spanish Language Teaching* 6 (2): 79–95. https://doi.org/10.1080/23247797.2020.1752019.

Muñoz-Basols, J. y M. Lacorte. 2017. *Lingüística hispánica actual: guía didáctica y materiales de apoyo*. Londres y Nueva York: Routledge.

Muñoz-Basols, J. y M. Massaguer Comes. 2018. "Social Criticism through Humour in the Digital Age: Multimodal Extension in the Works of Aleix Saló". *European Comic Art* 11 (1): 107–128. Doi: https://doi.org/10.3167/eca.2018.110107.

Muñoz-Basols, J. y D. Salazar. 2019. "¿Nos hacemos un/una *selfie* con la/el *tablet*? Cross-Linguistic Lexical Influence, Gender Assignment and Linguistic Policy in Spanish". *Revista Signos. Estudios de lingüística* 52. (99): 77–108.
Doi: http://dx.doi.org/10.4067/S0718-09342019000100077.

Muñoz-Basols, J. y D. Salazar. 2016. "Cross-Linguistic Lexical Influence between English and Spanish". *Spanish in Context* 13 (1): 80–102. Doi: https://doi.org/10.1075/sic.13.1.04mun.

Muñoz-Basols, J., M. David y O. Núñez Piñeiro. 2009. *Speed up your Spanish. Strategies to Avoid Common Errors*. Londres y Nueva York: Routledge.

Muñoz-Basols, J., E. Gironzetti y M. Lacorte. 2018. *The Routledge Handbook of Spanish Language Teaching: metodologías, contextos y recursos para la enseñanza del español L2*. Londres y Nueva York: Routledge. Doi: https://doi.org/10.4324/9781315646169.

Muñoz-Basols, J., E. Gironzetti y Y. Pérez Sinusía. 2013. *¡A debate! Estrategias para la interacción oral (Nivel C)*. Madrid: Edelsa.

Muñoz-Basols, J., E. Gironzetti y Y. Pérez Sinusía. 2013. *¡A debate! Guía metodológica para el profesor*. Madrid: Edelsa.

Muñoz-Basols, J., Y. Pérez Sinusía y Marianne David. 2013. *Spanish Idioms in Practice: Understanding Language and Culture*. Londres y Nueva York: Routledge.

Muñoz-Basols, J., Y. Pérez Sinusía y M. David. 2011. *Developing Writing Skills in Spanish*. Londres y Nueva York: Routledge.

Muñoz-Basols, J., A. Rodríguez Lifante y O. Cruz Moya. 2017. "Perfil laboral, formativo e investigador del profesional de español como lengua extranjera o segunda (ELE/EL2): datos cuantitativos y cualitativos". *Journal of Spanish Language Teaching* 4 (1): 1–34.
Doi: https://doi.org/10.1080/23247797.2017.1325115.

Muñoz-Basols, J. y M. Muñoz-Calvo. 2015. "La traducción de textos humorísticos multimodales". En *La traducción. Nuevos planteamientos teórico-metodológicos*, ed. M. A. Penas Ibáñez, 159–184. Madrid: Síntesis.

Muñoz-Basols, J., M. Muñoz-Calvo y J. Suárez García. 2014. "Hacia una internacionalización del discurso sobre la enseñanza del español como lengua extranjera". *Journal of Spanish Language Teaching* 1 (1): 1–14. Doi: https://doi.org/10.1080/23247797.2014.918402.

Muñoz-Basols, J., E. Gironzetti y Y. Pérez Sinusía. 2013. "Consolidar el dominio de la lengua oral en los niveles C1-C2". *Revista New Routes* 51: 44–47.

Muñoz-Basols, J., N. Moreno, I. Taboada y M. Lacorte. 2017. *Introducción a la lingüística hispánica actual: teoría y práctica*. Londres y Nueva York: Routledge.

Muñoz-Basols, J., Y. Pérez Sinusía, M. David y C. F. Donovan. 2020. *Manual prático de escrita em português / Developing Writing Skills in Portuguese*. Londres y Nueva York: Routledge.

Muñoz Molina, A. 2002. *Beltenebros*. Barcelona: Seix Barral.

Oppenheimer, W. 2010. "También Gordon Brown tiene un mal día". *El País* 28/04.

Oppenheimer, W. 2010. "Guía de estereotipos para 2012". *El País* 15/08.

Palomino, M. Á. 1997. *Técnicas de correo comercial*. Madrid: Edelsa.

Pardo Bazán, E. 2003. *Obras completas, VII (Cuentos)*. Madrid: Fundación José Antonio de Castro. Edición y prólogo de D. Villanueva y J. M. González Herrán.

Pérez Galdós, B. 2008. *Tristana*. Madrid: Cátedra.

Pérez Reverte, A. 2010. "Carta a un joven escritor (I)". *XL Semanal* 27/07.

Pérez Reverte, A. 2010. "Carta a un joven escritor (II)". *XL Semanal* 2/08.

Pérez Sinusía, Y. 2001. "El cuento literario español en el siglo XX: José María Merino y su concepto de la literatura". *Études Romanes de Brno* 22: 45–53.

Portillo, J. 2010. "El Ibex salva los 10.700 puntos pese al desafío alcista del euro". *Cinco Días*, 9/10.

Puig, M. 2006. *El beso de la mujer araña*. Barcelona: Seix Barral.

Real Academia Española. 2018. *Libro de estilo de la lengua española según la norma panhispánica*. Madrid: Espasa.

Real Academia Española y Asociación de Academias de la Lengua Española. 2014. *Diccionario de la lengua española*. 23ª ed. Madrid: Espasa.

Real Academia Española y Asociación de Academias de la Lengua Española. 2009. *Nueva gramática de la lengua española*, vol. 1 (Morfología y Sintaxis I). Madrid: Espasa.

Real Academia Española y Asociación de Academias de la Lengua Española. 2009. *Nueva gramática de la lengua española*, vol. 2 (Sintaxis II). Madrid: Espasa.

Real Academia Española y Asociación de Academias de la Lengua Española. 2010. *Ortografía de la lengua española*. Madrid: Espasa.

Real Academia Española y Asociación de Academias de la Lengua Española. 2011. *Nueva gramática básica de la lengua española*. Madrid: Espasa.

Real Academia Española y Asociación de Academias de la Lengua Española. 2005. *Diccionario panhispánico de dudas*. Madrid: Santillana.

Real Academia Española y Consejo General del Poder Judicial. 2016. *Diccionario del español jurídico*. Madrid: Espasa.

Real Academia Española: Banco de datos (CORDE). Corpus diacrónico del español. http://www.rae.es.

Real Academia Española: Banco de datos (CREA). Corpus de referencia del español actual. http://www.rae.es.

"Reglas para escribir un buen currículum". http://www.modelocurriculum.net/.

Reyes, G. 1998. *Cómo escribir bien en español*. Madrid: Arco/Libros.

Reznicek-Parrado, L. M., M. Patiño-Vega y M. Cecilia Colombi. 2018. "Academic Peer Tutors and Academic Biliteracy Development in Students of Spanish as a Heritage Language". *Journal of Spanish Language Teaching* 5 (2): 152–167.
Doi: https://doi.org/10.1080/23247797.2018.1538358.

Rodríguez, S. 2009. *Busque, compare y, si encuentra un libro mejor, ¡cómprelo! Los anuncios que se quedaron en nuestra memoria*, Barcelona: Random House Mondadori.

Rodríguez-Vida, S. 1999. *Curso práctico de corrección de estilo*. Barcelona: Octaedro.

Roncangliolo, S. 2007. "Última llamada". *El País* 16/12.

Rose, David y J. R. Martin. 2012. *Learning to Write/Reading to Learn: Genre, Knowledge and Pedagogy in the Sydney School*. Sheffield: Equinox.

Ruiz Gurillo, L. 2001. *Las locuciones en español actual*. Madrid: Arco/Libros.

Rulfo, J. 1965. *Pedro Páramo*. México: Fondo de Cultura Económica.

Rulfo, J. 1969. *El llano en llamas*. México: Fondo de Cultura Económica.

Sacristán, P. P. "La princesa de fuego". http://cuentosparadormir.com/infantiles/cuento/la-princesa-de-fuego.

Sánchez Lobato, J., Á. Cervera Rodríguez, G. Hernández García y C. Pichardo Niño. 2006. *Saber escribir*. Madrid: Instituto Cervantes/Santillana.

Sánchez-López, L. 2018. "Cultural and Pragmatic Aspects of L2 Spanish for Academic Purposes:

New Data on the Current State of the Question". *Journal of Spanish Language Teaching* 5 (2): 102–114. Doi: https://doi.org/10.1080/23247797.2018.1538307.

Sánchez Vidal, A. 2005. *La llave maestra*. Madrid: Suma de Letras.

Sánchez Vidal, A. 2008. *Nudo de sangre*. Madrid: Espasa-Calpe.

Sánchez Vidal, A. 2010. *Esclava de nadie*. Madrid: Espasa-Calpe.

Sanz Pinyol, G. y A. Fraser. 1998. *Manual de comunicaciones escritas en la empresa. 71 modelos de consulta*, Barcelona: Interactiva.

Sarmiento González, R. 1997. *Manual de corrección gramatical y estilo*. Madrid: SGEL.

Sebastián González, J. 2009. *100 cartas personales*. Barcelona: De Vecchi.

Seco, M. 1961. *Diccionario de dudas y dificultades de la lengua española*, Madrid: Espasa-Calpe.

Serafini, M. T. 2007. *Cómo se escribe*. Madrid: Paidós.

Tardón, L. 2009. "Los médicos españoles tienen pánico a hablar en inglés en los congresos". *El Mundo* 24/12.

Zuleta, R. 2010. "El peligro de llamarse Kevin". *El País* 25/07.

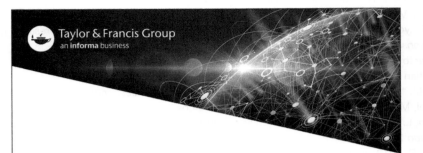